Multi Livre

CE2

Histoire

André BENDJEBBAR *Agrégé d'histoire*
Ève AVIGO *IEN*
Martine BESNIER *Professeur des écoles*

Géographie

Jean MURACCIOLE *Agrégé de géographie*
Bruno FLÉTY *Instituteur*

Sciences

Isabelle GRÉGOIRE *IPR / IA*
Bernadette AUBRY *Agrégée de biologie*
Professeur d'IUFM

istra

- **Maquette de couverture :** LAURENT CARRÉ
- **Illustrations :** Pierre DE HUGO, Nadine VAN DER STRATEN et Sylvie MICHELET
- **Cartographie :** Amélie VEAUX
- **Réalisation P.A.O. :** SYNTEXTE

Crédits photos :

Abréviations utilisées : h : haut; b : bas; g : gauche; m : milieu; d : droite; col : colonne.
Couverture : Hachette Livre (histoire); Geospace/SPL/Cosmos (géographie); Sunset, Marge (sciences).
Histoire :
p. 5, Hachette Livre (histoire); Geospace/SPL/Cosmos (géographie); Sunset, Marge (sciences) ; **p. 6**, h : Musée des Beaux-Arts du Puy; b : Aquarelle de Mlle Adam; **p. 7**, hg : H. Josse; hm : Collection Christophe L.; hd : Préfecture de police de Paris; **p. 11** : Gamma Liaison, Sweracy; **p. 12** : H. Josse; **p. 16**, m : carte IGN n° 72 au 1/1 000 000, Paris, 1993. Autorisation n° 90-4106; **p. 27** : DRAC Rhône-Alpes, Ministère de la Culture; **p. 37** : IBM-Artway; **p. 38** : Pix, C. Gauthier; **p. 47** : H. Josse, Louvre; **p. 51** : Hachette Livre, **p. 56** : H. Josse; **p. 61** : H. Josse, Versailles; **p. 72** : H. Josse, Musée de l'Armée; **p. 77** : Musée de l'histoire du fer ; **p. 78-79** : Musée de Saint-Étienne; **p. 83** : Musée de l'Armée; **p. 88** : BDIC, J. Pirotte; **p. 89**, h : Gamma; b : BDIC (tableau de S. Günther).
Géographie :
p. 95 : Pix; **p. 105** : SIRPA, Gendarmerie; **p. 107**, h : H. Joanneton, Mairie de Saint-Herblain; b : Pix, T. d'Hoste ; **p. 110** : Altitude, Arthus-Bertrand; **p. 115** : Beignet; **p. 120** : L'Équipe; **p. 122** : carte IGN n° 72 au 1/1 000 000, Paris, 1993. Autorisation n° 90-4106; **p. 125**, g et d : Pix; **p. 130** : Gamma, L. Maous; **p. 135** : Diaf; **p. 140** : TASS; **p. 146** : Pix; **p. 151** : Gamma, P. Aventurier; **p. 155** : Gamma, Grillarde.
Sciences :
p. 161 : H. Ausloos; **p. 162**, h : Sunset; b : Sunset, NHPA; **p. 166** : Jacana, Labat; **p. 168** : Jacana, Veiller; **p. 171** : Sunset, G. Laes; **p. 173** : Jacana, Ferrero, Labat; **p. 177** : Raphao, Donnezan; **p. 186**, h : Chaumeton, Lanceau; m : Sunset, STF; b : Jacana, Champroux; **p. 191** : Sunset, G. Sioen; **p. 201** : Aurora, Kendrick; **p. 211** : Sunset, Werbung; **p. 216** : Fotogram stone.

ISBN 2 01 11.6339.0

Avant-propos

Ce guide pédagogique constitue le complément indispensable du livre de l'élève et des exercices complémentaires de la collection Multilivre CE2. Son objectif principal est de faciliter le travail des instituteurs et des professeurs des écoles. Il permet de mettre en œuvre en histoire, en géographie et en sciences les nouvelles instructions officielles dans un esprit de cycle.

Vous trouverez dans cet ouvrage :

- une présentation des différents outils de la collection Multilivre CE2 ;
- un exposé général de nos intentions pédagogiques ;
- une présentation, par matière, des instructions officielles et des choix pédagogiques du Multilivre.

Pour chaque leçon sont indiqués :

- les objectifs pédagogiques et méthodologiques propres à chaque thème ;
- des informations historiques, géographiques ou scientifiques utiles : elles permettent d'approfondir les thèmes abordés dans le livre de l'élève. Elles sont illustrées de graphismes ou croquis simples, de schémas à reproduire au tableau pour expliquer ou commenter une notion, une donnée ;
- une bibliographie : des livres pour enrichir vos connaissances et des livres à l'usage des enfants (des titres d'édition de jeunesse, des renvois à des collections documentaires...) ;
- le descriptif précis de chaque séquence : objectifs, compétences méthodologiques, matériel et préparation, mots clés, déroulement de la séquence, prolongements (films, visites, mémo personnel de l'enseignant).

Les auteurs

Sommaire

Avant-propos 3
Le Multilivre, quatre outils pour votre classe de CE2 5

Les intentions pédagogiques 6
Un livre unique pour trois disciplines 6
Un livre pratique 6
Un livre attrayant et motivant pour un élève actif 6
Des outils pour évaluer les connaissances et les compétences 7
Un livre pour aimer l'histoire, la géographie et les sciences 8

L'histoire 9
Programme du cycle 3 9
Choix didactiques 10
Objectifs généraux 10
Pratique de la classe 13

La géographie 15
Programme du cycle 3 15
Choix didactiques 16
Objectifs généraux 16
Pratique de la classe 18

Les sciences 19
Programme du cycle 3 19
Choix didactiques 20
Objectifs généraux 20
Pratique de la classe 21

Exploitation pédagogique

Histoire

1 Les peintres de Chauvet 26
2 Les Gaulois 31
3 La Gaule romaine 36
4 Clovis, premier roi des Francs 41
5 Charlemagne 46
6 Au temps des châteaux forts 50
7 François Ier, un roi chevalier 55
8 Louis XIV, le Roi-Soleil 60
9 La Révolution française 65
10 Napoléon Ier, empereur des Français 71
11 Le siècle du charbon et de l'acier 76
12 L'enfer des tranchées 82
13 Guerre et paix 87

Géographie

1 Où habites-tu ? 94
2 Communes, départements et régions 99
3 Vivre et travailler en ville 104
4 Les grandes villes en France 109
5 Vivre et travailler à la campagne 114
6 Vivre et travailler à la mer 119
7 Vivre et travailler à la montagne 124
8 La France d'outre-mer 129
9 Six continents 134
10 Trois grands climats 139
11 Les pays du monde 145
12 Les problèmes de la planète 150
13 Une France ouverte sur les pays proches et lointains 154

Sciences

1 Des petits sont nés 160
2 Deux parents pour une naissance 165
3 À chacun son menu 170
4 J'étais, je suis, je serai 176
5 Pourquoi mangeons-nous ? 180
6 Des graines pour de nouvelles plantes 185
7 De la fleur aux graines 190
8 Les plantes vertes se nourrissent 195
9 L'eau liquide, l'eau solide 200
10 Eau visible, eau invisible 205
11 Des mélanges avec l'eau 210
12 De l'air tout autour de nous 215
13 Balances et balançoires 220

Le Multilivre,
des outils pour votre classe de CE2

Le manuel

Pour vos élèves, le manuel propose des leçons d'histoire, de géographie et de sciences : chaque discipline est repérable par sa couleur (bleu en histoire, vert en géographie, et rouge en sciences).
Les leçons sont structurées, le vocabulaire et la syntaxe adaptés aux jeunes élèves.
Les documents iconographiques ont été sélectionnés avec un très grand soin, pour les informations qu'ils apportent et pour leurs qualités esthétiques.
À partir de ces documents et des questions qui lui sont posées, l'enfant mène son enquête, en histoire pour connaître le passé et comprendre le présent; en géographie pour comparer et explorer; en sciences pour expérimenter et pour comprendre le monde.
Avec le Multilivre, l'enfant devient tour à tour détective, explorateur et chercheur.

Le cahier d'exercices

Pour votre classe, un cahier d'exercices permet à l'enfant d'approfondir les notions abordées dans le manuel.
Vous trouverez pour chaque leçon de chaque matière, deux pages d'exercices (A et B) construites autour du livre de l'élève qui :
- apportent des compléments sur les notions abordées;
- permettent de consolider les apprentissages et de faciliter la mémorisation;
- prolongent les activités proposées dans le livre.

Le guide pédagogique

Pour vous, le guide pédagogique est une aide à la préparation des séquences. Il apporte des connaissances théoriques et pratiques; il vous guide dans la conduite de votre classe.

Et aussi les photofiches et les posters

Pour votre classe, une pochette de fiches à photocopier (Photocop) réunit des activités et des exercices complémentaires, ainsi que des fiches d'évaluation.

Pour votre classe, des posters permettent de présenter à la classe entière des documents essentiels dans chaque discipline : cartes de géographie, planches documentaires en sciences, images de personnages ou événements historiques importants.

Les intentions pédagogiques

Les auteurs du Multilivre ont voulu, aussi bien en histoire qu'en géographie et en sciences, offrir aux maîtres et à leurs élèves un outil complet.

Un livre unique pour trois disciplines

Avec le Multilivre, l'élève découvre l'histoire, la géographie et les sciences dans un même manuel. Le Multilivre veut aider l'enfant à observer et comprendre le monde qui l'entoure de façon cohérente : la Terre, la nature, les hommes, leurs activités dans le présent et dans le passé, ici et ailleurs...

Il permet d'établir des passerelles entre ces champs de connaissance et offre ainsi, au maître et à l'élève, une démarche interdisciplinaire et transversale cohérente dans l'esprit des nouvelles orientations pédagogiques. Le Multilivre donne une importance égale aux trois disciplines en respectant cependant leurs spécificités et leurs méthodes propres.

Un livre pratique

Le Multilivre s'appuie sur la réalité quotidienne de la classe. Il a pour ambition de faciliter le travail de l'enseignant et de l'enfant. Ils ont un seul livre en main (208 pages) qui est l'équivalent de deux ou trois manuels traditionnels.

Le Multilivre, tout en respectant les instructions officielles, prend en compte les horaires réels d'enseignement.
Le programme de chaque matière est développé sur treize leçons, complétées en fin de chapitre par six dossiers de méthodologie « savoir et faire », pour « apprendre à apprendre ». La structure des leçons étant la même pour chaque discipline (quatre pages par leçon), l'accès aux connaissances, plus rapide et plus efficace, est simplifié. Chaque leçon propose des documents, des activités et réunit les notions et informations essentielles.
Le volume des connaissances est volontairement maîtrisé. On s'en tient toujours aux aspects fondamentaux d'une question.

Le Multilivre CE2 est conçu comme le premier maillon d'une chaîne des savoirs. Les choix de ce premier niveau se conçoivent dans la démarche complète du cycle 3. Dans l'esprit des cycles et en fonction de la classe, le Multilivre CE2 peut être aussi utilisé en début de CM1.

Un livre attrayant et motivant pour un élève actif

Les auteurs ont souhaité rendre l'enfant aussi actif que possible. Lectures, observations, réflexions, manipulations, recherches... toutes ces activités, manuelles et intellectuelles permettent à l'enfant de s'impliquer réellement dans son apprentissage et de rester constamment motivé par la variété de ses découvertes.

Pour chaque leçon, l'enfant est amené à :

Observer un document photographique ou un dessin.
Point fort dans le déroulement d'une leçon, cette observation permet de lancer le travail de réflexion et rebondit sur différentes activités de découverte.

Les peuples de la Gaule

2 Les Gaulois

En 121 avant Jésus-Christ, les Romains occupent le sud de la Gaule. Les années passant, ils veulent conquérir la Gaule entière. Des tribus gauloises luttent pour leur indépendance.
En 52 av. J.-C., elles choisissent Vercingétorix pour chef. Mais Jules César prend au piège toute l'armée gauloise à Alésia.

14 Vercingétorix jette ses armes aux pieds de César. Tableau de Lionel Royer, 1899. Le Puy, musée Crozatier.

Première page de la leçon 2 (histoire) du livre de l'élève

Enquêter et se documenter en faisant des recherches à l'école, à la bibliothèque ou à la maison ; en interrogeant son entourage pour, par exemple, connaître la vie d'hier (génération des parents, grands-parents, voire arrière-grands-parents) et celle d'aujourd'hui.

Lire des cartes variées (cartes à différentes échelles, de styles différents), des documents authentiques (essentiellement des photographies), des schémas scientifiques, des frises chronologiques.

Découvrir

1 Observation
A. Quel est le titre du tableau ?
B. Combien d'années ont passé entre la bataille d'Alésia et le travail du peintre ?
C. L'artiste a-t-il été fidèle au récit de César (voir lecture ci-dessous) ? Quelle différence essentielle remarquons-nous ?

2 Lecture de texte
Pendant l'hiver 52-51 av. J.-C., Jules César écrivit en Gaule un livre qui raconte comment Vercingétorix fut livré le 26 septembre 52 :
« Le lendemain, Vercingétorix déclare qu'il a entrepris la guerre pour défendre la liberté. Puisqu'il faut se soumettre au destin, il propose que les chefs gaulois le tuent ou qu'ils le livrent vivant. Des messagers gaulois sont envoyés à César pour que le général romain décide du sort de Vercingétorix. César veut les armes et les chefs vivants. Il s'avance sur le rempart. Là, Vercingétorix lui est livré, et tous les Gaulois jettent leurs armes. »
D'après Jules César, *La Guerre des Gaules*, livre VII, chapitre 89.
Dans quel pays Jules César a-t-il écrit son livre ?
A-t-il attendu longtemps pour l'écrire ?

3 Enquête
Gaule belgique
Gaule celtique
Gaule aquitaine
Gaule narbonnaise
PICTONS : peuple de Gaule
Quelle était la tribu gauloise qui vivait dans notre région ?
Y a-t-il des traces de la présence gauloise, près de chez nous ?

4 Lecture de dessin
Fortifications des Romains assiégeant Alésia.
Combien de fossés les Romains ont-ils construits devant Alésia ?
À quoi servent les pièges placés par les Romains ? Et les tours ?

5 Observons la frise
Combien de temps a duré la ivilisation gauloise ?

15

Deuxième page de la leçon 2 (histoire) du livre de l'élève

Les intentions pédagogiques

Réaliser des cartes, des frises pour mieux se les approprier. On sollicitera souvent l'enfant en géographie pour qu'il réalise lui-même des plans (classe, ville...), qu'il complète des cartes (relief de la France, agriculture et élevage...).

De même, en histoire, il apprendra à représenter le temps qui passe en le matérialisant sur différentes frises, à différentes échelles.

S'exprimer à l'aide d'un vocabulaire historique, géographique et scientifique de plus en plus précis.

Dessiner pour relater une expérience, mémoriser un paysage, représenter un personnage...

Comparer des documents, des résultats d'expériences, le vécu de l'enfant...

Débattre pour comparer son point de vue avec ses camarades.

Lire un texte de leçon. Chaque leçon est construite généralement en trois paragraphes, un pour chaque point important à retenir. Les phrases sont volontairement courtes, le vocabulaire est choisi dans le lexique des jeunes enfants. Certains mots sont expliqués.

Les idées essentielles sont reprises dans un bref résumé (*Je retiens*) que l'enfant peut lire et mémoriser ou comparer à celui rédigé par la classe.

En savoir plus à l'aide d'une page de type magazine qui propose des textes historiques, géographiques ou scientifiques, des jeux (d'association, de devinettes...), des expériences simples à réaliser, des cartes géographiques, des informations transversales et interdisciplinaires, pour amuser les enfants et relancer leur attention.

En savoir plus

Trois images de Vercingétorix

Pièce en or, vers 52 av. J.-C.

Christophe Lambert incarne Vercingétorix au cinéma en 1999.

Portrait-robot fait par la police en 2001.

Observe ces trois documents. Quelle conclusion peux-tu en tirer ?

Les paysans gaulois ▶

Observe ce dessin et décris les activités des paysans gaulois.

La cruauté de César

« Vercingétorix avait un beau et noble visage. Mais César, insensible au dévouement du jeune chef, le fit enchaîner, le traîna derrière son char de triomphe en rentrant à Rome, et enfin le jeta dans un cachot. Puis César le fit étrangler. – "Hélas ! dit Jean-Joseph avec amertume. Il était bien cruel ce César..." Enfants, réfléchissez en votre cœur, et demandez-vous lequel de ces deux hommes, dans cette lutte, fut le plus grand. – "Oh ! s'écria Julien, tout ému de sa lecture, je n'hésiterais pas, moi, et j'aimerais encore mieux souffrir tout ce qu'a souffert Vercingétorix que d'être cruel comme César." »

G. Bruno, *Tour de France par deux enfants*, livre de lecture, 1877.

Débat : Que pensez-vous de la réaction de Julien ?

Le gaulois

Parles-tu gaulois ?
amma = maman
briva = le pont
dunon = la ville
Gallus = Gaulois ou le coq
torcos = le sanglier

Voici un enfant gaulois avec son capuchon : le cucullus.

17

Quatrième et dernière page de la leçon 2 (histoire) du livre de l'élève

« Apprendre à apprendre »

Pour aider l'enfant à acquérir ces compétences et construire son savoir, les auteurs ont souhaité proposer, dans chacune des disciplines, des dossiers « Savoir et Faire » intercalés entre les chapitres. Ce sont des leçons de méthodologie qui offrent aux élèves et à l'enseignant des outils, des exercices, des grilles d'observation pour « apprendre à apprendre ». Ils ouvrent des pistes pour acquérir la rigueur, l'attention et les méthodes de travail les plus directement utiles dans chaque matière :

- en histoire, par exemple, effectuer un travail sur la frise chronologique, une image ou un texte historique... ;
- en géographie, lire des cartes et des plans, dessiner une carte, utiliser un graphique... ;
- en sciences, lire des documents, réaliser des expériences, manipuler des objets, utiliser des schémas...

Des outils pour évaluer les connaissances et les compétences

Les différentes activités réalisées en classe permettent à l'enfant d'acquérir des connaissances disciplinaires et des compétences méthodologiques que l'enseignant peut évaluer à l'aide des *photofiches*.

Pour chaque leçon, deux fiches sont proposées aussi bien dans le cahier que dans la pochette de photofiches. Dans cette dernière, on trouve également une troisième fiche particulièrement réservée à l'évaluation : l'enseignant peut mettre une appréciation...

Lire

Les Gaulois

Un forgeron gaulois, travaillant sur son enclume.

La Gaule celtique

L'histoire des Gaulois commence au début du Ve siècle av. J.-C. Ils sont appelés « Celtes » par les Grecs. Contrairement aux Grecs et aux Romains, les Gaulois n'écrivaient pas de livres d'histoire. Nous les connaissons grâce à ce que leurs ennemis ont dit sur eux, ou grâce aux fouilles.

Des artisans habiles et des paysans actifs

Les fouilles montrent que les Gaulois étaient des travailleurs habiles. Les artisans fabriquent toutes sortes d'outils et d'armes. Les forgerons* dans leur forge travaillent le bronze*, et les orfèvres* fabriquent des bracelets et des colliers en or. Les paysans vivent dans des fermes et produisent une abondante nourriture.

Des guerriers courageux

Les Gaulois sont célèbres pour leur courage. Ils combattent aussi bien à pied ou à cheval. En 121 av. J.-C., les Romains s'installent dans le Sud de la Gaule. Les Gaulois ne peuvent résister à leur poussée. En 52 av. J.-C., le chef des Arvernes, Vercingétorix, essaie de rassembler les tribus indépendantes pour résister. Mais il est vaincu par Jules César à Alésia. Toute la Gaule obéit à Rome.

* Un forgeron : un artisan qui travaille les métaux en les faisant chauffer sur des braises et en les frappant au marteau pour leur donner une forme précise.
Le bronze : mélange de cuivre et d'étain fondus ensemble, et brillant comme l'or.
Un orfèvre : un artisan qui fabrique des bijoux.

Je retiens

La civilisation gauloise se développe entre la Loire et le Rhin au début du Ve siècle avant Jésus-Christ. Les Gaulois sont des paysans habiles et des artisans adroits. Malgré leur vaillance au combat, ils sont vaincus par les Romains en 52 avant Jésus-Christ.

16

Troisième page de la leçon 2 (histoire) du livre de l'élève

Savoir et faire

Le carnet d'expériences

Il te permet de rassembler tous les écrits scientifiques, photographiques, dessins, schémas, tableaux réalisés au cours des leçons de sciences.

Comment l'organiser ?

Tu choisis un classeur avec des feuilles blanches et de couleur ou un cahier avec deux stylos de couleurs différentes.
Sur les feuilles de couleur, tu écris pour toi ; ce travail personnel ne sera pas contrôlé.
Sur le papier blanc, tu organises le travail mis en commun avec la classe ; il est corrigé et peut être communiqué à tes parents.

Des conseils pour bien présenter ton travail personnel

– écris la date de ton travail ;
– choisis un titre ou note ta question ;
– trace les traits à la règle ;
– dessine au crayon à papier, soigne tes dessins et légende-les ;
– applique-toi quand tu écris ;
– relis ton travail et vérifie l'orthographe des mots nouveaux ;
– maintiens ton classeur en ordre.

À la recherche des traces d'animaux dans la nature

Va dans la nature, dans un jardin public ou à la campagne.
Observe attentivement le sol. Exerce-toi à repérer les traces et les indices laissés par les animaux. Taupinières, tortillons de vers de terre, excréments, coquilles, œufs, chrysalides, entrées de terriers et galeries, toiles d'araignées, poils, plumes, ossements, restes de repas, sont des pistes à suivre.

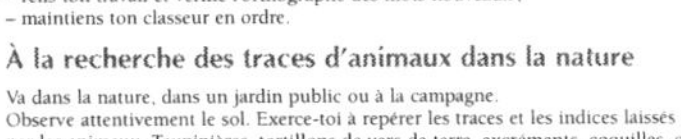

Des crottes de lapin. Des empreintes de pattes du pigeon. Une plume perdue par un oiseau.

Questionne-toi.

Qui a laissé ces traces ? Pourquoi sont-elles là ?
Quels renseignements nous apportent-elles sur la vie de l'animal ?
Quelles réponses peux-tu apporter ? Comment peux-tu les vérifier ?
Tu peux mettre en place des observations plus précises, rechercher dans les documents de la BCD ou sur Internet, enquêter auprès des adultes compétents ou bien imaginer des expériences que tu réaliseras.

194

Savoir et faire

Voici un exemple. Tu as repéré des empreintes de pattes :

Des empreintes de pattes de lapin.

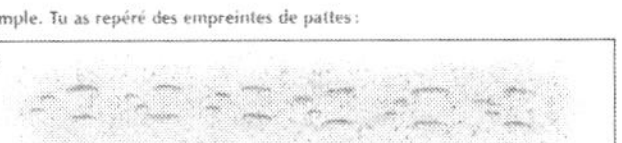

Décris-les et **dessine-les** : recherche dans un guide des traces des animaux, le nom de l'animal qui a laissé ces traces.

Pose-toi **des questions** : pourquoi se déplace-t-il ? Pour rechercher de la nourriture ? Pour regagner son terrier ? Pour fuir un renard ? Comment se déplace-t-il ? Dans quel sens ? Comment le savoir ? Sélectionne les questions que tu vas travailler.

Note **tes hypothèses** : par exemple, « il faut identifier les empreintes des pattes avant et des pattes arrières pour connaître le sens du déplacement ».

Inscris **tes observations** : « Les pattes avant laissent des petites traces rondes. Il n'y a que le bout des doigts qui repose sur le sol. Les pattes arrière laissent des traces plus longues. Elles reposent sur un grand pied. »

Comment **vérifier** ? Écris ce que tu comptes faire : « Je vais faire avancer le lapin sur du sable ou de la terre et j'observerai. »

Réalise cette **expérience** et note ou dessine **ce que tu as constaté**.
Quelle **analyse** fais-tu ?
« Le lapin avance par petits bonds. Ses pattes postérieures appuyées sur le sol se détendent brusquement et le propulsent en avant. Il atterrit sur ses pattes antérieures. Puis il ramène vers l'avant ses pattes postérieures qui se posent devant les empreintes des pattes antérieures. »

Quelle est **la conclusion** ? « Le lapin qui a laissé ces traces se déplaçait de gauche à droite. »

Je retiens

**Sur ton carnet d'expériences, tu notes un titre ou tu poses ta question.
Tu donnes ton avis ou tu formules l'hypothèse que tu vas vérifier.
Tu proposes quelles observations, quelles expériences, quelle recherche documentaire ou quelle enquête tu vas réaliser pour vérifier ton hypothèse.
Tu peux noter à quels résultats tu t'attends puis tu conduis ta recherche.
Tu dessines, tu fais des schémas, tu expliques, tu mesures, tu notes ce que tu as constaté.
Si tu obtiens le résultat que tu attendais, écris ta conclusion.
Si tu n'obtiens pas ce résultat, essaie d'expliquer pourquoi.**

195

Dossier « Savoir et Faire » de sciences extrait du livre de l'élève

L'évaluation des connaissances et des compétences ne saurait se passer du recours à la mémoire. L'enfant doit pouvoir montrer :
– qu'il a compris et retenu l'essentiel
– qu'il connaît le vocabulaire historique, géographique et scientifique découvert.

Les exercices proposés sont variés : répondre à des questions, comparer, compléter, mettre en évidence des relations ; rédiger des légendes ; utiliser et construire des cartes, des croquis ; identifier des lieux, des personnages, des symboles...

Un livre pour aimer l'histoire, la géographie et les sciences

Étudier l'histoire, c'est transformer l'enfant en détective.

Après avoir commencé à prendre des repères dans le temps et l'espace, à découvrir le monde qui l'entoure au cours du cycle des apprentissages fondamentaux, l'enfant de CE2 aborde, pour la première fois, chaque discipline en tant que telle.

Faire découvrir et aimer l'histoire, la géographie et les sciences deviennent alors des objectifs primordiaux.

L'histoire est une aventure que l'on nous raconte : « Il était une fois les hommes de la Préhistoire », « Il était une fois les soldats de la guerre de 14 dans les tranchées »...

Mais l'histoire, c'est aussi saisir le déroulement du temps, étudier des images, lire des documents, faire une enquête, connaître le passé pour tenter de mieux comprendre le présent.

Étudier la géographie, c'est transformer l'enfant en explorateur.

Autrefois, les hommes voyageaient peu. Aujourd'hui, nous voyons des paysages lointains, des façons de vivre différentes de la nôtre. Mais ces connaissances ne sont pas toujours très précises... Il faut apprendre à observer, à comparer et l'exploration peut commencer tout près de chez nous.

Étudier les sciences, c'est transformer l'enfant en chercheur.

Observer et expérimenter pour comprendre la vie des animaux, de l'homme, des plantes, découvrir les éléments qui composent le monde et le fonctionnement de certains objets.

Amener l'enfant à se poser des questions et à chercher des réponses, à se comporter en vrai scientifique, précis et méthodique.

L'histoire

Les nouveaux programmes définissent les objectifs de l'enseignement de l'histoire au cycle 3 : « À partir d'une approche disciplinaire de l'histoire mieux constituée, le maître aide l'élève à construire une intelligence du temps historique, fait de simultanéité et de continuité, d'irréversibilité et de rupture, de courte et de longue durée [...].
L'élève doit être capable de comprendre la spécificité de l'histoire, cette "connaissance par traces" qui, pour l'historien, sont des sources ou des documents. »
Ils précisent également l'importance de présenter « quelques personnages majeurs, dans l'ordre politique, mais aussi littéraire, artistique ou scientifique. On n'oubliera pas, pour autant, le rôle de groupes plus anonymes ni celui des femmes ». Ils insistent enfin sur la nécessaire lecture de « récits de l'époque », sur l'« apprentissage de l'interprétation des images » et sur la « réflexion collective et le débat ».
Dans le programme du cycle des approfondissements, les auteurs ont retenu, pour la première année du cycle, les thèmes présentés dans le tableau ci-dessous. Les thèmes signalés par un astérisque (*) seront traités en CM1 ou en CM2.

LE PROGRAMME DU CYCLE 3	LES RÉPONSES DU MULTILIVRE CE2
Des origines aux débuts du Moyen Âge – Les temps préhistoriques. – La Gaule et la romanisation. – La christianisation (*). – Les grandes invasions (*). L'homme de Tautavel, il y a près de 500 000 ans ; Chauvet, il y a près de 30 000 ans ; Jules César et Vercingétorix, Alésia : 52 av. J.-C., Clovis (496).	**1** Les hommes de la Préhistoire, *Les peintres de Chauvet* **2** Les peuples de la Gaule, *Les Gaulois* **3** Les Gallo-Romains, *La Gaule romaine* **4** Naissance du royaume de France, *Clovis, premier roi de France*
Le Moyen Âge – Charlemagne et l'empire carolingien. – Le temps des châteaux et des cathédrales. La vie dans les campagnes et l'essor urbain (*). – L'affirmation du pouvoir royal et la formation du royaume de France (*). Couronnement de Charlemagne en l'an 800 ; Hugues Capet, roi de France : 987 ; Saint Louis ; Jeanne d'Arc († 1431).	**5** L'empire carolingien, *Charlemagne* **6** Le Moyen Âge, *Au temps des châteaux forts*
Les Temps modernes et la Révolution – Les grandes découvertes (*) ; la Renaissance ; les guerres de religion (*). – Louis XIV (1643-1715) et la monarchie absolue ; la société française et l'art classique (*). – La Révolution française et l'Empire. Christophe Colomb en Amérique : 1492 ; Jacques Cartier ; François Ier ; Marignan : 1515 ; les châteaux de la Loire ; Léonard de Vinci ; Henri IV ; Colbert ; Molière ; Versailles ; Prise de la Bastille : 14 juillet 1789 ; proclamation de la République : 22 septembre 1792 ; Napoléon, empereur des Français : 1804.	**7** Un prince de la Renaissance, *François Ier, un roi chevalier* **8** Le siècle de Louis XIV, *Louis XIV le Roi-Soleil* **9** 1789-1794, La fin de l'Ancien Régime, *La Révolution française* **10** Le Premier Empire, *Napoléon Ier empereur des Français*
Le XIXe siècle (1815-1914) : la France dans une Europe dominante – Les progrès scientifiques (*), la révolution industrielle, les transformations sociales (*). – La construction de la République et les difficiles progrès de la démocratie (*). – La France dans le monde (*). Exposition universelle de 1889 et la tour Eiffel ; Pasteur et Marie Curie ; Victor Hugo ; Jules Ferry ; loi interdisant le travail des enfants de moins de 8 ans : 1841 ; le suffrage universel : 1848 ; l'école laïque, gratuite et obligatoire : 1882.	**11** La révolution industrielle, *Le siècle du charbon et de l'acier*
Le XXe siècle (1914-2000) : la France dans un monde bouleversé – La France dans les deux guerres mondiales : 1914-1918, 1939-1945 (occupation et libération de la France, la Résistance). – Les transformations technologiques et sociales au cours du XXe siècle (*). – La France dans le monde et la construction européenne (*). Verdun ; l'armistice de la Grande Guerre : 11 novembre 1918 ; l'appel du 18 juin 1940 ; le Général de Gaulle ; Jean Moulin ; fin de la Seconde Guerre mondiale en Europe : 8 mai 1945 ; la chute du mur de Berlin.	**12** La Première Guerre mondiale, *L'enfer des tranchées* **13** La France du XXe siècle, *Guerre et paix*

Choix didactiques

Nous avons choisi, dans le manuel de l'élève, une approche classique de type chronologique. Elle est plus familière à l'enseignant et plus instructive pour l'enfant puisqu'il y voit que l'histoire se déroule au rythme des siècles. Il est utile de voir la répartition des chapitres sur le fil de l'histoire et à l'intérieur des grandes périodes (les dates sont volontairement « simplifiées ») :

Préhistoire : 1 chapitre	**1.** 30 000 av. J.-C.	Chauvet
Antiquité : 3 chapitres	**2.** 400 av. J.-C. à 0	Les Gaulois
	3. 1 à 400 ap. J.-C.	Les Gallo-Romains
	4. 500	Clovis
Moyen Âge : 2 chapitres	**5.** 800	Charlemagne
	6. 1000 à 1500	Les châteaux forts
Temps modernes : 3 chapitres	**7.** 1500 à 1550	François Ier
	8. 1650 à 1715	Louis XIV
	9. 1789 à 1799	La Révolution
Époque contemporaine : 4 chapitres	**10.** 1800 à 1815	Le Consulat et l'Empire
	11. 1830 à 1900	La révolution industrielle
	12. 1914 à 1918	La Première Guerre mondiale
	13. 1940 à nos jours	De la guerre à la paix

Ce découpage révèle des choix didactiques précis :

■ **Couvrir la totalité de l'histoire de France.** En début du cycle 3, un premier parcours d'ensemble nous a paru préférable à un découpage en trois ensembles chronologiques successifs : CE2, Préhistoire - Antiquité - Moyen Âge ; CM1, Temps modernes ; CM2, Époque contemporaine. Un parcours éclaté empêcherait la compréhension par l'enfant de l'échelle du temps, qui est nécessaire au moment où il découvre une nouvelle discipline.

■ En début de cycle, nous avons pensé qu'il était souhaitable de **partir le plus possible du concret**, de ce qui est proche de l'enfant pour réserver une histoire plus « théorique » à la seconde partie du cycle 3.

C'est pourquoi, sur treize chapitres, six s'appuient sur un personnage célèbre, les autres traitent d'une période correspondant au goût de l'enfant et qui se trouve être familière à « l'environnement social » (les plus représentés par exemple dans les médias audiovisuels, la presse, les expositions, etc.) : la préhistoire, les Gaulois, les châteaux forts, la Révolution, les deux guerres.

Ce n'est qu'au CM que l'on introduira précisément l'analyse de périodes demandant une approche plus abstraite. Par exemple, on verra que les temps néolithiques ne sont pas présentés en tant que tels au CE2. Cette « révolution » qui a vu passer les hommes de l'état de nomades à celui de bergers et d'agriculteurs sera présentée de manière approfondie au CM1.

Pour les mêmes raisons de réalisme, nous n'avons pas abordé la vie dans les campagnes et l'essor urbain au Moyen Âge, le siècle des Lumières (XVIIIe siècle), l'entre-deux-guerres (1919-1929), les phases de la Seconde Guerre mondiale, etc. Nous renvoyons aux deux années scolaires suivantes pour étudier ces questions essentielles mais plus « conceptuelles ».

Objectifs généraux

En ce début de cycle 3, nous nous sommes fixés trois objectifs prioritaires. Ils pourront paraître partiels mais ils sont réalistes étant donné le nombre d'heures d'enseignement et le fait que, dans les nouveaux programmes, le CE2 est la première année d'enseignement de l'histoire en tant que discipline, au sens strict.

Faire aimer l'histoire au jeune enfant

Pour y parvenir, le Multilivre permet à l'enfant de **s'appuyer sur des personnages forts** (Clovis, Charlemagne, François Ier...) ou **des faits marquants** (la prise de la Bastille, la vie dans les tranchées...). Ce sont eux qui servent de point de départ à chaque leçon.

Les documents (tableaux, dessins, photographies...) qui présentent ces personnages ou les faits marquants sont reproduits dans le *cahier d'exercices.*
Dans la page « En savoir plus », l'élève découvrira des anecdotes, des informations surprenantes, mais aussi des textes d'époque, des œuvres d'art, etc.

En entrant dans l'histoire par des informations variées et amusantes, l'enfant prendra plus facilement des repères et s'avancera plus aisément sur les chemins de l'histoire.

Mettre en place les échelles du temps

Il est essentiel – mais encore assez difficile – pour l'enfant de CE2 de prendre conscience de **la relativité des durées historiques**, de comprendre les échelles de durée d'un événement à l'autre : de saisir par exemple que 30 000 ans nous séparent de l'homme de Chauvet, près de 1 000 des châteaux forts et seulement 60 de la Seconde Guerre mondiale. Ces notions d'échelle chronologique ne sont parfois pas acquises même en fin de cycle 3. Chaque leçon fait donc l'objet d'un travail précis sur la chronologie.

L'histoire

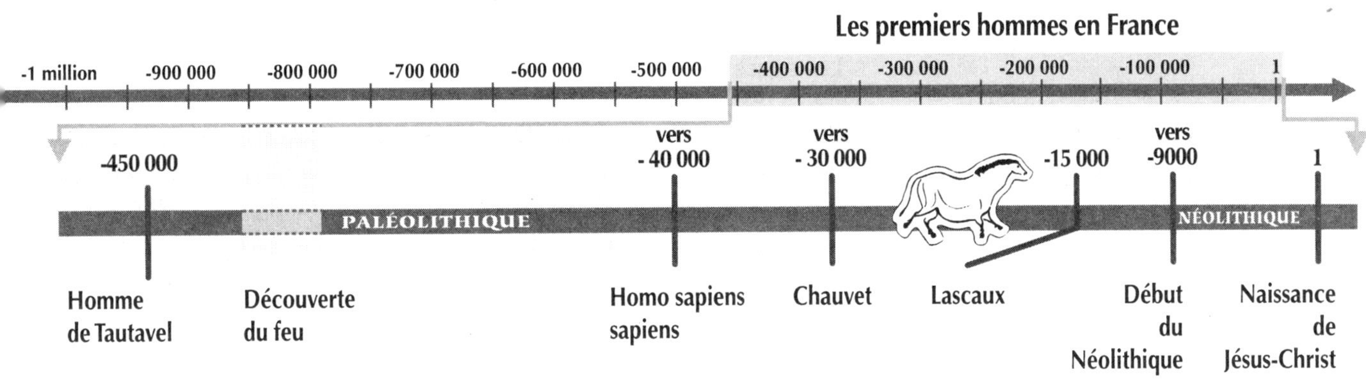

Cette première frise représente plus d'un million d'années...

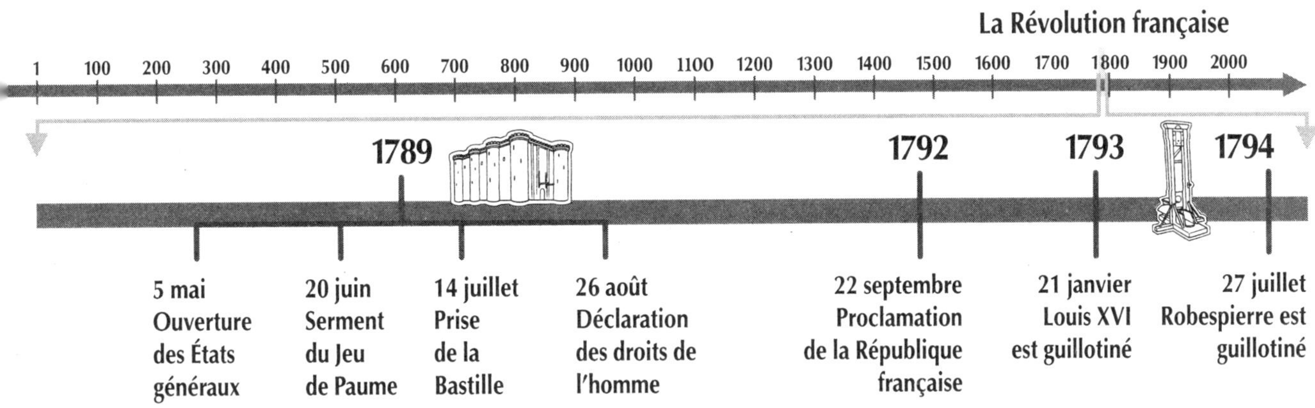

... celle-ci seulement 6 ans !

• Une première frise, toujours affichée en classe, donnera l'échelle de la période analysée (sa durée proportionnelle).

• Une seconde frise situera les événements importants dans la période ; elle sera toujours découverte dans le livre. L'enfant apprendra peu à peu qu'une même représentation peut couvrir des réalités bien différentes.

On demandera souvent à l'enfant de recopier cette frise dans son cahier et de l'enrichir avec des illustrations apportées lors des enquêtes ou réalisées par lui.
Pour aider l'enfant à se repérer dans le temps, la collection Multilivre propose différents outils.

Dans le *livre de l'élève*, deux dossiers « Savoir et faire » :

• **La frise chronologique** (pp. 62 et 63) à découvrir en début d'année avec la classe. Travailler sur cette double page permet :
– de découvrir la mesure du temps,

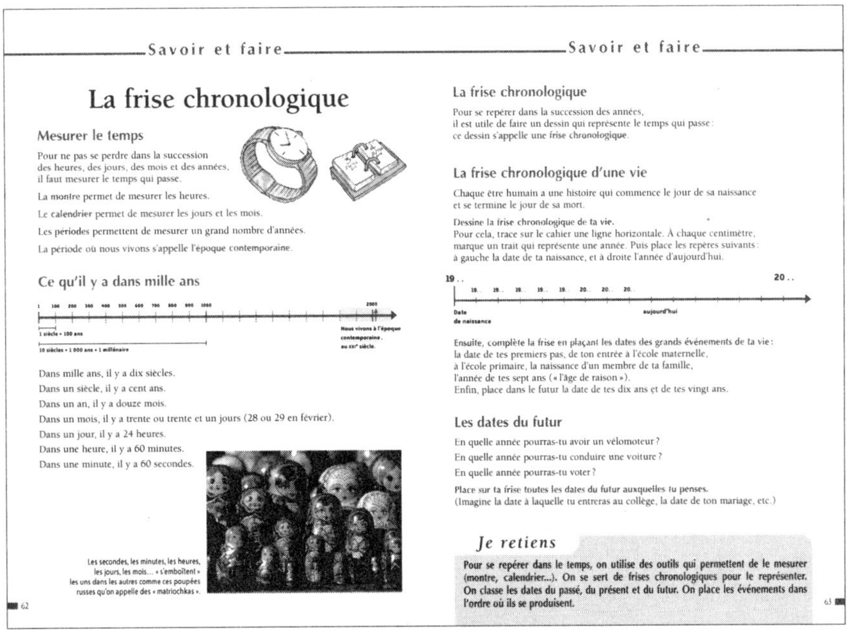

Savoir et faire

La frise chronologique

Mesurer le temps

Pour ne pas se perdre dans la succession des heures, des jours, des mois et des années, il faut mesurer le temps qui passe.

La montre permet de mesurer les heures.

Le calendrier permet de mesurer les jours et les mois.

Les périodes permettent de mesurer un grand nombre d'années.

La période où nous vivons s'appelle l'époque contemporaine.

Ce qu'il y a dans mille ans

1 100 200 300 400 500 600 700 800 900 1000 2000
1 siècle = 100 ans
10 siècles = 1 000 ans = 1 millénaire
Nous vivons à l'époque contemporaine, au XXIe siècle.

Dans mille ans, il y a dix siècles.
Dans un siècle, il y a cent ans.
Dans un an, il y a douze mois.
Dans un mois, il y a trente ou trente et un jours (28 ou 29 en février).
Dans un jour, il y a 24 heures.
Dans une heure, il y a 60 minutes.
Dans une minute, il y a 60 secondes.

Les secondes, les minutes, les heures, les jours, les mois... « s'emboîtent » les uns dans les autres comme ces poupées russes qu'on appelle des « matriochkas ».

62

Savoir et faire

La frise chronologique

Pour se repérer dans la succession des années, il est utile de faire un dessin qui représente le temps qui passe : ce dessin s'appelle une frise chronologique.

La frise chronologique d'une vie

Chaque être humain a une histoire qui commence le jour de sa naissance et se termine le jour de sa mort.

Dessine la frise chronologique de ta vie.
Pour cela, trace sur le cahier une ligne horizontale. À chaque centimètre, marque un trait qui représente une année. Puis place les repères suivants : à gauche la date de ta naissance, et à droite l'année d'aujourd'hui.

19 . . 19. . 19. . 19. . 19. . 19. . 20. . 20. . 20. . 20 . .
Date de naissance — aujourd'hui

Ensuite, complète la frise en plaçant les dates des grands événements de ta vie : la date de tes premiers pas, de ton entrée à l'école maternelle, à l'école primaire, la naissance d'un membre de ta famille, l'année de tes sept ans (« l'âge de raison »).
Enfin, place dans le futur la date de tes dix ans et de tes vingt ans.

Les dates du futur

En quelle année pourras-tu avoir un vélomoteur ?
En quelle année pourras-tu conduire une voiture ?
En quelle année pourras-tu voter ?

Place sur ta frise toutes les dates du futur auxquelles tu penses.
(Imagine la date à laquelle tu entreras au collège, la date de ton mariage, etc.)

Je retiens

Pour se repérer dans le temps, on utilise des outils qui permettent de le mesurer (montre, calendrier...). On se sert de frises chronologiques pour le représenter. On classe les dates du passé, du présent et du futur. On place les événements dans l'ordre où ils se produisent.

63

Un dossier « Savoir et Faire » extrait du livre de l'élève

– d'apprendre le vocabulaire autour de la mesure du temps (siècle, an, mois...),
– d'acquérir la notion de frise chronologique,
– de réaliser une première frise chronologique : celle de la vie de l'enfant !

• Les frises chronologiques de l'histoire (pp. 64 et 65).

Le travail sur cette double page permet d'expliquer :

– le « point de départ » de toute frise chronologique : la naissance de Jésus-Christ,

– l'importance de l'échelle dans une frise chronologique,

– la frise chronologique telle qu'elle est présentée dans le Multilivre.

Ce travail permet aussi de présenter les cinq grandes périodes de l'histoire (Préhistoire, Antiquité, Moyen Âge, Temps modernes et Époque contemporaine).

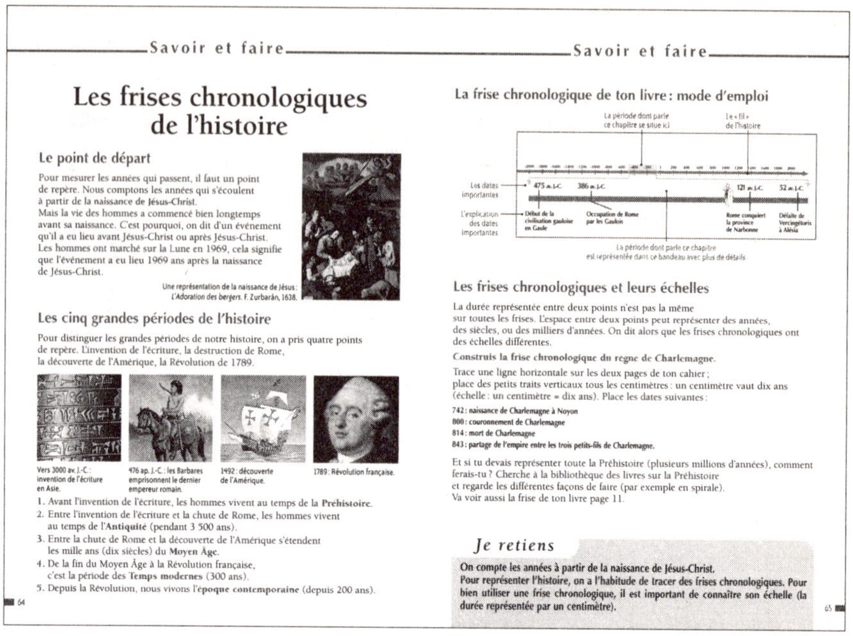

Savoir et faire

Les frises chronologiques de l'histoire

Le point de départ

Pour mesurer les années qui passent, il faut un point de repère. Nous comptons les années qui s'écoulent à partir de la naissance de Jésus-Christ.
Mais la vie des hommes a commencé bien longtemps avant sa naissance. C'est pourquoi, on dit d'un événement qu'il a eu lieu avant Jésus-Christ ou après Jésus-Christ.
Les hommes ont marché sur la Lune en 1969, cela signifie que l'événement a eu lieu 1969 ans après la naissance de Jésus-Christ.

Une représentation de la naissance de Jésus : L'Adoration des bergers, F. Zurbarán, 1638.

Les cinq grandes périodes de l'histoire

Pour distinguer les grandes périodes de notre histoire, on a pris quatre points de repère. L'invention de l'écriture, la destruction de Rome, la découverte de l'Amérique, la Révolution de 1789.

Vers 3000 av. J.-C. : invention de l'écriture en Asie. — 476 ap. J.-C. : les Barbares emprisonnent le dernier empereur romain. — 1492 : découverte de l'Amérique. — 1789 : Révolution française.

1. Avant l'invention de l'écriture, les hommes vivent au temps de la **Préhistoire**.
2. Entre l'invention de l'écriture et la chute de Rome, les hommes vivent au temps de l'**Antiquité** (pendant 3 500 ans).
3. Entre la chute de Rome et la découverte de l'Amérique s'étendent les mille ans (dix siècles) du **Moyen Âge**.
4. De la fin du Moyen Âge à la Révolution française, c'est la période des **Temps modernes** (300 ans).
5. Depuis la Révolution, nous vivons l'**époque contemporaine** (depuis 200 ans).

64

Savoir et faire

La frise chronologique de ton livre : mode d'emploi

La période dont parle ce chapitre se situe ici — Le « fil » de l'histoire — Les dates importantes — L'explication des dates importantes — La période dont parle ce chapitre est représentée dans ce bandeau avec plus de détails

Les frises chronologiques et leurs échelles

La durée représentée entre deux points n'est pas la même sur toutes les frises. L'espace entre deux points peut représenter des années, des siècles, ou des milliers d'années. On dit alors que les frises chronologiques ont des échelles différentes.

Construis la frise chronologique du règne de Charlemagne.
Trace une ligne horizontale sur les deux pages de ton cahier ; place des petits traits verticaux tous les centimètres : un centimètre vaut dix ans (échelle : un centimètre = dix ans). Place les dates suivantes :
742 : naissance de Charlemagne à Noyon
800 : couronnement de Charlemagne
814 : mort de Charlemagne
843 : partage de l'empire entre les trois petits-fils de Charlemagne.

Et si tu devais représenter toute la Préhistoire (plusieurs millions d'années), comment ferais-tu ? Cherche à la bibliothèque des livres sur la Préhistoire et regarde les différentes façons de faire (par exemple en spirale).
Va voir aussi la frise de ton livre page 11.

Je retiens

On compte les années à partir de la naissance de Jésus-Christ. Pour représenter l'histoire, on a l'habitude de tracer des frises chronologiques. Pour bien utiliser une frise chronologique, il est important de connaître son échelle (la durée représentée par un centimètre).

65

Le dossier « Savoir et Faire » consacré aux frises chronologiques d'histoire dans le livre de l'élève

Dans le *cahier d'exercices* et les *photofiches* vous trouverez :

• Des exercices pour habituer l'enfant à travailler la chronologie et à se repérer sur une échelle du temps.

• Des frises à compléter.

• Une frise chronologique à construire (*photofiche* p. 53).
Quelques coups de ciseaux, un point de colle : au fur et à mesure de l'année, l'élève complétera la frise qu'il a construite (de - 400 ans à nos jours).

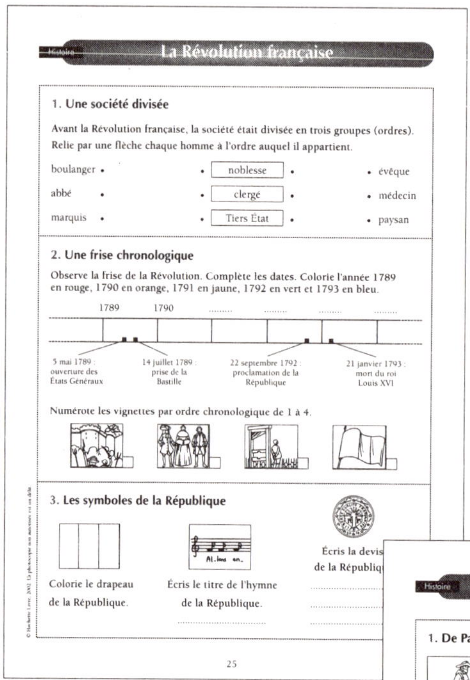

Histoire — La Révolution française

1. Une société divisée

Avant la Révolution française, la société était divisée en trois groupes (ordres). Relie par une flèche chaque homme à l'ordre auquel il appartient.

boulanger • — • noblesse • — • évêque
abbé • — • clergé • — • médecin
marquis • — • Tiers État • — • paysan

2. Une frise chronologique

Observe la frise de la Révolution. Complète les dates. Colorie l'année 1789 en rouge, 1790 en orange, 1791 en jaune, 1792 en vert et 1793 en bleu.

1789 1790 ....

5 mai 1789 : ouverture des États Généraux — 14 juillet 1789 : prise de la Bastille — 22 septembre 1792 : proclamation de la République — 21 janvier 1793 : mort du roi Louis XVI

Numérote les vignettes par ordre chronologique de 1 à 4.

3. Les symboles de la République

Colorie le drapeau de la République. — Écris le titre de l'hymne de la République. — Écris la devise de la République

25

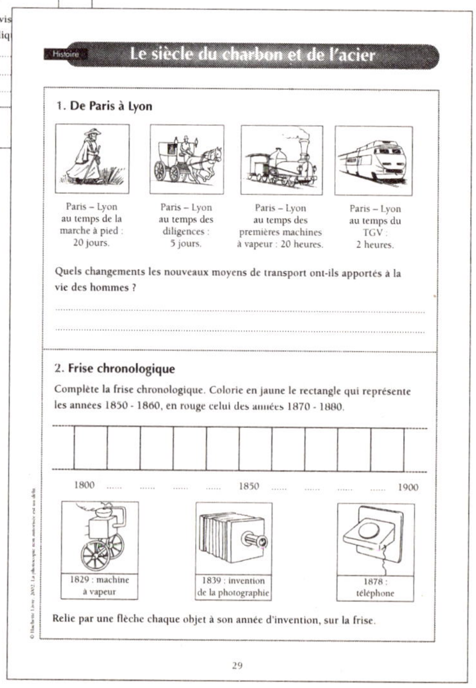

Histoire — Le siècle du charbon et de l'acier

1. De Paris à Lyon

Paris – Lyon au temps de la marche à pied : 20 jours. — Paris – Lyon au temps des diligences : 5 jours. — Paris – Lyon au temps des premières machines à vapeur : 20 heures. — Paris – Lyon au temps du TGV : 2 heures.

Quels changements les nouveaux moyens de transport ont-ils apportés à la vie des hommes ?

2. Frise chronologique

Complète la frise chronologique. Colorie en jaune le rectangle qui représente les années 1850 - 1860, en rouge celui des années 1870 - 1880.

1800 ...... 1850 1900

1829 : machine à vapeur — 1839 : invention de la photographie — 1878 : téléphone

Relie par une flèche chaque objet à son année d'invention, sur la frise.

29

Deux extraits du cahier d'exercices.

• **Un « tableau de l'histoire » à compléter** (*photofiches* pp. 48 à 52).
Le tableau à construire n'a pas pour mission de donner à l'enfant une échelle du temps (puisque chaque période étudiée, quelle que soit sa durée, est représentée de la même manière).
Il permet à l'enfant, pour une période donnée, de choisir quelques points marquants (personnages, vie quotidienne, technologie) et de « personnaliser » son travail par rapport à la région où il vit, ses lieux de vacances... Complété au fur et à mesure de l'année, il constitue aussi un excellent travail de chronologie.

Apprendre à voir et exercer l'esprit critique de l'enfant

L'objectif est de devenir « détective ». Il s'agit d'habituer l'enfant à collecter, comparer textes et images, sources de l'historien. Cette démarche sera développée à partir des documents présentés dans chaque leçon et des documents apportés par le maître.

Il est important que celui-ci dispose de quelques documents historiques de grand format facilitant l'exploitation collective (voir, par exemple, les posters du Multilivre et *80 Documents historiques*, Hachette, Coll. « Pour connaître la France »).

Le principe de l'analyse critique de documents est explicité dans le dossier « Savoir et Faire », pp. 66 à 69 du *livre de l'élève*.

Pratique de la classe

Il est nécessaire de prévoir, pour chaque enfant, un cahier ou un classeur d'histoire où il rangera tout ce qu'il aura rassemblé sur la leçon.

Présentation du thème et de la leçon

Chacun des chapitres a une idée-force, représentée par **la première image** qui est **la colonne vertébrale** autour de laquelle se bâtit la leçon. Pour la Préhistoire, l'idée centrale (**1**) a été de montrer que les hommes préhistoriques sont des peintres habiles et qu'ils ne peuvent pas être assimilés à des « primitifs ». Les Gaulois sont des agriculteurs (**2**); les Romains sont des bâtisseurs de villes (**3**); les Francs se sont convertis au christianisme (**4**); Charlemagne est le créateur d'un empire romain d'Occident (**5**); les châteaux forts ont organisé la vie paysanne et militaire pendant des siècles (**6**); François Iᵉʳ a été le dernier roi chevalier et le grand roi de la Renaissance (**7**); Louis XIV a été le premier roi régnant et gouvernant (**8**); la Révolution a pour symbole la prise de la Bastille (**9**); Napoléon Iᵉʳ cherche à fonder un empire moderne (**10**); le XIXᵉ siècle est le siècle du charbon et de l'acier (**11**); la guerre de 14-18, c'est la souffrance des hommes dans les tranchées (**12**); la France actuelle a été structurée lors de la Libération (**13**).

Deux démarches sont possibles en partant de divers points de vue pour aboutir à l'image symbole présentée dans le manuel.
• La première démarche, celle qui part de l'image, symbole et synthèse d'une époque, sera choisie chaque fois que l'enseignant sentira que les capacités d'observation de la classe sont assez bonnes pour servir de point de départ à sa leçon. L'enseignant organisera alors l'observation en s'appuyant sur la page de droite qui guide la démarche. Il proposera ensuite d'élargir le travail de la classe par des recherches, comme indiqué.
• La deuxième démarche, celle qui part d'un temps d'expression libre des enfants, s'élabore à partir d'une question simple : « Est-ce que vous avez déjà visité/vu un château fort? ». L'enseignant note au tableau les éléments apportés en réponse par les enfants. On revient ensuite à l'image du manuel pour suivre le parcours proposé.
On retrouve cette image centrale dans le *cahier d'exercices* (fléchage, exercice à trous, coloriage...).
• Certains documents sont repris dans la *pochette de posters* et facilitent la discussion et l'observation collectives.

Réalisation des frises chronologiques

La première étape aura permis d'« amasser » des documents historiques. Il s'agit pour l'enseignant et l'enfant d'effectuer une première synthèse en ordonnant ces documents sur l'échelle du temps.

On devra toujours parvenir, dans le cahier de l'enfant, à une réalisation personnelle de la frise accompagnée de dessins, d'images (découpées et collées) pour enrichir la frise plus abstraite proposée dans le *livre de l'élève*.

Il est important que le maître dispose d'une frise de grand format à afficher dans la classe. Elle permettra l'exploitation collective (comme, par exemple, la frise chronologique chez Hachette, Coll. « Pour connaître la France »).

Compléments d'informations et mise en forme des connaissances

Ce troisième temps permettra une mise en forme non plus chronologique mais logique des connaissances.

L'enseignant s'appuiera sur les titres des paragraphes de la leçon proposée dans le *livre de l'élève* pour apporter des informations, des savoirs, et pour ordonner ceux des enfants; par exemple, dans le chapitre 7 *François Iᵉʳ, un roi chevalier* / « Un roi guerrier » / « Un roi administrateur » / « Un roi de la Renaissance ».

Un premier **résumé** des savoirs acquis sera constitué avec la classe et copié dans le cahier de l'enfant. On fera, ensuite, lire individuellement la troisième page de la leçon du *livre de l'élève* ainsi que le résumé *Je retiens* (qui peut être appris si l'enseignant le juge utile).

Prolongements

• Dans le *livre de l'élève*, l'enseignant pourra exploiter à sa guise la page « En savoir plus », à lire en grand ou petit groupe.

• Dans le *cahier d'exercices*, la deuxième page de chaque leçon permettra de revoir les notions essentielles présentées dans les textes du manuel.

L'évaluation pourra être réalisée avec la dernière *photofiche*. Elle pourra être organisée immédiatement après la dernière séquence ou différée.

N.B. Au début de chaque séquence, vous trouverez un bref rappel historique pour vous permettre de faire le lien entre deux périodes étudiées et de « raconter », à votre classe, les principaux événements qui séparent deux leçons.

Le document historique est le point de départ de toute leçon d'histoire : c'est une trace que les élèves vont interroger. Il doit être un élément déclencheur de recherche qui permettra à l'enfant de réfléchir et de comprendre un événement historique. Il est pour l'enfant le fondement de la connaissance. Il serait réducteur d'associer une époque à une seule image, le maître proposera donc d'autres documents, complémentaires de ceux réunis dans le **livre de l'élève**.
Le maître aide l'enfant à établir des relations, à prélever des indices, à exercer son esprit critique et à organiser le savoir qui se construit peu à peu.

Lire une image

Le dossier « Savoir et Faire » pp. 66 et 67 donne une méthode pour interroger l'image à l'aide d'un mot de passe **QUIQUOI-QUANDOÙ ?** L'enfant doit bien réaliser que ces quatre questions Qui ? Quoi ? Quand ? Où ? sont doubles : elles portent sur ce qui est représenté sur l'image et sur l'origine même de l'image, du document.

Des questions sur ce qui se passe dans l'image

Qui ?	Qui sont les personnages représentés ?
Quoi ?	Que représente l'image ?
Quand ?	Quand se passe ce qui est représenté ?
Où ?	Où se passe ce qui est représenté ?

Des questions sur la création de l'image

Qui ?	Qui a fait cette image ?
Quoi ?	Quelle est cette œuvre : une peinture, une photo ?
Quand ?	À quelle date a-t-elle été faite ?
Où ?	Où peut-on voir l'image ?

Lire un texte

L'enfant de CE2 est un jeune lecteur : selon son rythme d'apprentissage il maîtrise parfois encore incomplètement la lecture. Le maître doit alors l'aider à aller au-delà du problème du décodage pour l'entraîner dans un travail sur le sens du texte. Le maître suivra tout particulièrement les enfants en grande difficulté vis-à-vis de la lecture en l'aidant comme le propose le « Savoir et Faire » p. 69 (codage en couleur du texte).
Le même mot de passe **QUIQUOIQUANDOÙ ?** permet d'apprendre à lire un document écrit. Là aussi, chaque question est double (Qui est Clovis ? et Qui a écrit ce texte sur Clovis ?). Poser ces questions renvoie nécessairement à d'autres sources d'informations, à d'autres outils : dictionnaire, atlas historique, encyclopédie, magazines, ouvrages documentaires pour les jeunes…

La géographie

Les nouveaux programmes définissent les objectifs de l'enseignement de la géographie au cycle 3 : « L'élève consolide ses connaissances sur la diversité des espaces en se familiarisant avec une approche disciplinaire spécifique [...] Sans bouleverser l'économie générale du programme précédent, le programme actuel est centré sur la mise en relation de la lecture des paysages et l'étude des cartes. »

L'enseignant doit aider l'élève à découvrir et comprendre le monde contemporain, dans lequel il vit. « L'objectif est de transmettre aux élèves les connaissances nécessaires pour nommer et commencer à comprendre les espaces dans lesquels ils vivent, et qu'ils contribuent, à leur échelle, à transformer [...]. L'enseignement de la géographie suppose donc un usage rigoureux et argumenté de la description, de l'analyse et de la synthèse. L'élève y découvre un vocabulaire spécifique qu'il apprend à distinguer du vocabulaire courant et à utiliser avec précision. » Dans le programme du cycle des approfondissements, les auteurs ont retenu, pour la première année du cycle, les thèmes présentés dans le tableau ci-dessous. Les thèmes signalés par un astérisque (*) seront traités en CM1 ou CM2.

LE PROGRAMME DU CYCLE 3	LES RÉPONSES DU MULTILIVRE CE2
Regards sur le monde Nommer les principaux ensembles du globe, de l'Europe et de la France et les localiser en utilisant des cartes à différentes échelles. – Le globe : continents et océans, zones climatiques, répartition de la population (*), principaux États, pays riches et pays pauvres (*). – L'Europe : dimensions, grands ensembles régionaux, principaux pays (*), l'Union européenne (*). – La France : dimensions, grands ensembles naturels et régionaux ; les régions, les départements, les grandes villes.	**9** Les continents du monde, *Six continents* **10** Les grandes zones climatiques, *Trois grands climats* **11** Les grands États du monde, *Les pays du monde* **12** Les grands fléaux de notre temps, *Les problèmes de la planète* **2** Communes, départements et régions, *Communes, départements et régions*
Les paysages français Lire des images et les décrire à l'aide d'un vocabulaire géographique approprié. – Les grands types de paysages : montagnes, plaines, littoraux, (éléments naturels, aménagements et équipements). – Les lieux de vie : milieux ruraux et urbains.	**1** Paysages de la France, *Où habites-tu ?* **3** Activités liées à la ville, *Vivre et travailler en ville* **5** Activités liées à la campagne, *Vivre et travailler à la campagne* **6** Les activités liées à la mer, *Vivre et travailler à la mer* **7** Les activités liées à la montagne, *Vivre et travailler à la montagne*
Le travail des hommes et l'organisation de l'espace français Poser la question de l'aménagement et de l'environnement dans une première démarche d'analyse géographique. – Quelques aspects de l'activité des hommes : exemple d'une exploitation agricole ou d'une usine, d'un centre commercial, d'un espace de loisirs... (nature de l'activité, infrastructures, personnels, voies de communication, marchés, impact sur l'environnement).	**3** Activités liées à la ville, *Vivre et travailler en ville* **5** Activités liées à la campagne, *Vivre et travailler à la campagne* **6** Les activités liées à la mer, *Vivre et travailler à la mer* **7** Les activités liées à la montagne, *Vivre et travailler à la montagne*
La diversité des régions françaises et leur aménagement Mettre en évidence les grands contrastes de l'occupation de l'espace. – Les ensembles français et leur répartition (*) : carte physique, carte de la population, cartes de l'industrie, de l'agriculture, du tourisme. – Étude de la région où vit l'élève et comparaisons avec d'autres régions.	**1** Paysages de la France, *Où habites-tu ?* **2** Communes, départements et régions, *Communes, départements et régions*
La France en Europe Situer la France en Europe, montrer son intégration dans l'Union européenne. – La carte de l'Europe : l'Union européenne, les États européens. – La population en France et en Europe : les grands foyers de peuplement. – Les grandes voies de communication.	**4** Le réseau urbain de la France, *Les grandes villes en France*
La place de la France dans le monde Situer la France dans le monde, mettre en évidence les relations d'interdépendance. – Position démographique, rôle économique, la francophonie.	**8** Les départements et les territoires d'outre-mer, *La France d'outre-mer* **13** La France, grande puissance mondiale, *Une France ouverte sur les pays proches et lointains*

Choix didactiques

Au niveau du CE2 nous donnons la priorité à l'étude de la France : deux chapitres sur trois y sont consacrés. L'ouvrage comprend implicitement deux grandes parties :

La France, les Français et l'espace français

1. Où habites-tu ?
2. Comment est organisée ta région ?
3. Vivre et travailler à la ville
4. Les grandes villes en France
5. Vivre et travailler à la campagne
6. Vivre et travailler à la mer
7. Vivre et travailler à la montagne
8. La France d'outre-mer

Regards sur le monde

9. Six continents
10. Trois grands climats
11. Les pays du monde
12. Les problèmes de la planète
13. Une France ouverte sur les pays proches et lointains

Ce découpage révèle des choix didactiques précis pour l'ensemble du cycle des approfondissements :

■ L'approche choisie, en début de cycle 3, part de **l'espace familier de l'enfant** (la France et l'espace français) et s'élargit à **l'espace mondial**.

Cette démarche est plus cohérente pour un enfant au début du cycle 3 (mais l'enseignant peut, s'il le souhaite, commencer par la seconde partie, c'est-à-dire par localiser les grands ensembles mondiaux, avant d'étudier la France).

■ Le niveau 2 du cycle 3 (CM1) insistera, par contre, sur le monde et sur l'Europe. En fin de cycle (CM2) nous reviendrons à une étude plus « scientifique » des paysages français et de l'organisation de notre espace en proposant « une démarche d'analyse géographique globale ».

Objectifs généraux

Nous nous sommes fixé trois objectifs prioritaires.

Développer la curiosité de l'enfant pour explorer le monde

Des images fortes et originales servent de point de départ à chaque leçon et de très nombreuses photos illustrent le manuel. L'enfant comprend ainsi qu'être géographe c'est ouvrir les yeux pour voir le monde. Pour l'aider dans cette démarche, le Multilivre propose différents outils :

Dans le *livre de l'élève* vous trouverez : un dossier « Savoir et Faire » : Étudier l'espace proche (pp 128 et 129). L'étude de cette double page permet de réaliser une fiche d'enquête pour observer l'espace où vit l'enfant.

Dans le *cahier d'exercices* vous trouverez :

• **des exercices** pour aider l'enfant à observer et à analyser l'espace.

Géographie
Où habites-tu ?
1. Les paysages de France
Observe les six images. Colorie celle qui ressemble le plus à l'endroit où tu habites.
Explique ton choix en une phrase.
18

Apprendre à l'enfant à lire des cartes et représenter le monde par les cartes

Cette « transcription » de la réalité que constitue la carte sera acquise tout au long du cycle 3. Mais dès le CE2 l'enfant comprendra qu'il dispose, avec la représentation cartographique, d'une grille de lecture d'un paysage, d'une activité…

Dans chaque leçon du manuel de l'élève figure au moins une carte (à lire et/ou à reproduire par l'enfant).

Ces cartes sont variées aussi bien dans leur forme que dans leur contenu.

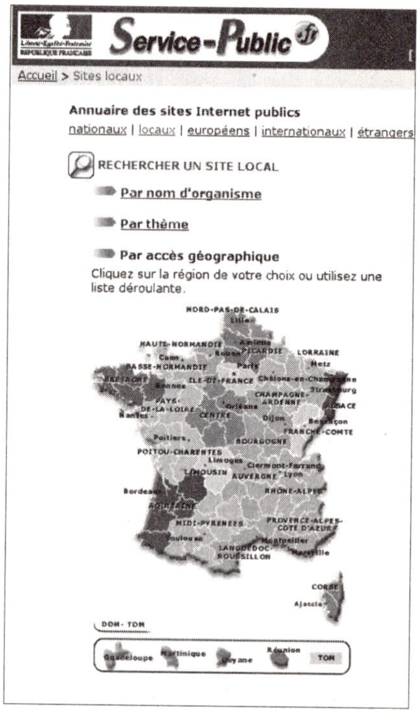

Une carte générale de la France sur Internet pour découvrir les régions

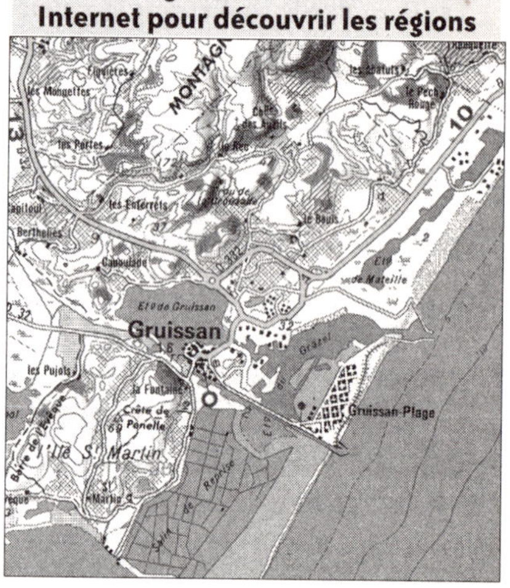

Un extrait de carte routière pour apprendre à lire des cartes usuelles

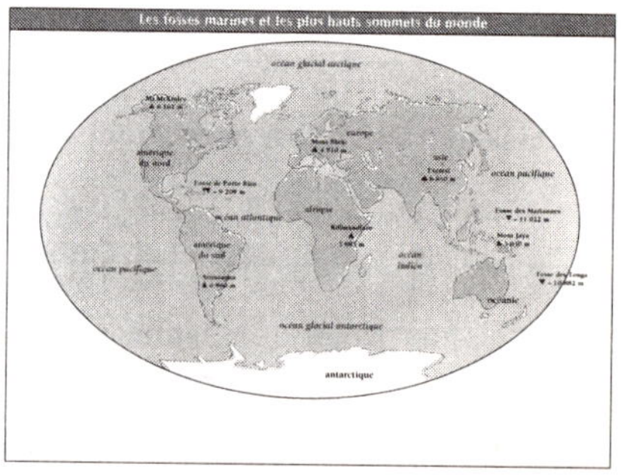

Un planisphère pour découvrir les continents, les mers et les océans

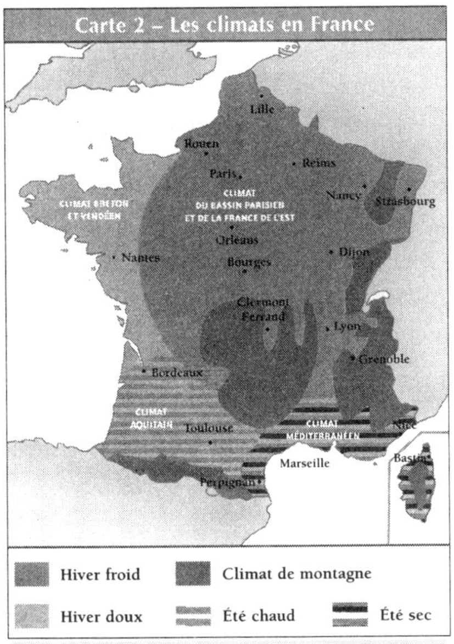

Une carte climatique

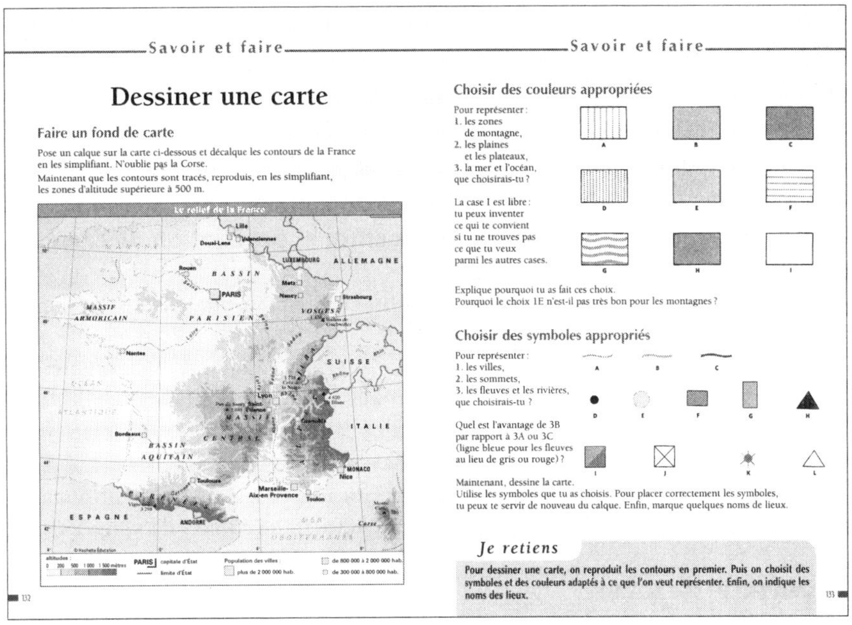
Savoir et faire

Dessiner une carte

Faire un fond de carte

Pose un calque sur la carte ci-dessous et décalque les contours de la France en les simplifiant. N'oublie pas la Corse.
Maintenant que les contours sont tracés, reproduis, en les simplifiant, les zones d'altitude supérieure à 500 m.

132

Savoir et faire

Choisir des couleurs appropriées

Pour représenter :
1. les zones de montagne,
2. les plaines et les plateaux,
3. la mer et l'océan,
que choisirais-tu ?

La case I est libre : tu peux inventer ce qui te convient si tu ne trouves pas ce que tu veux parmi les autres cases.

A B C D E F G H I

Explique pourquoi tu as fait ces choix.
Pourquoi le choix 1E n'est-il pas très bon pour les montagnes ?

Choisir des symboles appropriés

Pour représenter :
1. les villes,
2. les sommets,
3. les fleuves et les rivières,
que choisirais-tu ?

Quel est l'avantage de 3B par rapport à 3A ou 3C (ligne bleue pour les fleuves au lieu de gris ou rouge) ?

A B C D E F G H I J K L

Maintenant, dessine la carte.
Utilise les symboles que tu as choisis. Pour placer correctement les symboles, tu peux te servir de nouveau du calque. Enfin, marque quelques noms de lieux.

Je retiens

Pour dessiner une carte, on reproduit les contours en premier. Puis on choisit des symboles et des couleurs adaptés à ce que l'on veut représenter. Enfin, on indique les noms des lieux.

133

Un dossier « Savoir et Faire » extrait du livre de l'élève

Chaque élève pourra construire un mini-globe en reproduisant le schéma donné dans le *livre de l'élève* p. 111. On pourra choisir d'agrandir le format pour obtenir un « grand » mini-globe à l'aide d'une photocopieuse.

Sans ce constant repérage dans l'espace, on peut redouter que des notions aussi essentielles que celles de distance, de proximité, d'accessibilité, de complémentarité ne soient pas perçues avec suffisamment de netteté.

Pour aider l'enfant à se repérer dans l'espace, la collection Multilivre propose aussi dans le *livre de l'élève*, des dossiers « Savoir et Faire ».

• **Faire un plan** (pp. 130 et 131).
Travailler d'abord sur celui de la classe; comparer et critiquer; découvrir la perspective.

• **Dessiner une carte** (pp. 132 et 133).
Travailler sur cette double page permet d'apprendre :
– à tracer un fond de carte,
– à choisir des couleurs appropriées,
– à choisir des symboles appropriés,
– à indiquer les noms des lieux.

• **« Lire » une carte** (pp. 136 et 137).
Le travail sur cette double page permet essentiellement :
– de comparer un paysage que l'on a sous les yeux ou que l'on voit sur une photographie ou dans un dessin à sa représentation cartographique,
– de découvrir l'importance de la légende, clé de lecture d'une carte.

Dans le *cahier d'exercices*, vous trouverez :

• **Des cartes** à construire ou à compléter :
– Le relief simplifié de la France
– Le puzzle des régions de France
– Les produits agricoles
– Les montagnes en France
– Les DOM-TOM
– Un planisphère en puzzle
– Des silhouettes
– Les zones climatiques
– Les produits à l'étranger

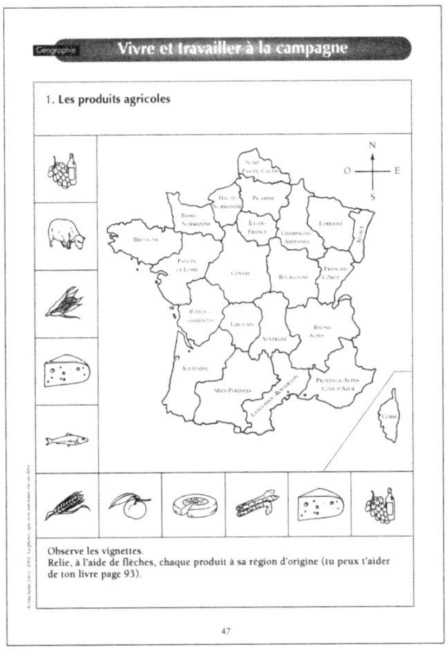
Géographie — Vivre et travailler à la campagne

1. Les produits agricoles

Observe les vignettes.
Relie, à l'aide de flèches, chaque produit à sa région d'origine (tu peux t'aider de ton livre page 93).

47

• Des cartes à lire : Les grandes villes françaises, Les pays les plus peuplés.

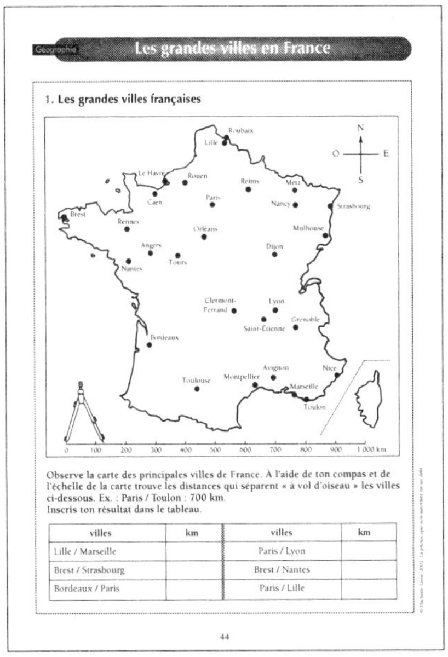
Géographie — Les grandes villes en France

1. Les grandes villes françaises

Observe la carte des principales villes de France. À l'aide de ton compas et de l'échelle de la carte trouve les distances qui séparent « à vol d'oiseau » les villes ci-dessous. Ex. : Paris / Toulon : 700 km.
Inscris ton résultat dans le tableau.

villes	km	villes	km
Lille / Marseille		Paris / Lyon	
Brest / Strasbourg		Brest / Nantes	
Bordeaux / Paris		Paris / Lille	

44

L'enseignant trouvera aussi trois cartes à utiliser selon les besoins de la classe :
– carte du relief,
– carte des villes,
– planisphère.

Faire comprendre à l'enfant que la géographie rend compte de la diversité du monde, des espaces et des hommes

Il est aussi question des projets, des réussites et des difficultés qui amènent l'homme à modifier sans cesse son espace de vie, à l'aménager en fonction de ses idées et également de ses capacités techniques. Nous avons voulu, en agissant ainsi, préparer les élèves à une vision des rapports entre la Terre et l'homme, qui fait une part

importante à la dimension culturelle. L'analyse des paysages et des traces de l'homme ou de l'activité humaine est donc essentielle.
En fin de cycle 3, l'enfant comprendra mieux, ainsi, que la géographie est une « science humaine ».

Pratique de la classe

Il est nécessaire de prévoir, pour chaque enfant, un cahier ou un classeur de géographie où il rangera tout ce qu'il aura rassemblé sur la leçon.

Découverte du thème

L'enfant découvre le thème à partir d'un document qui peut être utilisé de deux manières :

• **Le document** permet d'introduire immédiatement la leçon. Son observation favorise des échanges au sein de la classe, la mise en relief des notions essentielles et du vocabulaire géographique utile. La photographie par satellite de la Terre (leçon 9) permet, par exemple, d'aborder facilement la notion de continent et d'introduire le vocabulaire qui s'y rapporte.

• Le document permet de faire rebondir la discussion collective sur un sujet nécessairement introduit d'abord par l'enseignant : par exemple, pour la leçon 11, « Quels pays du monde connaissez-vous ? Établissons une liste. » Ce n'est qu'après cette phase de recherches que l'enseignant introduira la photo du livre (une vue de New York). Elle permettra d'orienter la discussion et de poursuivre la réflexion.

Recherches et observation de documents complémentaires, lecture et production de cartes

Après la première phase d'observation du document figurant sur la première page de la leçon, guidée par le questionnaire proposé en page de droite, l'enfant élargira sa découverte et ses connaissances au moyen de diverses activités : enquêtes, recherches, observations de documents, de photos... ; le *cahier d'exercices*, prévues pour chaque leçon, pourront lui servir de points d'appui. Certaines de ces activités le conduiront à **la lecture et à l'élaboration de cartes**. Il apprendra ainsi, peu à peu, à représenter l'espace comme il a appris à maîtriser l'échelle du temps en histoire.
Le Multilivre propose la lecture des cartes et planisphères suivants :
– Carte du relief et des climats de la France ; régions de France ; les grandes villes de France ; Paris et ses monuments ; culture et élevage en France ; les ports de France ; les autoroutes de France.
– Planisphère de la France et les DOM-TOM ; planisphère physique (sommets, fonds marins) ; les grandes zones climatiques du monde ; les grands pays d'Europe et d'Asie ; cartes des grands pays d'Amérique du Nord ; carte des fuseaux horaires ; planisphère des catastrophes dans le monde ; planisphère des principales exportations françaises ; planisphère des pays francophones.

Dans la *pochette de posters*, quatre affiches reproduisent les cartes suivantes :
– Le climat / Le relief de France,
– Les régions / Les villes de France,
– Le tourisme / L'élevage et l'agriculture en France,
– Les ports / Les autoroutes de France.
Exposées dans la classe, elles servent de support à la discussion collective et sont toujours à la disposition des élèves.

Compléments d'information et mise en forme des connaissances

Le vocabulaire géographique de base est introduit et expliqué, soit lors des discussions et observations préliminaires, soit après la lecture collective du texte de la leçon. La classe construira alors son propre résumé et/ou lira *Je retiens*.

Prolongements

• Dans le *livre de l'élève*, les pages « En savoir plus » proposent de nombreuses ouvertures transdisciplinaires et sensibilisent les enfants au monde qui les entoure. Ils y trouveront, par exemple, des articles sur le jumelage des villes, sur la dislocation de la banquise, etc.
• Dans le *cahier d'exercices*, la deuxième page permettra de revoir les notions essentielles présentées dans les textes de la leçon.

L'évaluation pourra être réalisée avec la dernière *photofiche* (immédiatement après la dernière séquence ou différée).

Les cartes permettent une lecture vivante de l'espace géographique. Il est important, dès le CE2, que l'enfant représente l'espace appréhendé en lisant et dessinant des cartes.

Lire un dossier

Le dossier « Savoir et Faire » (pp. 136 à 137) donne un exemple de lecture de carte. Il est important d'apprendre à l'élève :
– à trouver le titre de la carte et à le comprendre,
– à repérer la légende et les informations qu'elle contient.
On conduira aussi peu à peu l'enfant à se repérer à l'aide des points cardinaux et à le sensibiliser à la notion d'échelle.

Dessiner une carte

Comme le propose le dossier « Savoir et Faire » (pp. 132 à 133) l'élève sera amené à décalquer des cartes. Il commencera aussi à en tracer lui-même. On l'aidera en lui précisant qu'il faut simplifier les tracés, respecter des proportions, utiliser des symboles, orienter la carte.

Les sciences

Les nouveaux programmes définissent les objectifs de l'enseignement des sciences au cycle 3 :
« L'enseignement des sciences et de la technologie à l'école vise la construction d'une représentation rationnelle de la matière et du vivant par l'observation, puis l'analyse raisonnée de phénomènes qui suscitent la curiosité des élèves [...] L'enseignant sélectionne une situation de départ qui focalise la curiosité des élèves, déclenche leurs questions et leur permet d'exprimer leurs idées préalables. Il incite à une formulation précise. »
Ils précisent aussi que « le renforcement de la maîtrise du langage et de la langue française est un aspect essentiel [...] Tout au long du cycle, les élèves tiennent un carnet d'expériences et d'observations. L'élaboration d'écrits permet de soutenir la réflexion et d'introduire rigueur et précision ».
Dans le programme du cycle des approfondissements, les auteurs ont retenu, pour la première année du cycle, les thèmes présentés ci-dessous. Les thèmes signalés par un astérisque (*) seront traités en CM1 ou en CM2.

LE PROGRAMME DU CYCLE 3	LES RÉPONSES DU MULTILIVRE CE2
Unité et diversité du monde vivant – Le développement d'un être vivant (végétal ou animal) : naissance, croissance, âge adulte, vieillissement, mort. – Les divers modes de reproduction animale ; la sexualité et la reproduction des humains (*). – L'approche écologique à partir de l'environnement proche : rôle et place des êtres vivants, notions de chaînes et de réseaux alimentaires. – Des traces de l'histoire des êtres vivants : quelques fossiles typiques (*).	**1** La reproduction des animaux (1), *Des petits sont nés* **2** La reproduction des animaux (2), *Deux parents pour une naissance* **4** De la naissance à la mort de l'homme, *J'étais, je suis, je serai* **6** La reproduction végétale (1), *Des graines pour de nouvelles plantes* **7** La reproduction végétale (2), *De la fleur aux graines* **8** La nutrition des plantes vertes, *Les plantes vertes se nourrissent* **3** La nutrition des animaux, *À chacun son menu*
Le corps humain et l'éducation à la santé – Les mouvements corporels dans le sport et le travail (*). – Les fonctions de nutrition. – Conséquences à court et à long terme de notre hygiène (actions bénéfiques ou nocives de nos comportements). – Principes simples de secourisme (*).	**5** La nutrition de l'homme, *Pourquoi mangeons-nous ?* **4** De la naissance à la mort de l'homme, *J'étais, je suis, je serai*
Le ciel et la Terre (*) – Le mouvement apparent du Soleil ; la rotation de la Terre sur elle-même ; les points cardinaux et l'utilisation de la boussole ; le système solaire et l'Univers ; l'aventure spatiale. – Lumière et ombre. – Mesure du temps : unités de mesure, principe de quelques méthodes de mesure (clepsydre, cadran solaire, appareils mécaniques, utilisation d'appareils électroniques). – Séismes et éruptions volcaniques.	Ce domaine scientifique sera traité au CM1 et au CM2.
La matière et l'énergie – L'eau : ébullition et évaporation, congélation ; le cycle de l'eau dans la nature. État liquide, état gazeux, état solide. – Exemples de mélanges et de solutions réalisables en classe. – La qualité de l'air et de l'eau. – Exemples simples de source et de production d'énergie ; consommation et économie d'énergie (*).	**9** Les états de la matière (1), *L'eau liquide et l'eau solide* **10** Les états de la matière (2), *Eau visible, eau invisible* **11** Les états de la matière (3), *Des mélanges avec l'eau* **12** L'air, *De l'air tout autour de nous*
Monde construit par l'homme – Montages électriques : réalisation de circuits électriques simples (alimentés uniquement à l'aide de piles) ; rôle de la pile, ses pôles ; principes élémentaires de sécurité des personnes et des biens dans l'utilisation de l'électricité (*). – Mécanismes : leviers et balances : réalisation de l'équilibre. – Objets mécaniques et électromécaniques ; transmission et transformation de mouvements (*). – Objets et produits : montage et démontage d'objets techniques simples ; réalisations technologiques d'objets usuels ou de maquettes (*).	**13** Équilibres, balances et pesées, *Balances et balançoires*
Informatique (*) – Quelques utilisations de l'informatique à l'école et dans l'environnement quotidien. – Utilisation raisonnée d'un ordinateur et de quelques logiciels. Principales fonctions des micro-ordinateurs.	Ce domaine scientifique sera traité au CM2.

Choix didactiques

Quatre parties du programmes ont été retenus pour la classe de CE2 :

Unité et diversité du monde vivant	
7 chapitres	**1, 2, 3, 4, 6, 7, 8**
Le corps humain et l'éducation à la santé	
2 chapitres	**4, 5**
La matière et l'énergie	
4 chapitres	**9, 10, 11, 12**
Monde construit par l'homme	
1 chapitre	**13**

Ce découpage relève de choix didactiques précis :

■ Permettre d'abord aux enfants d'avoir une image assez large du domaine scientifique : biologie animale, humaine et végétale, domaine physique et technologique. Ensuite **privilégier les thèmes autour de l'unité et de la diversité du monde vivant**, thèmes plus proches de l'enfant de 8 ans et plus motivants pour lui. Ainsi, la géologie, l'astronomie et l'informatique, qui demandent plus de possibilités d'abstraction, sont réservées au CM.

■ Nous avons volontairement choisi de proposer peu de leçons en technologie. Nous suivons en cela l'usage fréquent des classes en début de cycle 3. Par contre, nous proposons aussi **des montages** et **des fabrications** à partir de sujets de biologie et surtout de physique; ils en sont l'illustration, l'application ou le prolongement (par exemple : un mobile, un levier, une girouette). Ce ne sont que quelques exemples parmi les très nombreuses possibilités. En effet, le matériel disponible, les centres d'intérêt des enfants et de l'enseignant sont, dans ce domaine, prépondérants.

Objectifs généraux

En cette première année du cycle 3, nous nous sommes fixé quatre objectifs prioritaires.

Motiver le jeune enfant à l'univers des sciences

• en s'appuyant sur des **documents clairs**, des **interrogations**, des **constatations simples** et liées à la vie quotidienne (Pourquoi? Comment?), des expériences aisément réalisables en classe;

• en proposant des **débats**, des **anecdotes** et des **informations complémentaires plaisantes et surprenantes.**

Permettre à l'enfant d'acquérir les bases d'une culture scientifique

Une approche limitée, du type « sciences naturelles », servira de base aux apprentissages ultérieurs plus complexes (par exemple : l'étude simplifiée, au CE2, de la nutrition végétale, animale et humaine et la découverte de chaînes alimentaires simples serviront de base à l'approche écologique des milieux et à l'étude des fonctions de nutrition au CM).

S'appuyer sur l'activité de l'enfant

Les activités mettent en œuvre à la fois des savoir-faire manuels et intellectuels (observation, manipulation, réflexion, lecture, recherche...), afin que tous les enfants puissent être impliqués réellement dans l'apprentissage, et restent motivés constamment par leurs propres découvertes. Dans le *livre de l'élève*, ces activités sont en général guidées par le maître, mais peuvent parfois être autonomes. Elles sont très variées :
– reconnaissance et lecture de photographies (paysages, animaux...);
– classement et rangement d'images (les âges de la vie...);
– lecture de documents familiers (étiquettes de produits alimentaires...);
– expériences (semis de graines, mélanges avec l'eau...);
– mesures (pesées, durées, températures...)

Dans le *cahier d'exercices* le même objectif est visé : rendre l'élève aussi actif que possible.

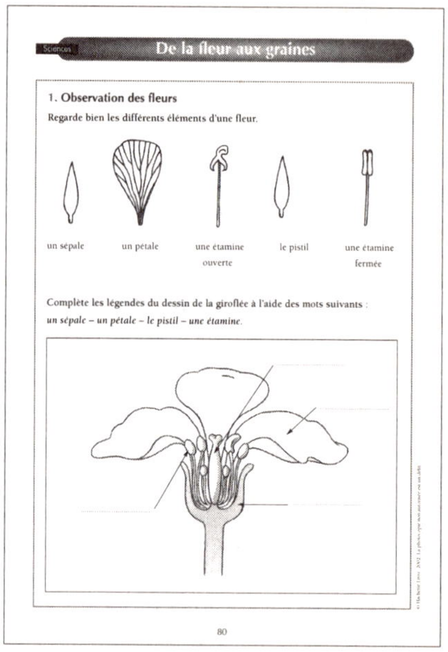

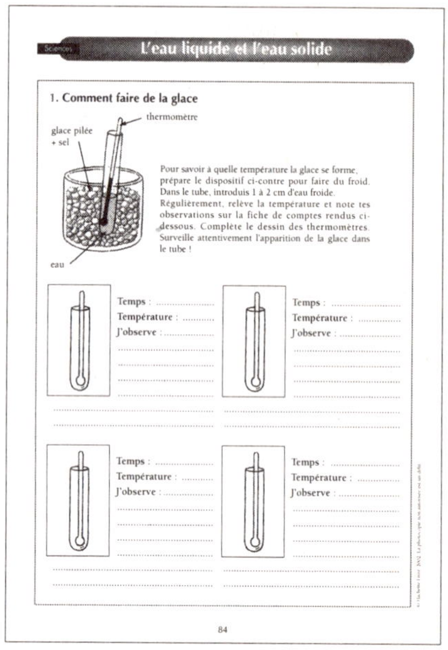

Permettre à l'enfant d'acquérir une démarche scientifique

Chaque fois que possible nous avons essayé, à partir de la curiosité de l'enfant, de développer son objectivité, sa logique, sa rigueur et son esprit critique. Nous avons aussi privilégié **l'expérience et l'observation** par rapport à la répétition d'un modèle. Elles permettent à l'enfant d'être acteur de son apprentissage et de construire peu à peu ses connaissances par la découverte et l'observation; les questions et les hypothèses; la recherche, l'expérimentation et l'analyse; la conclusion.

Nous tentons d'initier l'enfant à **diverses approches scientifiques,** en lui faisant prendre conscience de la précision et de la rigueur indispensables quelle que soit la méthode utilisée.
L'observation, la mise en œuvre d'une méthode expérimentale simple, l'enquête, la lecture de documents sont utilisées à de nombreuses reprises, dans des situations différentes. Ainsi, dans un même chapitre, les enfants pourront s'interroger sur l'existence de la neige et de la glace, utiliser un thermomètre, comparer diverses situations expérimentales, dessiner et schématiser, afin d'acquérir les notions élémentaires sur la fusion et la solidification de l'eau.

Dans le *livre de l'élève*, les pages « Savoir et Faire » insistent sur les aspects importants des méthodes utilisées par les scientifiques et auxquelles les enfants s'initient :

• **Le carnet d'expériences** (pp. 194 et 195).
Il permet à l'enfant de rassembler tous les écrits scientifiques, photographies, dessins, schémas, tableaux réalisés au cours des leçons de sciences.

• **Lire des documents** (pp. 196 et 197).
La lecture de cette double page amène l'enfant à constater que textes, schémas, dessins n'apportent pas les mêmes informations sur un sujet donné. Ils incitent l'enfant à utiliser diverses sources de documents.

• **Essais et expériences** (pp. 198 et 199).
À partir d'un exemple, le régime alimentaire du cochon d'Inde, l'élève va découvrir que :
– on ne peut être sûr du résultat d'une expérience que lorsque toutes les possibilités ont été essayées ;
– on ne doit « tester » qu'une seule condition à la fois ;
– on doit toujours avoir un élément de comparaison à chaque étape d'une expérience.

• **Classer, déterminer** (pp. 200 et 201).
Le travail sur cette double page permet de montrer que les ressemblances et les différences entre les êtres vivants permettent d'établir des classements.
Un classement s'effectue à partir d'un ou de plusieurs critères. Dans le *cahier d'exercices* sont proposés d'autres lectures de documents, d'autres classements et d'autres expériences.

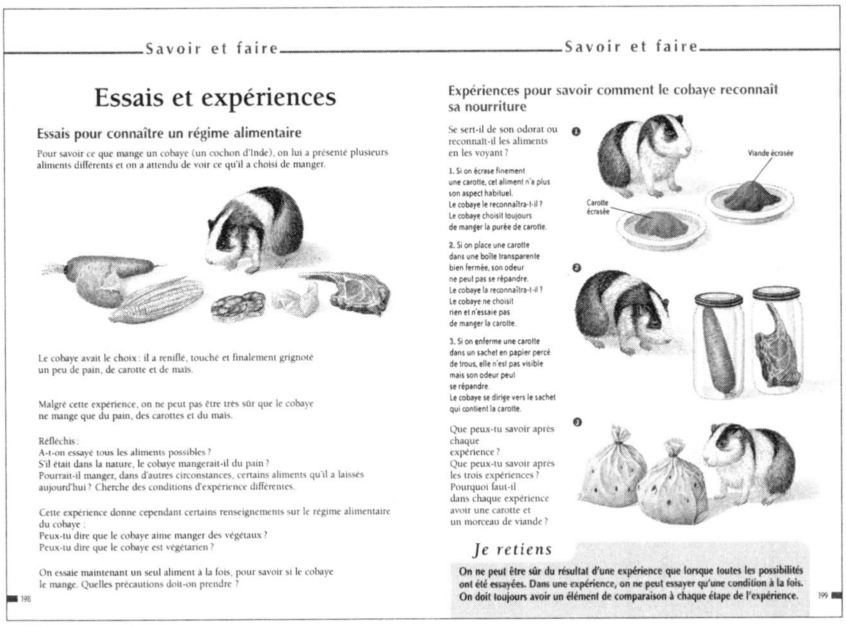

Dossier « Savoir et Faire » pp. 198 et 199

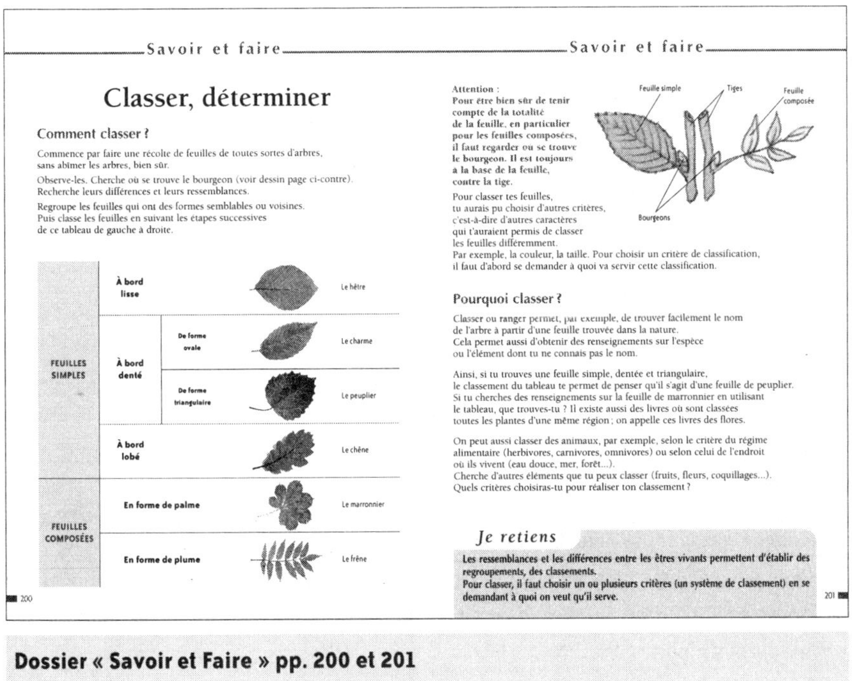

Dossier « Savoir et Faire » pp. 200 et 201

Pratique de la classe

Il est nécessaire de prévoir, pour chaque enfant, un cahier ou un classeur de sciences où il rangera tout ce qu'il aura rassemblé sur la leçon (voir « Le carnet d'expériences » pp. 194 et 195).

Découverte du thème, premières observations ou expériences

Plusieurs démarches sont envisageables :
• Partir des représentations de l'enfant. Cette démarche est particulièrement intéressante dans les domaines où l'expérimentation est difficile ou bien dans ceux où l'imagination a un grand rôle. (Ex. : en biologie dans l'image que l'enfant a de son propre corps.)
Les représentations sont explicitées :
– soit oralement : Ex. : Quand la chatte va avoir des chatons, que se passe-t-il ? (leçon 1) ;
– soit par le dessin : Ex. : Quand tu manges quelque chose par où passe ce que tu manges ? Dessine-le (leçon 5).

• Partir de l'observation du document du manuel, pour questionner, mettre en place le thème, préparer une recherche. Certains documents sont repris dans la *pochette de posters.*

• Commencer immédiatement par une manipulation, une activité, une expérience présentées dans la deuxième page du chapitre, pour passer ensuite au texte de la leçon à la troisième page. L'enseignant choisira l'option qui lui paraît préférable, mais il est évident que certains thèmes inciteront plus que d'autres à une entrée « active expérimentale » (la biologie végétale, la physique, la technologie) :
Ex. : réalisation d'un semis (**6**) ; observation et dissection d'une fleur (**7**) ; observation du développement d'une plante (**8**) ; expériences sur les états de l'eau (**9**) ; expériences sur l'évaporation (**10**) ; réalisation de mélanges avec l'eau (**11**) ; expériences sur l'air (**12**) ; réalisation de mobiles (**13**).

Première synthèse

Guidé par le maître, « l'enfant chercheur » va être conduit à comparer ses observations, ses démarches et ses résultats expérimentaux avec les autres. Ce travail sera d'autant plus profitable qu'il sera mené en petits groupes (de quatre à cinq élèves). Il aboutira, dans le carnet d'expériences, à un texte bref produit par les enfants, accompagné de dessins, de schémas.

Compléments d'information et mise en forme des connaissances

La page « Lire » présente des informations complémentaires avec éventuellement la poursuite de certaines expériences ou la description d'autres résultats (leçons 6, 8, 11, 12) ; elle fait le point sur l'ensemble du sujet, en donnant du sens à toutes les activités précédentes.

Les objectifs sont :
– maîtriser le vocabulaire scientifique nouveau ;
– mettre en ordre les connaissances ;
– dégager les points essentiels.
Le texte peut être donné à lire individuellement après que le maître ait dirigé la dernière synthèse à l'aide de questions. On peut aussi lire et commenter le texte en commun.

Prolongements

• Dans le *livre de l'élève* les pages « En savoir plus » proposent de nombreuses ouvertures et sensibilisent l'enfant à la nature (il pourra faire un élevage de mouches, apprendre à reconnaître des nids, faire pousser du soja), à l'hygiène alimentaire (il apprendra à reconnaître les sucres et les graisses), aux applications technologiques (outils, appareils de mesure…), etc. Elles proposent également des ouvertures dans tous les domaines (lecture, histoire, géographie, éducation civique, arts, etc.).

• Dans le *cahier d'exercices*, après la lecture du résumé, la deuxième page de chaque leçon permettra de revoir les notions essentielles présentées dans le manuel.

L'évaluation pourra être réalisée avec la dernière *photofiche*.

La recherche et l'utilisation de documents occupent une part importante de l'enseignement scientifique. La BCD de l'école (ou le coin lecture de la classe) doit proposer des dictionnaires et encyclopédies pour enfants, des ouvrages spécifiques qui permettent aux élèves de trouver, lire et exploiter des informations scientifiques.

La recherche

La consultation peut bien sûr être libre, au gré des intérêts et curiosités de chacun ; mais il est également souhaitable d'engager des recherches documentaires suite aux questions soulevées en classe. Dans tous les cas, il faut aider l'enfant à : bien formuler la question posée ; trouver le bon document (dans un premier temps, c'est le maître qui le désigne) ; se repérer dans les titres de paragraphes, les légendes d'illustrations. La lecture elle-même doit être active. Elle nécessite un questionnement du texte et des images. Pour cela, le dossier « Lire des documents » p. 196 propose une réflexion et une méthode.

Quels documents ?

Pour les enfants : Les albums scientifiques pour enfants sont nombreux et se renouvellent vite. Les titres ne sont évidemment pas calqués sur les programmes scolaires mais se réfèrent à un domaine scientifique ou à un centre d'intérêt spécifique. Plusieurs sites web permettent également aux enfants d'engager des recherches et de consolider les connaissances acquises. En voici quelques exemples :
www.insectes.org
www.jardinons-alecole.org
www.cite-sciences.fr
www.palais-decouverte.fr
www.cap-sciences.net
www.lahulotte.fr
www.inrp.fr/lamap (site de "La main à la pâte")

Pour le maître : il est utile de posséder une documentation de niveau supérieur. Pour faire le point sur les questions scientifiques, le recours aux manuels récents de collège et lycée est une bonne solution (connaissances à jour, niveau accessible et perspective pédagogique). Les magazines *Sciences et Vie junior*, *Science illustrée*, *Okapi* (les dossiers) destinés aux adolescents, peuvent apporter des informations originales et simples.

Exploitation pédagogique

Histoire

Treize chapitres sont proposés dans le livre de l'élève et exploités dans ce guide.

	renvoi aux pages du livre de l'élève	renvoi aux pages du guide pédagogique
1. **Les peintres de Chauvet** Les hommes de la Préhistoire	10 à 13	26 à 30
2. **Les Gaulois** Les peuples de la Gaule	14 à 17	31 à 35
3. **La Gaule romaine** Les Gallo-Romains	18 à 21	36 à 40
4. **Clovis, premier roi des Francs** Naissance du royaume de France	22 à 25	41 à 45
5. **Charlemagne** L'empire carolingien	26 à 29	46 à 49
6. **Au temps des châteaux forts** Le Moyen Âge	30 à 33	50 à 54
7. **François Ier, un roi chevalier** Un prince de la Renaissance	34 à 37	55 à 59
8. **Louis XIV, le Roi-Soleil** Le siècle de Louis XIV	38 à 41	60 à 64
9. **La Révolution française (1789-1794)** La fin de l'Ancien Régime	42 à 45	65 à 70
10. **Napoléon Ier, empereur des Français** Le Premier Empire	46 à 49	71 à 75
11. **Le siècle du charbon et de l'acier** La Révolution industrielle	50 à 53	76 à 81
12. **L'enfer des tranchées** La Première Guerre mondiale	54 à 57	82 à 86
13. **Guerre et paix** La France au XXe siècle	58 à 61	87 à 91

L'enfant doit aussi développer des compétences particulières et des savoir-faire. Dans le ***livre de l'élève***, vous trouverez six dossiers « Savoir et Faire ».

- La frise chronologique 62-63
- Les frises chronologiques de l'histoire 64-65
- « Lire » une image 66-67
- Lire un document écrit 68-69
- Mener une enquête historique 70-71
- Le film de l'histoire de France 72-73

En fonction de votre classe, vous pourrez utiliser ces doubles pages :

- en leur consacrant une séquence particulière et en suivant les différentes activités proposées ;
- en intégrant les activités proposées au sein d'une leçon, pour répondre à un besoin particulier lors du déroulement d'une séquence.

1 Les peintres de Chauvet

OBJECTIFS

■ **Faire comprendre que l'*Homo sapiens sapiens* « homme intelligent », comme les hommes qui ont vécu dans les grottes de Chauvet, ne sont pas différents des hommes d'aujourd'hui. Les seules différences entre les hommes du Paléolithique supérieur et nous se situent au niveau des connaissances techniques.**

■ **Mettre l'enfant en situation de recherche par rapport à un document iconographique afin de développer sa capacité d'observation.**

■ **Expérimenter une technique employée au Paléolithique supérieur.**

À SAVOIR

La Préhistoire désigne la période de l'humanité qui se situe avant l'invention de l'écriture. On peut la diviser en plusieurs grandes périodes selon l'anthropologie (étude des caractères anatomiques de l'homme), l'étude des outils de pierre (industrie lithique) et le climat.

En Europe, la présence des premiers hominidés est attestée par des traces d'outils de pierre dont les plus anciennes remontent à plus de 1 000 000 d'années.

Découverts en 1971, dans la caune d'Arago (grotte) près de Perpignan, le crâne et des ossements de l'homme de Tautavel sont les plus anciens fossiles humains retrouvés en France. Leur présence signifie qu'une communauté humaine a vécu dans cette grotte, il y a environ 450 000 ans.

L'évolution de l'homme

L'*Homo erectus* « homme qui se tient debout », comme l'homme de Tautavel, a vécu de - 1 000 000 à - 100 000 ans environ. Il succède, en Afrique, à l'*Homo habilis* « homme habile ». Vers - 400 000, il sait domestiquer le feu.

L'homme de Néandertal qui vécut de - 100 000 à - 40 000 (environ) appartient au groupe des *Homo sapiens*. Il pratique, pour la première fois dans l'histoire humaine, des rites funéraires.

L'homme de Chauvet, apparu il y a environ 30 000 ans, appartient au genre *Homo sapiens sapiens*. Les préhistoriens l'ont nommé ainsi parce qu'il semble « deux fois plus savant » que les hominidés qui l'ont précédé. L'homme de Chauvet diffère fondamentalement de son prédécesseur l'homme de Néandertal par un front droit, dépourvu de bourrelet osseux au-dessus des yeux, des creux aux joues et un menton bien marqué.

Classification de la Préhistoire par les outils

Les premiers archéologues, en se fondant sur les différents modes de taille des silex, ont établi une distinction entre l'âge de la pierre taillée ou Paléolithique (*palaios lithos :* pierre ancienne) et l'âge de la pierre polie ou Néolithique (*neo lithos :* nouvelle pierre).

Les différences fondamentales entre ces deux âges tiennent moins à des différences d'outillage qu'à une opposition d'attitudes à l'égard de la nature. L'homme du Paléolithique, qui est un nomade, vit aux dépens de la nature et tire ses ressources de la chasse et de la cueillette; l'homme du Néolithique se sédentarise, construit sa maison, produit sa nourriture en cultivant des céréales et en élevant des animaux.

Le climat

Le Paléolithique est une période de plus de 1 000 000 d'années ou 10 000 siècles (de - 1 000 000 à - 10 000) marquée par de grands épisodes glaciaires.

Le Paléolithique moyen (de - 100 000 à - 40 000) se caractérise par un climat très froid qui pousse les hommes à se réfugier dans des abris sous roche ou à l'entrée des grottes. (Attention, l'homme préhistorique n'a jamais vécu dans les grottes.)

Le Paléolithique supérieur (de - 40 000 à - 10 000) est la période pendant laquelle les glaces recouvrent le tiers de la surface des continents (contre 1/7 aujourd'hui). Seules les vallées encaissées permettent la pousse des graminées. Le grand nombre d'animaux herbivores (rennes, chevaux, aurochs, bisons, mammouths) permet aux hommes de vivre dans un « âge d'abondance ». C'est l'époque de Chauvet (*Homo sapiens sapiens*).

Deux séquences :

1. Les artistes de Chauvet

2. La vie des hommes préhistoriques

BIBLIOGRAPHIE

- *La Préhistoire, une histoire moderne*, n° 281, *Les artistes de la Préhistoire*, n° 364, TDC (textes et documents pour la classe).
- A. Leroi-Gourhan, *Les Chasseurs de la Préhistoire*, A.M. Métailié, Paris, 1983 (utile pour bâtir un récit).
- J. Clottes, *La grotte Chauvet, l'art des origines*, Paris, le Seuil, 2001.
- J. Clottes, *Voyage en préhistoire*, Paris, La maison des rochers, 1998.
- A. Leroi-Gauhan, *Dictionnaire de la préhistoire*, PUF Quadrige, 1997.

séquence 1

Les artistes de Chauvet

Objectif : **montrer que les peintres de Chauvet (30 000 ans av. J.-C.), hommes de la Préhistoire, étaient de véritables artistes.**

Compétences méthodologiques : exploiter un document iconographique ; développer la capacité d'observation ; expérimenter une technique employée au Paléolithique.

Matériel : livre de l'élève P. 10 à 13, photofiche **1A**, *poster du Multilivre* (grotte de Lascaux) ; pour l'atelier : papier à dessin, papier blanc et bistre pour imiter les parois d'une grotte ; pinceaux, fusains, crayons de couleur, bâtonnets de charbon de bois, bâtons d'ocre et autres matériaux naturels ; pour l'argile, prendre plusieurs argiles de différentes couleurs, de l'eau et des terres à poterie, des poils (vieux blaireaux, lapin, gibier à poils), du saindoux pour servir de liant à l'argile.

Mots clés : préhistoire, peinture, grotte, artiste.

Remarque : utiliser le dossier « Savoir et Faire » P. 64, 65.

Des peintres...

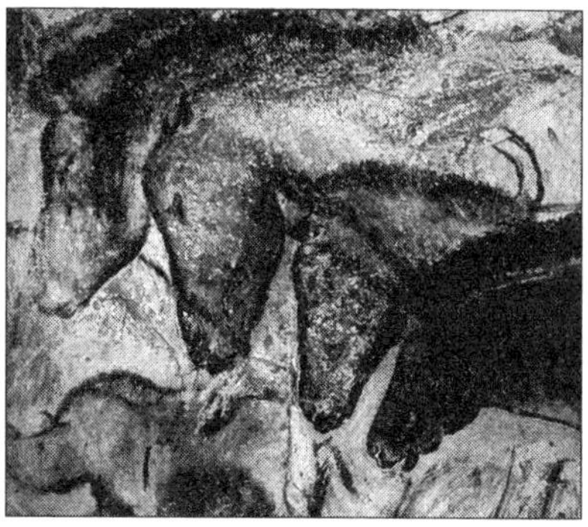

La grotte Chauvet a été découverte le 18 décembre 1994. Elle se trouve sur la commune de Vallon-Pont-d'Arc, en Ardèche. Trois laboratoires différents ont indiqué que les peintures dataient d'environ 31 000 ans avant J.-C. Nous sommes donc à un temps d'environ 15 000 ans avant Lascaux. On a recensé aujourd'hui dans la grotte 447 peintures, de 13 à 14 espèces différentes. Sur les 300 grottes ornées d'Europe, c'est la grotte Chauvet qui offre le bestiaire le plus complet. Le « panneau des chevaux » est l'œuvre d'un très grand artiste. Grâce au surlignage, à l'entourage et au raclage, il crée un mouvement de vie. Il donne à voir un art naturaliste et maîtrise déjà la perspective.

Faire un geste très simple : montrer aux enfants que tout le monde sait écrire dans la classe, tenir un crayon, former des mots à partir d'un alphabet ; puis introduire la séquence de la façon suivante : « Nous vivons tous au temps de l'Histoire puisque nous savons tous écrire. Maintenant nous allons parler d'une période où l'écriture était inconnue. Cette période s'appelle la Préhistoire. »

Travail d'observation

Laisser les enfants découvrir le document P. 10. Leur préciser de lire attentivement la légende, puis guider leur recherche en leur posant les questions de *1. Observation* P. 11. Réponses possibles :

A. Il y a cinq animaux : des chevaux et un rhinocéros.

B. Les chevaux paraissent courir. Il y a 5 crinières et 4 chevaux. L'artiste a voulu donner l'effet d'un grand nombre.

C. Non. C'est un animal très dangereux. Il est impossible de le rechercher.

D. Non, on en trouve à l'état naturel.

Dessiner comme nos ancêtres

Proposer aux enfants de dessiner les animaux de la grotte de Chauvet ou les mains de la grotte de Gargas de *5. Atelier* P. 11 en utilisant le matériel prévu et en s'inspirant du livre.

... et des sculpteurs

La Dame de Brassempouy a été découverte en 1894. Le « visage » de la Dame a été incisé au silex. Sur sa tête on voit une capuche ou une chevelure. Cette œuvre date du Périgordien (21 000 av. J.-C.) et se trouve être antérieure de plus de 5 000 ans à Lascaux. Cette figurine en ivoire de 3,65 cm de hauteur est la pièce préhistorique la plus représentée dans le monde (musée des Antiquités nationales à Saint-Germain-en-Laye).

Observation de la Vénus de Brassempouy (Landes)

Demander aux enfants de lire l'article *Artistes* P. 13 et d'observer attentivement la petite sculpture. Poser les questions suivantes :

– Quelle est la particularité de cette sculpture ? *Elle n'a pas de bouche, ce qui la rend très mystérieuse.*

– Quelle réflexion sur les hommes préhistoriques cette sculpture t'inspire-t-elle ? *Ces hommes n'étaient pas seulement des peintres mais aussi des sculpteurs.*

Travail sur la frise chronologique

Un peu de vocabulaire
Les hommes de Chauvet vivaient au moment de la Préhistoire. Faire rechercher comment est formé ce mot :

PRÉ - HISTOIRE
avant l'histoire

Ne pas hésiter à faire travailler le préfixe « pré » que l'on rencontre dans le vocabulaire courant. Demander aux enfants d'en donner quelques-uns en exemple.
Le début de l'histoire est marqué par la maîtrise de l'écriture. La Préhistoire est la longue, très longue période qui s'est déroulée avant l'apparition de l'écriture.

Se repérer sur la frise chronologique
Tracer au tableau un axe de temps très simplifié :

L'écriture fut inventée en Mésopotamie (région du Moyen-Orient située entre deux fleuves : le Tigre et l'Euphrate) vers 3 500 avant notre ère, par les Sumériens.

Dans ce schéma utiliser un trait oblique en expliquant que tous les peuples n'ont pas inventé l'écriture en même temps : le passage de la Préhistoire à l'Histoire ne se situe donc pas au même moment. Expliquer que l'année de la naissance du Christ sert de point de référence sur une frise chronologique.
Guider les élèves pour qu'ils retrouvent sur la frise chronologique du livre P. 11 : la naissance de Jésus-Christ, la période de Chauvet.
Faire remarquer les grands nombres précédés du signe - : moins.
Faire sentir le très grand nombre d'années écoulées avant la naissance du Christ. Faire remarquer que toutes ces années couvrent la période de la Préhistoire.

Se reporter au titre « Le point de départ » du dossier « Savoir et Faire » P. 64.

Synthèse

Pour conclure, vous pouvez :

- Élaborer un résumé à partir des questions suivantes : Quelles traces a-t-on retrouvées des hommes préhistoriques ? La Préhistoire est-elle une courte ou une longue période ?
- Préparer une visite dans un site préhistorique ou au musée de la Préhistoire le plus proche de chez vous.

Vous pourrez proposer **1A** : *Les animaux de la grotte de Chauvet* et *Recherche* (photofiche P. 9 ou cahier d'exercices P. 6).

séquence **2**

La vie des hommes préhistoriques

Objectif : **montrer que les hommes de la Préhistoire vivent aux dépens de la nature : ils cueillent des plantes, ils chassent sur des territoires qu'ils connaissent bien et traquent les troupeaux.**

Compétence méthodologique : émettre des hypothèses.

Matériel : livre de l'élève P. 11, 12, 13, photofiches **1B** et **1C**.

Mots clés : chasseurs, nomades.

Rappel

Vérifier l'acquis de la séquence précédente en posant la question suivante :

– Qu'avez-vous appris sur les hommes de Chauvet ? *Ils vivaient il y a très longtemps, ils dessinaient des animaux dans des grottes mais ne savaient pas écrire.*

Élargir l'étude en orientant la réflexion sur leur vie quotidienne.

La vie quotidienne

Le silex est une des pierres les plus dures qui existent dans la nature. Il est coupant et peut percer la peau des animaux. Les hommes préhistoriques fixaient un silex taillé à un manche (on obtenait ainsi une sorte de hache) ou au bout (hampe) des flèches. Donner la définition des mots :
– racloirs : outils qui servent à racler les peaux ou les bois,
– perçoirs : outils qui servent à percer les peaux.
Les hommes préhistoriques chassent pour survivre. Le piégeage et le rabattage des animaux sont largement pratiqués. Des gestes semblables à ceux des chasseurs de la Préhistoire sont encore pratiqués par les derniers chasseurs primitifs. C'est grâce à des analyses comparées que les archéologues comprennent les gestes oubliés des hommes d'autrefois.
Attention : Le feu fut domestiqué au Paléolithique inférieur, vers - 400 000. Celui-ci permet de se défendre contre les animaux sauvages, de se chauffer, de cuire des aliments.

Chasser pour se nourrir

Faire lire silencieusement les deux premiers paragraphes P. 12. Poser les questions de **2. *Recherche*** P. 11. Réponses possibles :

A. Pour chasser de gros animaux sans fusil ni couteau en fer, il faut fabriquer des armes avec ce que l'on trouve dans la nature. On peut aussi fabriquer des pièges.

B. Les chasseurs de la Préhistoire utilisaient les lances, les sagaies, les flèches, les harpons, les lance-pierres, les massues. Ces outils étaient réalisés en pierre (silex), en bois ou en os. De tous ces matériaux le silex était le plus solide. Il pouvait avoir des formes différentes comme on peut le voir dans **3. *Comparaison*** P. 11.

Vous pourrez proposer **1B** : *Les outils de la Préhistoire* ? (photofiche P. 10 ou cahier d'exercices P. 7).

C. Il fallait chasser pour survivre. Les hommes préhistoriques pratiquaient aussi la cueillette de plantes comestibles dont ils mangeaient les fruits, les feuilles, les racines. Ils pêchaient également des poissons de rivière.

Le feu : travail sur la frise chronologique

Se reporter à la frise chronologique et demander aux enfants à quelle date fut découvert le feu ? *Vers 450 000 ans avant notre ère.*

Poser la question suivante :

– Les hommes de Chauvet sont apparus avant 450 000 ou après ? *Après.*

Faire lire l'article *Vie quotidienne* P. 13 et poser la question suivante :

– Les hommes préhistoriques étaient-ils capables de faire bouillir de l'eau et comment ?

En Seine-et-Marne on a trouvé les restes d'un campement de chasseurs de rennes : des traces d'une grande tente (8 m x 6 m) avec des foyers, des milliers de silex taillés et des ornements de rennes. La tente, faite de peaux de bêtes tendues sur des branches enfoncées dans le sol, a été construite il y a 12 000 ou 15 000 ans, c'est-à-dire peu après les peintures de Lascaux.

L'habitat : travail d'observation

Afin de compléter la description de la vie quotidienne des hommes préhistoriques faire observer la photo de la tente de Pincevent P. 12 et poser la question suivante :

– À quoi servent les tentes ? *Elles servent, la nuit, à se mettre à l'abri des animaux féroces et se protéger un peu du froid.*

Vous pourrez proposer **1B** : *Où vivent les hommes préhistoriques* ? (photofiche P. 10 ou cahier d'exercices P. 7).

Le mode de vie

Lecture silencieuse

Faire lire, en silence, le troisième paragraphe P. 12. Demander aux élèves ce que ce nouveau texte leur apprend sur le mode de vie des hommes préhistoriques. Poser la question suivante :

– Vivent-ils toujours au même endroit ? *Non, pour suivre les troupeaux de bêtes sauvages et pratiquer la cueillette, ils sont nomades.*

Aider à la compréhension du mot « nomade » par des exemples tirés de la vie quotidienne. Poser les questions suivantes : Comment vivons-nous aujourd'hui ? Y a-t-il encore des nomades ?

Retour à la frise chronologique

Avant de quitter l'époque de la Préhistoire demander aux enfants de bien observer la frise. Attirer leur attention sur la partie bleu clair entre des pointillés. Expliquer que ces pointillés symbolisent un laps de temps beaucoup trop long pour être montré ici, il aurait fallu une bande de papier dix fois plus grande que la longueur entre - 40 000 et l'an I.

Synthèse

Pour conclure, vous pouvez :

• Faire faire un récapitulatif des réponses données au cours de la leçon en les notant au tableau.

• De cette synthèse établir une trace écrite sur le cahier en surveillant l'expression syntaxique. Ex. : Les hommes préhistoriques s'abritent à l'entrée des grottes ou dans des huttes. Ils se déplacent à la recherche de leur nourriture, ce sont des nomades. Ils se nourrissent des produits de leur chasse, de leur pêche, de leur cueillette.

À propos des deux séquences : lecture

Lire ou faire lire le texte P. 12. Veiller à la compréhension des mots difficiles ou inconnus. Faire lire *Je retiens* P. 12.

Autour de la leçon

Vous pouvez :

• Prévoir une manipulation de silex taillé, à partir des valises pédagogiques des musées.

• Faire circuler des reproductions d'outils et d'armes.

Évaluation de la leçon Vous pourrez proposer la photofiche **1C** P. 11.

Mémo,

À voir à proximité de l'école ou dans la région :

Quelques livres :

D'autres références :

FILMS – VISITES

• *Les hommes de la Préhistoire*, VHS : 15 mn *Outils préhistoriques*. *Sur les traces des chasseurs de rennes*, VHS : 15 mn, CNDP de Paris.

• *L'Homme préhistorique, au temps des chasseurs* n° 2026 ; *Fouilles préhistoriques* n° 2024, Radiovision, diapositives, CNDP.

• Musée de l'Homme
17, place du Trocadéro, 75016 Paris
Tél. : 01.44.05.72.00
ou 01.44.75.72.72.

• Musée de la Préhistoire
48, avenue de Stalingrad, Nemours
Tél. : 01.64.78.54.80.

• Musée des Antiquités nationales
Place du château
Saint-Germain-en-Laye
Tél. : 01.34.51.53.65.

• Musée de la Préhistoire
10, place de la Chapelle,
56340 Carnac
Tél. : 02.97.52.22.04.

• Musée de la Préhistoire
des Gorges du Verdon,
04500 Quinson
Tél. : 04.92.74.00.03.

• Musée de Tautavel, Tautavel,
Pyrénées Orientales

2 Les Gaulois

OBJECTIFS

- **Montrer que les Gaulois forment, contrairement aux hommes préhistoriques, un peuple sédentaire. Ils vivent de l'agriculture et de l'élevage.**
- **Montrer qu'ils sont des artisans habiles et des guerriers courageux.**

À SAVOIR

La révolution néolithique

Après la dernière glaciation (- 10 000), le climat devient plus doux et plus humide entraînant une révolution dans le mode de vie de l'espèce humaine. Les hommes se sédentarisent, cultivent la terre, conservent les aliments, délaissent la chasse pour élever des troupeaux. Cette révolution dite néolithique, « nouvelle pierre » (- 7000, - 3 500), sera marquée ensuite par la découverte et la maîtrise de la métallurgie à travers le cuivre, le bronze et le fer.

Celtes et Gaulois

Vers 450 av. J.-C., la Gaule est habitée par des peuples indo-européens. On appela ces peuples, les Celtes.

Ce mot vient du grec *celtoï*; les Grecs l'utilisaient pour désigner les hommes vivant entre le Rhin et le Danube.

Le mot « gaulois » vient du latin *galli* et servait à nommer les habitants du nord de l'Italie et des provinces de la France actuelle.

Les mots « celtes » et « gaulois » sont, du point de vue de la civilisation, presque interchangeables, un peu à la manière des mots « germains » (mot d'origine latine) et « allemands » (mot d'origine anglo-saxonne).

Caractères de la civilisation gauloise

La civilisation gauloise, *stricto sensu*, connut son plein développement pendant le second âge du fer entre 475 et 52 av. J.-C. La communauté celtique s'étendait sur un vaste espace qui dépassait largement les frontières de la France actuelle. Londres, Belgrade, Vienne, Milan et Paris, notamment, sont d'origine celtique. Même s'ils n'ignoraient pas l'écriture (leurs pièces sont copiées sur le modèle grec dont ils connaissaient l'alphabet), les Gaulois transmettaient leur savoir oralement. Les agents de cette transmission étaient les druides (« druide » signifie « très savant »). Prêtres, ils étaient les conservateurs des lois et des coutumes, éduquaient les enfants de la noblesse et intervenaient souvent comme juges et arbitres lors de conflits entre factions rivales. Certains étaient des bardes, c'est-à-dire des poètes.

Les Celtes ont introduit en Gaule un art original, caractérisé par des lignes courbes. Un des aspects les plus marquants de cet art s'est révélé dans le monnayage gaulois. Si les premières pièces s'inspiraient des modèles grecs, les Gaulois donnèrent très vite libre cours à leur imagination en dessinant des visages et des chevaux très stylisés. En véritables artistes ils travaillaient l'or, le bronze et surtout le fer pour obtenir des armes de qualité. Pour décorer leurs armes d'apparat et leurs bijoux, ils inventèrent l'émail.

La guerre des Gaules

Riche en or et en minerais, la Gaule celtique fut, à partir de - 58, convoitée par Jules César, alors proconsul de la Gaule cisalpine (en deçà des Alpes) et de la Narbonnaise conquise dès -122. Sous prétexte de protéger les Éduens, peuple allié de Rome depuis - 121, contre les Gaulois et les Helvètes, Jules César fit pénétrer ses légions en Gaule celtique. Cette occupation romaine suscita de nombreux mouvements de révolte. Au printemps - 52, un soulèvement général eut lieu sous le commandement d'un jeune chef arverne, Vercingétorix, qui réussit à tenir Jules César en échec devant Gergovie.

Mais Vercingétorix ne put détruire l'armée romaine. Contraint de se replier, il se laissa enfermer avec ses guerriers à Alésia. Il capitula après un mois de siège (septembre 1952 av. J.-C.). Emmené à Rome pour le triomphe de César, il mourut étranglé après six à sept ans de captivité.

Deux séquences :

1. Les Gaulois, la conquête romaine
2. Une civilisation originale

BIBLIOGRAPHIE

- *En Gaule avant César*, TDC, n° 82.
- *Une machine agricole gauloise : la moissonneuse*, BT, n° 778.
- *Les Gaulois*, Hachette, Coll. « Histoire-Juniors ».
- *Au temps des Gaulois*, Hachette, Coll. « La vie privée des hommes ».
- *La Gaule indépendante*, édition MDI, en prêt au CDDP.
- C. Jullian, *Vercingétorix*, Marabout, n° 309.
- C. Jullian, *Histoire de la Gaule*, Hachette, 1993.
- « La violence des Gaulois », *Histoire*, n° 30.
- « Quand le tonneau remplaça l'amphore », *L'Histoire*, n° 36.
- « Alésia », *Histoire*, n° 260, décembre 2001.
- *Le dossier Vercingétorix*, C. Goudineau, Actes Sud/Errance, Arles, 2001.
- *Les Celtes*, V. Kruta, Robert Laffont, Paris, 2000.

séquence
1

Les Gaulois et la conquête romaine

Objectif : **montrer que les Gaulois sont vaillants au combat.**

Compétence méthodologique : observer différents documents iconographiques et des textes écrits.

Matériel : livre de l'élève P. 14, 15, 17, photofiche **2B**, **2C**, dictionnaires.

Mots clés : guerre, conquête, Gaule, Gaulois.

Rappel

Rappeler la leçon précédente en posant les questions suivantes :

– De qui avons-nous parlé lors de la précédente leçon ? *Des hommes préhistoriques.*

– Que savons-nous de ces hommes ? *Ce sont des chasseurs. Ils suivent les troupeaux de bêtes sauvages, ils pratiquent la cueillette, ils s'abritent sous des huttes, des tentes, des abris sous roche ou à l'entrée des grottes. Ils fabriquent leurs armes et leurs outils en taillant le silex, les os des animaux et les bois des rennes.*

– Quelle est la différence entre les hommes de la Préhistoire et les Gaulois ? *Les premiers ne connaissaient pas l'écriture, les Gaulois, si. C'est ainsi que nous allons passer de la Préhistoire à l'Histoire.*

La conquête de la Gaule

Le siège d'Alésia

En 52 av. J.-C., les légions romaines encerclèrent les dernières armées gauloises et leur chef Vercingétorix qui se réfugièrent dans Alésia, sur une colline très élevée.

Vercingétorix fortifia la ville et envoya des messagers battre le rappel dans toute la Gaule. Pendant ce temps, César fit bâtir, autour de la ville, une première enceinte de 15 km empêchant les assiégés de sortir, puis une seconde, plus vaste, qui interdisait l'entrée des renforts. Il truffa ces enceintes de fossés invisibles.

Dans la ville, la famine régnait. Vercingétorix fit sortir toutes les bouches inutiles. Elles errèrent entre les lignes, condamnées à mourir de faim et de soif. Pourtant une armée estimée à 240 000 fantassins et 8 000 cavaliers arriva en vue d'Alésia. Les assiégés tentèrent une sortie. Durant quatre jours, ils se battirent. Au cinquième, devant l'ampleur du massacre, Vercingétorix jeta ses armes aux pieds du vainqueur. Par ce geste, César avait pratiquement conquis la Gaule.

Travail d'observation

Faire observer le tableau P. 14 et poser les questions de **1. *Observation*** P. 15 en laissant les enfants répondre librement. Réponses possibles :

A. « Vercingétorix jette ses armes aux pieds de César ».

B. Il s'est écoulé 1899 ans plus 52 ans, soit 1951 ans en tout.

Lecture de texte et document iconographique

Faire lire très attentivement le texte de César extrait de *La guerre des Gaules*, puis reprendre le travail d'observation et faire répondre à la question **C**.

C. Oui, l'artiste a assez bien suivi le texte historique pour peindre son tableau. Mais, il y a une grande différence : Vercingétorix ne se rend pas : il lui « est livré ».

Faire lire le texte de **2. *Lecture de texte*** P. 15, puis poser les questions suivantes :

Dans quel pays Jules César a-t-il écrit son livre ? *Il l'a écrit en Gaule même.*

A-t-il attendu longtemps pour l'écrire ? *Non, pas très longtemps : il l'a écrit « à chaud ».*

À propos de **3. *Enquête*** P. 15, bien insister sur le fait que les noms de pays et surtout le nom des villes françaises sont bien des noms gaulois : Paris, Lyon, Vannes, Poitiers, Rodez, Cahors, Le Mans, Amiens, etc.

Consulter un atlas historique pour retrouver le nom de la tribu gauloise où se trouve l'école.

Faire examiner les fortifications des Romains dans l'article **4. *Lecture de dessin*** P. 15 en demandant aux enfants combien de fossés les Romains ont-ils construits devant Alésia ? *3 fossés.*

À quoi servent les pièges placés par les Romains ? Et les tours ? *À empêcher les Gaulois de s'enfuir de la ville d'Alésia où ils sont assiégés.*

Ce dessin est une aquarelle de chercheurs du CNRS. Il donne l'exact relevé des dernières fouilles archéologiques. Il montre l'organisation du siège d'Alésia (aujourd'hui, Alise Sainte-Reine sur le mont Auxois) par les Romains dans la plaine des Laumes.

Il y a trois fossés. Sur le côté gauche, on voit le fossé 1 et 2 puis des légionnaires sur le glacis au centre et enfin le fossé 3. Les pièges servent à empêcher la sortie et les charges des cavaliers gaulois. Les tours servent à repousser les assauts des fantassins gaulois, à jeter des projectiles. Les tours d'après les fouilles actuelles sont à deux étages et non pas quatre comme dans la maquette du Musée de Saint-Germain en Laye.

La carte de Gaule

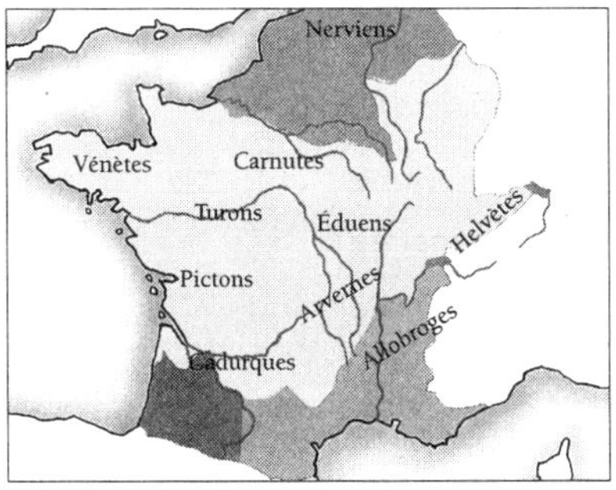

Lecture de carte

Demander aux enfants de regarder la carte de **3. *Enquête*** P. 15 en portant une attention spéciale à la légende. Poser la question suivante :

– Que signifient les différentes couleurs utilisées? *Elles servent à distinguer les différentes Gaules.*

Faire noter que la Gaule ne correspondait pas aux limites actuelles de la France mais qu'elle comprenait également le sud de la Belgique actuelle et la Suisse alors appelée Helvétie. Faire observer le nom de quelques tribus gauloises et en particulier celui de la tribu qui occupait la région où est implantée l'école.

Travail sur la frise chronologique

Se reporter à la frise chronologique du dossier « Savoir et Faire » P. 65.

À propos de la Gaule narbonnaise faire examiner la frise chronologique P. 15 et poser la question suivante :

– Que s'est-il passé en 121 av. J.-C. ? *Rome conquiert la province de Narbonne ; la Gaule narbonnaise devient donc une possession des Romains.*

La conquête de la Gaule

Grands personnages et récits de bataille

Enchaîner sur la lutte qui opposa les Gaulois aux Romains en posant la question suivante : Avez-vous déjà entendu parler de Vercingétorix et de Jules César? *Oui, dans les films à la télévision et dans les bandes dessinées* Astérix, *surtout pour Jules César.* Proposer aux enfants de leur faire le récit du siège d'Alésia en 52 av. J.-C.

Apparition de la monnaie

Faire examiner la pièce de monnaie dans l'article *Trois images de Vercingétorix* P. 17 en demandant aux enfants de retrouver le nom de Vercingétorix. Étendre la réflexion sur les monnaies en posant les questions suivantes :

– Quelle tribu gauloise a frappé cette pièce en or? *Celle des Arvernes puisque Vercingétorix est leur chef.*

– Pourquoi frappe-t-on des pièces de monnaie? *Pour commercer, pour effectuer des échanges commerciaux avec d'autres peuples.*

Retour à la frise chronologique

Tracer au tableau la frise chronologique suivante :

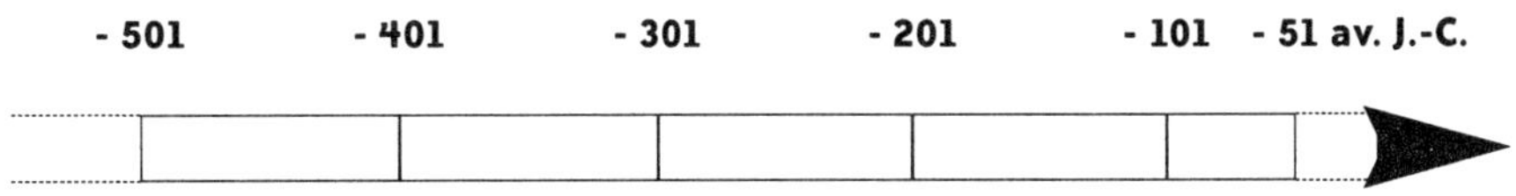

Faire situer sur la frise 475 av. J.-C. date du début de la civilisation gauloise et 52 av. J.-C. défaite de Vercingétorix. Leur demander combien d'années séparent ces deux dates.

Synthèse

Pour conclure, vous pouvez :

• Élaborer la trace écrite à partir des questions suivantes : Quels progrès ont amélioré la vie quotidienne des Gaulois? De quelles façons ces progrès les ont-ils aidés dans leurs combats?

séquence

2

Une civilisation originale

Objectif : **montrer que la civilisation gauloise était d'un haut niveau technique (fabrication des objets de la vie quotidienne et des armes pour se défendre).**

Compétences méthodologiques : rechercher des informations à partir des textes ; réaliser un décor géométrique à l'aide du compas.

Matériel : livre de l'élève P. 15, 16, 17, photofiches **2A** ; compas, dictionnaires.

Mots clés : sédentaire, paysan, artisan.

Remarque : utiliser le dossier « Savoir et Faire » P. 64, 65.

Des artisans habiles

Grâce au minerai qu'on trouvait à l'état brut à l'air libre ou dans des mines et à la présence des forêts qui permettaient de faire fonctionner les fours à bois, les Gaulois fabriquèrent, en grand nombre, armes et outils de fer.

Lecture de texte

Faire lire les deux premiers paragraphes de *Les Gaulois* P. 16 d'abord silencieusement, puis à haute voix par un élève. Demander aux enfants si ce texte contient des mots inconnus. Les faire rechercher dans le dictionnaire. Puis leur faire préciser ce que fait : un forgeron, un orfèvre.

Montrer que ces métiers sont toujours utiles ou indispensables à la vie quotidienne (mettre en relation avec les métiers des parents).

Les paysans gaulois

La ferme gauloise abrite une communauté familiale avec des domestiques et des esclaves. Elle est couverte d'un toit de chaume (paille de seigle ou de blé). Les Gaulois savent donc cultiver des céréales et ils utilisent des faucilles pour couper la paille. Les murs sont en torchis, mélange de paille et de boue. Ces matériaux résistent mal aux intempéries. Les dangers principaux sont les incendies et les moisissures.
Les Gaulois, comme tous les paysans, se nourrissent des animaux domestiques qu'ils élèvent. C'est là une différence fondamentale avec les chasseurs de la Préhistoire.
Le rôle du sel est fondamental dans l'agriculture. Il permet de conserver la viande, le poisson, de faire des charcuteries. Il est nécessaire au travail du cuir et indispensable aux animaux domestiques qui lèchent des pierres de sel.

Travail d'observation

Faire découvrir les divers éléments de la vignette P. 17 :

Les animaux : On voit des vaches, un chien, un mouton, des oies, un porc. Ces animaux sont élevés pour leur viande, leur peau qui servent à fabriquer des vêtements ou des récipients. La graisse des animaux sert à la cuisine et à l'éclairage. Les chiens montent la garde.

Les êtres humains : La femme donne à manger aux animaux de la basse-cour, un homme tond un mouton, un autre conduit un attelage de bœufs ou de vaches.

L'habitat : Les maisons gauloises sont fort bien construites. Les murs en terre séchée ou torchis supportaient un toit en chaume. Ces maisons imposantes par leur taille impliquaient évidemment la sédentarisation.

Vous pourrez proposer **2A** : *Les maisons gauloises* (photofiche P. 12 ou cahier d'exercices P. 8).

Lecture de texte

Demander aux enfants de lire l'article *Le gaulois* P. 17 et leur faire découvrir quelques rudiments de la langue gauloise.

Pour étendre la réflexion sur le rôle du coq gaulois, poser la question suivante : De nos jours, où retrouve-t-on le coq gaulois ? *Sur le maillot des équipes de France, par exemple.*

Vous pourrez proposer **2B** : *Des artisans* (photofiche P. 13 ou cahier d'exercices P. 9).

Trois visages de Vercingétorix : un inconnu célèbre

Travail d'observation

Nous avons présenté trois visages de Vercingétorix dans trois circonstances particulières.

Nous disposons d'une vingtaine de pièces d'or ou statères à l'effigie de Vercingétorix. On voit que l'homme n'avait pas de moustache, ni de barbe.

Le portrait de Vercingétorix au cinéma nous le présente sous les traits de Christophe Lambert tel qu'on l'imaginait au XIXe siècle.

Enfin, la Préfecture de police a reconstitué en 2001 à notre demande un portrait-robot en utilisant les méthodes de la police scientifique. Les documents utilisés par la Préfecture de police sont les profils des pièces de monnaie. Vercingétorix apparaît ainsi de face, avec une allure de bel éphèbe.

La mort de Vercingétorix

La mort de Vercingétorix n'a pas été évoquée par Jules César dans son ouvrage *Bellum Gallicum* ou la Guerre gauloise. Le récit de la mort de Vercingétorix est le fait d'historiens romains qui écrivirent deux siècles après l'événement. Mais il importe de voir la fonction éducatrice et civique que Vercingétorix a joué dans la formation d'une conscience nationale à la fin du XIXe siècle. Vous pouvez évoquer la question de la peine de mort en matière politique, et rappeler qu'elle a été abolie en France grâce notamment à Robert Badinter.

Vous pourrez proposer **2B** : *Un guerrier gaulois* (photofiche P. 13 ou cahier d'exercices P. 9).

À propos des deux séquences : lecture

Lire ou faire lire le texte P. 16. Veiller à la compréhension des mots difficiles ou inconnus. Faire lire *Je retiens* P. 16.

Autour de la leçon

Vous pouvez :

- Faire faire une recherche documentaire par groupes sur les thèmes suivants : Vercingétorix, Jules César, Alésia.
- Préparer une sortie dans un musée contenant une collection d'objets gaulois le plus proche de l'école.
- Faire circuler des documents iconographiques ou programmer une projection montrant les outils, les objets, les armes. Éventuellement les faire dessiner.

Évaluation de la leçon Vous pourrez proposer la photofiche **2C** P. 14.

Mémo,

À voir à proximité de l'école ou dans la région :

Quelques livres :

D'autres références :

FILMS – VISITES

- *Agriculture et sédentarisation,* Radiovision CNDP, n° 288.
- *La Gaule celtique et romaine,* documentation photographique, n° 6070.
- Musée des Antiquités nationales Place du château 78100 Saint-Germain-en-Laye Tél. : 01.34.51.53.65.
- Musée de la Monnaie 11, quai Conti 75006 Paris. Tél. : 01.40.46.56.66.
- Archéodrome aire de Beaune 21000 Tailly-Mercueil Tél. : 03. 80.26.87.00.

3 La Gaule romaine

OBJECTIFS

- **Montrer la romanisation rapide de la Gaule.**
- **Montrer qu'il s'agit d'abord d'un phénomène urbain.**
- **Expliquer que la période gallo-romaine dure près de quatre siècles et qu'elle apporte la paix et la prospérité.**
- **Mettre les enfants en situation de recherche à partir d'un document iconographique.**

À SAVOIR

Mise en place de la colonisation gallo-romaine

La conquête de la Gaule par Jules César est trop souvent présentée comme un phénomène brutal. En vérité, l'intégration de l'espace gaulois sous l'autorité romaine est un phénomène qui mêle des événements qui se sont déroulés rapidement et d'autres qui ont mis plus de temps à se réaliser. On peut distinguer trois phases dans la mise en place de la civilisation gallo-romaine.

La Gaule avant la conquête de Jules César

Les Romains en conquérant d'abord la Narbonnaise en 122 avant J.-C. s'installèrent des rives de la Méditerranée jusqu'aux portes de Lyon. En 121 avant J.-C., tout le sud de la Gaule était déjà conquis et se trouvait relié à l'Italie et à l'Espagne.

La Narbonnaise comprenait tout le Languedoc. La tribu des Allobroges et celle des Éduens s'étaient intégrées à l'espace économique romain et avaient adopté son système monétaire (le denier romain d'argent). Les Éduens avaient conclu, dès l'an 80 avant J.-C., un pacte diplomatique avec les Romains. Ils avaient reçu le titre de tribu « amie du peuple romain ». Vaisselle, céramique, huile, vin romains y étaient vendus massivement.

La conquête romaine

Une fois vaincu, Vercingétorix fut conduit à Rome où il périt quelque temps après le triomphe de César. Après la défaite d'Alésia et la répression des dernières rébellions locales, « la guerre des Gaules » était finie. Très vite les Gaulois se soumirent à l'autorité nouvelle et adoptèrent les mœurs des vainqueurs.

La paix romaine

Près de 100 ans après la bataille d'Alésia, l'empereur Claude déclarait : « Pourtant, si l'on passe en revue toutes les guerres, il n'en est aucune qui ait été liquidée en moins de temps que celle que nous avons faite aux Gaulois. Depuis lors, la paix a été continue et confiante. Désormais, mêlés aux nôtres par les mœurs, les métiers, les alliances, les Gaulois nous donnent leur or et leurs richesses au lieu de les posséder séparément! » Ainsi en 48, Claude annonçait qu'il était désormais difficile de séparer les Gaulois des Romains.

Jusqu'au milieu du IIIe siècle après J.-C., La Gaule vécut en paix. Seules les invasions barbares du Ve siècle vont séparer les Gaulois des Romains et interrompre cette longue période de paix.

Aspect de la civilisation romaine en Gaule

En classe de CE2, il est souhaitable d'insister sur la notion de civilisation urbaine. Les Gaulois excellèrent dans l'art agricole, mais ils furent des bâtisseurs de maisons de bois, de chaume ou de pisé. Ils ignorèrent l'art monumental.

Les Romains, eux, excellèrent dans l'art de bâtir, notamment les villes. L'urbanisme de Rome a servi de modèle à toutes les villes de l'empire désireuses de lui ressembler.

Le théâtre, l'amphithéâtre, le cirque, le forum, les temples, les palais, les voies romaines, les marchés, les immeubles ou *insulae*, les tavernes, les arcs de triomphe, les maisons sont les éléments urbains (Rome en latin se dit *Urbs*) qui indiquent les fonctions d'une ville (jeux, circulation, commerce, vie quotidienne).

On a choisi d'aborder le thème de la civilisation urbaine par le biais des thermes de la ville de Lutèce (Paris).

Deux séquences :

1. Des constructions gallo-romaines
2. La paix romaine

BIBLIOGRAPHIE

- *Jeux de cirque romains*, BT n° 865.
- *La vie romaine à travers des mosaïques*, BT n° 83.
- *À la découverte d'une cité gallo-romaine*, BT n° 81.
- *Les Gallo-Romains*, QS n° 314.
- *La Ville gallo-romaine : Vaison-la-Romaine*, TDC n° 217.
- *Les Gallo-Romains*, TDC n° 407.
- P.-M. Duval, *La Vie quotidienne en Gaule pendant la paix romaine*, Hachette.
- G. Hacquard, *Guide romain antique*, Hachette.
- *Les Gallo-Romains*, PUF, Coll. « Que sais-je ? », n° 314.
- *Les Villes romaines*, PUF, Coll. « Que sais-je ? », n° 657.
- « Les gladiateurs, artistes maudits », *Histoire*, n° 2.
- « Comment naviguait-on dans la mer Méditerranée romaine ? », *Histoire*, n° 36.
- « Narbonne - colonie romaine », *Histoire*, n° 34.
- *Astérix*, Casterman (en ayant conscience des nombreuses erreurs et des anachronismes considérables).
- *Alix*, Casterman.

séquence
1

Des constructions gallo-romaines

Objectif : **montrer que les Romains apportèrent de nouvelles techniques qui permirent de bâtir des monuments à l'origine de la vie urbaine.**

Compétences méthodologiques : lire un document iconographique afin d'en extraire des informations historiques ; savoir comparer des constructions ; lire des textes en vue d'une recherche informative.

Matériel : livre de l'élève P. 18, 19, photofiches **3A** et **3B**.

Mots clés : civilisation gallo-romaine, thermes, aqueduc.

Remarque : demander aux enfants d'apporter des cartes postales ou des photos de monuments gallo-romains.

Rappel

Indiquer que la culture française a pour base la civilisation gallo-romaine et que notre langue est une langue latine. En quelques siècles, la langue parlée par les Gaulois, le celte, est remplacée par le latin. C'est la langue des soldats, des juges, des fonctionnaires romains. Il faut la parler et l'écrire pour réussir dans la vie.

Demander aux enfants de rappeler les éléments essentiels du chapitre précédent : les Gaulois étaient d'habiles paysans. Ils étaient aussi des guerriers. En 52 av. J.-C. les Gaulois furent battus par les Romains. La Gaule va devenir romaine.

Insistez sur les détails qui pourraient être intéressants pour comparer la vie des Gaulois et celle des Gallo-Romains (les fermes en bois, les toits en chaume, etc.). Indiquer que les Romains vont apporter leurs techniques et leur façon de vivre en Gaule.

Expliquer le terme « gallo-romain » en montrant qu'il est formé de la juxtaposition de deux noms appartenant à des nationalités différentes. Faire trouver aux enfants d'autres juxtapositions telles que franco-italien, franco-musulman, franco-russe...

La civilisation de l'eau dans le monde romain

Travail d'observation

Faire observer l'illustration P. 18 en précisant aux enfants qu'ils doivent lire la légende. Faire rechercher la signification du mot « therme » dans le dictionnaire puis les laisser répondre aux questions. Réponses possibles :

A. Les peintures sont rouges et dorées.

B. Le sol est recouvert de mosaïques.

C. L'eau est amenée par un aqueduc. L'eau peut venir de la Seine.

D. Oui, à la piscine, au hammam ou dans les centres de thalassothérapie.

Travail de comparaison

Les Romains sont des bâtisseurs. Leur sens du monumental les conduit à bâtir en pierres massives et aussi en briques. Pour y parvenir, il faut savoir maîtriser l'art de bâtir : réaliser de solides fondations et de fortes assises ; fabriquer un mortier très liant fait d'un mélange de chaux, de sable et de briques pilées. Il faut dresser des échafaudages qui généralement prennent appui contre les murs construits. Il faut maîtriser toutes sortes d'engins de levage : roues, câbles, palans, plans inclinés.

Amener les enfants à comparer les constructions des Gaulois et des Romains en observant les pages 17 et 18 comme l'indique 2. ***Comparaison*** P. 19.

Faire comprendre la supériorité des Romains dans le domaine de la construction. Pour ce faire, rappeler le mode de construction des Gaulois, la disparition de leurs constructions en bois. À partir du dessin de la chèvre à treuil P. 19, rappeler que les Romains avaient une supériorité technologique sur toutes les autres civilisations de leur temps.

Rappeler ce que signifie l'expression « un travail de Romain » : une œuvre longue et difficile demandant beaucoup d'efforts.

Vous pourrez proposer **3B** : *Les constructions gallo-romaines* (photofiche P. 16 ou cahier d'exercices P. 11).

Recherche iconographique et enquête

Mettre à disposition des enfants des cartes postales, des livres...

Faire retrouver des monuments gallo-romains : les arènes et la maison carrée de Nîmes, les arènes d'Arles, le théâtre d'Orange, Vaison-la-Romaine, le centre d'Autun, la colline de Fourvière à Lyon, les monuments de Saintes, Le Mans, Doué-la-Fontaine, etc.

La civilisation de l'eau

Situé à 21 km de Nîmes, l'aqueduc enjambe le Gard. C'est un élément d'une canalisation qui amenait des eaux captées près d'Uzès. Cette canalisation longue de près de 50 km était construite tantôt au niveau du sol, tantôt en tunnel, tantôt elle enjambait une vallée. On peut faire remarquer la longueur inégale des trois étages (142 m, 243 m et 275 m), les voûtes (en plein cintre), la superposition des piliers des deux étages inférieurs, l'utilisation de la pierre calcaire extraite des plateaux voisins.

Travail de recherche

Les Romains ont fondé une civilisation de l'eau. Pour que les enfants se familiarisent avec cette nouvelle information, leur demander de répondre aux questions de 3. ***Recherche*** P. 19. Réponses possibles :

A. On construit un aqueduc.

B. Pour évacuer les eaux usées, il faut des égouts.

Les Romains construisirent des aqueducs pour amener toute l'eau nécessaire à la cuisine, l'hygiène, les thermes, les piscines, les fontaines de leurs villes. Le pont du Gard, par exemple, sur la photo P. 19, n'a jamais été un pont mais un aqueduc dont les canalisations passaient à l'étage supérieur ; les deux étages inférieurs servaient à soutenir l'édifice.

Pour évacuer les eaux usées, les Romains avaient un système de tout-à-l'égout : le *cloaqua maxima*, encore visible à Rome. Il y avait des canalisations souterraines cimentées et des canalisations en plomb. Montrer que l'eau, dans les villes gallo-romaines, indique le degré de raffinement et de confort des maisons des riches (bassin, jets d'eau, piscines, bains, jardins luxuriants, etc.).

L'alimentation en eau, aujourd'hui, est assez bien réglée dans nos villes. Faire prendre conscience que de nombreux pays manquent encore d'eau potable.

Vous pourrez proposer **3A** : *Les thermes* (photofiche P. 15 ou cahier d'exercices P. 10).

Débat

La veille de la leçon, demander aux enfants qu'ils demandent à leurs parents le nom de la compagnie des eaux de la ville et le nombre de mètres cubes ou litres d'eau consommés.

Travail sur la frise chronologique

Amener les enfants à bien repérer le moment où on passe de la période appelée av. J.-C. ; à celle appelée ap.J.-C.

Faire relever la date des deux événements qui marquent le début et la fin du Ier siècle ap. J.-C. Montrer que la civilisation gallo-romaine a commencé avant l'an I et qu'elle dure environ cinq siècles.

Synthèse

Pour conclure, vous pouvez :

- Élaborer une trace écrite à partir des éléments étudiés. Ex. : Les Romains construisent des thermes, des théâtres en pierre et de nombreux autres bâtiments. Ils sont de remarquables bâtisseurs de villes. Leurs constructions sont très solides. Ils ont un sens très affirmé du confort et de l'art de vivre.
- Réaliser une affiche avec les principales réalisations gallo-romaines.

séquence

2

La paix romaine

Objectif : **montrer que durant la période de la civilisation gallo-romaine, la paix règne pendant quatre siècles.**

Compétences méthodologiques : trouver des informations à partir du livre de l'élève ; élaborer une trace écrite.

Matériel : livre de l'élève P. 19, 20, 21, photofiche **3C**, carte murale ;
pour l'atelier prévoir des gommettes de couleur et du papier à dessin blanc.

Mots clés : légionnaire, paix romaine, *villae*, amphore, mosaïque.

Rappel

La trace écrite élaborée lors de la précédente séquence pourra être reprise au tableau en interrogeant les enfants.

Une armée puissante

Lecture silencieuse
Faire lire individuellement le premier paragraphe P. 20.

Expliquer aux élèves ce que veut dire « la paix romaine ». Faire comprendre que les légionnaires postés aux frontières protègent le pays d'une invasion et que, dans le pays, les Gaulois acceptent les lois romaines.

Faire lire la définition du mot « légionnaire » P. 20. Demander à un enfant de décrire à voix haute l'équipement du légionnaire représenté P. 20.

Montrer sur une carte murale les frontières de l'empire romain.

Travail sur la frise chronologique
Demander aux enfants de rechercher sur la frise P. 19 le début de la civilisation gallo-romaine qui correspond à la conquête de la Gaule par Jules César (52 av. J.-C.). Poser la question suivante :

– Que représente le chiffre 1 ? *La naissance de Jésus-Christ.*

La civilisation gallo-romaine

Un art de vivre
Faire lire silencieusement le deuxième paragraphe P. 20. Demander aux enfants de relever sur leur cahier les détails qui décrivent le mode de vie des Gallo-Romains.

Les combats dans le cirque
Faire lire l'article *Les gladiateurs* P. 21 et demander à un volontaire de raconter un combat dans le cirque.

L'économie romaine

Lecture silencieuse
Poursuivre la lecture du troisième paragraphe P. 20 et laisser les élèves relever tout ce qui démontre la prospérité. Donner le nom des marchandises vendues, faire relever les moyens de transport utilisés pour le commerce de l'huile d'olive, du vin, des charcuteries, des manteaux de laine.

Il serait plus juste d'associer le tonneau de vin à la civilisation gallo-romaine qu'à la civilisation gauloise. Les Gaulois étaient surtout des buveurs de bière (cervoise, cerveza). Généralement le vin d'importation romaine et l'huile d'olive voyageaient dans des amphores dont on a retrouvé des exemplaires par milliers.

Quelques précisions

Faire lire les articles *Une balance romaine* et *Les chiffres romains* P. 21 pour faire comprendre aux enfants que les Romains étaient de si bons commerçants qu'on utilise encore leurs systèmes de pesée.

Conclure en montrant bien que, depuis l'Antiquité, la Gaule est un pays agricole prospère. Préciser que les grandes fermes gallo-romaines sont des exploitations rurales remarquables. Les esclaves y travaillent la terre et participent aux récoltes. La villa de Montmaurin en Haute-Garonne est une des plus fameuses *villae* de notre pays.

Les chiffres romains : les opérations de compte utiles aux ingénieurs et commerçants. Il est important que les enfants connaissent les chiffres romains. Quoique l'usage s'affaiblisse, il était de tradition d'écrire en chiffres romains les noms des siècles et des rois. Il faut perpétuer cet usage. Il faut que les enfants maîtrisent les rudiments des chiffres romains.

Les jeux romains

Il faudrait évoquer le film *Gladiator* que beaucoup d'enfants ont pu voir ou verront.

Indiquer que les stades (amphithéâtres romains) existent toujours et servent toujours à Nîmes, Arles, Vérone, etc.

■ Synthèse

Pour conclure, vous pouvez :

• Faire copier au tableau toutes les réponses aux questions posées, puis écrire un résumé assez court. Ex. : Les Gallo-Romains vivent une période de paix, ce qui favorise le commerce. La civilisation gallo-romaine est une civilisation urbaine. L'économie de la Gaule est prospère grâce surtout à son agriculture.

• Réaliser une mosaïque à l'aide de gommettes ou de petits morceaux de papier colorés.

■ À propos des deux séquences : lecture

Lire ou faire lire le texte P. 20. Vérifier la compréhension des mots inconnus ou difficiles. Faire lire *Je retiens* P. 20.

■ Autour de la leçon

Vous pouvez préparer la visite d'un monument gallo-romain ou d'un musée consacré à l'Antiquité de votre région.

Évaluation de la leçon Vous pourrez proposer la photofiche **3C** P. 17.

Mémo,

À voir à proximité de l'école ou dans la région :

Quelques livres :

D'autres références :

FILMS – VISITES

- *La Gaule celtique et romaine*, DP n° 607 (diapos).
- *Un camp romain*, n° 20138, *Spectacles et jeux dans la ville gallo-romaine*, n° 20, deux radiovisions.
- Les Arènes d'Arles.
- Les Arènes de Lutèce 49, rue Monge 75005 Paris.
- Thermes de Cluny 6, place Paul Painlevé 75005 Paris.
- Théâtre antique d'Orange.
- Musée d'Argentomagus 36200 Saint-Marcel Tél. : 02.54.24.47.31.

1 Clovis, premier roi des Francs

OBJECTIFS

■ Montrer qu'après une période de quatre siècles de paix romaine, une ère de bouleversements commence. Les troubles ont pour origine les migrations des peuples barbares vers l'Ouest que l'empire romain ne peut arrêter (les Grandes invasions, ve siècle). L'unité de l'empire romain se brise et plusieurs royaumes naissent en Europe.

■ L'installation des Francs en Gaule revêt une importance considérable : ils créent une monarchie et se convertissent à la religion catholique et romaine. Le baptême de Clovis est un événement fondateur de l'histoire de France.

À SAVOIR

Les invasions germaniques marquent une rupture fondamentale du point de vue politique en Gaule et une rupture relative du point de vue de la civilisation.

Quelques notions de vocabulaire

« Franc » est un adjectif qui veut dire « hardi ». Les Francs qui s'installèrent en Gaule étaient appelés Francs Saliens. L'ancêtre supposé de Clovis était Mérovée. C'est pourquoi on parle souvent de la dynastie mérovingienne.

Le mot « barbares » désigne ceux qui ne parlent pas latin ; au départ, ce fut une onomatopée. Le changement de nom de notre pays, qui va peu à peu cesser de s'appeler la Gaule pour prendre le nom de royaume des Francs puis France, date de cette époque.

Le royaume de Clovis ne comprenait ni la Provence, ni la Bourgogne, ni l'est de la Gaule du Nord ; ce n'était donc pas toute la France actuelle.

Une rupture politique fondamentale

Les invasions barbares marquent la fin de la paix romaine. Les villes qui étaient jusqu'alors sans murailles, se protègent derrière des remparts. Lorsque Rome s'effondre, en 476, disparaît en Occident la notion d'empire, et débute le Moyen Âge.

Les Germains apportent avec eux un autre régime politique : la royauté. La succession dynastique des rois s'effectue selon des règles de droit privé et non plus de droit public. Le roi franc n'est plus divinisé mais sacré par l'évêque qui en fait un être oint à la manière du Christ (« messie » veut dire « oint »).

L'Église catholique et la monarchie franque sont liées. Saint Martin, puis Saint Denis sont les protecteurs du royaume de France. Les biens de l'Église sont considérés comme des biens de l'État.

Une rupture de civilisation toute relative

L'arrivée des Germains (Francs, Goths, Burgondes, etc.) ne représenta pas un phénomène migratoire massif. Ainsi, en Gaule, ils ne purent imposer leur langue. La frontière linguistique entre le parler germain et le parler romain ne recula que de quelques kilomètres. Les Francs adoptèrent la langue des Romains.

La structure des villes, les habitudes de la romanisation (thermes, jeux romains, littérature), les impôts ne changèrent pas brutalement. Le nom des monnaies (« denier » vient du mot latin *denarius*), l'organisation des diocèses (sièges des évêques), le maintien de l'esclavage, furent conservés presque à l'identique.

Les historiens insistent aujourd'hui sur les aspects de continuité entre l'époque romaine et l'époque mérovingienne. Les Germains apportèrent avec eux leur art de forgerons, d'orfèvres, l'utilisation des noms propres et des noms communs. On leur attribue la mise en place du bocage, de l'inhumation des morts qui remplace l'incinération que pratiquaient les Romains, l'adoption du pantalon, la mode des cheveux longs, l'art d'élever le bétail, l'utilisation du beurre, etc.

Le droit et les lois

Quand les Barbares entrèrent dans l'empire romain, chacun avait un droit propre. Les lois étaient connues oralement par des « savants ». Les Germains furent obligés de mettre leur droit coutumier par écrit. Ainsi il ne faut pas confondre la loi salique rédigée en latin au début du VIe siècle et la prétendue loi salique du début du XIVe siècle qui fut arrangée pour les besoins dynastiques des Valois afin d'évincer le roi d'Angleterre de ses légitimes prétentions à la succession au trône de France. La Loi des Francs telle qu'elle apparaît dans le livre de l'élève P. 25 est bien un extrait de quelques paragraphes de la loi salique *stricto sensu*. Cette loi avait pour but de mettre fin à une vengeance d'un clan contre un autre en punissant le coupable qui devait payer le prix du sang versé par des sous d'or.

Deux séquences :

1. Clovis, premier roi des Francs

2. Les invasions barbares

BIBLIOGRAPHIE

- *Les Grandes Invasions*, Hachette, Coll. « Histoire Juniors ».
- *Clovis*, Hachette, Coll. « Histoire Juniors ».
- *Au temps des royaumes barbares*, Hachette, Coll. « La vie privée des hommes ».
- Histoire de France en BD : *De Vercingétorix aux Vikings*, Larousse.
- G. Fournier, *Les Mérovingiens*, PUF, Coll. « Que sais-je ? », n° 1238.
- S. Lebecq, *Les Origines franques*, V^e^-IXe siècle, *Nouvelle Histoire de la France médiévale*, Éditions du Seuil, Coll. « le Point », 1990.
- G. Tessier, *Le Baptême de Clovis. Trente journées qui ont fait la France*, Gallimard.

séquence 1

Clovis, premier roi des Francs

Objectif : **présenter le christianisme à travers l'exemple du baptême de Clovis.**

Compétence méthodologique : amener l'enfant, à travers l'observation d'un document reconstitué et d'un texte ancien, à comprendre la notion d'événement.

Matériel : livre de l'élève P. 22, 23, photofiche **4A** ; carte murale.

Mots clés : Christ, christianisme, chrétien, prêtre, évêque, catholique, baptistère.

Remarque : utiliser le dossier « Savoir et Faire » P. 68,69.

Rappel

Rappeler que les Romains avaient apporté, en Gaule, des techniques nouvelles. Grâce à l'armée romaine, la paix régnait dans toute la Gaule et le commerce était prospère. Les peuples qui vivaient au-delà des frontières du Rhin et du Danube ne pouvaient franchir les limites de l'empire.

Le baptême de Clovis

Travail d'observation

Faire lire la légende de la vignette P. 22 et poser les questions *1. Observation* P. 23. Réponses possibles :

A. Dans une sorte d'église (un baptistère), à Reims.

B. Par des torches et des cierges.

C. L'évêque Rémi.

D. Parce qu'il renonce à croire dans la force protectrice de ses bijoux (amulettes).

Le baptême des premiers chrétiens se faisait par immersion dans le baptistère. Le catéchumène (celui qui voulait devenir chrétien) était plongé nu dans une piscine. Cette eau était censée purifier l'homme de ses péchés. Le corps était nu parce que le nouveau chrétien était comme un nouveau-né.

Le parfum a toujours été considéré comme la nourriture des dieux. La puanteur est le signe du diable.

Clovis renonce à porter les colliers qui représentent ses anciennes croyances.

Lecture de texte

Se reporter à « Savoir et faire » P. 69. Demander aux enfants de faire une lecture silencieuse du texte de Grégoire de Tours dans 2. ***Lecture de texte*** P. 23 puis leur demander de répondre aux questions. Réponses possibles :

A. Grégoire de Tours a écrit ce texte.

B. Il a été écrit en latin qui était la seule langue écrite en France au temps du haut Moyen Âge.

C. La scène se passe dans un baptistère.

D. Clovis doit enlever ses colliers parce qu'il doit brûler ce qu'il a adoré (les croyances des Germains et adopter la religion du Christ).

Se reporter à « Lire un document écrit », dossier « Savoir et Faire » P. 68, 69.

Grégoire de Tours a vécu de 538 à 594 (dates incertaines). Il n'a donc pas été témoin de l'événement. Le christianisme est une religion, prêchée en Palestine (à situer sur la carte murale) par Jésus-Christ qui va se répandre peu à peu dans l'empire romain. Elle finira par devenir la religion des nobles Gallo-Romains. Les premières communautés chrétiennes apparaissent en Gaule au IIe siècle et se renforcent surtout au IVe et Ve siècles.

Vous pourrez proposer **4A** : *Le baptême de Clovis* (photofiche P. 18 ou cahier d'exercices P. 12).

Travail sur la frise chronologique

Attirer l'attention des enfants sur la frise chronologique P. 23. Leur faire retrouver la date du baptême de Clovis : 498.

Tracer au tableau la frise chronologique suivante :

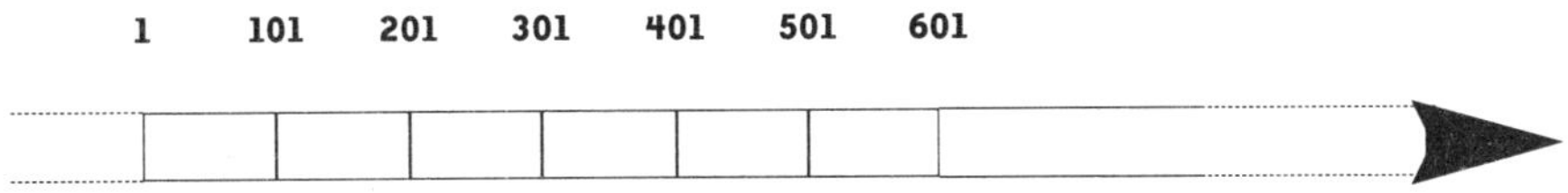

Faire situer 498 sur cette frise. Demander aux enfants de rechercher combien de siècles séparent le baptême de Clovis de la naissance de Jésus-Christ.

Synthèse

Pour conclure, vous pouvez :

- Faire compléter le texte suivant dans le cahier d'histoire : Le baptême de .... (*Clovis*) est un événement très important. Le catholicisme devient la .... (*religion*) officielle de la .... (*Gaule*). Devenu roi .... (*chrétien*), Clovis est désormais l'allié et le défenseur des .... (*évêques*) qui l'aident à lutter contre les autres rois .... (*barbares*). Ainsi, il devient maître de la plus grande partie de la .... (*Gaule*).
- Faire recopier la frise chronologique sur le cahier d'histoire.

séquence

2

Les invasions barbares

Objectif : **montrer que les invasions germaniques constituent une rupture profonde avec l'empire romain : mise en place de la royauté, nouvelle dynastie, nouvelles lois.**

Compétences méthodologiques : lire une carte et des documents historiques ; savoir retrouver des événements sur une frise chronologique.

Matériel : livre de l'élève P. 23, 24, 25, photofiches **4B** et **4C** ; carte murale.

Mots clés : Barbares, invasions, loi salique, butin.

Rappel

Vous pouvez afficher ou faire relire le texte à compléter de la précédente séquence. Sinon poser la question suivante : Qu'avez-vous appris sur Clovis et la religion chrétienne ?

Élargir la question en vérifiant les dates essentielles inscrites sur la frise chronologique P. 15.

Les Barbares en Gaule

La Gaule, au début du règne de Clovis, est divisée en plusieurs royaumes indépendants :
- au nord, les Francs ;
- au sud-est, les Burgondes (d'où vient le nom de Bourgogne) ;
- au nord-est, les Alamans ;
- au sud-ouest, les Wisigoths (qui occupent aussi l'Espagne) ;
- au centre, entre Somme et Loire, le royaume gallo-romain.

Travail de lecture de carte

Raconter aux élèves qu'après 400 ans de paix romaine (au IVᵉ siècle après J.-C.) des tribus barbares venues de l'est et du nord-ouest envahissent la Gaule.

Leur laisser le temps de prendre connaissance de la carte des invasions barbares de ***3. Lecture de carte*** P. 23. Expliquer le mot « barbare » à l'aide de l'astérisque situé sous la carte. Guider les enfants en leur demandant de repérer les mouvements des Goths partis de Scandinavie vers l'an 200 ; puis ceux des Huns qui déferlent en Europe à partir de 451. Que constate-t-on ? *Qu'un peuple pousse l'autre vers l'ouest.*

Leur faire constater que la Gaule a été une route de l'invasion. Faire remarquer que les Francs, les Burgondes, les Vandales, les Wisigoths et les Huns ont traversé ou attaqué la Gaule.

Écrire au tableau le nom des principaux peuples barbares. Préciser qu'un peuple, les Francs, parvient à conquérir la Gaule. Poser les questions suivantes :

– Qui était le roi des Francs ? *Clovis.*

– Pourquoi fut-il un roi important ? *Parce qu'il se convertit au catholicisme, faisant ainsi de son royaume le premier royaume catholique d'Europe.*

Vous pourrez proposer **4B** : *Les invasions barbares* (photofiche P. 19 ou cahier d'exercices P. 13).

« Œil pour œil, dent pour dent » *(Lévitique XXIV, 20)* exprime la loi du Talion (le mot vient de *talis* : tel) c'est-à-dire la punition d'une offense par une peine identique à cette offense.
Avec la loi salique, le talion est remplacé par des condamnations pécuniaires (des amendes). La loi fixe ces punitions pour ne pas laisser place à des vengeances privées. Le principe est simple : le criminel peut se racheter si la victime ou sa famille accepte de renoncer à la vengeance, le prix du sang étant minutieusement tarifé selon l'étendue du crime, l'âge et la situation sociale de la victime.

La loi salique

Demander aux enfants de lire l'article *La loi des Francs* P. 25.

Après un temps de lecture et de réflexion, faire inscrire par des élèves les caractéristiques des lois franques.

Les enfants doivent comprendre que les lois protègent surtout les hommes libres que sont les soldats. C'est ainsi, par exemple, que le pouce de la main, le pied, le deuxième doigt qui sert à tirer l'arc sont évalués en fonction de l'utilisation des armes et des règles des combats. On voit que la loi évalue le prix du sang ; la notion de ministère public telle qu'elle apparaissait dans la loi romaine a disparu. Le coupable n'est pas condamné vis-à-vis de la société mais vis-à-vis de celui qui a reçu une offense.

Le vase de Soissons

Faire le récit de l'épisode du vase de Soissons en s'appuyant sur le texte P. 25.

Retour à la frise chronologique

À l'aide de la frise chronologique et de ***4. Observons la frise*** P. 23 demander aux élèves de répondre aux questions suivantes :

– À quel siècle se sont déroulées les invasions barbares ? *Au IVᵉ et au Vᵉ siècles.*

– C'était combien de temps avant le baptême de Clovis ? *198 ans.*

– À quel siècle a eu lieu le baptême de Clovis ? *Au Vᵉ siècle.*

– À quelle date commence le Moyen Âge ? *En 476.*

– Que se passe-t-il cette année-là ? *C'est la chute de Rome qui marque la fin de l'Empire romain d'Occident.*

– N'est-ce pas la fin d'une autre grande période ? *Si, de l'Antiquité.*

– Quand finit le Moyen Âge ? (Les enfants peuvent se reporter P. 22) *En 1453.*

– Combien de temps a-t-il duré ? *977 ans, soit près de dix siècles.*

Synthèse

Pour conclure, vous pouvez :

• Élaborer une trace écrite à partir des réponses aux questions précédentes. Ex. : À partir du IVe siècle, débutent les grandes invasions. Les Francs qui vont conquérir la Gaule ont des lois coutumières. Ils rendent la justice selon le prix du sang, cette loi est appelée salique.

• Faire replacer sur une frise chronologique : le début des invasions barbares, le début du Moyen Âge, le baptême de Clovis.

À propos des deux séquences : lecture

Lire ou faire lire le texte P. 24. Vérifier la compréhension des mots difficiles ou inconnus. Faire lire *Je retiens* P. 24.

Autour de la leçon

Vous pouvez :

• Effectuer une brève recherche sur les principaux peuples barbares.

• Rechercher des documents iconographiques sur les peuples barbares (photos de bas-reliefs de cavalier, miniatures, pièces, armes, bijoux), les regrouper sur une affiche que vous pourrez exposer.

Évaluation de la leçon Vous pourrez proposer la photofiche **4C** P. 20.

Mémo,

À voir à proximité de l'école ou dans la région :

Quelques livres :

D'autres références :

FILMS – VISITES

• Visite de la ville de Soissons, notamment une maison franque en plein cœur de ville, l'abbaye de Saint-Léger et l'abbaye de Saint-Médard qui conserve les tombeaux des rois mérovingiens.

5 Charlemagne

OBJECTIFS

- **Montrer que l'empire de Charlemagne est une tentative éphémère pour créer un État unifié en mêlant les traditions romaines et chrétiennes.**
- **Recherche à partir d'un document iconographique, d'une carte.**
- **Élaborer une trace écrite sous forme de résumé.**

À SAVOIR

Qu'appelle-t-on Moyen Âge ?

Le mot « Moyen Âge » n'a pas le même sens pour les historiens et les hommes qui vécurent à cette époque.

Les **clercs** (membres éclairés du clergé) du Moyen Âge vivaient avec le sentiment que le temps de la vie sur terre était limité. Le mot « Moyen Âge » est une invention du XIIIe siècle. *Medium aevum* disaient les lettrés. D'après eux, le premier âge avait été celui de la venue du Christ; le troisième âge serait celui du triomphe du Christ, puis le Jugement dernier. En attendant, les hommes vivaient un *medium aevum*, un âge du milieu. Les historiens, eux, font commencer le Moyen Âge en 476 avec la déposition du dernier empereur Romulus Augustule, et il est de tradition de faire cesser le Moyen Âge soit en 1453 avec la prise de Constantinople par les Turcs (défaite du monde chrétien), soit en 1492 avec la découverte de l'Amérique par Christophe Colomb ou la prise de Grenade. C'est donc une période de 1 000 ans, qui débute avec la chute de l'empire romain, et s'achève avec l'expansion de l'Europe occidentale.

Le monde sacré et le monde profane au Moyen Âge

Au Moyen Âge, il ne faut pas séparer les liens qui unissent le monde politique et le monde sacré. Les rois et les empereurs vénèrent les saints et leurs reliques qui sont les intercesseurs entre le monde des vivants et l'au-delà.

Les ancêtres de Charlemagne

Après le règne de Clovis, ses descendants assurent la continuité de la dynastie; on les appellera les rois mérovingiens (en raison d'un ancêtre de Clovis plus ou moins imaginaire, Mérovée). À leur mort, les rois mérovingiens partagent le royaume entre leurs fils selon les lois barbares. Cette coutume va entraîner la ruine du royaume par une longue suite de querelles et de guerres entre les héritiers. Les rois mérovingiens, qu'une légende carolingienne tardive appela les « rois fainéants », abandonnent le pouvoir entre les mains des « maires du palais ».

C'est un « maire du palais », Charles Martel, qui s'assura une gloire en Europe en repoussant une équipée arabe au-delà des Pyrénées (bataille de Poitiers en 732). Son fils, Pépin le Bref (roi de 751 à 768), continue ses conquêtes, protège l'Église et noue une alliance avec le pape. Ainsi, une nouvelle dynastie va naître : les Carolingiens (*Carolus*, en latin, signifie « Charles »). À la mort de Pépin le Bref, ses deux fils se partagent le royaume. L'un d'eux meurt et Charles reste seul roi du royaume franc. C'est ce Charles que l'on appellera Charlemagne.

Portrait de Charlemagne

Charlemagne est né à Noyon en 742. Il parlait le roman (français du VIIIe siècle) et le tudesque (allemand ancien). Il mesurait 7 pieds de haut, soit 192 cm. L'exhumation de son corps par Othon III permit d'en vérifier l'exactitude. Par contre il n'avait pas de « barbe fleurie » comme le prétend *La Chanson de Roland* et il n'a pas inventé l'école. Si l'on souhaite créer une image légendaire, il vaut mieux raconter que Charlemagne aimait les courses de natation, qu'il était infatigable dans tous les exercices d'équitation, que c'était un chasseur émérite et un homme plein de charme.

Royauté et empire

Charlemagne fut le premier empereur chrétien d'Occident. Pour parvenir à comprendre la différence entre un roi et un empereur, il faut distinguer la *potestas* et l'*auctoritas*. La *potestas* est en quelque sorte la force matérielle qui permet d'exercer un pouvoir qui a été délégué par une autorité supérieure; cette autorité supérieure est l'*auctoritas*. Les rois possèdent, par délégation, la *potestas* mais jamais l'*auctoritas*. Ainsi, en prenant le titre d'empereur le 25 décembre 800, Charlemagne s'empara de l'*auctoritas* et se plaça au-dessus des rois et même du pape.

Charlemagne et l'Europe occidentale chrétienne

Pour réaliser l'unité de l'Europe chrétienne, les conseillers de Charlemagne réactivèrent une partie du droit public romain. L'unification se marqua par un étalon monétaire unique, des poids et mesures identiques pour toutes les contrées, des méthodes d'administration similaires, des chants d'Église uniformisés, une écriture réformée.

L'uniformité juridique de l'empire se fit par des textes de loi que l'on nomme capitulaires.

Pour être certain de voir ses ordres respectés, Charlemagne créa des *missi dominici* ou « envoyés du maître ». Ces envoyés devaient procéder à la surveillance des comtes que Charlemagne avait nommés dans divers pays pour assurer son autorité.

Deux séquences :

1. Charlemagne, empereur
2. L'empire de Charlemagne

BIBLIOGRAPHIE

- *Les Carolingiens*, TDC n° 459.
- *Charlemagne*, PUF, Coll. « Que sais-je », n° 471.
- « Roland à Roncevaux », *L'Histoire*, n° 31.
- R. Folz, *Le Couronnement impérial de Charlemagne. Trente journées qui ont fait la France*, Gallimard.
- G. Tessier, *Charlemagne*, Marabout, n° 305.
- *Charlemagne*, Hachette, Coll. « Histoire Juniors ».
- *Des Celtes aux chevaliers du Moyen Âge*, Hachette, Coll. « La vie privée des hommes ».

séquence

1

Charlemagne, empereur

Objectifs : **étudier le portrait de l'empereur Charlemagne ; connaître les dates clés de son règne.**

Compétences méthodologiques : savoir regarder une image ; exploiter un texte pour faire une comparaison.

Matériel : livre de l'élève P. 26, 27, 28, photofiche **5A**, *poster du Multilivre.*

Mots clés : empire, empereur, sacre.

Remarque : utiliser le dossier « Savoir et Faire » P. 65.

Rappel

Faire un rappel de la leçon précédente en posant les questions suivantes :
– De quoi a-t-il été question lors de la dernière leçon ? *Des invasions et de Clovis.*
– Comment s'appelaient les envahisseurs ? *On les appelait les Barbares.*
– Qui était Clovis ? *Le premier roi des Francs à se convertir au catholicisme.*

La statue de Charlemagne

Afficher le ***poster du Multilivre*** : *Charlemagne.*

Le texte reproduit ici est extrait de la « Vita Karoli » *(Vie de Charlemagne)* écrite par Eginhard, confident du roi et publiée en 830.

Travail d'observation

Faire observer la statuette de Charlemagne, puis faire lire la légende P. 26.

Laisser les enfants répondre librement aux questions de *1.* ***Observation*** P. 27.

Réponses possibles :

A. Il porte une moustache.

B. Sur sa tête, il porte une couronne.

C. Il porte une boule, symbole du globe terrestre, qui représente le pouvoir absolu.

D. Un manteau (en langue ancienne « une saie ») recouvre ses épaules.

E. Laisser les enfants s'exprimer librement.

Travail de comparaison

Faire lire le texte 2. ***Comparaison*** P. 27. Écrire au tableau les informations qu'apporte cette description. *Larges et robustes épaules, taille élevée, mais pas trop grande, yeux vifs, beaux cheveux blancs, visage gai et heureux.*

Les faire comparer avec la statuette.

Vous pourrez proposer **5A** : *Un empereur* (photofiche P. 21 ou cahier d'exercices P. 14).

Travail sur la frise chronologique

Se reporter à la construction de la frise chronologique du règne de Charlemagne du dossier « Savoir et Faire » P. 65.

Copier au tableau la frise P. 27. Indiquer les trois premières dates.

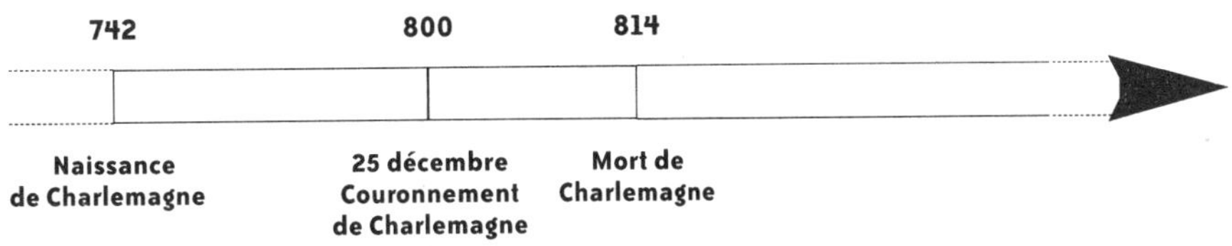

Faire colorier la durée du règne de Charlemagne sur la frise : 768-814. Expliquer que c'est pendant cette période que Charlemagne agrandit son royaume et qu'il est couronné empereur en l'an 800. Faire retrouver cette date sur la frise et expliquer que « impérial » vient du mot « empereur ».

Synthèse

Pour conclure, vous pouvez :
- Faire recopier sur le cahier d'histoire la frise inscrite au tableau.
- Élaborer un bref résumé en demandant : Qui était Charlemagne ?

séquence 2

L'empire de Charlemagne

Objectifs : **montrer que Charlemagne unifie et réforme l'Europe ; montrer qu'après Charlemagne, l'autorité de l'État se fractionne et que les troubles reviennent.**

Compétences méthodologiques : savoir rechercher des informations dans des textes ; lire et décalquer une carte.

Matériel : livre de l'élève P. 27, 28, photofiches **5B** et **5C** ; papier calque.

Mots clés : empire, empereur, troupe chrétienne, morcellement, partage, invasion.

Rappel

Demander aux enfants ce qu'ils ont appris sur Charlemagne. *Charlemagne est devenu empereur le 25 décembre 800. Il a fait de nombreuses conquêtes.*

L'Empire en 814

Travail de lecture de cartes

Distribuer une feuille de papier calque à chaque enfant ainsi qu'une carte des frontières actuelles de l'Europe occidentale. Faire décalquer la carte de l'empire en 814 P. 27 en notant essentiellement les frontières.

Reporter le calque sur l'actuelle carte d'Europe. Indiquer sur le calque les pays actuels qui ont fait partie de l'empire de Charlemagne (*France, Belgique, Pays-Bas, Allemagne, Suisse, une partie de l'Italie et de l'Espagne*). Faire constater que l'empire de Charlemagne couvrait plusieurs des pays européens d'aujourd'hui.

Charlemagne, l'unificateur de l'Europe

Lecture silencieuse

Faire lire le second paragraphe P. 28 et poser les questions suivantes :

– Quels changements apporte Charlemagne ? *Il impose les mêmes monnaies, les mêmes poids, il réforme l'écriture.*

– À quoi servent les « envoyés du maître » ? *Ils parcourent les provinces pour vérifier si les nouvelles lois sont bien appliquées.*

Un cadeau encombrant

Demander aux enfants de lire l'article *Aboulabas, l'éléphant de Charlemagne* P. 29. Vérifier la compréhension générale du texte puis demander : Pourquoi Charlemagne a-t-il reçu un cadeau d'un pays si lointain ? *Parce qu'il était considéré comme un personnage important, un empereur dont il valait mieux être l'ami que l'ennemi.*

Le partage de l'empire

Lecture silencieuse
Faire lire le troisième paragraphe P. 28 et poser les questions suivantes :

– Comment s'effectue le partage de l'empire de Charlemagne ? *Après les disputes et les guerres, les trois petits-fils de Charlemagne se partagent l'empire en 843.*

– Pourquoi les villes construisent-elles des murailles ? *À cause de l'invasion des Normands.*

– Qu'est-ce qui est en train de ruiner le pays ? *Les guerres ruinent les paysans et empêchent le commerce.*

Lecture de carte
Les descendants de Charlemagne se partagent son royaume. En lisant la légende et le texte qui accompagnent la carte *La division de l'Europe en 843* P. 29 faire retrouver leur nom (*Charles, Lothaire, Louis*) et laisser les enfants répondre aux questions du livre.

Leur faire décalquer cette carte en notant les principaux fleuves, les grandes villes, le titre et la date.

Vous pourrez proposer **5B** : *Le partage de l'empire de Charlemagne en 843* (photofiche P. 22 ou cahier d'exercices P. 15).

Synthèse

Pour conclure, vous pouvez :

- Élaborer une trace écrite sous forme de résumé et le faire illustrer.
- Compléter les cartes décalquées en les accompagnant d'une légende.

À propos des deux séquences : lecture

Lire ou faire lire le texte P. 28. Vérifier la compréhension des mots difficiles ou inconnus. Faire lire *Je retiens* P. 28.

Autour de la leçon

Vous pouvez :

- Programmer une enquête sur l'histoire de l'écriture en vue de faire une exposition.
- Raconter, en classe, *La Chanson de Roland*.

Évaluation de la leçon Vous pourrez proposer la photofiche **5C** P. 23.

Mémo,

À voir à proximité de l'école ou dans la région :

Quelques livres :

D'autres références :

FILMS – VISITES

- *Charlemagne*, TF1, 1993.
- Musée du Noyonnais
  60400 Noyon
  Tél. : 03.44.09.43.41.

6 Au temps des châteaux forts

OBJECTIFS

■ Faire comprendre que la société médiévale est organisée selon un mode profondément inégalitaire : les chevaliers ont le monopole de la guerre et disposent de seigneuries qui leur permettent de tirer du monde paysan toutes les ressources nécessaires à leur activité.
■ Amener les enfants à prendre conscience d'événements qui se passent sur une longue période de temps.
■ Appréhender les structures permanentes du monde médiéval.
■ Apprendre le vocabulaire spécifique des châteaux forts et des armes.
■ Tirer des informations de l'observation de dessins.

À SAVOIR

Une société divisée en trois

Les penseurs de l'époque médiévale (aujourd'hui on dirait les intellectuels ou les philosophes) ont donné une idée de leur société. L'évêque de Laon, Adalbéron est un de ceux qui, vers 1025, ont exposé le plus clairement l'image qu'ils se faisaient de l'organisation sociale ici-bas. Pour lui les hommes se distinguent en trois ordres : il y a ceux qui prient (les *oratores*), ceux qui combattent (les *bellatores*) et ceux qui travaillent (les *laboratores*).

Ainsi la société voulue par Dieu est conçue comme un organisme où chacun assume le rôle qui lui est dévolu par la providence.

Cette année, au CE2, nous évoquerons surtout les *bellatores* à travers le cas des châteaux forts. Cette division de la société en trois groupes distincts a été nommée par G. Dumezil « la tripartition fonctionnelle » de la société. Il est vrai que, pendant des millénaires, les sociétés européenne et asiatique ont vécu sur ce schéma.

Même s'il apparaît que la conception aristocratique de l'évêque Adalbéron sembla, dès son époque, une conception ancienne, il n'empêche que cette organisation sociale de l'inégalité selon les fonctions de chaque individu ne sera brisée qu'à la Révolution de 1789.

Les châteaux commandent

Les châteaux ont une double fonction : une fonction militaire et une fonction sociale. La fonction militaire est simple à comprendre. Les châteaux domineront le paysage des campagnes tant que l'art de la défense sera plus fort que l'attaque. Le jour où les canons feront voler en éclats les murailles, les châteaux forts perdront leur intérêt militaire.

Mais les châteaux commandent aussi aux paysans qui vivent dans leur ombre. Le château détermine une seigneurie châtelaine (espace agricole et économique d'où le seigneur tire la plus grande partie de ses revenus). Les châteaux sont donc au cœur d'une structure à la fois sociale et militaire. Il leur arrive de n'avoir qu'une fonction économique : commander une vallée, l'entrée d'un port, le passage d'un col.

Rappel de quelques notions de la défense d'un château

Les garnisons qui défendaient les châteaux étaient généralement peu nombreuses.

Les châteaux avaient trois points faibles : les portes, les murailles entre deux tours ou courtines, les points d'assise.

Pour attaquer un château, il fallait essayer de passer par le pont-levis, par le haut des murs ou par les galeries en creusant des mines pour faire effondrer un mur ou une tour.

Pour défendre un château, il faut pouvoir tirer sur les assaillants. Or les assaillants attaquent toujours dans les angles morts, là où les flèches ne peuvent les atteindre. C'est pourquoi les tours des châteaux sont toujours situées de façon à supprimer les angles morts; c'est-à-dire au-devant des murs, d'où l'on peut tirer sur les assaillants.

L'architecture des châteaux suit une évolution très précise : mottes de terre, châteaux en bois, châteaux en pierre. Peu à peu des perfectionnements apparaissent : créneaux, mâchicoulis, meurtrières, chemins de ronde, fossés, douves, donjons imprenables au milieu d'autres tours, etc. Il ne faut pas trop insister au CE2 sur le vocabulaire spécifique.

Deux séquences :

1. Le château fort
2. Le seigneur

BIBLIOGRAPHIE

- *Les Châteaux forts,* Hachette Juniors.
- *Château Gaillard,* BT, n° 787.
- *Le Château fort,* Gallimard, Coll. « Découvertes Benjamins ».
- *Jéhan, jeune seigneur du Moyen Âge,* BT, n° 618.
- *Au temps des chevaliers et des châteaux forts,* Hachette, Coll. « La vie privée des hommes ».
- *Les Châteaux forts : les tournois,* TDC, n° 277,
- G. Duby, *Guerriers et paysans,* Gallimard, 1974.
- G. Duby, *Histoire de la France rurale.*
- J.-F. Lemarignier, *La France médiévale. Institutions et société,* Armand Colin, Coll. U, 1970.
- *Les Vikings,* PUF, Coll. « Que sais-je ? », n° 118.
- *L'An mil,* PUF, Coll. « Que sais-je ? », n° 1644.
- *La Vie au Moyen Âge,* PUF, Coll. « Que sais-je ? », n° 132.
- « La Prise du pouvoir par Hugues Capet », *L'Histoire* n° 50.

séquence 1

Le château fort

Objectif : **montrer à travers l'observation d'un document ancien que le château fort est une forteresse dotée de caractéristiques particulières (site - fonction) ; montrer qu'avec l'affaiblissement du pouvoir des rois, le château fort devient le symbole de la puissance des seigneurs.**

Compétences méthodologiques : questionnement sur un document ancien ; observer un croquis.

Matériel : livre de l'élève P. 30, 31, photofiches **6A** et **6B**, *poster du Multilivre* ; carte murale.

Mots clés : ville haute, ville basse.

Remarque : réunir, au préalable, les documents nécessaires à la réalisation de 3. *Recherche* P. 31.

Rappel

Après Charlemagne, son fils Louis le Pieux lui succède. À sa mort, les trois fils de Louis le Pieux se partagent l'empire. Au IXe siècle de nouveaux envahisseurs arrivent de Scandinavie (situer sur une carte) sur leurs navires : on les appelle des Normands. Ils ravageront les côtes franques jusqu'en 911 lorsque le roi Charles le Simple leur donnera un territoire : la Normandie.

Peu à peu, le pouvoir des rois s'affaiblit. Ils sont incapables de faire face aux invasions normandes. De cette faiblesse, va naître une nouvelle forme de société : la société féodale. C'est le temps des seigneurs. Ceux-ci sont de riches propriétaires qui détiennent le pouvoir sur leurs territoires. Ils obéissent moins au roi. Pour asseoir leur pouvoir, ils se font construire des châteaux forts.

Un château fort et sa ville

Les mâchicoulis sont d'une invention tardive. Ils permettent de lancer des projectiles à travers des orifices qui se trouvent en encorbellement en saillie par rapport aux murs des courtines ou des tours.
Le château de Cervières présente un système défensif complexe. Il montre les enceintes successives que devaient franchir les assaillants. La ville haute est la vraie place forte. Les tours sont très rapprochées de telle sorte que l'une puisse défendre l'autre. À mesure du développement des canons, les châteaux perdront de leur suprématie. Ils deviendront des reliques des guerres de jadis.

Afficher le *poster du Multilivre* :
Au temps des châteaux forts.

Observation d'un document ancien
Faire observer le document P. 30 et laisser les enfants répondre aux questions de *1. Observation* P. 31. Réponses possibles :

A. L'église est dans la ville basse. On reconnaît l'église à la croix qui se trouve au sommet du clocher.

B. On reconnaît le château-fort grâce aux murailles et aux nombreuses tours. Il se trouve dans la partie haute de la ville. Au sommet des tours, on voit des drapeaux (oriflammes).

C. Non, il n'y a pas de constructions au pied des murailles. Le seigneur ne permet pas de construire dans cette zone. Des maisons empêcheraient les soldats du château de se défendre. Toute construction au pied du château constituerait un abri pour les assaillants. Le pied des murailles demeurèrent pendant des siècles des zones de construction interdite.

D. Les créneaux servent à tirer des flèches. Les trous permettent de placer une petite arme à feu (couleuvrine).

Vous pourrez proposer **6A** : *Le château fort et sa ville* (photofiche P. 24 ou cahier d'exercices P. 16).

Recherche
Les châteaux forts sont assez rares, peu d'enfants en auront vu, aussi leur faire réaliser 3. *Recherche* P. 31. Leur demander de rechercher des reproductions de châteaux forts, souvent des peintures, ou s'il y en a un à proximité de l'école, leur faire préciser son nom et organiser une visite.

Un peu de vocabulaire
À l'aide du schéma 4. *Vocabulaire* P. 31, faire acquérir quelques mots du vocabulaire de base de l'architecture des châteaux. Faire appliquer ce vocabulaire sur les exemples réunis lors de la recherche précédente.

Vous pourrez proposer **6B** : *À l'abri des murailles* (photofiche P. 25 ou cahier d'exercices P. 17).

Travail sur la frise chronologique

Faire retrouver aux élèves les dates du début et de la fin du Moyen Âge (en recherchant dans le manuel ou dans le cahier d'histoire si nécessaire).

Faire prendre conscience que le Moyen Âge est une période de mille ans (476-1453). Rappeler qu'il s'est écoulé moins de temps entre la fin de la guerre de Cent Ans et notre époque qu'entre le partage de l'empire de Charlemagne et la guerre de Cent Ans.

Synthèse

Pour conclure, vous pouvez :
• Faire décalquer dans le cahier d'histoire le dessin du château fort en notant les mots suivants : courtine, pont-levis, douve, donjon, mâchicoulis, créneau.
• Aider les enfants à reconstituer la frise chronologique du Moyen Âge.

séquence 2

Le seigneur

Objectifs : **montrer la vie du seigneur et l'organisation de son fief.**

Compétences méthodologiques : travailler des textes ; tirer des informations de dessins.

Matériel : livre de l'élève P. 32, 33, photofiches **6B** et **6C**.

Mots clés : seigneur, paysan, protection, fief.

Rappel

Avant d'entreprendre la leçon, faire un rapide rappel de la précédente en posant les questions suivantes :

– Qu'avons-nous étudié la dernière fois ? *Le château fort.*

– Qui le fait construire ? *Le seigneur.*

– Pourquoi ? *Pour être à l'abri et montrer son pouvoir et sa puissance.*

La naissance des châteaux

Les enfants doivent bien comprendre que la construction des châteaux forts n'est pas un phénomène isolé mais correspond à un mouvement de toute la société européenne. La naissance des châteaux indique une perte des pouvoirs des rois et exprime l'insécurité permanente de la vie médiévale. Préciser que si les seigneurs se battent les uns contre les autres, ils aiment aussi piller les châteaux.

Lecture silencieuse

Faire lire le premier paragraphe du texte P. 32 poser les questions suivantes :

– Y a-t-il beaucoup de châteaux forts ? *Oui, des milliers.*

– Qui est du roi, du seigneur et de l'empereur le personnage plus important pour le paysan ? *Le seigneur.*

Faire lire le deuxième paragraphe du texte P. 32. Poser les questions suivantes :

– Qui sont les chevaliers ? *Des guerriers qui se battent sans arrêt et qui jurent fidélité au seigneur.*

– Sont-ils à l'abri dans leur forteresse ? *Oui, grâce à des murs hauts et épais, peu d'hommes suffisent à leur défense.*

– Comment s'appelle le territoire dominé par un château ? *Le fief.*

Demander aux enfants de lire la définition de ce mot P. 32.

Seigneurs et paysans

Le travail des paysans

Faire observer l'illustration P. 32. Poser les questions suivantes :

– Quelles sont les scènes agricoles représentées ? *La récolte du foin, la récolte du blé, les vendanges, l'abattage d'un porc.*

– Que voit-on dans le fond du dessin représentant la moisson ? *Un château.*

Faire lire le troisième paragraphe P. 32.

Amener les enfants à comprendre l'importance des châteaux forts dans les campagnes. Les paysans n'obéissent plus au roi mais au seigneur qui domine et protège le village. Indiquer que pour faire de la farine, cuire le pain, fabriquer à la forge les outils de travail, le paysan doit payer une redevance à son seigneur. Faire remarquer qu'en échange, le seigneur doit protéger les paysans en cas de guerre (à l'abri dans le château).

Préciser qu'il y a peu d'élevage et que le seigneur se réserve le droit de chasse qui représente son principal apport en viande.

Vous pourrez proposer **6B** : *Les blasons des métiers* (photofiche P. 25 ou cahier d'exercices P. 17).

La vie du chevalier

L'adoubement

Expliquer que « chevalier » signifie « homme à cheval ».

Lire le texte de l'article *L'adoubement du chevalier* P. 33 sur un ton narratif.

Demander aux enfants de trouver le nom des armes et des vêtements évoqués dans le texte et représentés sur le dessin. Expliquer les mots nouveaux ou difficiles.

Expliquer que, au cours des ans, la chevalerie se transforme en une sorte de caste, les nouveaux membres sont admis après un rituel exigeant la présence d'un homme d'Église et la bénédiction des armes.

L'adoubement était une cérémonie d'initiation. À 18 ans, le garçon passait une nuit en prières, seul ou en compagnie d'autres futurs chevaliers. Le lendemain, son seigneur lui donnait l'épée et les éperons. Le nouveau chevalier promettait d'être loyal, de protéger les veuves, les orphelins et ceux qui servaient Dieu.

Les armes

Faire lire l'article *L'arbalète* P. 33, préciser que toutes les armes de jet, l'arc, les catapultes peuvent blesser à distance le chevalier mais que l'arbalète est la plus puissante de toutes puisqu'elle transperce les armures.

Les chevaliers utilisaient aussi leurs armes dans les tournois, combats que se livraient volontairement ceux qui voulaient rivaliser d'adresse et de bravoure. Le tournoi était également un moyen d'empêcher les chevaliers de faire la guerre.

Les jeux

En dehors de la guerre, le chevalier a la passion de la chasse sous toutes ses formes, celle au faucon en fait partie. Faire lire l'article *Soin au faucon blessé* P. 33. Rappeler l'importance de cet animal : dressé, il permettait d'attraper des oiseaux comme les colombes ou les pigeons. Vérifier que les enfants comprennent bien la manière dont on soigne un faucon blessé.

Synthèse

Pour conclure, vous pouvez :

• Faire élaborer une trace écrite sur la base des questions suivantes : Que fait le seigneur ? Qu'avons-nous appris sur les seigneurs ? Ex. : Le seigneur utilise des chevaliers. Ils font des guerres, adorent la chasse et dominent les paysans qui doivent leur obéir. Les rois n'ont pas de pouvoir sur eux.

• Noter au tableau les phrases suivantes à compléter : le château fort permet .... *(la surveillance et la protection)*. Le château est souvent situé sur .... *(une hauteur)*. Il est protégé par .... *(des murs et des douves)*. Le seigneur .... *(domine)* les paysans qui obéissent à sa loi.

À propos des deux séquences : lecture

Lire ou faire lire le texte P. 32. Vérifier la compréhension des mots difficiles ou inconnus. Faire lire *Je retiens* P. 32.

Autour de la leçon

Vous pouvez :

• Montrer à travers l'observation des vestiges dans un documentaire, les caractéristiques du château fort.

• Préparer une visite d'un château fort : questions à poser au guide, cartes postales à acheter.

• Faire lire quelques pages d'*Ivanhoé* ou de *Quentin Durward*.

Évaluation de la leçon Vous pourrez proposer la photofiche **6C** P. 26.

Mémo,

À voir à proximité de l'école ou dans la région :

Quelques livres :

D'autres références :

FILMS – VISITES

• *Richard Cœur de Lion.*
• *Les Chevaliers de la Table Ronde.*
• *Jeanne d'Arc.*
• Château de Pierrefonds
60350 Pierrefonds
Tél. : 03.44.42.80.77.
• Musée de la Guerre au Moyen Âge
Château de Castelnaud
24250 Castelnaud
Tél. : 05.53.31.30.00.
• Village médiévale d'artisans d'art de la Hume, parc de loisirs de la Hume
33470 Gujan Mestras
Tél. : 05.56.66.16.76.
• Musée de l'auditoire
53270 Sainte-Suzanne. Tous les étés des spectacles de chevalerie, renseignements au 02.43.01.42.65.

7 François Ier, un roi chevalier

OBJECTIFS

■ **Montrer que François Ier est à la fois un roi du Moyen Âge et un roi de la Renaissance ; il combat réellement comme un chevalier et, tel un humaniste, se prend d'amitié pour Léonard de Vinci. Sous François Ier, le royaume de France se modernise et le pouvoir du roi se renforce.**

■ **Rendre l'enfant capable**
– d'observer un tableau,
– d'acquérir un vocabulaire spécifique,
– de comparer deux architectures.

■ **Apprendre à travailler sur la frise chronologique.**

À SAVOIR

François Ier, le dernier roi chevalier

Tel François Ier (1494-1547), les rois de France de la fin du XIVe siècle et de la première moitié du XVe sont les derniers rois chevaliers. Ces rois gardent les blasons d'un temps passé. La salamandre est l'emblème de François Ier (roi de 1515 à 1547) ; elle dévore, pensait-on, les flammes sans que les flammes ne la dévorent. Ce symbole de la salamandre d'or doit être compris, non pas comme la représentation d'un dragon qui lance des flammes, mais comme celle d'un animal fabuleux qui « mange » les flammes.

François Ier mène la guerre à la tête d'une armée bien entraînée qui lui donne quelques victoires comme Marignan en 1515. Mais malgré sa fougue guerrière, il se résigne à être prisonnier plutôt qu'à perdre l'honneur (bataille de Pavie, 1525). Comme le roi Charles V, il devra payer une rançon pour être libéré de sa prison de Madrid et reprendra immédiatement le combat. Signalons enfin que ce roi était un guerrier d'une folle bravoure et un sportif accompli (jeu de paume, chasse, tournoi).

François Ier, un roi des Temps modernes

François Ier annonce aussi les rois des Temps modernes. Il modernise l'État et renforce son pouvoir sur les seigneurs, qui, depuis Louis XI, en perdent de plus en plus face aux seigneurs. François Ier est le premier roi à achever ses ordonnances par ces mots : « Car tel est notre bon plaisir. »

L'absolutisme royal s'installe et le roi de France renforce la centralisation administrative : le français est substitué au latin et aux langues régionales et, par l'ordonnance de Villers-Cotterêts (1539), devient la langue officielle. L'empereur d'Allemagne Maximilien disait que le roi de France était « le roi des bêtes » parce qu'il lui suffisait d'ordonner à ses sujets pour être obéi d'eux comme les bêtes obéissent à leur maître. Il est vrai que le roi de France est, de tous les rois d'Europe, celui qui perçoit, en valeur relative, le plus d'impôt de ses sujets.

C'est sous son règne qu'apparaît la vie de cour et son luxe inouï. Le gaspillage financier est évident, mais cette cour est déjà un bon moyen, pour le roi, de surveiller une grande noblesse turbulente.

François Ier, un roi de la Renaissance

Le XVIe siècle est le siècle de la Renaissance artistique et culturelle. L'Italie est le modèle d'un nouvel art de vivre pour les plus fortunés. C'est le retour à l'Antiquité (décorations raffinées, résidences confortables) qui est appelée Renaissance. La France n'échappe pas à ce mouvement profond.

Quel plus grand titre de gloire peut-on donner à François Ier que d'avoir été l'ami de Léonard de Vinci. Collectionneur, fréquentant les artistes et les philosophes, il est un courtisan parfait. Aimant la guerre autant que les arts, glorifiant les joies du corps autant que celles de l'esprit, il se fait le chantre des humanistes et fonde, en 1530, le Collège de France. Il ouvre la France à la Renaissance italienne. Nombreux sont les ambassadeurs qui lui rendent visite, l'ambassadeur de Venise en a brossé un portrait des plus étonnants : « Ce prince est d'un jugement très sain, d'une érudition très étendue ; il n'est chose, ni étude, ni art, sur lesquels il ne puisse raisonner très pertinemment. [...] Ses connaissances ne se bornent pas simplement à l'art de la guerre. [...] Il est très expérimenté dans la chasse, dans la peinture, en littérature, dans les langues, dans les différents exercices du corps qui peuvent convenir à un bon chevalier. Vraiment, lorsqu'on voit que, malgré son savoir et ses beaux discours, tous les exploits de guerre lui ont mal réussi on dit que toute sa sagesse est sur ses lèvres et non pas dans l'esprit. »

Mais le XVIe siècle est aussi le siècle des grandes découvertes. On constate un déplacement du centre d'intérêt de la civilisation occidentale de la Méditerranée vers les rives de l'Atlantique. La France saura s'adapter à ce bouleversement.

Deux séquences :
1. François Ier, roi chevalier
2. François Ier, roi de la Renaissance

BIBLIOGRAPHIE

- D. Gaussen, P. Henry, *François Ier et les châteaux de la Loire*, Mango, 1993.
- J. Jacquard, *François Ier*, Fayard, 1981.
- B. Jestaz, *La Renaissance*, Mazenod, 1984.
- « La vie des peintres italiens de la Renaissance », *L'Histoire*, n° 72.
- *La Renaissance*, PUF, Coll. « Que-Sais-je ? » n° 345.
- *Nicolas Copernic*, TDC, n° 108.
- *L'Humanisme et la Renaissance*, DP, nos 5264-65.

séquence 1

François Ier, roi chevalier

***Objectif :* montrer que François Ier est un roi chevalier qui mena de nombreuses guerres.**

Compétence méthodologique : recherche à partir de documents iconographiques.

Matériel : livre de l'élève P. 34, 35, photofiche **7A**, *poster du Multilivre* ; dictionnaire.

Mots clés : vocabulaire spécifique de l'armure, cheval.

Rappel

Pour rappeler aux enfants le thème de la leçon précédente poser la question suivante :

– Qu'avons-nous appris lors de la précédente leçon ? *Que durant le Moyen Âge les seigneurs aimaient faire des guerres, avaient plus de pouvoir que les rois et vivaient dans des châteaux forts.*

Faire reprendre la frise chronologique de la leçon précédente P. 31 et rappeler que la fin de la guerre de Cent Ans marque la fin du Moyen Âge, période qui a duré 1 000 ans (ou dix siècles). À partir de cette date (1453) la France entre dans une période qui va durer un peu plus de trois siècles, celle des Temps modernes. Revenir à la frise P. 35 et expliquer que la Renaissance, qui commence avec l'avènement de François Ier, durera 50 ans et se situe au tout début des Temps modernes.

François Ier à cheval

L'armure que porte le roi est en acier noir à liseré d'or et imite assez fortement les vêtements alors à la mode.
Il ne porte pas le heaume (casque) qu'il a ôté pour que le peintre puisse le représenter avec un chapeau plat garni d'une plume blanche cloutée d'orfèvrerie. Il y avait deux types d'armures, celles faites sur mesures et les armures « prêtes à porter ». C'est ainsi qu'on pouvait acheter des genouillères et des solerets (chaussures) dans tel atelier et se procurer un heaume et un plastron dans tel autre.

Travail d'observation
Faire observer le document P. 34 et lire la légende, puis laisser les enfants répondre aux questions de *1. Observation* P. 35. Réponses possibles :
A. Le poids d'une armure dépend toujours de la taille de l'homme qui doit la revêtir et de l'épaisseur de l'acier. Les armures de François Ier qui nous sont parvenues pèsent environ 25 kg.

B. Le prix d'une telle armure est considérable. En offrir une est un cadeau princier. Celle qu'offrit l'empereur Charles Quint à François Ier en 1539 était un gage d'amitié.

C. Les fabricants s'appellent des armuriers.

D. Les étriers donnent une meilleure assise au cavalier, il peut ainsi se tenir en selle en prenant appui sur ces derniers. Sans eux, il ne peut y avoir de chevalier lourdement armé et encore moins de chevalier chargeant au galop et lance pointée.

E. Le cheval, en temps de guerre, porte le guerrier en armure et lui permet de se déplacer. Le poids des armures était tel qu'on ne pouvait imaginer ces guerriers à pied. Certains chevaux servaient uniquement à porter les charges ; d'autres, les plus rapides, à se rendre d'un endroit à un autre ; d'autres encore étaient spécialement dressés pour les tournois.

Vous pourrez proposer **7A** : *François Ier à cheval* (photofiche P. 27 ou cahier d'exercices P. 18).

Travail sur la frise chronologique

Ramener les enfants à la frise chronologique P. 35 en leur posant les questions suivantes :

– À quelles occasions le roi et les chevaliers ont-ils porté leurs armures ? *En 1515 et en 1525.*

– Combien d'années se sont écoulées entre ces deux événements ? *10 ans.*

L'armure

Cet exercice est plus facile qu'il n'y paraît, il suffit de faire remarquer aux enfants que ces mots se rapportent au corps ; ainsi : genouillère = genou, gantelet = gant, brassard = bras, cuissarde = cuisse. Le plastron désigne la poitrine et le casque (heaume) protège la tête.

Observation et vocabulaire
Demander aux enfants de décalquer le dessin de 2. ***Vocabulaire*** P. 35, ou photocopier la photofiche **7A** : *François Ier à cheval.*

Observer les noms des différentes parties inscrites P. 35 et aider les enfants à les retrouver sur leur dessin.

François Ier, un roi guerrier
Ce travail sur l'armure permet d'expliquer que François Ier était un roi guerrier. En octobre 1515, il remporte contre les Suisses la bataille de Marignan qui lui ouvre le nord de l'Italie (le Milanais). Il livre aussi de nombreuses guerres contre l'empereur Charles Quint (empereur d'Allemagne, prince des Pays-Bas et roi d'Espagne) qui domine l'Europe.

Synthèse

Pour conclure, vous pouvez :

• Faire élaborer une trace écrite en posant les questions suivantes : Combien de temps dure le règne de François Ier ? Citer une victoire et une défaite du roi.

• Faire lire l'article *À la guerre* P. 37 et demander aux enfants contre qui a été remportée la bataille de Marignan.

séquence 2

François Ier, roi de la Renaissance

Objectifs : **permettre aux enfants de découvrir quelques réalisations de la Renaissance, les comparer avec des réalisations du Moyen Âge ; faire prendre conscience de la construction progressive de la monarchie absolue.**

Compétences méthodologiques : recherche à partir d'une lecture de texte ; étude comparative.

Matériel : livre de l'élève P. 35, 36, 37, photofiches **7B** et **7C** ;
documents sur des réalisations de la Renaissance.

Mots clés : Renaissance, ordonnance.

Rappel

Poser aux enfants la question suivante :

– Que vous rappelez-vous de la séquence précédente ?

Laisser les enfants répondre librement, rectifier les erreurs et reprendre la suite de l'histoire de François Ier.

François Ier, un roi de la Renaissance

Chenonceaux
Le donjon cylindrique isolé du château date du XVe siècle. Le vaste pavillon carré flanqué de tourelles date du début du XVIe. La grande galerie de deux étages, que l'on ne voit pas sur la photo, a été bâtie en 1560 ; elle s'étire sur 60 m, formant un pont de cinq arches sur le Cher.

Chambord
C'est un immense château de 440 pièces, 160 m de long, 120 de large. Les grosses tours et les donjons ne pouvaient pas résister aux canons, mais on les retrouve encore dans les châteaux de la Renaissance comme des motifs de décoration.

La Joconde
La Joconde est le portrait présumé de Lisa Gherardini, femme du florentin Francesco del Giocondo, d'où son nom de « Joconde ». Léonard de Vinci a dû commencer cette peinture vers 1503. Il l'emporta en France, où, en 1527, elle fut achetée par François Ier pour la somme de 4000 écus d'or. Elle fait partie du musée du Louvre depuis 1804.

Travail de comparaison : les châteaux
Laisser les enfants observer les deux châteaux représentés dans 3. ***Comparaison*** P. 35. Poser les questions suivantes :

– Quel est le château le plus facile à attaquer ? *Le château de Chenonceaux, car on peut y entrer de plain-pied, alors que celui d'Anjony est bâti en hauteur et comporte des tours sans fenêtre.*

– Quel est le plus décoré ? *Le château de Chenonceaux.*

– Quel est celui où il serait le plus agréable de vivre ? *Chenonceaux, bien sûr, ne serait-ce que pour ses superbes jardins.*

Il importe de mettre en évidence les différences d'architecture signes d'époques totalement différentes en posant les questions suivantes :

– Quelles différences voit-on entre le château fort et celui de la Renaissance ? *Ils n'ont pas le même nombre d'ouvertures ; sur un terrain plat, l'un vaste, s'étire en longueur, l'autre, sur une hauteur, est ramassé et plus petit…*

– Quels éléments manquent à Chenonceaux pour avoir l'air d'un château fort ? *Un fossé, un pont-levis, des meurtrières.*

– Ces châteaux ont-ils la même utilité ? *Non, l'un est fait pour la défense (Anjony), l'autre pour l'agrément et le plaisir (Chenonceaux).*

Vous pourrez proposer **7B** : *Les châteaux du Moyen Âge et de la Renaissance* (photofiche P. 28 ou cahier d'exercices P. 19).

Les arts
La période durant laquelle règne François Ier s'appelle la Renaissance. Expliquer les origines du terme « renaissance » (naître à nouveau). Préciser que la période qui porte ce nom connut un élan d'innovation scientifique et artistique sans précédent. Cette nouvelle naissance fut, pour les hommes de ce temps, le retour à un âge d'or perdu depuis l'Antiquité (voir « À savoir » p. 55).

Ajouter que, pour une cour qu'il veut fastueuse, François Ier fait édifier les châteaux de Chambord représenté P. 37 et de Fontainebleau par des maîtres maçons français et des artistes italiens. Le roi de France y accueille Jean Clouet qui fait son portrait, il se lie d'amitié avec Léonard de Vinci.

Laisser les enfants prendre connaissance des articles *Le roi en peinture* et *Léonard de Vinci* P. 37.

Dire que la littérature est aussi à l'honneur, puisque c'est l'époque où Rabelais écrit *Gargantua* et *Pantagruel* et où les poètes Clément Marot, Joachim du Bellay et Pierre de Ronsard instituent le sonnet.

Vous pourrez proposer **7B** : *Un tableau célèbre* (photofiche P. 28 ou cahier d'exercices P. 19).

Un roi administrateur

Faire lire les deux derniers paragraphes P. 36 et poser les questions suivantes :

– Quelles réformes entreprend François Ier ? *Il rend la langue française obligatoire dans tous les écrits. Il fait construire de superbes châteaux.*

– Par quelle phrase termine-t-il ses ordres ? Pourquoi ? *Il termine ses phrases par l'expression : « Car tel est notre bon plaisir. » Par cette phrase, il montre qu'il est le maître absolu, que tout le monde lui doit obéissance, y compris les seigneurs qui n'avaient pas l'habitude d'obéir au roi.*

Faire répéter le nom de la période dans laquelle vivait François Ier.

Retour à la frise chronologique

Faire remarquer aux enfants la toute petite place que représente une des plus brillantes périodes de notre civilisation (50 ans) durant laquelle le roi affirme son pouvoir, fait construire de superbes châteaux (Chambord, Fontainebleau…) et encourage les arts (peinture, sculpture, poésie).

Synthèse

Pour conclure, vous pouvez :

• Faire rédiger une trace écrite. Elle sera élaborée à partir des réponses des enfants aux questions précédentes. Ex. : François Ier, le roi chevalier, est aussi un roi de la Renaissance. Il accomplit de grandes réformes et fait construire des châteaux pour le plaisir des yeux et non plus pour faire la guerre.

• Faire compléter le tableau suivant :

FRANÇOIS Ier		
UN ROI GUERRIER	UN ROI ADMINISTRATEUR	UN ROI DE LA RENAISSANCE
Il combat Charles Quint		

À propos des deux séquences : lecture

Lire ou faire lire le texte P. 36. Vérifier la compréhension des mots difficiles ou inconnus. Faire lire *Je retiens* P. 36.

Autour de la leçon

Vous pouvez :

• Demander aux enfants de trouver un artiste de la Renaissance dans leur manuel et de rechercher dans un dictionnaire des éléments sur sa vie.

• Proposer de réaliser une exposition sur le XVIe siècle au temps de François Ier (poésie, expression écrite, compte rendu, reproductions de tableaux).

• Faire apprendre quelques strophes d'un poème de Ronsard ou de Du Bellay.

Évaluation de la leçon Vous pourrez proposer la photofiche **7C** P. 29.

Mémo,

À voir à proximité de l'école ou dans la région :

Quelques livres :

D'autres références :

FILMS – VISITES

• *Léonard de Vinci, un homme de la Renaissance*, VHS : 13 mn, CNDP.

• Château de Chambord
41250 Chambord
Tél. : 02.54.20.34.86.

• Château de Blois
Tél. : 02.54.78.72.76.

• Manoir du Clos Lucé
37400 Amboise
Tél. : 02.47.57.00.73 ou 02.47.57.62.88.

• Château de Fontainebleau
77300 Fontainebleau
Tél. : 02.64.22.27.40 ou 02.64.22.41.80.

• Musée national de la Renaissance
Château d'Écouen
95440 Écouen
Tél. : 02.39.90.04.04.

8 Louis XIV, le Roi-Soleil

OBJECTIFS

■ Le roi Louis XIV est le premier à vouloir à la fois régner et gouverner le pays sous tous ses aspects.
■ Le portrait du roi et ses actes symboliques doivent servir à rendre vivant le renforcement du pouvoir royal.
■ Présenter de manière simple et concrète la mise en place progressive de la monarchie absolue.
■ Apprendre à analyser des documents iconographiques et des textes anciens.
■ Utiliser et chercher une documentation.

À SAVOIR

Le royaume de France sous l'Ancien Régime

Le royaume de France est le plus peuplé d'Europe et il est le plus vaste.

Depuis Henri IV, la famille des Bourbons règne en France. Le roi est de tous les monarques celui qui perçoit le plus d'impôt. Les forces du royaume de France vont permettre aux Bourbons d'accroître leur puissance intérieure et extérieure.

Les Français sont divisés en trois ordres. Le premier concerne le clergé et représente environ 1 % de la population; le second regroupe la noblesse soit 1 à 2 % des Français. Le troisième englobe tous ceux qui restent, de l'humble manouvrier aux riches financiers. Ce troisième ordre est appelé tiers état (tiers est ici un adjectif ordinal qui signifie troisième).

Qu'est-ce que l'absolutisme ?

L'absolutisme ne doit pas être confondu avec le despotisme ou l'arbitraire. Louis XIV respecte les lois fondamentales du royaume. Il ne peut aliéner les biens de la Maison du roi pas plus que ceux de la couronne; il ne peut porter atteinte à la propriété de ses sujets; il ne peut avoir une autre religion que la religion catholique.

Le roi Louis XIV renforce cependant son pouvoir. Il abaisse les grands du royaume, y compris les princes de sang et les tient presque prisonniers à la cour de Versailles.

Un roi qui règne et qui gouverne

Le roi Louis XIV est le premier roi qui prend à cœur son métier. D'une vraie culture, sans être savant comme François Ier, il se souviendra toute sa vie de cet aphorisme : « roi illettré, âne couronné ». Entre 1661 et 1715, il ne manquera jamais un seul conseil en temps de paix.

C'est le premier roi administratif, il se mêle de tout jusqu'à la tenue des soldats, réglementant même les emblèmes des étendards de cavalerie. Sa devise *Nec pluribus impar* (« celui qui n'est pas égal parmi tous ») renvoie à la prééminence du Soleil sur les planètes.

La monarchie vue par Louis XIV

Dans les *Mémoires pour l'instruction du Dauphin* qu'il a pris soin de dicter lui-même, Louis XIV expose ainsi sa conception de la monarchie absolue :

« Toute puissance, toute autorité résident dans la main du roi et il ne peut y en avoir d'autres dans le royaume que celle qu'il y établit. Tout ce qui se trouve dans l'étendue de nos États, de quelque nature que ce soit, nous appartient [...] les rois sont seigneurs absolus et ont naturellement la disposition pleine et entière de tous les biens qui sont possédés aussi bien par les gens d'Église que par les séculiers. »

« Je m'imposai pour loi de travailler régulièrement deux fois par jour, et deux ou trois heures chaque fois, avec diverses personnes, sans compter les heures que je passais seul en particulier, ni le temps que pourrais donner aux affaires extraordinaires s'il en survenait.

[...] J'étais résolu à ne prendre point de Premier ministre, et à ne pas laisser faire par un autre la fonction de roi pendant que je n'en aurais que le titre. Mais au contraire, je voulus partager l'exécution de mes ordres entre plusieurs personnes afin d'en réunir toute l'autorité en la mienne seule. »

Et il choisit de préférence ministres et intendants dans la bourgeoisie : « Je crus qu'il n'était pas de mon intérêt de choisir des hommes d'une qualité plus éminente, parce qu'ayant besoin sur toute chose d'établir ma propre réputation, il était important que le public connût, par le rang de ceux dont je me servais, que je n'étais pas en dessein de partager avec eux mon autorité, et qu'eux-mêmes, sachant ce qu'ils étaient, ne connussent pas de plus hautes espérances que celles que je leur voudrais donner. »

Une séquence :

1. Louis XIV, monarque absolu

BIBLIOGRAPHIE

- *Le Siècle de Louis XIV*, PUF, Coll. « Que sais-je ? », n° 426.
- « La noblesse contre la monarchie absolue », *L'Histoire*, n° 10.
- *L'Avènement du Roi-Soleil*, Gallimard. Coll. « Archives ».
- « Les Superstitions populaires au temps de Louis XIV », *L'Histoire* n° 9.
- « La Fortune des Français sous Louis XIV », *L'Histoire* n° 50.
- P. Gaxotte, *La France de Louis XIV*, Hachette, 1968.
- P. Goubert, *Louis XIV et vingt millions de Français*, Fayard, 1966.
- P. Lemoine, *Le château de Versailles*, Albin Michel, 1987.
- D. Joly, *Le Roi et sa cour*, Gallimard, Coll. « Découverte Benjamin ».

séquence 1

Louis XIV, monarque absolu

Objectifs : **montrer que Louis XIV gouverne la France comme un monarque absolu ; expliquer que Versailles est le symbole de la puissance du roi et de la réduction du pouvoir des grands seigneurs.**

Compétences méthodologiques : étudier un document iconographique ; rechercher des informations dans les dictionnaires.

Matériel : livre de l'élève P. 38 à 41, photofiches **8A**, **8B**, et **8C**, *poster du Multilivre* ; dictionnaires, carte murale.

Mots clés : monarque, roi absolu, cour, Versailles, ministre, paysan.

Remarque : réunir, au préalable, les documents nécessaires à la réalisation de 3. *Recherche* P. 39.

Rappel

Avant d'aborder ce nouveau chapitre, faire un rappel de la leçon précédente en posant les questions suivantes :

– De qui avons-nous parlé lors du chapitre précédent ? *De François Ier.*

– Qui était-il ? Qu'a-t-il fait ? *Il fut le roi de France. Guerrier courageux, il fit de grandes réformes et encouragea les artistes de la Renaissance.*

À la mort de François Ier, Henri III devient roi, puis Louis XIII, et enfin Louis XIV. François Ier vivait au XVIe siècle. Louis XIV règne pendant cinquante-quatre ans de la fin du XVIIe siècle (1661), au début du XVIIIe siècle (1715).

Louis XIV et les savants

Afficher le *poster du Multilivre* : *Louis XIV, le Roi-Soleil.*

Travail d'observation

Demander aux enfants d'observer attentivement la reproduction P. 38 et de lire la légende. Leur faire prendre conscience que le tableau de Testelin met en exergue Louis XIV et la science. En effet, ce ne sont pas les savants qui sont mis en lumière mais le roi. En regardant ce document iconographique, on a l'impression que le roi, quoique assis, domine quand même les autres qui sont pourtant debout.

Faire observer la tenue vestimentaire et signaler le port des perruques, alors à la mode pour tous, y compris les hommes. Laisser les enfants répondre aux questions de 1. *Observation* P. 39. Réponses possibles :

A. Le roi est le seul à porter un chapeau. Il porte beaucoup de rouge : des rubans et des bas rouges.

B. Le costume est en noir. Il est humble et discret. Il ne veut pas rivaliser d'élégance avec le roi.

C. Sa force vient de la grandeur de son royaume. Il doit surveiller les frontières et conquérir de nouvelles provinces. Le soleil est le roi de l'univers.

D. Louis XIV comprend que la science et la technique sont aussi des sources du pouvoir.

Vous pourrez proposer **8A** : *Louis XIV en habit d'hiver* (photofiche P. 30 ou cahier d'exercices P. 20).

Observation d'un dessin

Faire observer la médaille d'argent datée de 1674 de 2. ***Dessin*** P. 39. Avant de la faire dessiner sur le cahier d'histoire, demander aux enfants de répondre aux questions suivantes :

– Quel est l'emblème choisi par Louis XIV ? *Le Soleil.*

– Pourquoi ? *Le Soleil est source de vie, de chaleur et de lumière : les planètes tournent autour, on peut presque dire qu'elles lui obéissent.*

– Que signifie ce choix ? *Louis XIV veut être obéi par tous ses sujets y compris les grands seigneurs. Il veut être la lumière de tous.*

« Le Soleil [...] par la lumière qu'il communique aux autres qui lui composent une espèce de cour [...] est la plus belle et la plus vive image d'un grand monarque. »
Louis XIV
Mémoires pour l'instruction du Dauphin

Bien montrer que le symbole du roi est un symbole politique. Le Soleil domine les planètes. Expliquer pourquoi on appelait Louis XIV, le Roi-Soleil.

Préciser que les sujets du roi, c'est-à-dire tous les Français, étaient les personnes soumises à son autorité. L'obéissance au roi est d'origine religieuse : il tient le pouvoir de Dieu (préciser que tous devaient suivre la même religion).

Introduire l'expression « monarchie absolue » qui signifie que les décisions importantes étaient prises par le roi seul. Louis XIV fait exécuter ses décisions par ses ministres et ses intendants ; il ne partage son pouvoir avec personne.

Vous pourrez proposer **8B** : *L'emblème de Louis XIV* (photofiche P. 31 ou cahier d'exercices P. 21).

Un roi qui gouverne

Réflexion autour d'une peinture

Faire observer le tableau P. 40 et faire lire la légende.

Faire constater la différence entre le roi, coiffé, richement vêtu, installé dans un fauteuil avec ses conseillers en austères robes noires debout ou assis sur des sortes de tabourets sur ordre du roi. Noter que les ministres ou conseillers qui siègent autour de la table ont conservé leur chapeau.

Préciser, que sur la droite du tableau, des hommes sont chargés d'appliquer le sceau royal sur des documents : c'est ainsi que l'on officialisait les décisions prises autour de cette table.

Lecture silencieuse

Demander aux enfants de lire silencieusement le premier paragraphe du texte P. 40 et poser les questions suivantes :

Colbert (1619-1683) est un bourgeois devenu Contrôleur général des Finances en 1665, puis secrétaire d'État à la Marine et à la Maison du Roi. Il s'occupe des impôts (dont il augmente le rendement), crée des manufactures, fait construire une flotte de guerre et de commerce, améliore l'état des routes.

– Louis XIV désigne-t-il un ministre principal ? *Non, il gouverne lui-même.*

– Comment choisit-il ses ministres ? *Pour leur compétences et non parce qu'ils seraient nobles ; d'ailleurs il n'a pas confiance dans la noblesse ; il préfère choisir des bourgeois.*

– Donner le nom et dresser le portrait d'un ministre.

Un roi puissant et glorieux

La vie dans les provinces

Faire lire le second paragraphe P. 40 et poser les questions suivantes :

– Comment le roi est-il représenté dans les provinces ? *Par ses intendants qui veillent sur tout : impôts, justice, sécurité, obéissance de la noblesse.*

– Comment les brigands sont-ils combattus ? *Arrêtés, ils sont condamnés à mort. Cette pratique rend les routes plus sûres afin de permettre, sans trop de risque, le commerce et les échanges.*

Des contrastes

Un ancien pavillon de chasse est transformé par la volonté de Louis XIV en un magnifique palais entouré d'un parc et de jardins. Mansart en est l'architecte, Le Nôtre trace les jardins, Le Brun est chargé de l'aménagement intérieur. Louis XIV surveille personnellement les travaux. Ils dureront 30 ans et coûteront beaucoup de vies humaines et beaucoup d'argent.

Les seigneurs vivent à Versailles dans une sorte de prison dorée, perpétuellement sous la surveillance du roi qui va jusqu'à leur donner des pensions pour satisfaire leurs dépenses inutiles, supprimant ainsi toute idée de révolte.

Écrivains : La Bruyère, Racine, La Fontaine…
Musiciens : Lulli, Rameau…
Peintres : Claude le Lorrain, Nicolas Poussin, Watteau, Le Brun…
Architectes : Le Vau, Mansart…

La vie à la cour de Versailles

Faire observer le tableau présenté dans **3. *Recherche*** P. 39. Les enfants auront eu le temps de faire une recherche en bibliothèque sur la construction et la vie au château. Poser la question suivante :

– Que représente le tableau P. 39 ? *Une partie du parc du château de Versailles.*

Situer Versailles. Indiquer que pour la construction du château, il y eut jusqu'à 30 000 ouvriers et soldats. Préciser que la cour, les seigneurs et leurs serviteurs comprenaient près de 6 000 personnes.

Faire comparer avec Chambord (chapitre précédent).

– Le château n'était-il réservé qu'à Louis XIV ? *Non, si Louis XIV l'a fait construire pour sa gloire, il le partage avec de nombreux grands seigneurs qu'il peut ainsi contrôler.*

– Comment s'appellent ces grands seigneurs qui vivent autour du roi ? *Les courtisans. Ils forment la cour du roi : plusieurs milliers de nobles accompagnés de leurs nombreux domestiques.*

– Que pouvait-on organiser dans le parc et dans les magnifiques salles du château ? *Des fêtes somptueuses, des bals, des concerts, des pièces de théâtre, des ballets, des parties de chasse.*

La vie des paysans

Expliquer qu'au luxe de la cour s'oppose la misère des paysans. Appuyer cette explication en demandant à un enfant de lire à haute voix l'article *Le malheur des paysans* P. 41.

Préciser qu'à la fin du règne de Louis XIV, les paysans connaissent la famine à cause des mauvaises récoltes et des impôts, il s'ensuit un grand taux de mortalité infantile car ils vivent dans une profonde misère.

Vous pourrez proposer **8B** : *Les paysans au XVIIe siècle* (photofiche P. 31 ou cahier d'exercices P. 21).

La vie artistique

Lire ou faire lire le troisième paragraphe P. 40 et laisser les enfants répondre aux questions suivantes :

– Que devaient faire les écrivains, les musiciens et les peintres ? *Obéir au roi et travailler pour sa gloire.*

– Connaissez-vous le nom d'un artiste à la fois écrivain et comédien vivant à l'époque de Louis XIV ? *Molière.*

Expliquer aux élèves que Louis XIV cherche à faire de la France une nation forte. Il encourage les artistes (théâtre, musique, architecture, peinture…).

Vous pourrez proposer **8B** : *Un homme célèbre* (photofiche P. 31 ou cahier d'exercices P. 21).

Des conquêtes

Expliquer aux élèves que Louis XIV cherche aussi à dominer les autres peuples d'Europe pour agrandir la France. Il réorganise l'armée, mène plusieurs guerres et fait construire des places fortes pour protéger les frontières.

Travail sur la frise chronologique

En demandant aux enfants de regarder la frise chronologique, poser les questions suivantes :

– En quelle année la cour s'installe-t-elle à Versailles ? *En 1682.*

– Combien de temps dure le règne de Louis XIV ? *54 ans, c'est-à-dire de très nombreuses années.*

– À quel âge meurt-il ? *77 ans.*

Demander aux enfants de calculer, en regardant la frise, combien de siècles séparent Louis XIV de l'an 2000.

Synthèse

Pour conclure, vous pouvez :

• Demander aux enfants d'écrire en trois ou quatre phrases un résumé de ce qu'ils ont appris sur Louis XIV. Ex. : Louis XIV règne de 1661 à 1715. Il gouverne en roi absolu, ses ministres exécutent ses décisions. Entouré de sa cour de seigneurs, il vit au château de Versailles qu'il a fait bâtir. On l'appelle le Roi-Soleil.

• Copier au tableau les phrases pertinentes accompagnées des dates figurant sur la frise.

À propos des deux séquences : lecture

Lire ou faire lire le texte P. 40. Vérifier la compréhension des mots nouveaux et difficiles. Faire lire *Je retiens* P. 40.

Autour de la leçon

Vous pouvez :

• Faire prendre conscience de la vie en France sous Louis XIV.

• Distribuer des documents et des manuels scolaires. Donner un thème commun à deux groupes d'enfants : un groupe pour rechercher des textes, l'autre pour rechercher de l'iconographie sur les paysans, les villes, le commerce, Versailles, les guerres de Louis XIV, les artistes…

• Faire écouter la musique de Lulli, apprendre une fable de La Fontaine, lire à la classe quelques extraits des *Caractères* de La Bruyère.

Évaluation de la leçon Vous pourrez proposer la photofiche **8C** P. 32.

Mémo,

À voir à proximité de l'école ou dans la région :

Quelques livres :

D'autres références :

FILMS – VISITES

• *Louis XIV, le roi et le royaume*, Radiovision DP, n° 5284-285.
• *Le siècle de Louis XIV à travers l'art officiel*, Radiovision DP, n° 20 199.
• *Un tisserand lillois sous Louis XIV*, Radiovision BT, n° 916.
• Sacha Guitry, *Si Versailles m'était conté.*
• Roberto Rossellini, *La prise du pouvoir par Louis XIV*.
• Château de Versailles
78000 Versailles
Tél. : 01.30.84.74.00.

9 La Révolution française

OBJECTIFS

- **Montrer que la Révolution établit une rupture radicale dans le cours de l'histoire de France.**
- **Faire comprendre que des événements comme la prise de la Bastille, la Déclaration des droits de l'homme et du citoyen, la chute de la monarchie, l'avènement de la République, sont à l'origine d'une transformation profonde de la société française. Les Français passent désormais de la position de sujets au rang de citoyens.**
- **Mettre l'enfant en situation de recherche à partir de documents iconographiques et de textes.**
- **Savoir lire une frise et l'exploiter pour continuer à apprendre aux élèves la maîtrise du temps.**

À SAVOIR

Quel que soit le niveau d'enseignement, la Révolution française est une des leçons les plus difficiles. On peut néanmoins tenter d'expliquer l'événement le plus important de l'histoire contemporaine à travers toute une série de causes philosophiques, économiques et sociales.

Les causes philosophiques

Au cours du XVIIIe siècle, le siècle des Lumières, les philosophes ont placé la raison au centre de leurs préoccupations. Avec un regard critique, ils ont passé au crible tous les aspects de la société depuis la religion jusqu'à la justice sans oublier tous les savoirs scientifiques. La génération qui prend en main les destinées de la France en 1789 s'est nourrie de Montesquieu, de Rousseau et de Diderot.

Cette génération a placé le fait politique au centre de son action. Elle croit à la nécessaire égalité entre les hommes, égalité non pas sociale mais juridique. Elle proclame que le bien réside dans les libertés individuelles nécessaires à tous les hommes de la Terre. Montesquieu déclare : « Je suis nécessairement homme et je ne suis Français que par hasard. » La pensée révolutionnaire est une pensée universelle.

Les causes économiques

La France connaît au début du xviiie siècle un élan économique exceptionnel grâce, notamment, au commerce triangulaire qui enrichit toutes les villes du littoral atlantique. Or, à partir de la fin des années 1770, la situation économique se dégrade. La France se lance au même moment dans une guerre de soutien aux colons d'Amérique et s'endette à l'extrême.

Le traité de commerce conclu avec l'Angleterre, en 1786, entraîne l'abaissement des barrières douanières qui protégeaient les ateliers textiles de la concurrence anglaise, plongeant ainsi des provinces entières dans la léthargie. L'agriculture (secteur de base et fondement de la société française) est en crise : le prix du blé baisse, le prix de la location de la terre aussi. Cette crise économique est accentuée par un mini « âge glaciaire » à l'origine des calamités naturelles telles qu'orages dévastateurs, inondations, hivers froids, étés frais. Ces catastrophes climatiques expliquent la flambée du prix du pain en 1789. Le 14 juillet 1789 n'est pas seulement le jour de la prise de la Bastille, il est aussi le jour où le prix du pain fut le plus élevé dans le siècle.

Les causes sociales et politiques

À la fin du XVIIIe siècle, la société d'Ancien Régime repose sur l'existence de trois ordres : la noblesse, le clergé et le Tiers État qui regroupe à la fois des paysans aisés ou misérables, des artisans et la bourgeoisie (professions libérales) des villes.

Les deux premiers ordres bénéficient de nombreux privilèges notamment fonciers et fiscaux. La bourgeoisie « cultivée » qui, elle, paie des impôts et joue un rôle économique important se sent exclue du jeu politique. Elle aspire à participer au gouvernement de la France. La Révolution de 1789 sera avant tout une révolution bourgeoise.

Durant l'été 1788, face à cette accumulation de problèmes économiques, politiques (les nobles veulent réduire le pouvoir du Roi), sociaux, moraux (la cour de Louis XVI est l'objet de critiques à cause des folles dépenses de Marie-Antoinette) et à la montée des revendications exprimées dans les cahiers de doléances, le roi convoque les États généraux qui se réunissent le 5 mai 1789 au château de Versailles.

Deux séquences :

1. 1789, une année révolutionnaire
2. 1792, la proclamation de la République

BIBLIOGRAPHIE

- *Le 14 juillet*, TDC, n° 246.
- *Les États généraux*, TDC, n° 484.
- *La Déclaration des droits de l'homme*, TDC, n° 501
- *Clergé et Noblesse*, TDC, n° 251.
- *Le Tiers État*, TDC, n° 259.
- *Les Savants et la Révolution*, TDC n° 252.
- A. Bendjebbar, *La Révolution française*, Hachette Éducation, 1989.
- J. Furet et Mona Ozouf, *Dictionnaire critique de la Révolution française*, Flammarion.
- J. Godechot, *La Prise de la Bastille. Trente journées qui ont fait la France.* Gallimard, 1961.
- E. Hindie Lemay, *La Vie quotidienne des députés aux États généraux*, Hachette, 1987.
- A. Soboul (et très nombreux autres auteurs), *Dictionnaire de la Révolution française*, PUF.
- M. Winock, *1789, l'année sans pareille*, Olivier Orban, 1988.

séquence 1

1789, une année révolutionnaire

Objectif : **montrer que le 14 juillet 1789, où le peuple devient acteur de l'Histoire, s'intègre dans une série d'événements déterminants : convocation des États généraux, serment du Jeu de paume, Déclaration des droits de l'homme…**

Compétences méthodologiques : savoir lire un tableau ; rechercher des informations dans un texte.

Matériel : livre de l'élève P. 42 à 45, photofiches **9A** et **9B**, *poster du Multilivre* ; dictionnaire.

Mots clés : Tiers état, États généraux, cahiers de doléances, Révolution.

Remarques : faire réaliser, au préalable, la recherche de 2. *Enquête* ; utiliser le dossier « Savoir et Faire » P. 66, 67.

Rappel

Vous pouvez situer tous ces événements au fur et à mesure sur une frise chronologique.

Faire un bref rappel du chapitre précédent en posant les questions suivantes :

– De qui avons-nous parlé dans le chapitre précédent ? *De Louis XIV.*

– Que savons-nous sur Louis XIV ? *C'était un monarque absolu. Il gouvernait seul. Le peuple connaissait la misère.*

Vous pouvez préciser : Louis XIV est mort en 1715. Son arrière-petit-fils, Louis XV lui succède. La France connaît une grande période de croissance de 1726 à 1772. Le royaume devient la première puissance européenne. En 1774, Louis XVI, petit-fils de Louis XV, monte sur le trône. De graves crises économiques et politiques surgissent. Le roi Louis XVI ne sait qu'entreprendre pour faire face à tous ces problèmes : il décide de convoquer les États généraux.

La prise de la Bastille

On lit dans le journal de Palloy à la date du 10 décembre 1789 : « Le sieur Cholat, patriote, marchand de vin rue des Noyers, m'adresse une relation imprimée qui porte le titre suivant : Service fait à l'attaque et prise de la Bastille et autres, pour la cause commune, par le sieur Cholat, marchand de vin rue des Noyers, au coin de celle des Lavandières, le 14 juillet 1789 ». Cholat compléta sa narration par un dessin des combats.

Se reporter au « mot de passe » du dossier « Savoir et Faire » P. 66.

Afficher le ***poster du Multilivre*** : *La prise de la Bastille.*

Observation d'une peinture

Demander aux enfants d'observer attentivement la reproduction du tableau et de lire la légende P. 42. Les laisser répondre librement aux questions de ***1. Observation*** P. 43. Réponses possibles :

A. Un marchand de vin du nom de Cholat.

B. Non. On voit des civils (bourgeois et sans-culottes), un abbé reconnaissable à son habit, des grenadiers portant des bonnets à poils (près du canon), des fusiliers avec des tricornes (ils ont des fusils), l'uniforme blanc est celui d'un officier du « Régiment de la Reine » ; on voit également un blessé porté sur une civière, enfin l'auteur a représenté des soldats du régiment des Gardes (en vestes rouges), régiment protégeant Paris, venu apporter le soutien de ses canons aux Parisiens.

C. Des fusils, des bâtons, des piques, des canons. L'homme en uniforme blanc a sorti son épée pour donner ordre de tirer le canon.

D. Au sommet de la forteresse on voit des soldats armés de fusils tirer sur les assaillants (on voit, en bas, des corps allongés et un brancard). L'un des soldats touché par une balle, tombe du haut de la tour.

E. La demande d'arrêter les combats.

Rappeler que la Bastille était un château fort (se souvenir de la leçon sur les châteaux forts) bâti au XIVe siècle. Préciser qu'elle servait de prison, qu'il y avait donc des gardes armés. Le roi ayant fait regrouper des troupes autour de la capitale, le peuple de Paris s'empara de la Bastille dans le but d'y trouver des armes pour se défendre. La prise de cette forteresse, le 14 juillet, est la journée symbole de la Révolution française.

Au début de la Révolution, le nom de « sans-culottes » sera donné, par mépris, aux manifestants populaires qui ne portent pas la culotte (celle-ci s'arrêtant aux genoux, était un habit de cour), mais un pantalon long à rayures. Les révolutionnaires reprendront ensuite ce nom avec fierté.

Approfondir la réflexion en posant les questions suivantes :

– Qui étaient les sans-culottes ? *Les Révolutionnaires.*

– Quels habits portaient-ils ? *Ils portaient des pantalons à rayures rouges et non des culottes noires ou blanches comme les bourgeois et les soldats.*

Vous pourrez proposer **9A** : *La prise de la Bastille en 1789* (photofiche P. 33 ou cahier d'exercices P. 22).

Travail sur la frise chronologique

Faire observer la frise chronologique P. 43 et poser les questions suivantes :

– Combien d'années cette frise chronologique couvre-t-elle (de quand à quand) ? *De 1789 à 1794, c'est-à-dire 6 ans.*

– Combien d'événements relevez-vous sur une si courte période ? *4 en 1789, 1 en 1792, 1 en 1793, 1 en 1794.*

– Quelle est l'année qui vous semble la plus importante ? *L'année 1789.*

– Quels sont les principaux événements avant la prise de la Bastille ? *L'ouverture des États généraux, le 5 mai ; le serment du Jeu de paume, le 20 juin.*

Avant la prise de la Bastille

Les États généraux n'avaient pas été convoqués depuis 1615. Cette assemblée qui représente les trois ordres du royaume : noblesse, clergé, Tiers État est convoquée depuis 1303 par les rois lorsque ceux-ci le jugent bon.
Préciser que la noblesse (300 000 personnes) et le clergé (130 000 personnes) bénéficiaient de nombreux privilèges fiscaux et fonciers et que le Tiers État (« Tiers », dans l'ancienne langue, veut dire troisième et non pas le tiers au sens arithmétique du mot) ne forme pas un ensemble homogène : il comprend aussi bien des artisans, des commerçants, des paysans aisés ou pauvres que des professions libérales comme les médecins ou les avocats, c'est-à-dire l'immense majorité de la Nation. Aux États généraux de 1789, le Tiers État est représenté par 661 députés, le clergé par 326 et la noblesse par 330.

Le 5 mai : ouverture des États généraux

Laisser aux enfants le temps de lire le premier paragraphe du texte « Le peuple veut des changements » P. 44 et l'article 60000 P. 45 ; poser les questions suivantes :

– Par quel moyen, les Français font-ils savoir leur mécontentement au roi ? *Ils lui ont écrit à l'occasion de la préparation des États généraux. Les écrits ont été rassemblés dans des cahiers de doléances qui contiennent leurs plaintes, leurs vœux, leurs idées de réforme pour obtenir plus d'égalité.*

– Que fait le roi ? *Louis XVI convoque les États généraux à Versailles le 5 mai.*

– Que sont les États généraux ? *L'assemblée des représentants de toute la population du royaume choisis par chacun des trois ordres (noblesse, clergé, tiers état).*

Amener les enfants à comprendre la notion des trois ordres en posant les questions suivantes :

– Quels sont les groupes qui composent la population du royaume de France, à la fin du XVIIIe siècle ? *Les nobles, les prêtres ou clergé et le peuple ou tiers état qui rassemble tous ceux qui n'appartiennent ni à la noblesse ni au clergé, c'est-à-dire le peuple, soit 25 millions de personnes.*

– Qu'est-ce qui les différencie ? *Le peuple paie l'essentiel des impôts, les nobles et les prêtres une très faible partie.*

Vous pourrez proposer **9B** : *Une société divisée* (photofiche P. 34 ou cahier d'exercices P. 23).

Le 20 juin : serment du Jeu de paume

Toujours en regardant la frise chronologique poser les questions suivantes :

– Comment réagissent les députés du Tiers État ? Que font-ils, le 20 juin 1789 ? *Ils sont déçus. Le 20 juin, ils prêtent le serment du Jeu de paume.*

Faire chercher dans les dictionnaires le sens des mots « serment » (promesse faite devant tout le monde) et « jeu de paume » (jeu de balle).

Expliquer ce qui se passa lors du serment le 20 juin 1789 : les députés du tiers état réunis dans la salle du Jeu de paume à Versailles (car le roi avait fait fermer la salle où se réunissait le tiers état) décident de se constituer en une assemblée nationale pour réformer la France.

Après la prise de la Bastille

La Déclaration des droits de l'homme et du citoyen adoptée le 26 août 1789 fut longuement préparée. Elle repose sur l'idée que l'homme a des droits universels, indépendamment de toute situation historique. Le droit naturel est donné à chaque homme dès sa naissance, il est le fondement de toutes choses et les lois ne doivent pas lui être contraires. C'est la fin de tous les privilèges et de toutes les servitudes acquis par la naissance (droit d'aînesse, esclavage, privilège de la religion, etc.).

Faire un point avec les enfants en posant la question suivante :

– Pourquoi, malgré l'importance du 5 mai et du 20 juin, la journée du 14 juillet est-elle si importante ? *Parce qu'elle marque l'irruption du peuple dans le débat politique, ce qui provoque la Révolution.*

Demander aux enfants de rechercher le sens du mot « révolution » : changement brusque et important dans l'ordre social, voire moral, pouvant entraîner une transformation totale.

Le 26 août : Déclaration des droits de l'homme

Reprendre l'étude de la frise chronologique en demandant aux enfants pourquoi le 26 août est une autre date importante de l'année 1789. *C'est le jour où la Déclaration des droits de l'homme et du citoyen a été votée.*

Faire lire le premier droit de cette Déclaration dans **3. *Réflexion*** P. 43 et poser la question suivante :

– Que signifie ce texte ? *Que tous les hommes sont libres et ont les mêmes droits. Ainsi apparaissent, pour la première fois, les notions d'égalité et de liberté.*

Quelques grands personnages

Travail d'enquête

Demander aux enfants qui ont préparé l'enquête de **2. *Enquête*** P. 43 de faire un bref résumé de la vie de Louis XVI, Saint-Just, Robespierre. Exemples :

Louis XVI (1754-1793), petit-fils de Louis XV, devient roi en 1774. Il s'entoure de ministres de valeur (Turgot, Necker), mais n'ose pas les soutenir dans leurs idées « révolutionnaires ». Très influençable et n'aimant pas « son métier de roi », il ne comprend pas la détresse de son peuple. Emprisonné, il est condamné à mort (387 voix pour, 334 voix contre) et exécuté le 21 janvier 1793.

Saint-Just (1767-1794), le plus jeune député de la Convention, est membre du gouvernement révolutionnaire. Fidèle disciple de Robespierre, il sera exécuté avec lui le 28 juillet 1794.

Robespierre (1758-1794) est un brillant avocat. Élu député du Tiers État d'Arras en 1789, il se consacre à la cause de la liberté et de la justice sociale. Animateur du club des Jacobins, il est député de Paris à la Convention. Il préside le Comité de Salut public et impose la Terreur. Il sera guillotiné le 28 juillet 1794 (10 Thermidor, an II).

Retour à la frise chronologique

Amener les enfants à regarder la frise chronologique. Poser les questions suivantes :

– Quel est l'objet dessiné entre 1793 et 1794 ? *Une guillotine.*

– Qu'est-ce que cela signifie ? *Cela veut dire que entre 1793 et 1794 on coupa beaucoup de têtes.*

– Qui fut guillotiné en 1794 ? *Robespierre.*

Synthèse

Pour conclure, vous pouvez :

• Inscrire au tableau les faits importants relatés par les enfants et faire recopier cette trace écrite sur le cahier d'histoire.

• Reconstituer la frise chronologique de cette période.

séquence

2

1792, la proclamation de la République

Objectif : **montrer qu'après 1789, 1792 est une autre année charnière de la Révolution avec la chute de la monarchie et la proclamation de la République.**

Compétences méthodologiques : savoir trouver, dans un chapitre, des documents (textes, frises) et des informations précises ; utiliser un dictionnaire ; élaborer une trace écrite sous forme de tableau comparatif ; savoir mener une enquête à l'extérieur.

Matériel : livre de l'élève P. 44, 45, photofiches **9B** et **9C** ; dictionnaire.

Mots clés : la Marseillaise, République.

Rappel

Faire un rappel de la séquence précédente en posant les questions suivantes :

– Que savons-nous de la France à la fin du XVIIIe siècle ? *La France est un royaume puissant où les hommes ne sont pas égaux, surtout devant l'impôt. Face à la montée des mécontentements exprimés dans les cahiers de doléances, le roi se refuse à toute réforme. La révolte éclate. Le 14 juillet 1789, le peuple de Paris prend la Bastille.*

– Qu'avons-nous appris sur les raisons de la prise de la Bastille ? *Les Parisiens s'emparent de la Bastille pour y trouver des armes et libérer les prisonniers.*

Vers la République

La fuite du roi

Procéder à la lecture silencieuse du troisième paragraphe du texte P. 44, en vérifier sa compréhension en posant les questions suivantes :

– Que fait Louis XVI ? Pourquoi ? *Il décide de s'enfuir à l'étranger car il a perdu son pouvoir et espère de l'aide des rois étrangers.*

– Réussit-il à s'enfuir ? *Non il est reconnu, arrêté (à Varennes le 21 juin 1791) et ramené à Paris.*

Expliquer que le 10 août 1792, les sans-culottes et le peuple de Paris attaquent les Tuileries. Le roi ordonne de cesser le feu, il est fait prisonnier avec sa famille.

L'histoire de La Marseillaise

Faire lire aux élèves l'article *La Marseillaise* P. 45 et poser les questions suivantes :

Décrétée chant national par la Convention (1795), tombée en disgrâce sous l'Empire, interdite de 1815 à 1870, la Marseillaise a été établie officiellement hymne national depuis 1879.

– Quel est le chant des sans-culottes ? *La Marseillaise.*

– Qui est l'auteur de la Marseillaise ? *Rouget de Lisle, un capitaine français en garnison à Strasbourg.*

– Quand la composa-t-il ? *Dans la nuit du 24 avril 1792 (avec le titre « Un chant de guerre pour l'armée du Rhin » car la France était, depuis peu, en guerre avec l'Autriche et la Prusse).*

– Pourquoi l'appelle-t-on la Marseillaise ? *Les Parisiens lui ont donné ce nom parce qu'elle était chantée par des volontaires venant de Marseille en route vers l'Est à la rencontre des envahisseurs, pour sauver la Révolution menacée par les rois d'Europe.*

La République

La République est un changement complet : le pouvoir vient du peuple qui le confie à des représentants élus. La loi devient alors l'expression de la volonté générale et non celle d'un homme. Auparavant le roi tenait son pouvoir de Dieu et il représentait la loi.

22 septembre 1792 : proclamation de la République française

Si les enfants ont oublié, ils peuvent relire le troisième paragraphe du texte P. 48 pour répondre à la question suivante :

– Que se passe-t-il après l'arrestation du roi? *La monarchie est abolie, la République est proclamée, le 22 septembre 1792.*

Amener les enfants à comprendre la notion de « République » en posant les questions suivantes. Pour répondre ils peuvent s'aider d'un dictionnaire :

– Qu'est-ce qu'une république, en quoi diffère-t-elle d'une monarchie? *La République est un gouvernement où le pouvoir, contrairement à la monarchie, n'est pas détenu par un seul homme, il est exercé par des représentants élus.*

– Sous quelle République vivons-nous? *Nous vivons sous la Ve République. Demander aux enfants de réaliser la proposition de* **4. Atelier** P. 43. Faire lire aux enfants la devise républicaine : Liberté, Égalité, Fraternité.

Vous pourrez proposer **9B** : *Les symboles de la République* (photofiche P. 34 ou cahier d'exercices P. 23).

Synthèse

Pour conclure, vous pouvez :

• Proposer aux enfants de dresser un bilan de l'œuvre de la Révolution sous forme d'un tableau à deux entrées : Avant la Révolution/Après la Révolution.

• Faire écrire un résumé autour des questions suivantes : Qu'est-ce que la Déclaration des droits de l'homme a changé? Quelles modifications la République a-t-elle apportées?

À propos des deux séquences : lecture

Lire ou faire lire le texte P. 44. Veiller à la compréhension des mots nouveaux ou difficiles. Faire lire *Je retiens* P. 44.

Autour de la leçon

Vous pouvez :

• Faire faire une recherche sur les symboles de la République.

• Demander aux enfants de rechercher dans l'école, dans la commune ce qui a été fait lors des fêtes du bicentenaire de la Révolution (en 1989).

Évaluation de la leçon Vous pourrez proposer la photofiche **9C** P. 35.

Mémo,

À voir à proximité de l'école ou dans la région :

Quelques livres :

D'autres références :

FILMS – VISITES

• *Les voies de la Révolution; 1788, échec au roi; Évariste Maillard, première époque et Évariste Maillard, deuxième époque*, CNDP, Réf. 002 R987.

• *La Révolution française : les conquêtes des libertés* (avec diapositives), D. P, 6047.

• *Jean-Jacques du Faubourg Saint-Antoine*, VHS : 15 mn, CNDP, 1985.

• R. Enrico, *La Révolution française : les années lumière*, 1989.

• Le Musée de la Révolution française 38000, Vizille.

• Musée Carnavalet
23, rue de Sévigné 75003 Paris
Tél. : 01.42.72.21.13.

• La Conciergerie
1, quai de l'Horloge 75004 Paris
Tél. : 01.43.54.30.06.

0 Napoléon Ier, empereur des Français

OBJECTIFS

■ Expliquer qu'après dix ans de tourmente révolutionnaire (1788-1799), la France cherche à se donner des institutions stables en faisant un compromis entre le passé monarchique et les temps nouveaux : c'est la naissance de l'Empire. (« Empire », ici, s'écrit avec une majuscule car il désigne un régime politique. Le même mot écrit avec une minuscule désigne un territoire et correspond au mot « royaume. ») La gloire militaire de la France atteint son apogée.
■ Exploiter un document iconographique.
■ Rechercher des informations à travers divers supports.

À SAVOIR

Napoléon Bonaparte

Napoléon Bonaparte est né le 15 août 1769, à Ajaccio dans une famille de petite noblesse peu fortunée. En 1784, il entre à l'école militaire de Brienne, puis à celle de Paris. Il est sous-lieutenant d'artillerie à 16 ans. Pendant la Révolution, ami de Robespierre, il se range du côté des Jacobins.

Nommé commandant d'artillerie lors du siège de Toulon (11 au 11 décembre 1793), son plan permet de reprendre la ville aux Anglais. Il est alors promu général de brigade et incorporé à l'armée d'Italie (1794). Avant son départ, il épouse Joséphine de Beauharnais (9 mars 1796) dont il divorcera en 1809. Général en chef de l'armée d'Italie depuis le 2 mars, il remporte de nombreuses victoires et se couvre de gloire.

Quand il revient en France après l'expédition d'Égypte (1798-1799), il s'empare du pouvoir par un coup d'État, les 18 et 19 Brumaire an VIII (9 et 10 novembre 1799). Devenu Premier consul de la République, puis consul à vie, il renforce progressivement son pouvoir et se fait couronner empereur en 1804 sous le nom de Napoléon Ier. La première partie de son règne est marquée par de grandes victoires militaires face aux pays d'Europe coalisés : Ulm, Austerlitz (1805), Iéna (1806), Friedland (1807)...

L'échec de la campagne de Russie en 1812 constitue un tournant. Il abdique une première fois à l'issue de la campagne de France (1814) et fait un retour triomphal en 1815 (les Cent-Jours). Mais, après la défaite de Waterloo (juin 1815), il retourne en exil et meurt à Sainte-Hélène, le 5 mai 1821. La France aura vécu pendant dix ans sous une monarchie impériale qui finit par succomber pour avoir voulu exercer une domination sans partage en Europe.

La France napoléonienne

Les historiens s'accordent pour dire que Napoléon Bonaparte a transformé durablement la société française. Dès le Consulat (1800-1804), on assiste à la mise en place de réformes capitales telles que la création de la Banque de France (1800), des chambres de commerce (1802) et surtout la promulgation du Code civil qui constitue le fondement de la société française actuelle (1802).

Dans le même temps, les principaux acquis de la Révolution comme la perte définitive des biens du clergé, le principe électif, l'égalité devant la loi et devant l'impôt sont sauvegardés. Les Français ne redeviennent pas des « sujets », mais restent des citoyens.

Les dernières années de l'Empire sont marquées par un durcissement du régime : les libertés fondamentales sont restreintes, la censure est rétablie ainsi que l'esclavage (dans les colonies) et on revient aux principes monarchiques symbolisés par la création d'une noblesse d'Empire : des alliances avec les familles princières (Napoléon Ier épouse l'archiduchesse Marie-Louise d'Autriche en 1810) et l'hérédité du pouvoir (naissance du roi de Rome en 1811).

L'Empereur d'après Mme de Stäel

La personnalité et l'action de Napoléon Bonaparte ont été l'objet de multiples controverses. Quelques écrivains tels que Chateaubriand, Benjamin Constant ou Mme de Stäel ont contribué à bâtir la « légende noire » de l'Empereur.

« Bonaparte, lorsqu'il disposait d'un million d'hommes armés, n'en attachait pas moins d'importance à l'art de guider l'esprit public par les gazettes ; il dictait souvent lui-même des articles de journaux qu'on pouvait reconnaître aux saccades violentes du style ; on voyait qu'il aurait voulu mettre dans ce qu'il écrivait, des coups au milieu de mots. Il a dans tout son être un fond de vulgarité que le gigantesque de son ambition même ne saurait toujours cacher. Il ne permettait qu'à lui d'être Jacobin en France. Mais, lorsqu'il insérait dans ses bulletins des injures grossières contre les personnes les plus respectables, il croyait ainsi captiver la masse du peuple et des soldats, en se rapprochant de leur langage et de leurs passions, sous la pourpre même dont il était revêtu. »

Considérations sur la Révolution française, 1818.

Deux séquences :

1. Napoléon, empereur des Français
2. Les guerres napoléoniennes

BIBLIOGRAPHIE

- *Bonaparte en Égypte*, TDC, n° 380.
- *Napoléon*, BT, n° 690.
- *Au temps de Napoléon*, Hachette Jeunesse, 1994.
- Jean Tulard, *Napoléon*, Coll. « Pluriel », livre de Poche.
- Roger Dufraisse, *Napoléon*, PUF, Coll. « Que sais-je », n° 115.
- *Histoire*, n° 124.

séquence 1

Napoléon, empereur des Français

Objectifs : **montrer comment Napoléon Ier établit un lien entre la France d'Ancien Régime et la France contemporaine ; approcher la notion de symbole.**

Compétence méthodologique : exploiter un document iconographique.

Matériel : livre de l'élève P. 46 à 48, photofiches **10A** et **10 B**, *poster du Multilivre* ; dictionnaire.

Mots clés : empire, empereur, sacre, aigle, symbole.

Rappel

Expliquer que la France vient de vivre une des plus importantes périodes de son histoire : la Révolution française. Faire une courte biographie de Bonaparte, avant qu'il ne devienne empereur. Expliquer qu'il était Jacobin et ami de Robespierre.

Expliquer qu'après l'ère révolutionnaire il fallait reconstruire la France.

■ Napoléon Ier, empereur

L'aigle aux pieds de l'Empereur est l'animal symbolique voulu et choisi par Napoléon Ier. L'aigle impériale (c'est un nom féminin lorsqu'il s'agit d'héraldique) remplace le coq gaulois.

Afficher le ***poster du Multilivre*** : *Napoléon Ier, empereur des Français.*

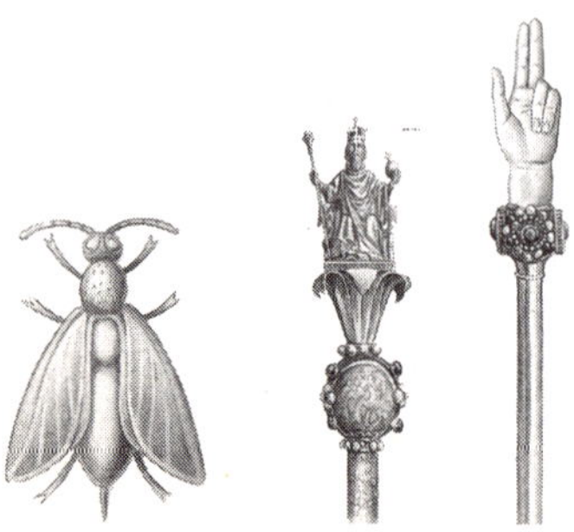

Travail d'observation

Demander aux enfants d'observer le portrait de Napoléon sur son trône P. 46 et de lire la légende. Les laisser répondre aux questions de *1. **Observation*** P. 47. Réponses possibles :

A. Les aigles, symboles de puissance et de supériorité sont considérées comme des animaux royaux.

B. Le lion.

C. Dans sa main droite l'empereur tient un bâton terminé par une statue, c'est un sceptre ; dans la gauche, un bâton terminé par une main, c'est une main de justice.

Inviter les enfants à chercher la signification de ces mots dans un dictionnaire. Le sceptre est un bâton de commandement, symbole de l'autorité souveraine. La main de justice est également un symbole d'autorité et de puissance.

D. Sur la tête, il porte une couronne de lauriers ; autour du cou, le grand cordon de la Légion d'honneur.

E. Son manteau, très ample, est rouge ; la fourrure blanche est de l'hermine.

Faire dessiner ou décalquer par les enfants les symboles de l'Empereur représentés dans **2. *Dessin*** P. 47. Napoléon choisit minutieusement les parures de son sacre. Voici un rapide historique expliquant les raisons de son choix.

Le jour du sacre, le 2 décembre 1804, Napoléon Ier portait les *regalia* (objets du sacre) des rois de France. Les rois ne pouvaient pas être sacrés sans eux. Napoléon prit, comme saint Louis, une main de justice. Mais, la vraie main de justice avait disparu dans la tourmente révolutionnaire et les orfèvres en fabriquèrent une pour la circonstance. Le sceptre que tient l'empereur est bien le sceptre qui servit à Charles V lors de son couronnement. Il est surmonté d'une statuette représentant Charlemagne.

Napoléon Ier avait, le jour de son couronnement, une couronne fermée comme celle des empereurs et non un diadème comme celui du tableau. À l'image des empereurs romains, il savait que le rouge était la couleur du commandement. Son tombeau est d'ailleurs de pierre rouge. Les abeilles brodées sur son habit sont des animaux amis des rois puisque, depuis l'Antiquité, elles nourrissent les dieux (l'ambroisie est un mélange de vin et de miel).

Si Napoléon Ier cristallise sur lui tous les symboles de la tradition royale et impériale, il est un homme des Temps nouveaux. Il porte autour du cou le grand cordon de commandant de la Légion d'honneur. Il n'a pas rétabli les ordres anciens qui reposaient sur la noblesse de naissance et a fondé l'ordre de la Légion d'honneur qui, en principe, ne repose que sur la vertu personnelle de chacun.

La Légion d'honneur

Faire lire aux enfants l'article sur la *Légion d'honneur* P. 49 et poser la question suivante :

– Que vous apprend ce texte ? *L'empereur a inventé une récompense pour ses serviteurs les plus dévoués et ses soldats courageux.*

Vous pourrez proposer **10A** : *Napoléon Ier, empereur* (photofiche P. 36 ou cahier d'exercices P. 24).

Travail de comparaison

En vous basant sur ***3. Comparaison*** P. 47 faire comparer les costumes de Napoléon Ier, de l'empereur romain Auguste et de Charles Quint. Poser la question suivante :

– Quel est le point commun entre ces trois documents ? *Ce sont toujours des habits d'apparat et des attitudes majestueuses.*

Travail de recherche

Demander aux enfants de faire les recherches proposées dans ***4. Recherche*** P. 47.

Leur demander d'observer, en particulier, le costume et l'attitude fière de Charlemagne (*cf.* chapitre 5).

Travail sur la frise chronologique

Faire travailler les enfants sur la frise chronologique P. 47 en posant les questions suivantes :

– Quel âge avait Napoléon lorsqu'il est devenu empereur ? *35 ans.*

– Quel âge avait-il à sa mort ? *52 ans.*

Un empereur réformateur

Recherche en groupes

Dire aux élèves que Napoléon Ier a transformé la France en imposant des idées et des lois nouvelles. On dit que Napoléon Ier a fait des réformes. Faire travailler la classe par groupes de trois. Faire lire le troisième paragraphe du texte P. 48. Demander à chaque groupe de trouver les réformes créées par Napoléon et de rechercher, dans le livre ou dans un dictionnaire, quelques détails sur ces réponses. Une fois la recherche terminée, laisser chaque groupe s'exprimer et poser les questions suivantes :

Avant, on parlait de denier, d'écu, de pistole, de sou ; désormais on parle de franc. En 1803, Napoléon créa le franc germinal. Ce sera une des monnaies les plus solides du XIXe siècle. Sa valeur ne disparaîtra qu'en 1928.

– Que fait-on à la Banque de France ? *On fabrique des billets de banque.*

– Qu'est-ce que le franc ? *Notre monnaie.*

– Que contient le Code civil ? *Les textes des lois qui règlent la vie des citoyens, comme le mariage, le divorce, les héritages. Ces textes sont toujours en vigueur.*

– Qu'est-ce qu'un lycée ? *Un établissement d'enseignement.*

Vous pourrez proposer **10B** : *Les réformes de Napoléon Ier* (photofiche P. 37 ou cahier d'exercices P. 25).

Synthèse

Pour conclure, vous pouvez :

• Demander aux enfants de compléter la trace écrite suivante : Napoléon Ier adopte les symboles des .... *(rois)* et des .... *(empereurs)*. Mais il crée la .... *(Légion d'honneur)* destinée à récompenser ses plus fidèles .... *(serviteurs)* et ses .... *(soldats)* les plus courageux.

• Faire dessiner les symboles choisis par Napoléon pour montrer qu'il est empereur.

séquence 2

Les guerres napoléoniennes

Objectifs : **montrer que Napoléon Ier est un grand homme de guerre et que, sous son règne, la France a dominé l'Europe.**

Compétence méthodologique : trouver des informations sur la vie des soldats à partir de divers supports (frise, chant, texte).

Matériel : livre de l'élève **P. 48, 49**, photofiches **10B** et **10C** ; carte murale.

Mots clés : guerre, Austerlitz, Waterloo, victoire, défaite.

Rappel

Avant de commencer, poser les questions suivantes :

– Que savons-nous de Napoléon Ier ? *C'est l'empereur des Français.*

– Connaissez-vous quelques-unes de ses réformes ? *Le franc, les lycées, le Code civil.*

Travail sur la frise chronologique

Tracer au tableau la frise simplifiée suivante :

1769	1804	1805	1815	1821
Naissance de Napoléon Bonaparte		**Victoire d'Austerlitz contre les Autrichiens et les Russes**	**Défaite de Napoléon Ier à Waterloo**	**Mort de Napoléon à Sainte-Hélène**

Faire compléter la date 1804 : *Sacre de Napoléon Bonaparte qui devient empereur.*

Demander aux élèves ce que nous apprend cette frise : *Elle parle de guerre.*

Faire souligner les mots qui font penser à la guerre : *victoire, défaite, exilé.*

Expliquer que Napoléon était un grand chef militaire.

Faire lire le deuxième paragraphe du texte **P. 48**. Poser les questions suivantes :

– Hormis diriger la France, quel autre titre avait Napoléon ? *Celui de chef militaire.*

– Quelle est la plus grande victoire de Napoléon Ier ? *Austerlitz.*

– Contre qui a-t-il gagné ? *Les Autrichiens et les Russes.*

– Quelle est sa plus grande défaite ? *Waterloo.*

Il faudra situer sur une carte murale les lieux de batailles cités. Austerlitz est situé en République tchèque, à l'est de la ville de Brno. Waterloo se trouve en Belgique, au sud de Bruxelles.

L'armée de Napoléon Ier

Lecture à voix haute
Faire lire les articles *La chanson du conscrit à la guerre, Les grognards* et *Un lit* P. 49 et poser les questions suivantes :

– Comment appelait-on les soldats de la Garde impériale ? *Les grognards. Il grognaient, « rouspétaient » souvent contre leurs conditions de vie.*

– Quel est le vers de la chanson du conscrit (soldat) qui nous indique que le soldat est triste de partir à la guerre ? *Faut quitter le Languedo pour nous conduire à la mort.*

– Qu'avons-nous appris sur les guerres de Napoléon Ier ? *L'empereur se bat contre les Autrichiens, les Russes, les Anglais. Il est battu à Waterloo par les Anglais. Pendant dix ans, la France domine l'Europe.*

Vous pourrez proposer **10B** : *Les batailles de Napoléon Ier* (photofiche P. 37 ou cahier d'exercices P. 25).

Synthèse

Pour conclure, vous pouvez :

- Pour les grandes batailles, proposer une ligne du temps présentant les batailles, distinguer les victoires et les défaites par des couleurs différentes.
- Faire trouver une phrase pour résumer les guerres menées par Napoléon Ier.

À propos des deux séquences : lecture

Lire ou faire lire le texte P. 48. Vérifier la compréhension des mots nouveaux ou difficiles. Faire lire *Je retiens* P. 48.

Autour de la leçon

Vous pouvez :

- Apprendre aux enfants « La chanson du conscrit » (on trouvera cet enregistrement dans les phonothèques publiques ou municipales).
- Lire des pages des *Cahiers du capitaine Coignet* ou des *Mémoires du Sergent Bourgogne*. On trouve ces livres dans les bibliothèques municipales.
- Faire chercher les monuments parisiens construits sous l'Empereur et qui symbolisent sa puissance. *Arc de Triomphe du Carrousel, colonne Vendôme, pont d'Austerlitz.*

Évaluation de la leçon Vous pourrez proposer la photofiche **10C** P. 38.

Mémo,

À voir à proximité de l'école ou dans la région :

Quelques livres :

D'autres références :

FILMS – VISITES

- Abel Gance, *Napoléon.*
- Sacha Guitry, *Le Diable boiteux.*
- Ridley Scott, *Les Duellistes.*
- Musée de la Légion d'honneur
  2, rue de Bellechasse 75016 Paris.
  Tél. : 01.45.55.95.16.
- Hôtel des Invalides
  (Tombeau de l'empereur)
  Tél. : 01.44.42.37.70.
- La Malmaison
  av. du château de la Malmaison
  92500 Rueil-Malmaison
  Tél. : 01.47.49.20.07.
- Château de Fontainebleau
  77300 Fontainebleau
  Tél. : 01.64.22.27.40
  ou 01. 64.22.41.80.

11 Le siècle du charbon et de l'acier

OBJECTIFS

- **Montrer que la révolution industrielle au XIXe siècle est une des étapes essentielles de l'histoire de l'humanité car elle a transformé le travail et la vie des hommes.**
- **Mettre les enfants en situation de recherche à partir des documents iconographiques évoquant la vie des mineurs.**
- **Instaurer une autre situation de recherche à partir de textes permettant de construire le concept de « révolution industrielle » et de « libertés individuelles ».**
- **Rechercher des informations dans un texte ou une frise chronologique.**
- **Élaborer une trace écrite.**

À SAVOIR

Une révolution dans les transports

La révolution industrielle naît en Angleterre et s'étend à toute l'Europe puis au monde. Tout commence en Angleterre, en 1769, lorsque l'Écossais James Watt fait breveter sa machine à vapeur.

Son perfectionnement va permettre l'invention de la locomotive que mettra au point l'Anglais George Stephenson en 1829. Il l'appellera la « Rocker ».

Mais la locomotive n'est qu'une machine à vapeur parmi d'autres. Le domaine agricole, le secteur textile, le bâtiment, les bateaux... en utiliseront d'autres. Un siècle après l'invention de Watt, la puissance de travail des machines à vapeur correspond, en Angleterre, à l'équivalent du travail fourni par 6 millions de chevaux ou 40 millions d'hommes.

Sans les machines à vapeur, aucun pays européen n'aurait pu atteindre le niveau de production connu au XIXe siècle. Pour la première fois dans l'histoire des hommes, des véhicules vont être tirés par des machines.

En Angleterre, en 1830, est ouverte la première ligne de chemin de fer transportant des passagers entre Manchester et Liverpool à 15 km/h.

En juillet 1832, sur la ligne Saint-Étienne/Lyon (56 km) on substitue la traction par locomotives à vapeur à la traction hippomobile. Ainsi commence l'aventure des chemins de fer à vapeur.

Une révolution technique

Le développement de la machine à vapeur entraîne une augmentation de l'extraction du charbon. Ce dernier, remonté des profondeurs des mines, alimente les machines à vapeur « pain noir de l'industrie ».

Au CE2, choisir d'insister, en particulier, sur la locomotive, mais penser à évoquer d'autres machines apparues tout au long du XIXe siècle : le bateau à vapeur, la machine à coudre, la moissonneuse-batteuse, les métiers à tisser, la turbine électrique et, à la fin du XIXe siècle, l'invention du moteur à explosion.

La vie ouvrière

Au début de la révolution industrielle, il n'existe pas de lois protégeant le travail en ateliers ou en usines. En 1791, la loi Le Chapelier avait aboli toutes les lois régissant le travail. Hors du cadre des corporations, les ouvriers au XIXe siècle sont livrés au bon vouloir des entrepreneurs d'industrie. Il leur est interdit de former des coalitions (droit de grève) ou des associations (syndicats), sous peine de prison.

Ainsi, la journée de travail ne suit aucune règle, pas plus que le montant des salaires. Jusqu'en 1880, la journée de travail est comprise entre 12 et 15 heures. Hommes, femmes, enfants travaillent sans relâche sauf le dimanche. Ils gagnent à peine de quoi survivre.

Les souffrances des ouvriers vont engendrer des grèves et des révoltes qui feront considérer le monde ouvrier comme une « classe dangereuse ».

La conquête des nouvelles libertés

Les ouvriers soumis aux pires conditions se révolteront à maintes reprises. On peut affirmer que le XIXe siècle est celui des révoltes ouvrières. Les ouvriers français vont se battre pour :

– améliorer leur condition ;

– accroître les libertés politiques que la Révolution avait laissé entrevoir : liberté de la presse, rétablissement du suffrage universel pour les hommes (1848), droit de grève (1864), droit de former des syndicats (1884), droit de former des associations (1901).

Quand la IIIe République triomphe définitivement en 1879, les gouvernements décident de protéger les enfants de l'exploitation en usine et de former des citoyens responsables. Les lois scolaires de Jules Ferry (1882) seront un remède efficace pour la santé de la jeunesse et pour son éducation civique et intellectuelle.

Deux séquences :

1. La mine et l'industrie

2. La vie des mineurs et la conquête des libertés

BIBLIOGRAPHIE

- *Au temps des premiers chemins de fer*, Paris, Hachette, Coll. « La vie privée des hommes ».
- *Mineurs en grève en 1869*, BT n° 695.
- *Histoire du 1er mai*, BT n° 665.
- *Les Syndicats*, BT n° 680.
- *Le Travail au XIXe siècle*, PUF, Coll. « Que sais-je ? », n° 1289.
- J.-P. Rioux, *La Révolution industrielle*, Le Seuil, Coll. « Points ».
- G. Lefranc, *Histoire du syndicalisme*, PUF, Coll. « Que sais-je ? ».
- Zola, *Germinal*, Livre de Poche.

séquence 1

La mine et l'industrie

Objectif : **montrer l'importance de la révolution industrielle à travers l'utilisation des machines à vapeur.**

Compétences méthodologiques : tirer des informations d'un document iconographique ; rechercher des informations dans un ensemble de documents.

Matériel : livre de l'élève P. 50 à 53, photofiches **11A** et **11B** ; dictionnaires, livres sur l'industrie au XIXe siècle.

Mots clés : machine à vapeur, mines, charbon, avion, cinéma, chemins de fer.

Remarque : Faire réaliser, au préalable, 2. *Recherche* et 3. *Enquête* P. 51.

Rappel

Rappeler le chapitre précédent et faire une évaluation rapide en posant la question suivante :

– Que savez-vous du Premier Empire ? *Napoléon Ier a fait de grandes réformes qui ont transformé la France. Après la défaite de Waterloo, Napoléon est exilé (à Saint-Hélène).*

Raconter alors qu'après l'exil de Napoléon Ier à Saint-Hélène (1815-1821), la France entre dans une nouvelle période que l'Histoire retiendra sous le nom d'Époque contemporaine. La France hésite entre le retour à la monarchie comme au temps de Louis XIV, à une république comme au temps de la Révolution (1792) ou à un empire comme au temps de Napoléon Ier. Il faudra attendre 1880 pour voir les Français se rallier définitivement à la République.

Dans les mines de charbon

Sans le cheval, l'exploitation des mines de charbon, dans la première moitié du XIXe siècle, était impossible. Descendus au fond des mines, attachés à un treuil, ils actionnaient des machines élévatrices qui remontaient des paniers de charbon ou des seaux d'eau. On les utilisait également pour tirer des wagonnets dans les galeries souterraines. Une fois descendus, on ne les remontait qu'à leur mort. On trouvait des écuries, avec les râteliers, la nourriture, le pansage et l'atelier du maréchal-ferrant.

Travail d'observation

Demander aux enfants de regarder attentivement l'illustration P. 50 et les laisser répondre aux questions de *1. Observation* P. 51. Réponses possibles :

A. Avec une corde, des lanières de cuir, une chaîne en fer. Il n'est pas facile d'attacher un cheval de cette façon ; il faut se mettre à plusieurs et l'enfermer dans une espèce de cage.

B. C'est un grand cheval, bien fort.

C. Laisser les enfants répondre librement, puis donner des informations complémentaires puisées dans la colonne de gauche.

Pour les nourrir il fallait leur apporter du foin, de l'avoine, de l'orge.

Laisser les enfants lire le texte qui accompagne l'illustration et demander :

– Pourquoi les hommes ont-ils besoin de charbon ? *Ils ont besoin de charbon pour faire fonctionner des machines à vapeur.* On pourra schématiser ce cycle ainsi :

cheval → **extraction du charbon** → **le charbon alimente les machines à vapeur**

Le charbon est la source d'énergie qui permet de faire fonctionner les machines à vapeur.

D. On s'éclairait avec des lampes. Oui, car il pouvait y avoir des explosions.

Vous pourrez proposer **11A :** *Dans la mine* (photofiche P. 39 ou cahier d'exercices P. 26).

Une révolution industrielle

Chronologie des premiers chemins de fer

1802 Première locomotive à vapeur par l'ingénieur anglais Richard Trevithick.

1827 Première ligne de chemin de fer française Saint-Étienne – Andrézieux. Elle servait à exploiter la houille. Elle fut ouverte au trafic voyageur en 1832.

1829 Naissance de « Rocket » première machine à grande vitesse (56 km/h) par George Stephenson.

Première locomotive à chaudière tubulaire par Marc Seguin. Cette machine ne dépassait pas 10 km/h et fut abandonnée.

1830 Apparition des premières voitures voyageurs, elles ressemblaient à des diligences! Entre Liverpool et Manchester (50 km), la « Rocket » de Stephenson transporte 30 passagers à 22 km/heure.

1838 Création de la compagnie d'Orléans.

1841 Mise au point des « longues chaudières » qui marquent le vrai départ de la machine à vapeur moderne.

1845 Création des compagnies du Nord et de l'Est.

1849 Fusion de 28 compagnies en 6 : Est, Nord, Paris, Orléans, Midi, Ouest.

La machine à vapeur

Faire lire 2. ***Recherche*** P. 51 et le premier paragraphe P. 52. Poser les questions suivantes :

– Où est née la machine à vapeur? *En Angleterre.*

– Comment sont construites les machines à vapeur? *Elles sont construites en acier, en fer et en bois.*

– Comment obtient-on de la vapeur? *En chauffant de l'eau.*

– Comment chauffe-t-on de l'eau? *En brûlant du charbon.*

– À quoi sert la machine à vapeur? *De moteur pour les locomotives, les bateaux et les machines agricoles.*

– Que faut-il pour construire une voie ferrée? *Des rails en acier et des traverses en bois.*

– Quel avantage offre la machine à vapeur? *Elle fournit une plus grande quantité de travail que les hommes ou les animaux.*

Faire remarquer que la machine à vapeur nécessite beaucoup de charbon et que pour construire ces machines il faut des métaux solides comme l'acier.

Vous pourrez proposer **11B** : *De Paris à Lyon* (photofiche P. 40 ou cahier d'exercices P. 27).

D'autres sources d'énergie

L'électricité est une forme d'énergie produite par des centrales utilisant des sources variées, comme le charbon, le pétrole, le gaz, la force des chutes d'eau, l'uranium…

Travail d'enquête

Partir de 3. ***Enquête*** P. 51. Définir ce qu'est une source d'énergie.

Expliquer qu'elle a plusieurs origines en l'illustrant par quelques exemples : monter à la corde fait appel à la force musculaire; faire tirer un traîneau par un attelage de chiens utilise la force animale.

Préciser que les hommes ont toujours essayé de trouver des forces nouvelles pour réaliser plus de travail avec moins de fatigue. Ils ont utilisé la force de l'eau, du vent, des chevaux, des bœufs, des chiens, des éléphants, etc.

D'autres inventions, d'autres machines

Expliquer qu'à mesure que le XIXe siècle avance, les ingénieurs mettent au point d'autres machines et d'autres moteurs.

L'avion

Faire lire silencieusement l'article *La traversée de la Manche* P. 53 et poser les questions suivantes :

– À votre avis, quel moteur a utilisé Blériot? *Un moteur de voiture (moteur à explosion).*

– À quoi ressemblent les roues de l'avion de Blériot? *À des roues de bicyclettes.*

– Quelle est la date de la première traversée de la Manche? Et le nom de l'avion? Les enfants peuvent consulter un dictionnaire. *Ce fut le 29 juillet 1909 et l'avion s'appelait le « Blériot XI ».*

Le cinéma

Faire lire silencieusement l'article *Vive le cinéma* P. 53 et poser les questions suivantes :

– De quelle invention est-il question? *De l'invention du cinéma.*

– Où se trouvent les spectateurs? *Dans le salon d'un grand hôtel.*

– Quel est le titre du film projeté? *L'Arroseur arrosé.*

– Qui a fait ce film? *Les frères Lumière.*

– En quelle année se passe la scène? *En 1895.*

– Comment marche un appareil de cinéma? *Avec un moteur électrique.*

Vous pourrez proposer **11B** : *Frise chronologique* (photofiche P. 40 ou cahier d'exercices P. 27).

Synthèse

Pour conclure, vous pouvez :

• Élaborer une trace écrite en posant les questions suivantes : Pourquoi dit-on que le charbon est le « pain noir » de l'industrie? Qu'avez-vous retenu de la vie du mineur?

• Reprendre le schéma de la séquence en le complétant :

cheval → **extraction du charbon** → **le charbon alimente** → **les locomotives** / **les machines à coudre** / **les moissonneuses...**

séquence 2

La vie des mineurs et la conquête des libertés

Objectifs : **montrer combien les progrès techniques ont changé la vie des hommes et comment les ouvriers se sont battus pour leurs libertés.**

Compétences méthodologiques : savoir rechercher des informations dans un texte et dans une frise; savoir élaborer une trace écrite.

Matériel : livre de l'élève P. 51 à 53, photofiche **11C**, dictionnaire.

Mots clés : progrès techniques, usines, conquête des libertés, ouvrier, paysan, enfant.

Rappel

Rappeler la séquence précédente en posant les questions suivantes :

– À quoi servait le charbon? *À fournir l'énergie pour faire fonctionner les machines à vapeur.*

– À quoi servait la machine à vapeur? *À tirer les locomotives et les bateaux.*

– A-t-on inventé d'autres machines? Cites-en deux. *Oui. L'avion et le cinéma.*

La vie des mineurs

Observation du document

Faire observer le portrait du mineur illustrant 4. ***Lecture de document*** P. 51 et poser les questions suivantes :

– Décrivez le costume de ce mineur. *Il porte des sabots. Non, il n'a pas de bas de laine. Parce que dans le fond des mines, il y a toujours des grandes flaques d'eau. Les bas seraient trempés. Parce que la poussière de charbon noir a sali ses mains et son visage.* Continuez de la même façon pour le reste, en ajoutant que « les lampes protégées par un verre étaient plus sûres parce qu'elles n'étaient pas directement en contact avec les nappes de gaz ou *grisou* ».

– Quelles impressions se dégagent de sa personne? *Réponse ouverte, mais les enfants doivent parler de fatigue, de lassitude, de dignité, de pauvreté.*

Aider à l'observation du document en ajoutant que le mineur du premier plan tient un pic qui lui a servi à extraire le charbon au fond de la mine. Il a une lampe à huile à l'ancienne, tandis que derrière, les deux mineurs plus jeunes ont des lampes protégées par un verre.

Aucune législation sociale ne garantissait un « minimum de ressources ». L'insécurité de l'emploi et le chômage étaient constants. Les ouvriers n'avaient ni congés payés, ni retraite, ni repos. Les allocations familiales n'existaient pas, ni la Sécurité sociale.

Faire lire les deux derniers paragraphes du texte P. 52 et poser les questions suivantes :

– Qui étaient les mineurs et les ouvriers? *Des paysans qui s'embauchèrent dans les usines et les mines.*

– Travaillaient-ils beaucoup? *Ils travaillaient plus de 12 heures par jour, plus de 300 jours par an.*

Préciser que l'industrie, si elle amena du travail, apporta également beaucoup de souffrance (le travail était dur) et de misère. Les ouvriers étaient peu payés, mal logés et malheureux de ne plus être à la campagne.

Travail des enfants

Faire lire à haute voix par un élève l'article *Des enfants qui souffrent* P. 53.

Expliquer que le salaire du père et de la mère ne suffisant pas pour nourrir la famille, les enfants étaient obligés de travailler.

Ils commençaient bien souvent à aller à l'usine à l'âge où les enfants d'aujourd'hui entrent au CE2.

Ce n'est qu'en 1841 qu'une loi limita le travail des enfants.

Terminer en ajoutant que les hommes vont se battre pour obtenir une vie meilleure.

La conquête des libertés

Au mois de juillet 1889, deux congrès internationaux réunis à Paris, décidèrent qu'une grande manifestation internationale des travailleurs aurait lieu, chaque année, à date fixe. Le 1er mai fut retenu. En France, il faudra attendre la Libération, pour qu'il soit déclaré « jour férié ».

Travail sur la frise chronologique

Pour retrouver les étapes de la conquête des libertés faire lire à chacun la frise chronologique P. 51. Poser les questions suivantes. Laisser les enfants commenter chaque date et compléter en ajoutant quelques informations.

– 1841 : Suite à l'enquête d'un médecin sur « l'état physique et moral des ouvriers dans les fabriques de coton, de laine et de soie », une loi qui réglemente le travail des enfants et organise leur protection est votée.

– 1864 : préciser que des hommes ont combattu et sont morts pour obtenir le droit de protester contre leurs conditions de travail en arrêtant de travailler.

– 1882 : parmi les lois scolaires mises en place par Jules Ferry, l'école gratuite laïque et obligatoire jusqu'à 12 ans libérait les enfants du travail en usine.

– 1er mai 1886 : ce jour-là les ouvriers avaient le droit de s'arrêter de travailler et manifester pour obtenir la journée de huit heures de travail. Ce n'est qu'en 1946 que ce jour sera déclaré férié.

On pourra aussi parler de la liberté de la presse (droit de publier sa pensée dans les journaux), du droit de former des syndicats (1884), des associations (1901).

Synthèse

Pour conclure, vous pouvez :

• Décrire la vie des mineurs.

• Citer quelques libertés acquises au XIXe siècle.

• Élaborer une trace écrite en complétant le texte suivant :

Au XIXe siècle, la .... (*machine à vapeur*) et tous les progrès techniques transforment le .... (*travail*) des .... (*hommes*). Les .... (*paysans*) s'embauchent dans les .... (*usines*). Ils travaillent beaucoup et dans d'épouvantables conditions. Les .... (*enfants*) travaillent très jeunes. Les .... (*ouvriers*) vont lutter pour améliorer leur sort, ils obtiendront le droit .... (*de grève*), la liberté .... (*de la presse*), l'.................... (*école*) obligatoire, etc.

Autour de la leçon

Vous pouvez :

- Lancer une enquête en demandant aux enfants de rechercher les traces d'activités industrielles du siècle dernier dans la commune. Prévoir une visite à la bibliothèque, à la mairie pour consulter des archives (vieux journaux) et des plans de mécaniques ou de moteurs.
- Rechercher, dans votre région, quelle est ou quelle était la mine de charbon la plus proche.
- Faire une enquête sur le travail des enfants au XIXe siècle.

À propos des deux séquences : lecture

Lire ou faire lire le texte P. 52. Vérifier la compréhension des mots difficiles ou inconnus. Faire lire *Je retiens* P. 52.

Évaluation de la leçon Vous pourrez proposer la photofiche **11C** P. 41.

Mémo,

À voir à proximité de l'école ou dans la région :

Quelques livres :

D'autres références :

FILMS – VISITES

- *Germinal* de Claude Berry existe en cassette vidéo.
- *Le Travail des enfants au XIXe siècle*, Radiovision, n° 228.
- *Les Premières Grandes Traversées aériennes*, Radiovision, n° 22 045.
- Cité des Sciences et de l'Industrie 30, av. Corentin Cariou 75020 Paris. Tél. : 01.36.68.29.30.
- Manufacture des Gobelins 42, av. des Gobelins 75013 Paris. Tél. : 01.43.37.12.60.
- Musée national des Techniques 292, rue Saint-Martin 75002 Paris. Tél. : 01.40.27.23.31.
- Musée Rambolitrain 4, place Jeanne d'Arc Rambouillet Tél. : 01.34.38.15.93.
- Centre historique minier 59287 Lewarde Tél. : 03.27.98.03.89.

12 L'enfer des tranchées

OBJECTIFS

■ **Montrer que la France (comme toute l'Europe) subit entre 1914 et 1918 une des plus terribles épreuves de son histoire.**

■ **Expliquer que les répercussions sociales, économiques et démographiques de la guerre ont entraîné une mutation profonde de la société française.**

■ **Mettre les enfants en situation de recherche.**

■ **Faire des enquêtes auprès de la famille et de la mairie.**

À SAVOIR

Le prétexte/La cause directe

Il est vain de dire que l'assassinat, à Sarajevo, de l'archiduc d'Autriche François-Ferdinand par un étudiant serbe (28 juin 1914) fut la cause principale de la Première Guerre mondiale. L'attentat de Bosnie-Herzégovine ne fut, en fait, qu'un prétexte. Les principaux pays européens (Allemagne, Italie, France, Autriche-Hongrie, Russie) étaient déjà sur le pied de guerre : arsenaux pleins, service militaire de trois ans, accords secrets, plans d'attaque et de défense, campagnes de presse, plans de mobilisation. Chacun savait que l'orage éclaterait.

Les causes réelles

La déclaration de guerre de l'Allemagne à la France, le 3 août 1914, est l'aboutissement d'un long processus.

La France, républicaine et radicale, avait noué une alliance avec la Russie (tsariste et autocrate) et le Royaume-Uni (libéral et monarchiste). Cette alliance du feu et de l'eau s'appelait la Triple-Entente et avait pour but de combattre l'Empire germanique sur deux fronts.

L'Allemagne, qui voulait dominer l'Europe et créer en son centre une Mitteleuropa (une Europe du centre), l'Empire d'Autriche-Hongrie et l'Italie, longtemps amie des puissances centrales, formèrent une Triple-Alliance ou Triplice.

L'Italie à la veille de la guerre changea de camp et se rangea du côté de la Triple-Entente (avril 1915).

La Première Guerre mondiale fut ainsi l'affrontement entre l'Europe de la périphérie (France, Russie, Angleterre, Italie) contre l'Europe du centre, germanique et austro-hongroise.

L'engagement de très nombreux États européens dans l'un ou l'autre camp, puis l'entrée en guerre des États-Unis d'Amérique (avril 1917) firent de ce conflit une guerre mondiale. Jamais, sur des espaces aussi vastes et avec un nombre de soldats aussi important, tant de nations ne s'étaient affrontées.

L'Europe sortit épuisée de cet effort, et perdit à tout jamais la domination mondiale qui était jusqu'alors la sienne.

La France dans la guerre

Même si la France n'avait pas accepté la perte de l'Alsace-Lorraine (traité de Francfort, 1871), la paix régnait en Europe depuis plus de quarante ans. Au cours de ce conflit, la France engagea ses soldats par millions. Les femmes, aidées des enfants et des vieillards, remplacèrent les hommes dans les champs et dans les usines. La guerre créa des inégalités entre les régions occupées et les régions de l'arrière, entre les profiteurs de guerre et les victimes, entre les combattants et les non-combattants.

Quand la guerre s'acheva, c'est une France triomphante mais épuisée et divisée qui abordait le XXe siècle.

Deux séquences :

1. La vie dans les tranchées

2. La France dans la guerre

Les pertes militaires

PAYS	POPULATION en 1913 (en millions)	MOBILISÉS av. coloniaux (en millions)	MORTS total	DISPARUS en % pop. active masculine
Allemagne	64,9	13 250	2 000 000	9,8
Autriche-Hongrie	50,6	9.0	1 543 000	9,5
France	39,6	8.5	1 400 000	10,5
Royaume-Uni	45,4	9.5	744 000	5,1
Italie	36,1	5.6	750 000	6,2
Russie	174,0	13 à 15	1 700 000	5,0
États-Unis	92,0*	3.8	116 000	0,2
Belgique	7,4*	0.380	41 000	

* en 1910

BIBLIOGRAPHIE

- *L'année* 1917, TDC n° 44460.
- J. Meyer, *La Vie quotidienne des soldats pendant la Grande Guerre*, Hachette, 1966.
- P. Renouvin, *La Première Guerre mondiale*, PUF, Coll. « Que sais-je ? » n° 326.
- *La bataille de la Marne ou la fin des illusions*, Histoire, n° 6.
- « Mourir à Verdun », *Histoire*, n° 76.
- « 14-18 : Mourir pour la patrie », *Histoire*, n° 107, 14-18.
- La guerre 14-18, Hachette, Coll. 7 « Histoire Junior ».
- R. Schor, *La France dans la Première Guerre mondiale*, Nathan, Paris, 1997.
- J. Winter et B. Baggett, *1914-1918 - Le grand bouleversement*, Presses de la Cité, Paris, 1997.
- J. J. Becker et Alii, *Guerre et culture 1914-1918*, A. Colin, Paris, 1994.

séquence 1

La vie dans les tranchées

Objectif : **montrer les difficiles conditions de vie du combattant dans les tranchées.**

Compétence méthodologique : effectuer des recherches à partir d'une maquette fabriquée par un combattant.

Matériel : livre de l'élève P. 54, 55, photofiche **12A** ; carte murale de l'Europe, planisphère.

Mots clés : guerre mondiale, alliance, tranchées, poilus.

Rappel

Indiquer que le XIXe siècle est marqué par la révolution industrielle. Demander aux enfants de regarder la frise chronologique P. 55 et de relever les dates des nouvelles lois pour conclure à l'amélioration de la vie ouvrière.

Expliquer que, parallèlement, les relations entre les États d'Europe se dégradent. Des rivalités se créent, elles mènent aux alliances qui, à leur tour, conduisent aux conflits.

La guerre de tranchées

Aucune armée ne peut percer le front de l'autre. La guerre s'immobilise dès l'automne 1914. Les soldats s'installent dans les tranchées et vivent une guerre meurtrière et presque immobile. La vie dans les tranchées n'avait pas été prévue par les états-majors qui avaient envisagé une guerre de mouvement.

Schématiser ainsi les forces en présence :

Alliés		***Triple-Alliance***
France		**Allemagne**
Russie	} >< {	**Autriche-Hongrie**
Angleterre		**Italie**

Les tranchées ont une organisation semblable à un camp. La vie de tous les jours est difficile : les toilettes sont à peine à l'écart, les hommes ont du mal à se raser avec une eau croupissante, il n'y a pas de douche, pas de linge de rechange. Les poilus sont crasseux et couverts de vermine. Les rats pullulent. Pendant quatre ans, on a parlé d'enfer, certains ont dit que les tranchées étaient des « cimetières sous la lune ».

Travail d'après une maquette

Faire observer la maquette d'une tranchée P. 54 et lire la légende. Laisser les enfants répondre aux questions de ***1. Observation*** P. 55. Réponses possibles :

A. On voit des tranchées creusées, des soldats, des barbelés.

B. Pour empêcher les soldats ennemis de s'approcher et retarder leur progression.

C. Ils sont bleus. Mais ils se salissent et se couvrent de boue.

D. À observer l'ennemi, à résister aux attaques, à se protéger des balles, à s'avancer pour attaquer.

E. Non, les poilus vivent à la belle étoile.

Lecture d'image

Laisser les enfants regarder la photographie de ***2. Lecture d'image*** P. 55. Poser les questions suivantes :

– Quel travail font ces femmes ? *Elles portent des sacs de blé.*

– Pourquoi font-elles ce travail ? *Les hommes étant partis combattre au front, il fallait quelqu'un pour s'occuper des travaux agricoles, les femmes s'en chargèrent.*

Expliquer que cette guerre qui envoie tant d'hommes sur les champs de bataille et dans les tranchées s'appelle la Première Guerre mondiale. Laisser les enfants expliciter ce que veut dire « mondiale ». Elle oppose la France et l'Allemagne qui font toutes deux parties de groupes d'alliance. Raconter alors que depuis 1871, la France était en paix. Mais, à la fin du XIXe siècle, l'Allemagne, qui s'est unifiée, est devenue une très grande puissance. La France, qui a perdu l'éclat de l'époque napoléonienne, a noué des alliances pour résister à cette menace. Elle s'est alliée à la Russie et à la Grande-Bretagne ce qui aboutit à la Triple-Entente. On appela ces pays les Alliés. Pour sa part, l'Allemagne s'est alliée à l'empire d'Autriche-Hongrie et à l'Italie. Ces trois pays formèrent la Triple Alliance ou Triplice.

Carte de situation

Regarder le planisphère mural et demander aux enfants de situer les pays alliés de la France durant la guerre : Grande-Bretagne, Russie, États-Unis (à partir de 1917). Faire de même pour les pays ennemis : Allemagne, Autriche-Hongrie. Préciser que l'Italie, qui faisait partie de la Triplice, va rejoindre les Alliés en 1915.

Poser les questions suivantes :

– En général, que se passe-t-il quand une armée parvient à arrêter la progression de l'autre armée ? *Elles restent face à face.*

– Pourquoi les armées se livrent-elles une guerre de position (expliquer l'expression en disant qu'elles campent l'une en face de l'autre) ? *Parce qu'aucune ne parvient à percer le front ou vaincre l'autre.*

Refaire le point en racontant à quel point toutes ces nations accueillent avec résignation la déclaration de guerre. On croit qu'elle sera courte. Au mois d'août 1914, les Allemands prennent l'offensive en envahissant la Belgique neutre, ils attaquent la France par le nord. Ils arrivent jusqu'à la Marne. Mais les Français les arrêtent grâce aux fameux taxis de la Marne. Les Allemands reculent et les deux armées s'enterrent et se font face depuis la mer du Nord jusqu'aux Vosges. La guerre des tranchées commence.

Vous pourrez proposer **12A** : *La vie quotidienne des soldats dans les tranchées* (photofiche P. 42 ou cahier d'exercices P. 28).

La vie des poilus

Charles de Gaulle, né en 1890, est officier au 33e Régiment d'infanterie, il se bat au cours de cette guerre en Belgique, en Champagne et à Verdun. Blessé à plusieurs reprises il est fait prisonnier en mars 1916. Il connaît alors 32 mois de détention, après de multiples tentatives d'évasion.

Montrer aux enfants ce qu'était la vie quotidienne des soldats dans les tranchées en faisant lire l'article *Parles-tu poilu ?* P. 57.

Faire également lire la lettre du Général de Gaulle à sa mère, *La marche à quatre pattes* P. 57. Poser les questions suivantes :

– Qu'y a-t-il dans les paquets reçus par Charles de Gaulle ? *Du papier à lettres, des cigares, une lampe électrique, un bloc-notes, un cure-dents.*

– À quoi sert chacun des objets reçus par Charles de Gaulle ? *Le papier à lettres et le bloc-notes, pour écrire et noter ses impressions et ses souvenirs ; les cigares pour passer le temps ; la lampe électrique pour s'éclairer la nuit dans la tranchée ; les cure-dents pour faire office de brosse à dents !*

– Pourquoi Charles de Gaulle souhaite-t-il des gants fourrés ? Pourquoi s'usent-ils si vite ? *Il fait très froid en novembre surtout quand on vit à la belle étoile. En marchant à quatre pattes, en rampant pour se protéger des tirs ennemis, on abîme vite les gants.*

Synthèse

Pour conclure, vous pouvez :

• Amener les enfants à élaborer une trace écrite en posant les questions suivantes : Quels pays s'affrontent lors de la Première Guerre mondiale ? Comment vivaient les soldats dans les tranchées ?

• Reprendre le schéma qui montre les oppositions et les alliances des pays au début de la guerre.

séquence 2

La France dans la guerre

Objectifs : **connaître les principaux événements des quatre années de guerre ; montrer leurs conséquences sur la société française (sur le plan économique, social et démographique).**

Compétence méthodologique : travail sur le passé proche à partir d'enquêtes familiales et locales.

Matériel : livre de l'élève P. 55, 56, photofiches **12B** et **12C**.

Remarques : faire réaliser, au préalable, *3. Enquête* P. 55 ; utiliser le dossier « Savoir et Faire » P. 70, 71

Rappel

Rappeler la leçon précédente en posant les questions suivantes :

– Quel a été le sujet de la précédente leçon ? *Les débuts de la Première Guerre mondiale.*

– Quels pays s'affrontent d'abord ? *La France se bat contre l'Allemagne.*

– Est-ce une guerre de mouvement ? *Au début oui, mais très vite elle devient une guerre de position où les combattants restent sur place se protégeant dans les tranchées.*

Quatre ans de guerre

Le 11 novembre 1918, à 11 heures les hostilités arrêtent. À Rethondes, dans un wagon de chemin de fer, les généraux allemands signent l'armistice. Tous les clairons français bondissent sur les parapets et sonnent les cessez-le-feu. Les soldats sortent des tranchées et observent une minute de silence en l'honneur des morts, puis entonnent la Marseillaise.

Travail sur la frise chronologique

Recopier la frise du livre au tableau avec la ligne du temps :

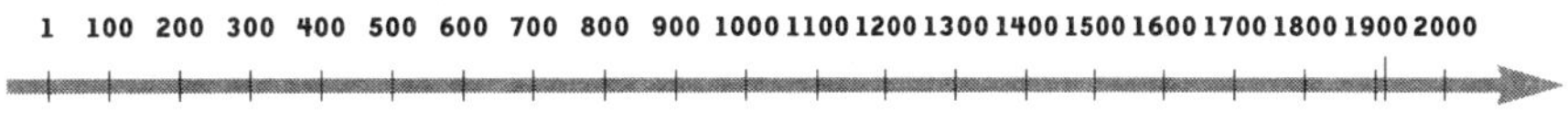

Amener les enfants à prendre conscience de la finesse du trait bleu P. 55 sur la ligne du temps qui représente la guerre la plus meurtrière de tous les temps (plus que la guerre de Cent Ans) et qui fut la Première Guerre mondiale.

Montrer que cette période est relativement proche de nous : moins de 100 ans. Elle s'est déroulée au début du XXe siècle.

Expliquer aux enfants que les grands-parents de leurs parents ont connu cette époque. Poser les questions suivantes :

– Quel est le pays qui déclare la guerre à la France ? *L'Allemagne déclare la guerre le 3 août 1914.*

Ajouter que les grandes puissances européennes entrent dans le conflit. En faire dresser la liste.

– Quelle bataille est citée sur la frise ? En quelle année ? Le *21 février 1916 commence la bataille de Verdun. Ce sera un enfer. La guerre durera quatre ans.*

– Pourquoi y a-t-il un camion ? *Il symbolise les camions qui ont apporté les provisions et les troupes qui permirent la victoire.*

– Quand la guerre va-t-elle s'arrêter ? Le *11 novembre 1918, c'est l'armistice.*

Donner la définition du mot « armistice » : convention conclue entre les belligérants (pays engagés dans la guerre) pour arrêter la guerre.

– Qui va la gagner ? *La France.*

Demander aux enfants de lire ***5 Observons la frise*** P. 55.

Les conséquences de la guerre

Il y a plus de 4 millions de blessés pour 8 millions de soldats mobilisés.
En 1920, on a fait exhumer dans diverses régions où s'étaient déroulés les combats le corps d'un soldat identifié comme Français, mais dont l'identité n'avait pu être établie. Huit cercueils furent ainsi rassemblés à Verdun, un jeune soldat, fils d'un père disparu à la guerre, en choisit un. C'est le cercueil qui a été déposé à l'arc de triomphe de l'Étoile. C'est là que tous les jours, à 18 h 30, les anciens combattants viennent se recueillir et ranimer la flamme du souvenir.

Lecture silencieuse

Faire lire le dernier paragraphe P. 56. Poser les questions suivantes :

– Combien y a-t-il eu de morts en France ? *1 300 000 morts.*

– Les hommes qui meurent étaient-ils des vieillards fatigués ? *C'est la perte d'hommes jeunes qui affaiblit la France.*

– Pourquoi, malgré sa victoire, la France sort-elle affaiblie ? *Parce qu'elle a perdu beaucoup d'argent et qu'une grande partie de la jeunesse qui aurait pu la reconstruire est morte dans les tranchées.*

Rappeler le rôle des femmes qui, durant cette période, exercent toutes sortes de métiers jusque-là réservés aux hommes : chauffeurs d'autobus, boulangères, ouvrières pour fabriquer les armes et les obus, mais surtout elles cultivent les champs afin de nourrir le pays.

Vous pourrez proposer **12B** : *La guerre dure longtemps* (photofiche P. 43 ou cahier d'exercices P. 29).

Se reporter à l'enquête historique du dossier « Savoir et Faire » P. 70.

Enquête et recherche : le souvenir de la Première Guerre mondiale
Après avoir fait faire la recherche 3. ***Enquête*** P. 55 apporter des précisions sur le monument aux morts si les enfants ne le connaissent pas. Plus de 30 000 monuments aux morts ont été édifiés entre 1920 et 1925 pour honorer ceux qui sont morts pour la France. Ce monument porte les noms des soldats de chaque commune tombés au champ d'honneur. Poser les questions suivantes :

– Que fête-t-on le 11 novembre ? *On fête la fin de la guerre, l'armistice.*

– Quel monument nous donne des précisions sur cette guerre ? *Le monument aux morts.*

– Y en a-t-il un dans votre commune ? *Oui, en général il est à côté de la mairie ; à Paris il y a le tombeau du soldat inconnu sous l'Arc de Triomphe.*

Synthèse

Pour conclure, vous pouvez :

• Élaborer un résumé en demandant aux enfants de compléter les phrases suivantes :

Les combattants ont beaucoup souffert dans .... (*les tranchées*). La .... (*France*) a perdu des hommes .... (*jeunes*) et vigoureux. La France, malgré sa .... (*victoire*), est plus faible après cette longue .... (*guerre*) qui a duré plus de .... (*quatre*) ans.

• Bâtir un panneau autour de la question : Que fêtons-nous chaque année le 11 novembre ?

À propos des deux séquences : lecture

Lire ou faire le texte P. 56. Vérifier la bonne compréhension des mots inconnus ou difficiles. Faire lire *Je retiens* P. 56.

Autour de la leçon

Vous pouvez :

• Demander aux enfants de recueillir des informations, des témoignages sur cette guerre au sein de leur propre famille.

• Faire reproduire l'arbre généalogique de 4. ***Dessins et recherches*** P. 55 et demander à chaque enfant de le compléter à l'aide de sa famille.

• Organiser une visite au monument aux morts.

Évaluation de la leçon Vous pourrez proposer la photofiche **12C** P. 44.

Mémo,

À voir à proximité de l'école ou dans la région :

Quelques livres :

D'autres références :

FILMS – VISITES

• *Le Pantalon*, Y. Boisset, 1997.

• *La vie et rien d'autre* de Bertrand Tavernier, 1989.

• Sur les conséquences de la guerre et l'identification des morts : *Clémenceau*, CNDP n° 68.

• *Lettre du Front*, VHS : 13 mn, CNDP, 1987.

• *Témoignages : 70 ans après*, VHS : 22 mn, CDDP de la Marne, 1986.

• *Pro Patria* I et II, VHS : 25 mn et 21 mn, CDDP de l'Eure.

• *Paris sur fond de guerre, 1917-1918*, CDDP des Hauts-de-Seine.

• Le musée de l'Armée à l'Hôtel National des Invalides : salle 14-18.

• Mémorial de Verdun, Fleury-devant-Douaumont, 55100 Verdun, Tél. : 03.29.84.35.34

• Historial de la Grande Guerre Place du Château 80200 Peronne Tél. : 03.22.83.14.18.

3 Guerre et paix

OBJECTIFS

- **Faire comprendre que la Seconde Guerre mondiale et la reconstruction de la France ont façonné le monde où nous vivons.**
- **Donner aux enfants des points de repère dans le monde contemporain.**
- **Lire un document iconographique.**
- **Savoir utiliser un dictionnaire pour trouver des informations.**

À SAVOIR

Les causes de la Seconde Guerre mondiale

À peine la paix est-elle signée en 1919 que l'Allemagne se prépare à la revanche et se réarme progressivement. Ce processus s'accélère avec l'arrivée au pouvoir de Hitler au mois de janvier 1933.

Les démocraties occidentales, la France et la Grande-Bretagne notamment, ne se préparent pas à résister à cette volonté de domination et d'expansion.

En 1938, elles laissent, sans réagir, l'Allemagne annexer l'Autriche et le territoire des Sudètes (accords de Munich). Lorsque la Werhmarcht envahit la Pologne, le 1er septembre 1939, la France et la Grande-Bretagne comprennent que rien n'arrêtera Hitler et déclarent la guerre à l'Allemagne.

En mai 1940, la Werhmarcht franchit la Meuse à Sedan et contourne la ligne Maginot. Bientôt, les soldats allemands entrent dans Paris (14 juin 1940).

Le 17 juin, le maréchal Pétain demande l'armistice. Le 18 juin, réfugié à Londres, un général inconnu du grand public, Charles de Gaulle, sous-secrétaire d'État à la guerre dans le précédent cabinet Reynaud, appelle à la résistance contre l'Allemagne et le gouvernement Pétain.

La France à l'heure allemande

Pendant quatre ans, de juin 1940 à juin 1944, la France est occupée. Le gouvernement Pétain, installé à Vichy (d'où le nom de gouvernement de Vichy), engage la France dans la voie de la collaboration avec l'Allemagne : lois raciales antijuives (1940-1942), service du travail obligatoire (STO) en Allemagne pour les jeunes gens (1943), déportation de juifs étrangers et français dans les camps de concentration de Pologne.

L'occupation allemande et la collaboration suscitent dans la population des mouvements de résistance.

L'épopée de la Résistance intérieure et extérieure est marquée par l'aventure audacieuse des Français libres à Londres, des réseaux (petits groupes d'hommes et de femmes chargés de transmettre des informations) et des mouvements de Résistance.

La libération

Grâce aux Alliés (les armées américaine et britannique), la France est libérée en 1944. Les Britanniques et les Américains débarquent sur les côtes normandes (opération Overlord), le 6 juin 1944. La Bretagne et la Normandie sont ensuite progressivement libérées.

Les Français participent à leur propre libération de deux façons : par la reconstitution, en Afrique, d'une véritable armée qui participe au débarquement franco-américain en Provence le 15 août 1944, et par l'action de la Résistance.

Le 19 août 1944, les Parisiens se soulèvent contre les occupants, le 25, Paris est libéré.

Grâce à ce sursaut final, la France peut reprendre sa place dans le rang des grandes nations. En mai 1945, le général de Lattre de Tassigny reçoit la reddition allemande à Berlin.

La naissance de l'Europe

Immédiatement après la fin de la guerre, une poignée d'hommes politiques dont Jean Monnet, Robert Schuman, Guy Mollet, tous engagés dans la lutte contre l'Allemagne nazie veulent bâtir une Europe unie.

Le 23 mars 1957, le traité de Rome crée le Marché commun ou Communauté économique européenne (CEE) regroupant alors six pays : la France, l'Allemagne, la Belgique, les Pays-Bas, le Luxembourg, l'Italie. Cette Communauté s'élargit progressivement au Royaume-Uni, à l'Irlande, au Danemark (1992) ; à la Grèce (1981) à l'Espagne et au Portugal (1986) à la Suède, la Finlande et l'Autriche en 1995.

En février 1992, un autre pas décisif est franchi avec la signature du traité de Maastricht impliquant une Union européenne politique et monétaire.

Le 1er janvier 1995, l'Autriche, la Suède et la Finlande entrent dans la Communauté, tandis que d'autres États d'Europe, notamment à l'Est, posent leur candidature.

Deux séquences :

1. La France occupée, puis libérée
2. La France dans l'Europe

BIBLIOGRAPHIE

- *1938-1948 – Les années de tourmente de Munich à Prague*, Dictionnaire critique, Flammarion, Paris, 1995.
- J.-P. Azéma, *De Munich à la libération*, Le Seuil, Coll. « Point-Seuil ».
- *La France d'un siècle à l'autre – 1914-2000 – Dictionnaire critique*, J. F. Siripelli et J.-P. Rioux, Hachette, 1999.

séquence

1

La France occupée, puis libérée

Objectifs : **évoquer les grands moments de la Seconde Guerre mondiale ; montrer que la Libération fut une lutte contre l'occupation allemande pour que la France retrouve sa souveraineté.**

Compétences méthodologiques : lire un document photographique ; tirer des informations d'une légende.

Matériel : livre de l'élève P. 58, 59, 60, photofiche **13A**, *poster du Multilivre.*

Mots clés : résistance, libération, occupation, camps de concentration.

Remarque : faire réaliser, au préalable, *4. Enquête* P. 59.

Rappel

Le 1er septembre 1939, les troupes allemandes attaquent la Pologne.
Le 3 septembre 1939, à 12 H, le Royaume-Uni, puis, à 17 H, la France déclarent la guerre à l'Allemagne.

Faire un rappel de la leçon précédente en posant la question suivante :

– Qu'avons-nous appris lors de la précédente leçon ? *Après quatre ans de guerre, la France est vainqueur en 1918.*

Enchaîner sur la Seconde Guerre mondiale. La guerre 14-18 à peine terminée une autre guerre aussi terrible éclate le 1er septembre 1939 : la Seconde Guerre mondiale. L'arrivée au pouvoir d'un homme qui voulait dominer le monde, Hitler, en est à l'origine. En quelques semaines, notre pays est écrasé et envahi : les Allemands vont occuper la France pendant quatre ans.

Le défilé des femmes

Les élèves ont entendu parler du débarquement du 6 juin 1944 (opération Overlord : « suzerain »). Le film *Le Jour le plus long* est régulièrement diffusé. Mais, il ne faut pas oublier le débarquement en Provence (opération Dragoon) dans l'histoire de la Libération. Ce débarquement eut lieu le 15 août 1944. L'état-major prévoyait une longue lutte avant de pouvoir libérer Marseille. Cette ville n'aurait dû être libérée qu'à J + 40 soit aux alentours du 25 septembre mais en réalité elle fut libérée à J +13 soit le 28 août 1944.

Travail d'observation

Demander aux enfants de regarder la photo et de lire la légende P. 58. Les laisser répondre librement aux questions de ***1. Observation*** P. 59. Réponses possibles :

A. Marseille. Nous sommes en été, puisque la scène se passe le 29 août 1944.

B. Non ou rarement.

Certaines femmes ont des vieux fusils et d'autres n'ont rien du tout. Elles n'ont pas d'uniforme. Elles portent des robes d'été noires et de couleurs plus claires. Elles ont des espadrilles et des chaussures de ville.

C. La ville de Marseille vient d'être libérée de ses occupants : les soldats allemands ont été chassés.

Préciser que Marseille a été libérée grâce au débarquement de Provence (arrivée massive de soldats français et alliés) et à l'action des résistants.

À cette occasion, les élèves parleront vraisemblablement du débarquement du 6 juin 1944. Les laisser s'exprimer en montrant que ces deux débarquements visaient le même objectif : libérer la France des occupants allemands.

Vous pourrez proposer **13A** : *La Libération* (photofiche P. 45 ou cahier d'exercices P. 30).

La France occupée

Préciser aux enfants que la Résistance indique aussi bien des actions individuelles, comme la transmission du courrier, que de grandes opérations conduites par des mouvements qui se signalèrent par le sabotage des ponts et des lignes de chemins de fer, le parachutage de troupes sur le sol français, la localisation des défenses allemandes...

Afficher le ***poster du Multilivre*** :
Guerre et paix.

Bien spécifier aux enfants que si des Résistants furent arrêtés et déportés, des juifs français ou étrangers, innocents de tout crime, furent, en vertu des lois raciales antijuives du gouvernement de Vichy, déportés dans des camps d'extermination en Pologne.

Lecture du document
Il vous faudra faire un retour en arrière, pour expliquer aux enfants que la joie de la Libération a été d'autant plus grande que le temps de l'occupation a été long et douloureux. Amener les enfants à comprendre cette période en faisant décrire la photographie de ***2. Lecture*** P. 59. Poser les questions suivantes :

– Quels sont les détails qui montrent que la France était occupée à l'époque où cette photo a été prise à Paris ? *On lit des inscriptions en langue allemande sur les panneaux indicateurs.*

– Qui occupe le pays ? *Les Allemands occupaient la France.*

Travail sur le vocabulaire
Faire travailler les enfants sur ***3. Vocabulaire*** P. 59 en leur demandant de rechercher le sens des mots, « occupation », « résistance », « déportation », « libération ».

Travail sur la frise chronologique
Pour amener les enfants à comprendre ce que fut l'époque de la Résistance, utiliser la frise chronologique P. 59 en posant les questions suivantes :

– Que s'est-il passé le 18 juin 1940 ? *Le général de Gaulle lance un appel à la Résistance, c'est-à-dire à lutter contre l'occupation allemande.*

Préciser qu'au début il y a eu très peu de volontaires, mais avec les restrictions, la suppression de toutes les libertés, et aussi les premières victoires des Alliés, des Français rejoignirent les forces françaises libres (FFL). D'autres, sous le nom de FFI (forces françaises de l'intérieur), exécutèrent sabotages et attentats. Aider les élèves à mieux comprendre le sens du mot « déportation » en posant les questions suivantes :

– Qu'arrivait-il aux Résistants qui se faisaient prendre par les Allemands ? *Ils étaient arrêtés, jugés, emprisonnés ou envoyés en déportation.*

Ajouter que de 1939 à 1945, « déportation » signifiait l'internement dans des camps de concentration en Allemagne : Dachau, Buchenwald, ou en Pologne : Auschwitz qui est un camp d'extermination.

Faire lire le premier paragraphe du texte P. 60.

La France libérée

Aquarelle de Suzanne Gôunther, Paris, Porte d'Orléans, août 1944, BDIC, Paris.

Retour à la frise chronologique
Enchaîner sur le thème de la Libération en demandant aux enfants de regarder la frise chronologique P. 59 et en posant les questions suivantes :

– Que s'est-il passé le 6 juin 1944 ? *Les forces alliées ont débarqué en Normandie.*

– Qui sont les Alliés ? *Ce sont les armées britannique et américaine qui se sont alliées afin de libérer la France et toute l'Europe de l'occupation allemande.*

Regard sur un dessin
Montrer aux enfants l'action des soldats américains pendant la Libération en faisant observer le dessin P. 60. Poser les questions suivantes :

– Qui sont les prisonniers ? *Des soldats allemands.*

– Pouvez-vous nous décrire les soldats prisonniers ? *Ce sont des soldats allemands.*

Préciser que ce sont des soldats américains (étoile à cinq branches du camion).

Vous pourrez proposer **13A** : *Résistance, déportation et libération* (photofiche P. 45 ou cahier d'exercices P. 30).

Synthèse

Pour conclure, vous pouvez :

• Replacer les événements de la Seconde Guerre mondiale sur une frise.

• Faire utiliser les mots « occupation », « résistance », « déportation », « libération » dans deux phrases.

séquence 2

La France dans l'Europe

Objectifs : **montrer que la construction européenne était une nécessité politique après les déchirements de la guerre et une nécessité économique face à la concurrence d'autres pays.**

Compétences méthodologiques : observer un document ; trouver des informations dans un dictionnaire.

Matériel : livre de l'élève P. 58-61, photofiches **13B** et **13C** ; dictionnaire.

Mots clés : marché commun, union européenne.

Rappel

Le drapeau européen est parsemé de douze étoiles d'or sur fond bleu outremer clair. Le drapeau européen est né le 8 décembre 1955, bien avant la Communauté européenne.
À la fondation, en 1958, il y avait six États (France, Luxembourg, RFA, Italie, Belgique, Pays-Bas) et déjà douze étoiles sur le drapeau. Aujourd'hui, l'Europe compte une quinzaine d'États et toujours 12 étoiles.

Faire un rappel de la leçon précédente en posant la question suivante :

– Qu'avons-nous étudié la dernière fois ? *Après quatre ans d'occupation allemande, la France s'est libérée grâce à l'action conjuguée de la Résistance et des Alliés britanniques et américains.*

Enchaîner sur le thème de l'Europe en posant la question suivante :

– Quel est le symbole de l'Europe, aujourd'hui ? *Le drapeau aux douze étoiles*

La construction de l'Europe

Lecture silencieuse

Faire lire le deuxième paragraphe P. 60 et poser les questions suivantes :

– La guerre a-t-elle ruiné l'Europe ? *Oui. Les Européens ont compris qu'il valait mieux s'unir.*

– En quelle année, les Européens ont-ils décidé de mettre en place un marché commun ? *En 1957, six États d'Europe occidentale décident de mettre en place un marché commun : la CEE (Communauté économique européenne).*

– Que s'est-il passé en 1992 ? *Le traité de Maastricht a été signé créant l'Union européenne.*

– Que s'est-il passé à Nice en 2001 ? *Le traité de Nice a complété le traité sur l'Union européenne.*

– Que veut dire États unis d'Europe ? *C'est l'union entre tous les pays d'Europe.*

– La formation de la Communauté européenne a-t-elle réglé tous les problèmes de l'Europe ? *Non, car tous les pays d'Europe ne font pas partie de l'Union, et bon nombre d'États d'Europe centrale mènent encore des existences tumultueuses.*

Travail sur la frise chronologique

Demander aux enfants de vérifier sur la frise chronologique l'emplacement des dates dont il vient d'être question.

L'axe franco-allemand

En Allemagne, le chancelier est l'équivalent du président du Conseil français de la IVe République ou du Premier ministre de la Ve République.

Pour faire comprendre aux enfants que l'axe franco-allemand est la base de l'Europe, faire lire l'article *La paix retrouvée* P. 61. Poser les questions suivantes :

– Qui est François Mitterrand ? *Il a été le président de la République française jusqu'au 17 mai 1995.*

– Qui est Helmut Kohl ? *Les enfants peuvent chercher la réponse dans le dictionnaire, sinon leur préciser qu'Helmut Kohl est chancelier d'Allemagne.*

– Où a été prise la photographie ? En quelle année ? *La cérémonie de Verdun eut lieu le 22 septembre 1984, devant l'ossuaire de Douaumont.*

– Vous souvenez-vous de ce qui s'est passé à Verdun lors de la Première Guerre mondiale ? *Oui, ce fut un lieu de bataille.*

– Quelle est la signification du geste du président et du chancelier ? *Après s'être affrontées à trois reprises, la France et l'Allemagne sont désormais réconciliées. Ces deux pays ont été les piliers de la construction européenne.*

A 380 « le paquebot du ciel ».
L'Airbus 380 est le nouvel exemple de la coopération aéronautique européenne. Construit par de nombreux pays d'Europe dans une nouvelle société privée, appelée EADS, cet avion géant a pour but de concurrencer la firme américaine Boeing qui avait le monopole des gros porteurs avec l'avion B 747. Le A 380 est un avion géant surnommé par la presse le « paquebot du ciel ». Il pourra transporter jusqu'à 800 personnes sur des distances transocéaniques. Le premier assemblage de l'avion est prévu à l'automne 2003 et le premier vol au cours de l'année 2006. Les pièces de l'avion pour parvenir à Toulouse devront franchir un itinéraire à très grand gabarit. Pour transporter les éléments du fuselage jusqu'à Toulouse, il faudra construire une « route du futur » dont les dimensions sont si vastes qu'elles alarment les associations écologistes.

Le monde où nous vivons

En France, la première loi limitant le travail des enfants fut votée le 21 mars 1841. Elle concernait uniquement les entreprises employant moins de 20 ouvriers. Elle fut très peu respectée.

Les problèmes du monde d'aujourd'hui
Faire lire le troisième paragraphe du texte P. 60 et organiser un débat sur les difficultés du monde contemporain. Vous pourrez également vous reporter au chapitre 12 de géographie P. 120.
Faire rechercher dans un dictionnaire le nombre d'habitants en France.

Synthèse

Pour conclure, vous pouvez :

- Élaborer une trace écrite en posant la question suivante : Quelle a été la leçon de la Seconde Guerre mondiale ?

À propos des deux séquences : lecture

Lire ou faire lire le texte P. 60. Vérifier la compréhension des mots difficiles et inconnus. Faire lire *Je retiens* P. 60.

Autour de la leçon

Vous pouvez :

- Faire dessiner les drapeaux des pays européens sur le cahier d'histoire et cahier d'exercices, P. 33.
- Projeter, pour l'année suivante, un échange avec une classe européenne.

Évaluation de la leçon Vous pourrez proposer la photofiche **13C** P. 47.

Mémo,

À voir à proximité de l'école ou dans la région :

Quelques livres :

D'autres références :

FILMS – VISITES

- *La libération de la France*, Sirpa/CNDP.
- *Le jour le plus long* de D. Zanuck.
- *Continentales*, tous les matins, sur la 5.
- Mémorial de Caen.
- Le Musée de l'Armée, Hôtel des Invalides, Paris.

Géographie

Treize chapitres sont proposés dans le livre de l'élève et exploités dans ce guide.

	renvoi aux pages du livre de l'élève	renvoi aux pages du guide pédagogique
1. **Où habites-tu ?** Paysages de la France	76 à 79	94 à 98
2. **Communes, départements et régions** Communes, départements, régions	80 à 83	99 à 103
3. **Vivre et travailler en ville** Activités liées à la ville	84 à 87	104 à 108
4. **Les grandes villes en France** Les activités liées à la ville	88 à 91	109 à 113
5. **Vivre et travailler à la campagne** Activités liées à la campagne	92 à 95	114 à 118
6. **Vivre et travailler à la mer** Activités liées à la mer	96 à 99	119 à 123
7. **Vivre et travailler à la montagne** Activités liées à la montagne	100 à 103	124 à 128
8. **La France d'outre-mer** Les départements et les territoires d'outre-mer	104 à 107	129 à 133
9. **Six continents** Les six continents du monde	108 à 111	134 à 138
10. **Trois grands climats** Les grandes zones climatiques	112 à 115	139 à 144
11. **Les pays du monde** Les grands États du monde	116 à 119	145 à 149
12. **Les problèmes de la planète** Les grands fléaux de notre temps	120 à 123	150 à 153
13. **Une France ouverte sur les pays proches et lointains** La France, grande puissance mondiale	124 à 127	154 à 158

L'enfant doit aussi développer des compétences particulières et des savoir-faire. Dans le ***livre de l'élève***, vous trouverez six dossiers « Savoir et Faire ».

- Étudier l'espace proche 128-129
- Faire un plan 130-131
- Dessiner une carte 132-133
- « Lire » une image 134-135
- « Lire » une carte 136-137
- Utiliser des graphiques 138-139

En fonction de votre classe, vous pourrez utiliser ces doubles pages :

- en leur consacrant une séquence particulière et en suivant les différentes activités proposées ;
- en intégrant les activités proposées au sein d'une leçon, pour répondre à un besoin particulier lors du déroulement d'une séquence.

1 Où habites-tu ?

OBJECTIFS

- **Rendre sensible la notion de paysage à travers des paysages familiers.**
- **Décrire des lieux connus avec un vocabulaire géographique approprié.**
- **Situer où l'on habite sur le territoire français.**
- **Connaître les grandes unités physiques et climatiques du territoire en s'appuyant sur la carte du relief et la carte des climats.**
- **Comparer des photographies de paysages.**
- **Observer des cartes.**

À SAVOIR

Ce chapitre peut être associé au dossier « Savoir et Faire » P. 128-129 organisé autour d'une recherche d'informations sur l'environnement proche, en milieu rural ou en milieu urbain.

Situé au début de l'année, ce chapitre est fondamentalement tourné vers une première prise de contact avec la géographie. Les notions nombreuses et assez complexes évoquées dans cette leçon seront approfondies au cours des chapitres suivants.

Ville, campagne

Le territoire métropolitain français couvre 550 000 km².

Le classement des paysages en catégories urbaine et rurale (ou difficile à déterminer) est une première différenciation fondamentale au sein des paysages.

Pour distinguer ce qui est rural de ce qui est urbain, on se fonde, habituellement, en France, sur le chiffre de la population municipale : est rurale toute commune de moins de 2 000 habitants ; urbaine toute commune dont la population est supérieure à ce chiffre, mais de nombreux citadins résident dans des communes rurales situées dans des zones urbanisées. Il faut donc ajouter que les villes et les campagnes s'opposent aussi par :

– la densité du bâti : la ville implique qu'il y ait une proximité des maisons les unes avec les autres et une augmentation du nombre des étages ;

– la nature des fonctions : l'espace rural reste marqué par l'activité agricole ;

– l'importance de l'animation, des flux qui s'entrecroisent dans les villes en raison de l'importance et de la variété des services qui s'y trouvent réunis.

Évolution de la répartition de l'espace rural et de l'espace urbain

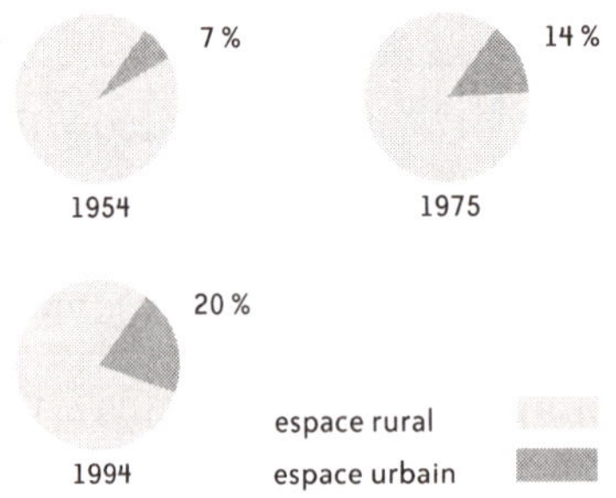

Les grandes unités de relief

Le Nord et l'Ouest se caractérisent par des reliefs calmes avec des plaines et des plateaux, où les côtes sont basses et où les points les plus élevés ne dépassent pas 500 m d'altitude.

L'Est et le Sud se caractérisent par la présence à la fois de secteurs de haute montagne (Alpes, Pyrénées, Corse), de moyennes montagnes et d'étroites plaines (Alsace, Limagne, couloir Saône-Rhône, littoral méditerranéen).

Les grandes unités climatiques

Les climats en France sont tous de type tempéré, c'est-à-dire qu'ils connaissent une saison froide en hiver et une saison chaude en été. Ils s'opposent ainsi aux climats froids (sans été) et aux climats de la zone chaude (sans saison froide).

On distingue :

– À l'Ouest, un climat océanique, où les hivers sont humides et doux, les étés humides et chauds, avec une faible amplitude thermique, c'est-à-dire peu d'écart entre les températures moyennes mensuelles les plus basses (au-dessus de 4 °C) et les températures moyennes mensuelles les plus élevées (n'atteignant pas les 20 °C, sauf dans le Sud).

– Vers l'Est, un climat océanique dégradé, où les hivers sont plus froids, les étés plus chauds.

– Dans le Sud-Est, un climat méditerranéen avec un été marqué par la sécheresse.

– Les climats de montagne résultent d'une modification liée à l'altitude (augmentation de l'humidité et abaissement des températures d'environ 0,6 °C par centaine de mètres d'altitude).

Deux séquences :

1. J'habite à la campagne/ J'habite à la ville

2. J'habite en France

BIBLIOGRAPHIE

- B. Charrier, *Villes et Campagnes*, Masson, 1988.
- B. Hervieu, *Au bonheur des campagnes*, Édition de l'Aube, 1998.
- R. Lebeau, *Les Paysages ruraux*, Masson, 1992, notamment pp. 19-68.
- Philippe Pinchemel (sous la direction de), « Lire les paysages » in *Documentation photographique*, n° 6088, avril 1987.
- D. Voisin, *Explorons la France*, Bibliothèque Rouge et Or.
- Y. Veyret, *La France, milieux physiques et environnement*, Armand Colin, 2000.
- Divers dictionnaires, *Atlas junior*, Hachette, 1991.
- *Carte postale géologie de la France du BRGM*, 1993, BP 6009, 45060 Orléans Cedex 2 Tél. : 02.38.64.30.28.

séquence 1

J'habite à la campagne/J'habite à la ville

Objectifs : **montrer la variété des paysages français ; décrire des lieux connus avec un vocabulaire géographique approprié.**

Compétence méthodologique : comparer des photographies de paysages.

Matériel : livre de l'élève P. 76, 77, photofiche **1A** ;
une carte du relief de la France, une carte des départements avec les numéros minéralogiques.

Mots clés : habitat, paysage, village, campagne, montagne, villes, rural, urbain.

Remarque : utiliser le dossier « Savoir et Faire » P. 128-129.

Où habites-tu ?

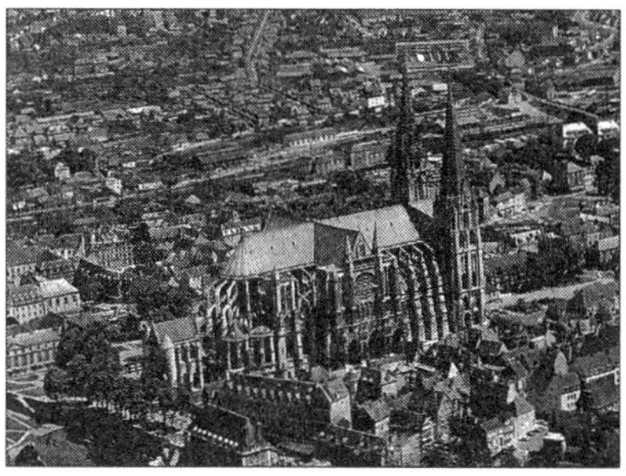

Légendes des photos P. 76 **:**
A. Nantes, centre ville (44).
B. La Défense (92).
C. Chartres (28).
D. Saintes, zone industrielle (17).
E. Riquewihr (68).
F. Beaufort (73).
G. Château de Cricqueville-en-Auge (14).
H. Roussillon (84).
I. Loc Mariaquer, le port (56).

Se reporter au dossier « Savoir et Faire » P. 128-129 consacré à l'espace proche.

Ce travail de description peut être fait en expression écrite.
Les textes, une fois recopiés pourront être illustrés et accrochés à proximité de la carte de France.

Observation d'un mur d'images

Faire observer les photos P. 76. Guider la discussion à l'aide des questions posées dans le texte qui accompagne le mur d'images.

S'attacher à caractériser le paysage familier des enfants en travaillant plus particulièrement sur la photo qui ressemble le plus au lieu d'implantation de l'école.

Préciser lors de la discussion si on se trouve :
- en ville ou à la campagne ;
- à la montagne ou dans un « bas pays » (par opposition aux espaces de montagne) ;
- en bord de mer (littoral) ou à l'intérieur des terres. Demander, par exemple, à quelles distance se trouve la mer la plus proche (loin, près, à x kilomètres).

A. Procéder au classement des photos selon trois critères :
- photos de ville (milieu urbain),
- photos de campagne (milieu rural),
- photos n'appartenant ni à l'une, ni à l'autre.

B. Vérifier que, dans la classe, toutes les photos ont été choisies. Identifier les critères qui ont permis le classement en trois catégories : groupement et forme de l'habitat ; présence d'activités urbaines et rurales…

C. Faire situer sur une carte de France la photo choisie. Laissez les enfants écrire le texte de leur choix. Puis faire positionner sur une grande carte (accrochée au tableau) toutes les images restantes.

Vous pourrez proposer **1A** : *Les paysages de France* (photofiche P. 57 ou cahier d'exercices P. 6).

Synthèse

Pour conclure, vous pouvez :

• Élaborer ou faire élaborer un bref résumé rappelant la grande variété des paysages, le type de paysage existant autour de l'école (faire utiliser les termes « urbain » et « rural » employés lors du classement des photos).

• Demander aux enfants de dessiner deux paysages, l'un rural, l'autre urbain. Faire légender.

séquence

2

J'habite en France

Objectifs : **connaître les grandes unités physiques et climatiques de la France à partir des premiers éléments d'un portrait du territoire.**

Compétences méthodologiques : savoir lire une carte ; différencier la façon de représenter les fleuves et les montagnes sur une carte.

Matériel : livre de l'élève P. 77, 78, 79, photofiches **1B** et **1C**, *poster du Multilivre* ; deux cartes murales : une pour le relief, une pour le climat, matériel de dessin.

Mots clés : relief, montagne, plateau, plaine, fleuve, climat.

Les climats

– « Le temps qu'il fait » est un phénomène connu des enfants. Les cartes « météo » de la télévision les ont familiarisés avec la température, le vent, la nébulosité et les précipitations en un point donné, en un moment donné.
– Le climat est l'ensemble des types de temps qui se succèdent habituellement sur une région (idée de durée, idée de répétition).
– On peut caractériser chaque climat par les seules caractéristiques de son été et de son hiver (cf. F. Durand - Dastès, *Géographie des airs*, PUF).

Les précipitations sont le terme scientifique pour désigner l'eau qui tombe des nuages quelle que soit sa forme : pluie, neige, grêle, brouillard, crachin, etc.

Observation de la carte des climats

Laisser les enfants observer librement la carte 2 P. 77. Leur faire reconnaître les climats en utilisant la légende.

Préciser la notion de climat, terme qui se distingue de l'expression « le temps qu'il fait » qui se rapporte à la météorologie quotidienne. Sur la carte des climats, faire situer la commune où se trouve l'école. Poser les questions suivantes :

– Sous quel climat est ton école ?

– Comment ce climat est-il caractérisé d'après la légende de la carte ?

Vérifier que le climat indiqué corresponde à la réalité. (Pour la définition du climat, se reporter à la page 143).

Hiver et/ou été

Revoir la légende de la carte et engager une discussion sur les deux saisons évoquées.

Dessin de la carte des climats

Faire exécuter le dessin demandé dans *4. Lecture de la carte 2 et dessin* P. 77 en veillant à couvrir toutes les régions climatiques en hiver comme en été.

Exposer les meilleurs dessins en les classant :

– climat du Bassin parisien et de la France de l'Est,
– climat breton et vendéen,
– climat aquitain,
– climat méditerranéen.

Le relief et le climat

En montagne, le froid est plus intense en haute altitude ; des contrastes existent selon l'orientation des versants ; les montagnes sont plus arrosées que les plaines, l'enneigement est important au-dessus de 1 000 m et permanent au-dessus de 2 000-2 500 m.

Lecture de cartes

Faire observer les deux cartes P. 77 et poser la question suivante :

– À quoi correspond le climat de montagne ?

Faire remarquer la limite de 1 000 m d'altitude.

Amener les enfants à retrouver, sur la carte des climats, le nom des montagnes qui figurent sur la carte du relief.

Le relief proprement dit

FICHE D'INFORMATIONS GÉOGRAPHIQUES

NOM : ....

SITUATION : ....

....

RELIEF : ....

....

CLIMAT : ....

....

PAYSAGE : ....

....

On peut, avec les notions acquises à l'occasion de l'examen de cette carte, enrichir la fiche d'informations géographiques concernant la commune où se trouve l'école.

Observation de la carte du relief

Les enfants observent la carte du relief P. 77. Commencer par situer sur cette carte le lieu où se trouve l'école. Faire préciser son nom exact, sa situation dans le pays (au Nord, au Sud), son relief, son climat, son paysage sur une fiche d'informations géographiques.

Faire lire la légende de la carte et contrôler la compréhension des signes mathématiques > et <. Distribuer quatre étiquettes Nord, Sud, Est, Ouest. Les faire placer sur la carte.

Demander aux enfants de compter le nombre de sommets figurant sur la carte. Les faire nommer et inscrire dans un tableau avec leur altitude et le nom du massif auquel ils appartiennent.

Les classer dans le tableau par ordre décroissant.

Poser les questions suivantes :

MASSIFS	MONTAGNES	ALTITUDES
Alpes	mont Blanc	4 810 m
Pyrénées	Vignemale	3 298 m
Corse	Monte Cinto	2 710 m
Massif Central	Puy de Sancy	1 885 m
Jura	Crêt de la neige	1 718 m
Vosges	Ballon de Guebwiller	1 426 m

– Où sont situées les montagnes ?

Sur la carte, 1,1 cm = 130 km

– Sur combien de kilomètres s'étendent les Pyrénées entre la Méditerranée et l'Atlantique ?

– Que représentent les traits bleus qui parcourent la carte ? *Des fleuves et des rivières.*

Faire citer aux enfants le nom des rivières ou des fleuves les plus proches de leur école. Expliquer que seuls les noms des principaux fleuves ont été marqués sur la carte.

En faire dresser la liste. Demander ensuite :

– Quel est le nom du principal fleuve qui circule dans le Bassin parisien et celui qui circule dans le Bassin aquitain ? *La Seine et la Garonne.*

– Entre quelles montagnes coule le Rhône ? *Le Massif Central et les Alpes.*

Éventuellement, faire situer sur la carte le mont Blanc et la plaine du Nord photographiés P. 78, ou d'autres lieux connus des élèves (vacances, classes de nature, actualités).

Afficher le ***poster du Multilivre*** : *Relief et climats.*

Vous pourrez proposer **1B** : *Le relief simplifié de la France* (photofiche P. 58 ou cahier d'exercices P. 7).

Synthèse

Pour conclure, vous pouvez :

• Élaborer un bref résumé en répondant aux questions suivantes : Où se trouvent les plaines et les plateaux ? Où se trouvent les montagnes ? Quels climats connaît la France ?

• Faire coller sur le cahier la fiche d'informations géographiques élaborée lors des deux séquences.

À propos des deux séquences : lecture

La plaine est une grande étendue peu élevée, à peu près plane où les cours d'eau s'enfoncent peu. Le plateau est une grande étendue plus ou moins élevée où les cours d'eau s'enfoncent assez profondément. La montagne est une région élevée, creusée de vallées profondes.

Lire ou faire lire le texte P. 78 du livre de l'élève. Vérifier la compréhension des mots difficiles ou inconnus. Expliquer à l'aide des schémas proposés P. 78 les mots « plaine » et « plateau ». Retrouver les trois grands types de paysages français après avoir fait lire le paragraphe *Les paysages* P. 78 et les notes de la même page. Faire lire *Je retiens* P. 78.

Autour de la leçon

Vous pouvez :

- Réaliser une enquête sur l'espace proche en utilisant le dossier « Savoir et Faire » P. 128-129.
- Replacer sur une carte de France les quatre maisons représentées P. 79.
- Faire trouver dans le livre de l'élève le dessin d'un polder P. 79. après en avoir donné la définition.
- Proposer aux enfants l'activité de **3.** ***Jeu de mémoire*** P. 77.

Évaluation de la leçon Vous pourrez proposer la photofiche **1C** P. 58.

Mémo,

À voir à proximité de l'école ou dans la région :

Quelques livres :

D'autres références :

FILMS – VISITES – INTERNET

- *La France à travers ses régions*, films produits par les Centres régionaux de documentation pédagogique.
- France miniature à Saint-Quentin en Yvelines, près de Versailles. Ouverture d'avril à mi-novembre. Bd André Malraux, 25, route du Mesnil 78990 Élancourt Tél. : 01.30.16.16.30 (150 monuments et 15 villages typiques reproduits au 1/30e symbolisent la France et ses régions.)
- Parc MiniFrance, route du Luc/RN 7 83170 Brignoles. Tél. : 04.94.69.26.00 (70 sites hauts de 50 cm, reproduits à l'échelle.) Ces deux dernières adresses comportent des maquettes de monuments français célèbres.
- Office du tourisme de Paris, 127 av. des Champs-Élysées 75008 Paris Tél. : 01.49.52.53.54.
- Maison de la France : www.franceguide.com
- CNDP et CRDP. Le réseau du centre national de documentation pédagogique et son réseau de Centres régionaux et départementaux offrent de nombreux documents utilisables en classe, notamment des vidéo-cassettes. Sur son site Internet, www.cndp.fr permet de retrouver, en fonction de la discipline et du niveau enseigné, des documents, comme par exemple ceux de la collection Galilée-Paysages à lire. Dans certains cas, le livret d'accompagnement est consultable sur Internet ou téléchargeable, en format .pdf.

2 Communes, départements et régions

OBJECTIFS

- **Connaître les divisions administratives de la France constituées par trois collectivités territoriales : la commune, le département et la région.**
- **Prendre des informations dans les publications locales et les sites officiels sur Internet.**
- **Lire des cartes.**
- **Faire des calculs pour comparer une commune à la moyenne nationale.**

À SAVOIR

L'emboîtement des espaces

Il est aisé de dire que les régions sont composées d'un certain nombre de départements (deux au minimum, exemple de la Haute-Normandie ou de la Corse), et que ces départements comptent à leur tour un certain nombre de communes. Chacun comprend très bien qu'il puisse résider dans telle commune et être en même temps « d'une région » : c'est ainsi qu'on peut dire : « J'habite Saint-Germain-de-Pasquier (commune), dans l'Eure (département), en Haute-Normandie (région) ».

De la même façon, mais c'est un peu plus difficile à comprendre, tout espace géographique peut s'étudier en fonction d'ensembles plus vastes : la région parisienne fait partie du territoire français, mais elle s'inscrit aussi dans l'espace ouest-européen et entretient des relations avec l'ensemble du monde. De même, elle se subdivise en sous-espaces.

Le découpage administratif du territoire

La France aujourd'hui compte quatre niveaux principaux d'administration : l'État, la région, le département, la commune (noter que la Défense nationale, l'Éducation nationale et la justice conservent d'autres subdivisions).

À première vue, ces subdivisions forment un puzzle où plus de 36 000 pièces, les communes, s'imbriquent dans 96 départements et 22 régions. Ces chiffres s'appliquent au territoire métropolitain. Il faudrait ajouter les départements et territoires d'outre-mer pour tenir compte de l'ensemble du territoire national.

Autour du mot « région »

Le mot « région » peut recouvrir des réalités différentes :

– une étendue de terre ayant des caractéristiques particulières. Ex. : l'aspect du sol, les ressources et le peuplement varient selon les régions ;

– une étendue autour d'une ville ;

– une unité territoriale administrative regroupant plusieurs départements français. Ex. : la France métropolitaine est divisée en 22 régions.

C'est ce sens qui est utilisé dans ce chapitre consacré aux divisions administratives de la France.

Les collectivités territoriales et la décentralisation

L'article 59 de la loi du 2 mars 1982 précise que « les régions sont des collectivités territoriales. Elles sont administrées par un Conseil régional élu au suffrage universel direct ».

Ce texte indique clairement que ce sont des élus (et non plus des autorités nommées par le gouvernement central) qui administrent la région comme ils géraient déjà communes et départements. C'est ce que signifie le mot « décentralisation ».

La répartition des tâches pour ces trois collectivités se décline ainsi :

– La commune : l'exécutif est confié au maire. Les décisions sont prises par le conseil municipal (élu pour 6 ans) qui choisit le maire en son sein.

– Le département : l'exécutif est confié au président du Conseil général.

– La région : l'exécutif est confié au président du Conseil régional. Les décisions sont prises par le Conseil régional.

Dans chaque cas, le maire, le président du Conseil général et/ou régional sont élus par les conseils municipaux, généraux et/ou régionaux.

Les communes, départements et régions ont en charge des actions relevant de l'urbanisme, de l'action économique, sociale et sanitaire ou éducative. C'est ainsi, par exemple, qu'en matière d'éducation, les écoles relèvent de la compétence des communes, les collèges de celle des départements et les lycées de celle des régions (construction et gestion). Cependant l'État se réserve la nomination et le traitement des enseignants ainsi que la détermination des programmes scolaires.

Dans les départements et les régions, l'État est représenté par un préfet qui fait respecter les lois de la République et qui dirige les services de l'État (agriculture, équipement, santé, finances…).

Deux séquences :

1. **Notre commune dans notre département et notre région**
2. **Une recherche sur l'espace local**

BIBLIOGRAPHIE

- Manuel d'Éducation civique, classe de cinquième notamment.
- P. Giolitto, *Enseigner la géographie à l'école*, Hachette, 1992. (fondamental).
- M.D. Perdriz, *Le Petit Citoyen*, Casterman, 1993.
- « La Mairie », supplément à *L'Univers d'Okapi*.

Sur l'aménagement du territoire et l'organisation de l'espace :

- Y. Madiot, *Aménagement du territoire*, PUF, Coll. « Que sais-je ? ».
- D. Noin, *Le nouvel espace français*, Armand Colin, 1998 (Cursus). (Un ouvrage de base pour les étudiants en géographie).
- Brochures éditées par les conseils régionaux ou généraux à destination des enfants, expliquant la région et le département.

séquence 1

Notre commune dans notre département et notre région

Objectifs : **découvrir l'espace local et comprendre l'emboîtement commune/département/région.**

compétence méthodologique : tirer des informations dans les publications locales.

Matériel : livre de l'élève P. 81, 82, 83, photofiche **2A**, *poster du Multilivre* ; plusieurs exemplaires de bulletins municipaux ; quelques documents de type publicitaire émanant de la région, du département ou de la commune, dictionnaires, cartes, atlas.

Mots clés : sélection, administration, territoire, commune, département, région.

Remarque : faire réaliser, au préalable, la recherche de 3. *Enquête* P. 81.

À quoi sert la commune ?

Trouver les principaux domaines dans lesquels agit la municipalité à travers le bulletin municipal. Insister sur le rôle de la commune pour l'école maternelle et primaire.

Dresser une liste : l'école, l'aide à diverses personnes, l'aménagement de la commune (travaux routiers, embellissements).

Cette liste doit aussi mentionner des fêtes, des commémorations, des inaugurations.

Compléter en notant le nom du maire et les activités du conseil municipal.

Visite du site service-public.fr

Faire cliquer sur les cartes jusqu'au niveau du département. Tant qu'il existe la possibilité de cliquer sur une carte, l'explorer. Puis choisir un site, par exemple celui d'une commune ou d'un groupe de communes et le faire visiter.

Expliquer que parfois, plusieurs communes se groupent pour proposer un site en commun. La plupart des communes disposant d'un site proposent un album photos.

Faire observer les paysages proposés en distinguant ceux qui présentent des bâtiments publics (il y a au moins la mairie), des lieux touristiques (exemples : la plage, monuments civils ou religieux, promenade le long d'un cours d'eau ou du front de mer, place centrale), des scènes de vie de tous les jours (travaux, trafic routier), des fêtes ou des animations locales.

La France métropolitaine en 22 régions

Afficher le *poster du Multilivre* : *Où habites-tu ?*

Observation de la première carte

Faire observer la carte de 2. *Lecture de la carte* P. 80 et laisser les enfants répondre librement aux questions.

Introduire la notion de chef-lieu en vous appuyant sur l'exemple de votre région.

Le site service-public.fr est un site public. Il présente en haut à gauche le logo de la République Française : faire expliquer le choix des couleurs et la Marianne.

De ma région à ma commune

Suivant le temps dont vous disposez et l'intérêt des élèves, vous pourrez consacrer plus ou moins de temps à cette enquête.

Les enfants peuvent s'aider de cartes, de dictionnaires et d'atlas.

La commune ne possède pas de numéro minéralogique mais un numéro administratif.
Elle a aussi un code postal (si elle possède un bureau distributeur de la Poste).

Le buste de Marianne (jeune femme coiffée d'un bonnet phrygien) symbolise la République. Ce buste commence à apparaître dans les mairies après 1877.

Enquête et recherche
Faire répondre aux questions de **3.** ***Enquête*** P. 81 que vous pouvez renforcer par des questions supplémentaires :

– Quel est le nom de ton département ?

– Quel en est le chef-lieu ?

– À quelle distance du chef-lieu se trouve ta commune ?

– Quels sont les départements qui forment ta région ?

– Quels sont les départements voisins du tien ? Donne leur nom et leur numéro minéralogique.

– Dans quelle commune habites-tu ?

– Comment s'appellent les habitants de ta commune ?

– Indique le nom des communes qui entourent la tienne.

– Comment appelle-t-on les représentants élus de la commune ?

– Comment est élu le maire ?

– Quel est le nom du maire de ta commune ?

– Exerce-t-il une profession ? Laquelle ?

– Quelles cérémonies préside-t-il régulièrement ?

Vous pourrez proposer **2A** : *Enquête* (photofiche P. 60 ou cahier d'exercices P. 8).

Travail sur documents
Faire lire l'article *La petite mairie* P. 83 et observer la photo. Poser les questions suivantes :

– Quels sont les symboles de la République que l'on peut retrouver sur cette photo ? *L'écharpe tricolore, le buste de Marianne. Il s'agit d'une des plus petites communes de France.*

– Existe-t-il d'autres symboles ? *Le drapeau tricolore qui flotte sur la mairie, l'hymne national :* la Marseillaise.

– Que lit-on souvent sur les façades des mairies ? *Liberté, égalité, fraternité.*

Faire observer la photo de l'article *Jumelage entre villes* P. 83. Les enfants doivent indiquer avec quelles communes cette ville est jumelée et dire à quels pays elles appartiennent. Demander si la commune de l'école est jumelée avec des villes d'autres pays. Faire rechercher lesquelles.

Synthèse

Pour conclure, vous pouvez :

• Élaborer un bref résumé en demandant aux enfants de compléter le texte suivant :

Ma commune s'appelle .... ; ses habitants s'appellent les .... est une commune de mon département qui s'appelle .... et qui a le numéro minéralogique suivant : .... Mon département forme avec les autres départements : .... la région ....

séquence 2

Une recherche sur l'espace local

Objectif : **voir le territoire communal à l'aide de différents documents.**

Compétences méthodologiques : lire des cartes ; effectuer des calculs pour comparer sa commune à des moyennes nationales.

Matériel : livre de l'élève P. 81-82, photofiches **2B** et **2C** ;
documents publicitaires émanant des collectivités territoriales, photos de manifestations sportives municipales ou documents du même type ; carte locale de l'IGN au 1/25 000, 1/50 000 ou 1/100 000.

Mots clés : commune, mairie, département, région.

Le village de Voissant

Rechercher dans le commentaire inscrit dans la colonne de gauche le nom du département où se trouve la commune de Voissant. On y apprend que c'est le département de l'Isère (numéro minéralogique 38), également repéré par un point rouge sur la carte de France opportunément présentée sur la page.
Faire constater que le nom de la région n'a pas été indiqué. Les élèves doivent pouvoir retrouver la localisation du département de l'Isère dans la région Rhône-Alpes. Proposer en conséquence de modifier la page en ajoutant la phrase suivante : « Le village de Voissant est situé dans la région Rhône-Alpes ».

Trouver sa commune sur une carte locale

Chaque enfant n'ayant peut-être pas la possibilité d'avoir une carte, faire des photocopies. À l'echelle 1/25 000, la plupart des communes « tiennent » dans un format 21 x 29,7. Les limites communales, cantonales, départementales et régionales sont figurées par des pointillés, des lignes pointillées ou des lignes (le tout en noir, voir la légende de la carte). Identifier quelques points remarquables et ceux par où passe la limite communale.

Pour commencer demander aux enfants de localiser leur commune, leur département et leur région sur service-public.fr, P. 80. Faire trouver les noms des autres départements formant la région.

Sur une carte locale (IGN 1/25 000 ou 1/50 000) faire décalquer les limites du territoire communal. Faire remarquer que les limites de la commune suivent des routes ou des cours d'eau. Faire établir un croquis simplifié de la commune. Y mentionner les « points remarquables » (mairie, écoles, ponts, gare...).

Quelques comparaisons

La superficie de la commune peut être calculée en comptant le nombre de carrés du carroyage kilométrique (on repère ce carroyage sur les bords du dessin) : le chiffre de population de la commune est inscrit en chiffres et en milliers au-dessous du nom de la commune. On peut aussi obtenir ces résultats en s'adressant à la mairie.

Cartes et calculs

Comparer la superficie de votre commune avec la superficie moyenne des communes en France (superficie moyenne : 15 km^2 environ). Comparer la population de votre commune avec la population moyenne communale en France (population moyenne : 1 600 habitants). Vous pouvez de la même façon comparer le département et/ou la région.

La superficie moyenne des régions est de 27 700 km^2. La région Midi-Pyrénées, avec ses 45 000 km^2, est la plus étendue ; celle d'Alsace, avec ses 8 300 km^2, est la plus petite.

La population moyenne des régions avoisine les 2,5 millions d'habitants. L'Ile-de-France est la plus peuplée : 10 952 011 d'habitants ; la Corse, la moins peuplée : 260 196 habitants.

La superficie moyenne des départements est de 5 700 km^2. La Gironde, avec 10 000 km^2, est le plus grand, Paris, avec 105 km^2, le plus petit.

La population moyenne des départements est de 560 000 habitants. Le Nord est le plus peuplé : 2 555 020 ; la Lozère est le moins peuplé : 473 509.

Vous pourrez proposer 2B : ***Le puzzle des régions de France*** **(photofiche P. 61 ou cahier d'exercices P. 9).**

Synthèse

Pour conclure, vous pouvez :

• Compléter le résumé établi lors de la première séquence en ajoutant les phrases suivantes :

Ma commune couvre .... km^2. Elle est peuplée de .... habitants qui s'appellent les ....

À propos des deux séquences : lecture

Lire ou faire lire le texte P. 82. Vérifier la compréhension des mots difficiles ou inconnus. Faire lire *Je retiens* P. 82.

Autour de la leçon

Vous pouvez :

• Faire rechercher, à travers divers documents communaux, départementaux ou régionaux, l'image que ces collectivités veulent donner d'elles-mêmes (activités, cadre de vie, population).

• Collectionner des cartes postales de la commune ou du chef-lieu du département.

• Retrouver les noms de lieux en langue française et en langue régionale, si vous êtes dans une région concernée par les langues régionales.

Évaluation de la leçon — **Vous pourrez proposer la photofiche 2C P. 62.**

Mémo,

À voir à proximité de l'école ou dans la région :

Quelques livres :

FILMS – VISITES

• *Citoyen en herbe 1*, VHS : 60 mn., CNDP, 1986.

• *Citoyen en herbe 2*, VHS : 60 mn., CNDP, 1986.

• Organiser une visite de la mairie, une rencontre avec le maire ou un conseiller municipal.

• Organiser une visite avec les services du Conseil général, du Conseil régional ou avec les services préfectoraux.

• Les collectivités locales ont toutes des sites Internet.
Pour les régions, voir par exemple : www.bourgogne.fr, www.iledefrance.fr, etc.

3 Vivre et travailler en ville

OBJECTIFS

■ **Observer les rythmes de la vie urbaine, savoir comment les décrire.**

■ **Comprendre le rôle structurant des transports.**

■ **Savoir mener une enquête.**

■ **Savoir se repérer avec un plan et lire les symboles d'une carte.**

À SAVOIR

Les enfants perçoivent que les déplacements rythment la vie urbaine car ils utilisent les transports en commun ou la voiture individuelle pour se rendre à l'école, au stade... L'étude plus systématique des déplacements permettra de mieux comprendre l'organisation de l'espace urbain et la manière de « vivre » et d'« habiter » la ville (résidence, loisir, travail).

La circulation en ville et les transports urbains

Les embouteillages se forment le matin et le soir au moment où l'activité commence ou cesse. On les appelle les « heures de pointe ». Les autres moments de la journée sont appelés des « heures creuses ».

Il est important de montrer que, pour chaque mode de transport, trois éléments sont toujours à prendre en considération : le véhicule, la voie qu'il emprunte et le lieu de son stationnement.

Toute politique de transport joue sur ces trois éléments pour orienter le trafic. Ainsi, la généralisation du stationnement payant en centre ville, depuis une décennie environ, a donné une meilleure maîtrise de la circulation des voitures particulières.

Le centre de contrôle routier de Rosny-sous-Bois

Voici la signification des symboles de la carte P. 84 :

– A dans étoile : ☆ accident.

On peut aussi rencontrer dans le même symbole la lettre 0 pour obstacle ou I pour incident.

– Carré bleu : ■ point de surveillance du trafic.

– Flèche noire : sens d'écoulement du trafic dans le bouchon.

– Pyramide rayée rouge et blanc : travaux.

– Surcharge rouge sur l'axe : bouchon.

Les différents secteurs (quartiers) d'une agglomération

On distingue :

– le centre ville,

– les quartiers récents,

– les banlieues,

– les zones d'activités situées sur les franges de l'agglomération ou à l'écart des zones d'habitation.

Les paysages urbains

Les constructions d'immeubles par les architectes ont modifié le paysage urbain. Il faut distinguer deux grandes périodes :

1) Au cours de la grande phase d'urbanisation d'après-guerre, les tendances fonctionnalistes l'ont emporté. On leur doit :

– l'ouverture de grandes voies de circulation ;

– la construction de grands immeubles tels que les avait préconisés Le Corbusier : grandes hauteurs, façades rectilignes, emploi du béton et des matériaux nouveaux.

Ces immeubles ont été construits à la place des petits pavillons de banlieue frappés de vétusté, ou sur des emprises ferroviaires ou militaires désaffectées, ou encore dans des secteurs jusque-là restés agricoles. On rencontre également assez fréquemment des immeubles élevés dans des secteurs marécageux ou à faible valeur agricole.

2) À partir du milieu des années 70, des tendances inverses (appelées « culturalistes ») ont cherché à préserver le patrimoine ancien et à maintenir la diversité des quartiers. Les constructions nouvelles ont alors retrouvé l'allure et le volume des anciens immeubles, avec un nombre limité d'étages et des façades variées.

Deux séquences :

1. Se déplacer en ville

2. Les quartiers de la ville

BIBLIOGRAPHIE

- R et B Kaiser, *Copain des villes*, Milan, 1987-1994.
- B. Copaint et D. Joly, *Atlas des villes du monde*, Casterman, 1994.
- J. Scheibling, *Qu'est-ce que la géographie ?* Hachette, Coll. « Carré Géographie », 1994.
- Veyret et P. Pech, *L'Homme et l'Environnement*. PUF, (chapitre 8) pp. 295-366 (fondamental sur l'écologie urbaine et la question des risques majeurs).
- B. Giblin, *Les métamorphoses de la ville*, CNDP, 1999. (Textes et documents pour les classes). Très commode pour un premier tour d'horizon, avec illustrations et textes à l'appui.

séquence 1

Se déplacer en ville

Objectifs : **étudier les moyens de transport en commun dans une ville ; approcher la notion de vie urbaine par l'étude des déplacements.**

Compétences méthodologiques : savoir mener une enquête ; savoir interpréter les symboles d'une carte.

Matériel : livre de l'élève P. 84, 85, photofiche **3B**.

Mots clés : ville, agglomération, banlieue, moyens de transport, autoroute, trafic, circulation.

Remarque : réunir, au préalable, les documents nécessaires à la réalisation de 2. *Recherche* et 3. *Enquête* P. 85.

Incursion au centre de Rosny-sous-Bois

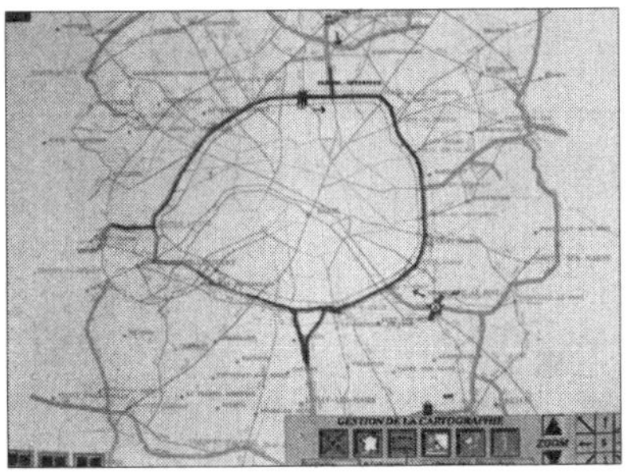

Rosny-sous-Bois est un centre de contrôle de la circulation routière important. Il traite en permanence les informations concernant les déplacements automobiles en provenance de toute la France.

Observation d'un écran de contrôle

Étudier la photographie d'un écran de l'ordinateur du centre de contrôle routier de Rosny-sous-Bois P. 84. Demander aux enfants de répondre aux questions de *1. Observation* P. 85. Réponses possibles :

A. Les lignes orange représentent les principales voies de communication. Lorsque le trafic est saturé elles apparaissent en rouge. Ici, par exemple, sur l'écran, qui affiche la carte de la circulation en région parisienne, on constate des difficultés de circulation, voire des bouchons, sur le boulevard périphérique qui entoure la capitale et aux sorties de Paris.

B. À l'entrée de l'autoroute du Sud, c'est la voie de droite qui est encombrée (donc celle qui part de Paris) ; on peut donc penser qu'il s'agit d'une image prise en début de soirée, au moment où de très nombreux banlieusards regagnent leur domicile.

C. Les citadins se déplacent pour aller à leur travail (l'habitation et le lieu de travail sont souvent éloignés l'un de l'autre), pour effectuer leurs achats, pour accompagner les enfants à l'école, pour leurs loisirs.

D. Tous les mouvements de véhicules se produisant au même moment (départ en vacances), ou ralentissement du trafic dû à des manifestations, des travaux de voirie, un accident…

Noter au passage l'existence de travaux sur l'autoroute du Nord (pyramide rayée rouge et blanche). Le trafic est tellement intense sur ces autoroutes et sur le périphérique parisien que les travaux d'entretien sont très fréquents.

L'observateur est un gendarme. Police et gendarmerie sont chargées de veiller à la circulation routière. C'est une tâche difficile, mais très importante, car un petit incident peut provoquer la paralysie de tout le réseau de circulation.

Des déplacements massifs vers et dans la ville

Cause des déplacements

Poser les questions suivantes aux élèves :

– Pourquoi y a-t-il tous ces déplacements vers la ville et dans la ville ?

– Pourquoi toi ou tes parents allez-vous en ville ou au centre de la ville (si tu habites déjà en ville) ?

Conclure que la vie d'une agglomération est marquée par les déplacements de ses habitants ; et que ces déplacements révèlent l'organisation de l'espace de cette agglomération.

Différents modes de transport

Pour l'enquête, inciter les enfants à interroger leurs parents, les machinistes, les agents des gares et des points de vente des billets.

La vitesse moyenne d'un bus est de 19 km/h. Pour les trains de banlieue, multiplier le nombre de voyageurs d'un wagon par le nombre de wagons puis par le nombre de trains par jour.

En général

Faire effectuer l'enquête proposée dans 2. ***Recherche*** P. 85 en partageant la classe en plusieurs groupes. Faire une rapide mise en commun en répondant aux questions du livre. Souligner le caractère collectif de tous ces modes de transport à l'exception du taxi.

Le même travail pourra être fait sur le réseau de transport urbain de la commune et/ou de la grande ville la plus proche en s'appuyant sur 3. ***Enquête*** P. 85.

Vous pourrez proposer **3B** : *Aller au centre ville* (photofiche P. 64 ou cahier d'exercices P. 11).

Synthèse

Pour conclure, vous pouvez :

• Noter sur le cahier la phrase suivante : La vie d'une grande agglomération est marquée par les nombreux déplacements de ses habitants.

• Établir la liste des moyens de transport en commun, d'abord dans la commune, puis dans la grande ville voisine, en mettant une croix dans les colonnes du tableau ci-dessous, devant les transports existants. Rayer ceux qui n'existent pas.

TRANSPORTS	COMMUNE	GRANDE VILLE
Taxi **Tramway** **Bus** **Car** **Métro** **Train de banlieue**		

séquence

2

Les quartiers de la ville

Objectif : **en utilisant les acquis précédents, retrouver l'organisation de l'espace urbain.**

Compétences méthodologiques : savoir lire un plan ; enquêter d'après une photo.

Matériel : livre de l'élève P. 84-87, photofiches **3A, 3B** et **3C** ;
plan de la commune ou de la ville, plan des transports en commun s'y rapportant.

Mots clés : quartier, habitation, ville, agglomération, activités.

Remarque : utiliser le dossier « Savoir et Faire » P. 136, 137.

Une balade en ville

Se reporter au dossier « Savoir et Faire » concernant la lecture de carte P. 136, 137.

Recherche et enquête

À l'aide des documents et des réponses trouvés lors de 2. ***Recherche*** et 3. ***Enquête*** P. 85 et muni d'un plan des réseaux de transport en commun, montrer qu'il existe des quartiers différents et que certaines lignes joignent des espaces aux fonctions variées.

Faire apparaître sur le plan de la ville :
- les lieux de résidence (les habitations) ;
- les lieux d'activité (bureaux, usines, entrepôts...) ;
- les lieux d'échanges (centres commerciaux, marchés) et de services (banques, garages, postes) ;
- les espaces verts (squares, parcs...) ;
- les lieux de loisirs (stades, cinémas, bibliothèques...).

La dispersion de ces divers lieux conduit à de nombreux déplacements, d'où la nécessité des transports en commun.

Des paysages dans la ville

Classé IGH (immeuble de grande hauteur), cet immeuble de Saint-Herblain compte un millier de logements.

Un grand immeuble

Faire observer le grand immeuble construit dans la banlieue de Nantes P. 87 dans les années 70.

Indiquer que des ateliers et des bureaux se trouvent dans les étages supérieurs, ce qui est assez rare, car habituellement habitat et activités professionnelles sont géographiquement séparés.

Demander aux enfants s'il existe de grands immeubles d'habitation dans leur commune. Leur faire préciser si on y trouve autre chose que des logements. (Il peut y avoir des activités commerciales et artisanales au rez-de-chaussée.)

Sur la carte, localiser les immeubles et repérer l'existence de lignes de transport en commun. Faire trouver d'autres formes d'habitat à l'intérieur de la ville.

Vous pourrez proposer **3B** : *Devenir architecte* (photofiche P. 64 ou cahier d'exercices P. 11).

Des paysages près de la ville

Entrepôts et zones industrielles

Faire observer en détail la photo des entrepôts de Garonor en banlieue parisienne illustrant ***4. Observation*** P. 85.

Cette zone d'entrepôts prend beaucoup de place car les entrepôts sont bas ; ils sont accessibles par la route et une grande place est réservée aux lieux de stationnement des camions et des voitures. Poser les questions suivantes :

- Y a-t-il l'équivalent de ces entrepôts près de votre école ?
- Comment peut-on s'y rendre ?
- La réponse figure-t-elle sur le plan du réseau de transport ?

On doit pouvoir montrer que ces zones d'entrepôts ont besoin de beaucoup de place et d'être bien desservies par la route. Ces deux raisons obligent à les installer tout près des villes, mais pas à l'intérieur, car, dans les villes non seulement on manque de place, mais, en plus, le terrain est bien trop cher pour construire des zones industrielles.

Nommer des usines et des bureaux construits à l'extérieur de votre ville.

Poser la question suivante :

- Comment les employés, ouvriers, ingénieurs se rendent-ils à leur travail ?

Nommer et localiser une usine ou un immeuble de bureaux situé (e) en ville.

Vous pourrez proposer **3A** : *Ville ou campagne ?* (photofiche P. 63 ou cahier d'exercices P. 10).

Synthèse

Pour conclure, vous pouvez :

• Établir un bref résumé montrant que, dans tous les cas, la ville attire et concentre des habitants et des activités.

• Faire une liste des lieux différents dans une même ville en donnant leur nom et la caractéristique de leurs bâtiments :

- quartier central avec commerces,
- quartier d'habitation avec grands immeubles,
- zone d'usines et d'entrepôts,
- etc.

À propos des deux séquences : lecture

Lire ou faire lire le texte P. 86. Vérifier la compréhension des mots difficiles ou inconnus. Faire lire *Je retiens* P. 86.

Autour de la leçon

Vous pouvez :

• Faire décrire un immeuble d'habitation, un entrepôt, une usine avec quelques personnes qui y vivent ou y travaillent.

• Lancer une enquête locale sur les activités culturelles de la commune (nombre de bibliothèques, de cinémas, de musées, de théâtres, etc.). Faire dresser la liste des activités prévues pour le mois en cours : marchés, brocantes, expositions, musées, films, etc.

Évaluation de la leçon Vous pourrez proposer la photofiche **3C** P. 106.

Mémo,

À voir à proximité de l'école ou dans la région :

Quelques livres :

D'autres références :

FILMS – VISITES

• *Marne-la-Vallée, une ville nouvelle,* VSH : 16 mn, CRDP de Créteil, 1989.

• *Les grands ensembles, 30 ans après,* VSH : 16 mn, CRDP de Strasbourg, 1989.

• *La multiplication des transports,* VSH : 26 mn, CNDP de Paris.

• *Les transports dans la ville* VHS : 13 mn, CRDP de Strasbourg, 1993.

• Musée des Transports. Intéressant est celui de Paris, transféré de Saint-Mandé à Colombes, 63 bd Charles de Gaulle, 92700 Colombes, Tél. : 01.42.42.43.96. Ses collections sont présentées sur le site www.cnam.fr/hebergement/amtuir.

4 Les grandes villes en France

OBJECTIFS

- **Savoir localiser les grandes agglomérations sur une carte.**
- **Comprendre la notion de réseau urbain.**
- **Comprendre que le territoire est organisé par un réseau urbain ; ce réseau est dominé par Paris et les grandes métropoles régionales.**
- **Mener une enquête, présenter les résultats de son travail.**

À SAVOIR

La prééminence parisienne

Sur un rayon d'au moins 200 km, l'influence de Paris demeure déterminante.

Au cours des dix derniers siècles (au moins), la puissance de Paris a été renforcée par des décisions royales, présidentielles ou administratives.

Cette puissance parisienne s'est constamment transformée. Devenue le principal pôle industriel au XIXe siècle, elle a eu tendance à perdre une part de ce potentiel au profit de la province au XXe.

Depuis, la prééminence de Paris s'est déplacée vers les secteurs concernant la recherche scientifique, les fonctions internationales, financières, commerciales, politiques, culturelles, etc.

De plus, sa grande concentration humaine (1/6 de la population française) fait de cette région l'une des plus grandes agglomérations mondiales. Elle regroupe (l'Ile-de-France 10 952 011 habitants), par exemple, 38 % des étudiants des grandes écoles, 55 % des dépenses de recherche et 25 millions de m² de bureaux. Paris compte 125 musées, 2 opéras, 112 théâtres et salles de concert. C'est aussi, l'une des plus grandes places financières après New York, Londres et Tokyo.

Un espace structuré par les villes

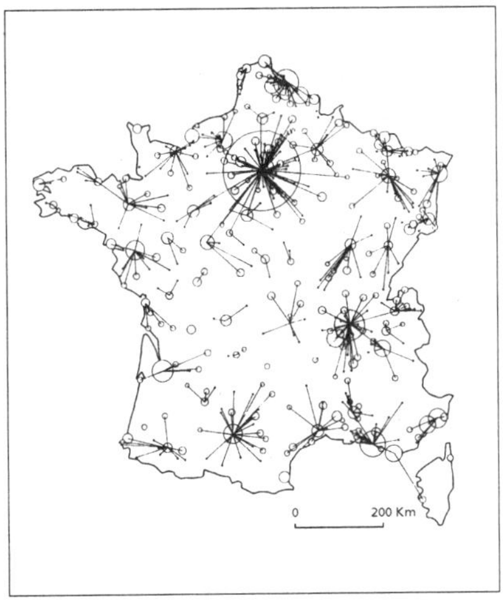

La polarisation de l'espace français
(source DATAR)

Cette carte traduit l'organisation de l'espace français. Elle est fondée sur la fréquentation des villes par la population résidant à proximité. Les flux dessinés par ces déplacements forment autant de cellules qui définissent des espaces polarisés par les villes de rangs moyen et supérieur.

En suivant ce principe, on peut tracer les zones d'influence des grandes villes. Cela fait dix à quinze espaces de dimensions très variables, délimités de façon évidemment floue, mais qui correspondent bien au cadre de vie des Français.

En se situant sur cette carte, on détermine assez aisément, par exemple pour une petite ville, quelle est la grande ville à laquelle chacun a habituellement recours pour accéder aux services de haut niveau : services médicaux, études supérieures, fréquentation de spectacles, etc.

La question du réseau urbain est depuis longtemps au cœur de la politique d'aménagement du territoire. Lors de la création de la DATAR (Délégation à l'aménagement du territoire et à l'action régionale), en 1963, il était seulement question de renforcer les services situés dans les grandes villes de province. Aujourd'hui, dans le cadre de l'Europe, il s'agit de renforcer les fonctions internationales des villes françaises en suscitant des complémentarités entre elles. C'est la politique de réseaux des villes.

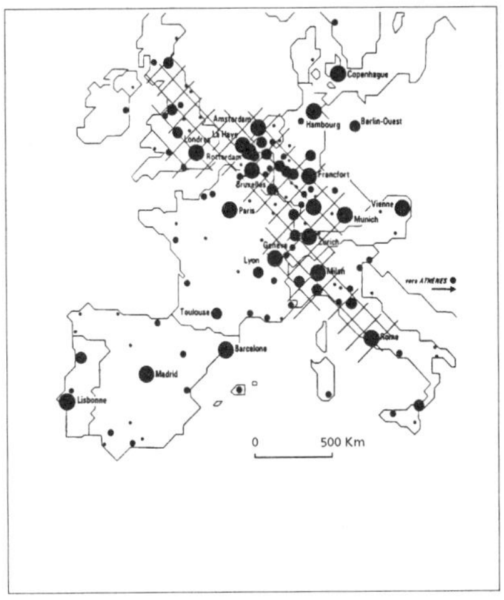

Fonctions internationales des villes européennes
(source DATAR - Reclus)

Villes et agglomérations françaises

L'agglomération regroupe une ville et les banlieues qui l'entourent ; elle s'étend sur plusieurs communes.

Deux séquences :

1. Les villes reliées entre elles
2. Paris et les grandes agglomérations

BIBLIOGRAPHIE

- *Les hommes et leurs paysages : les villes*, Épigones, Coll. « Fenêtres ouvertes sur le monde ».
- Noin, *Le nouvel espace français*, Colin, 1998 (Cursus).
- Pumain et Saint-Julien, « La France » in *Géographie universelle*, vol. 2, Hachette-Reclus, 1991.
- Manuels de la classe de Première, chapitres sur l'organisation de l'espace français. Des fiches de renseignements sur les régions se trouvent dans les chapitres « régionaux ».
- G. Burgel, *La ville d'aujourd'hui*, Hachette, 1995, Pluriel. Petit ouvrage au prix modique, par un des meilleurs connaisseurs actuels des grandes villes.
- N. Cattan, *Les villes en France*, La Documentation française, 1997. Une mise au point très complète pour mieux comprendre et des documents projetables très utiles comme points d'appui en classe.

séquence

1

Les villes reliées entre elles

Objectifs : **localiser les grandes agglomérations françaises ; comprendre la notion de réseau urbain.**

Compétences méthodologiques : observer des cartes et des photos pour tirer des conclusions.

Matériel : livre de l'élève P. 88 à 90, photofiche **4B** ; atlas, cartes, plans de ville.

Mots clés : ville, agglomération, gare.

Paris : la gare Montparnasse

Travail d'observation

Faire observer la photo P. 88 et les laisser répondre aux questions de *1. Observation* P. 89.

Réponses possibles :

A. Il s'agit d'une gare importante. Les trains visibles sont des TGV Atlantique gris et bleus. Ils desservent les grandes villes de l'Ouest et du Sud-Ouest. À droite de la photo se trouvent ceux qui, en principe, vont partir (les trains en France roulent à gauche), à gauche ceux qui viennent d'arriver. Les voies au centre de la photo sont réservées aux trains de banlieue. La gare est partiellement recouverte d'une dalle qui est en cours d'aménagement. Elle supportera un jardin. On constate qu'il y a peu d'espace vert visible.

B. La gare se trouve à l'intérieur de la ville. Des immeubles d'habitation variés sont alignés le long des rues et des boulevards. À part quelques immeubles récents, ils ont à peu près tous la même hauteur. On reconnaît quelques monuments parisiens, notamment le dôme doré des Invalides sur la gauche. Il est situé à proximité de la Seine dont on devine le cours. Au fond (au milieu du bord supérieur de la photo), le Sacré-Cœur est situé au sommet de la butte Montmartre.

C. Le quartier est très dense. Plusieurs immeubles de bureaux occupent beaucoup de place et sont très hauts (le plus haut est la tour Montparnasse avec 56 étages) ; certains viennent d'être construits sur la gare elle-même.

Vous pourrez proposer **4B** : *Quelques monuments parisiens* (photofiche P. 67 ou cahier d'exercices P. 13).

Lyon : la gare La Part Dieu

Rappeler que les TGV relient pratiquement toutes ces agglomérations à Paris et que les lignes intérieures d'Air Inter les plus fréquentées sont celles de Paris-Marseille, Paris-Nice, Paris-Toulouse.

Il s'agit là aussi d'un quartier où se trouve la gare des TGV, même si la photo ne montre pas la gare elle-même.

Travail de comparaison

Demander aux enfants d'observer la photo P. 90.

Faire comparer ce quartier avec celui de la gare Montparnasse. À Lyon, l'espace est occupé de façon bien moins dense et les espaces verts sont plus nombreux. On voit quelques avenues et les places de parking sont nombreuses. À Paris, le stationnement est surtout souterrain.

Faire remarquer à quel point les gares se sont modernisées et développées.

En reliant les grandes villes entre elles grâce à un réseau ferré de plus en plus performant, les gares sont devenues les secteurs clés de nombreuses villes et les quartiers alentour sont souvent en plein essor.

Synthèse

Pour conclure, vous pouvez :

• Élaborer un bref résumé à partir des questions suivantes : Pourquoi avoir tout d'abord étudié deux « quartiers TGV », à Paris et à Lyon ? *Tous deux sont en transformation*. Pourquoi se transforment-ils ? *Parce que nombreux sont les gens qui veulent y habiter ou y travailler*.

• Terminer en précisant que les réseaux de communication qui relient les villes entre elles jouent un rôle important dans leur développement.

séquence

2

Paris et les grandes agglomérations

Objectifs : **connaître quelques grandes agglomérations françaises ; savoir que Paris est la capitale de la France.**

Compétences méthodologiques : lire une carte, remplir un tableau.

Matériel : livre de l'élève P. 89 à 91, photofiches **4A**, **4B** et **4C**, *poster du Multilivre* ; les documents réunis par les élèves sur quelques villes de France.

Mots clés : ville, capitale, agglomération.

Remarque : faire réaliser, au préalable, *4. Enquête* P. 89.

Les grandes agglomérations françaises

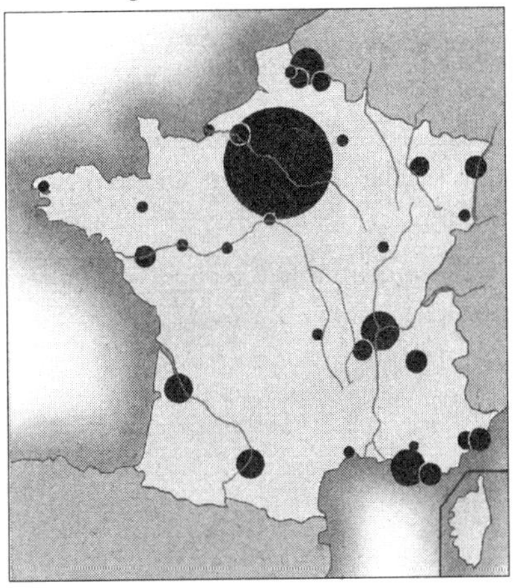

1 cm sur la carte du livre de l'élève représente 130 km sur le terrain.

Observation de la carte 1

Faire observer la carte des grandes villes de France et expliquer le mot « agglomération » dont la définition est donnée P. 90, étayer la par des exemples connus des enfants. Laisser les enfants répondre aux question de 2. *Lecture de la carte 1* P. 89.

Réponses possibles :

A. Paris/Lyon/Marseille/Lille-Roubaix-Tourcoing/Bordeaux/Toulouse/Nice/Strasbourg/Nantes/Toulon/Grenoble…

B. On constate que les 10 agglomérations citées sont situées à la périphérie du territoire, là où l'influence de Paris se fait moins sentir, à cause de la distance bien sûr…

Il est possible de faire estimer les distances :

Paris - Lille = 200 km

Paris - Strasbourg = 450 km

Paris - Nantes = 400 km

Paris - Lyon = 450 km

LES 10 AIRES URBAINES	
Paris	11 174 743
Lyon	1 643 216
Marseille/ Aix-en-Provence	1 516 340
Lille	1 143 125
Toulouse	964 797
Nice	933 080
Bordeaux	925 253
Nantes	711 120
Strasbourg	612 104
Toulon	564 823

LES AIRES URBAINES, DE 11 À 20	
Douai-Lens	552 682
Rennes	521 188
Rouen	518 316
Grenoble-Montpellier	514 559
Metz	459 916
Nancy	429 588
Clermont-Ferrand	410 508
Valenciennes	409 558
Tours	399 677

Afficher le ***poster du Multilivre*** : *Où habites-tu ?*

Au recensement de 1999, l'INSEE a dénombré la population au niveau de chaque commune.

L'institut a aussi délimité des agglomérations multi-communales sous l'appellation d'« aires urbaines » qui rend mieux compte de ce qui se passe au niveau des grandes agglomérations françaises, marquées par l'étalement sur un grand nombre de communes, parfois supérieur à plusieurs centaines.

Sur les dix plus grandes aires urbaines, on constate que :

– une est située à l'Est : Strasbourg ;

– une est située au Nord : Lille ;

– trois sont situées dans l'ouest et le sud-ouest : Nantes, Bordeaux et Toulouse ;

– cinq sont situées dans le centre-est et le sud-est : Lyon, Marseille, Aix-en-Provence, Nice et Toulon ;

– Paris est seule dans cette liste sur un espace de 200 km à la ronde.

Poursuivre la réflexion en demandant aux enfants de situer sur cette carte la commune où se trouve l'école et faire estimer la distance de cette commune à Paris et à quelques-unes de ces grandes agglomérations. Trouver ou faire trouver les moyens de transport qui existent pour atteindre (en combien de temps ?) Paris et la grande agglomération la plus proche.

Utiliser l'enquête menée par les enfants sur les grandes agglomérations pour leur faire compléter le tableau ci-dessous :

CAPITALE DE LA FRANCE	GRANDES VILLES INDUSTRIELLES	VILLES PORTUAIRES	AUTRES

Laisser à chaque enfant le temps d'exposer une ou deux informations sur la ville étudiée au modèle de l'article *Grands événements* P. 91.

Vous pourrez proposer **4A** : *Les grandes villes françaises* (photofiche P. 66 ou cahier d'exercices P. 12).

Les monuments de Paris, capitale nationale

Lecture de la carte 2

Observer la carte 2. *Paris et ses monuments* P. 89 et laisser les enfants répondre aux questions de *3. **Lecture de la carte 2*** P. 89. Réponses possibles :

A. Monuments reconnaissables de l'ouest vers l'est : la Grande Arche de La Défense, l'Arc de triomphe, la tour Eiffel, la tour Montparnasse, l'opéra Garnier, la pyramide du Louvre, le Sacré-Cœur, Beaubourg, la cathédrale Notre-Dame, la Bastille, la Bibliothèque nationale de France.

B. C. On peut faire dessiner la silhouette de chacun des monuments, puis coller les meilleurs dessins sur un grand plan de Paris (ou de la ville choisie) qui sera exposé.

Vous pourrez proposer **4B** : *Quelques monuments parisiens* (photofiche P. 67 ou cahier d'exercices P. 13).

Synthèse

Pour conclure, vous pouvez :

• À partir d'une carte muette de la France, faire localiser Paris, une dizaine de grandes agglomérations et l'endroit où se trouve l'école.

À propos des deux séquences : lecture

Lire ou faire lire le texte P. 90. Vérifier la compréhension des mots difficiles ou inconnus. Faire lire *Je retiens* P. 90.

Autour de la leçon

Vous pouvez :

- À partir de l'article *Grands travaux* P. 91 chercher les villes françaises qui possèdent aujourd'hui un métro : *Lille, Marseille, Lyon, Toulouse, Rennes et Paris.*
- Sur une carte d'Europe, faire chercher la grande ville étrangère la plus proche d'une grande agglomération française. Évaluer la distance qui les sépare.
- Après avoir lu l'article *Grands événements* P. 91 faire rechercher d'autres villes françaises dont le nom est associé à une fête, une manifestation culturelle, une spécialité culinaire.
- En partant de l'article *Quartier d'affaires* P. 91, demander aux enfants d'imaginer par quel(s) moyen(s) de transport les gens viennent travailler dans ce quartier. Faire remarquer que cette réalisation gigantesque est une preuve de l'expansion de la capitale qui en vient à « avaler » du terrain sur les communes voisines.

Évaluation de la leçon — Vous pourrez proposer la photofiche **4C** P. 68.

Mémo,

À voir à proximité de l'école ou dans la région :

Quelques livres :

D'autres références :

FILMS – VISITES – INTERNET

- *Paristoric*, film, 45 mn., à voir au 78, boulevard des Batignolles 75017 Paris Tél. : 01.42.93.93.46.
- Dans toutes les grandes villes de France, l'Office du tourisme local organise la visite guidée rue par rue de la ville qui vous permettra de repérer les quartiers résidentiels, commerçants, industriels et les différents modes d'habitat (individuel ou collectif).
- Le site www.france-diplomatie.fr présente deux cents photos de la France, portant sur le cadre naturel, l'habitat, les activités, les institutions.
- Sur Paris : *Paristoric*, un film de 45 min., destiné aux touristes français et étrangers. 11, rue Scribe, 75009 Paris. Tél. : 01.42.66.62.06.

5 Vivre et travailler à la campagne

OBJECTIFS

- **Décrire le monde rural et ses mutations actuelles.**
- **Relever les transformations du paysage, de l'habitat, des activités, des productions dans le temps.**
- **Identifier des activités à partir de photographies.**

À SAVOIR

L'agriculture aujourd'hui

L'agriculture demeure en France une activité de premier plan. Mais elle n'est plus, comme autrefois, le fondement de la vie économique et sociale dans les campagnes.

Elle a beaucoup évolué en quarante ans, elle s'est mécanisée, elle a rompu ses liens avec les villes et les marchés les plus proches pour se lancer sur des marchés plus vastes et plus lointains.

Dans le même temps, les campagnes ont créé de nouvelles relations avec le monde urbain. Elles vivent plus qu'auparavant des flux de produits, de touristes, de capitaux venus des villes.

Les paysages de la campagne enregistrent et expriment clairement ces mutations; chacun peut y voir combien, en peu d'années, les villages ont été des lieux d'implantation :

– de résidences secondaires de week-end à proximité des grandes agglomérations;

– de résidences de vacances près des plages et dans les campagnes méridionales;

– de commerces et autres services identiques à ceux des villes même s'ils n'en ont ni la taille, ni la variété.

Agriculteurs et espace rural

Les agriculteurs ne sont pas les seuls actifs à la campagne. Artisans, commerçants, ouvriers ou employés sont aujourd'hui souvent plus nombreux que les agriculteurs dans la plupart des villages de France (plus d'un quart des ouvriers français habite aujourd'hui dans les communes rurales).

Les mutations dans l'agriculture

Depuis les années 50, l'agriculture française a connu des mutations sans précédent. Les mutations tiennent en quatre points :

1) L'agriculture est variée dans ses structures : elle oscille de la très grande exploitation mécanisée à la petite exploitation familiale traditionnelle; mais quelle que soit sa taille ou son organisation, elle est entièrement tournée vers le commerce. Toute agriculture en France aujourd'hui est « commerciale », tandis que l'agriculture vivrière a entièrement disparu.

2) Les conditions de la production ont été complètement transformées par ce qu'on a appelé le « bloc d'innovations techniques » : mécanisation, motorisation, emploi de produits chimiques et vétérinaires.

La productivité est devenue extrêmement forte dans tous les secteurs, et des terres retournent à la friche ou à la forêt.

3) Plusieurs régions ont été concernées par de grands aménagements hydrauliques (Languedoc) ou par des réaménagements de paysages agraires (l'Ouest).

4) La haute productivité a fait diminuer considérablement le nombre des actifs agricoles (6 % de la population active aujourd'hui).

L'agriculteur n'est plus un paysan au sens traditionnel, il est devenu un chef d'entreprise devant surveiller l'évolution du matériel, faire de la gestion, de la commercialisation, participer à la politique agricole commune (PAC), etc.

L'originalité de la campagne en France et les « nouvelles campagnes »

À la différence de ce qui se passe dans les pays voisins de la France, notamment en Allemagne, le long du Rhin et en Italie du Nord, il reste en France un espace rural très vaste, qui occupe la plus grande partie de l'espace national. La question se pose, aujourd'hui, de savoir ce que l'on va faire dans les espaces qui ne seront plus cultivés.

Allons-nous vers une situation où des paysans deviendraient des « gardiens de l'environnement » ?

Deux séquences :

1. Connaître l'agriculture
2. Vivre dans un village

BIBLIOGRAPHIE

- *Du grain à la farine*, BTJ.
- V. Rey, *L'Agriculture française*, Documentation photographique 6084, 1986 (mise au point extrêmement claire).
- B. Hervieu, « L'impératif territorial » in *Sciences humaines*, n° 4, février/mars 1994.
- R. Brunet et G. Dorel, *L'Agriculture de la CEE*, Documentation photographique (typologie des systèmes agricoles dans l'Union européenne).
- M. Jollivet, *L'Europe et ses campagnes*, Presses de la Fondation Nationale des Sciences Politiques, 1996. Un ouvrage de références écrit par des spécialistes pour comprendre où en est l'agriculture européenne sur tous les plans : politique commune, paysages, habitats, devenir.
- Atlas de France, vol. 8, *L'espace rural*, la Documentation française, 2001. Ouvrage réunissant de très nombreuses statistiques et cartes portant sur tous les aspects de la vie rurale en France.

séquence

1

Connaître l'agriculture

Objectifs : **montrer que malgré la diminution du nombre d'agriculteurs en France, la production agricole augmente et occupe une place importante dans l'économie française ; expliquer que la diminution du nombre des agriculteurs est liée à la mécanisation ; découvrir la production agricole de la France : culture et élevage.**

Compétences méthodologiques : observer une ou plusieurs photographies ; lire des cartes.

Matériel : livre de l'élève P. 92, 93, photofiches **4A** et **4B**, *poster du Multilivre.*

Mots clés : agriculture, céréales, élevage, vignoble, fruits et légumes, lait, culture, matériel.

À la faucille, comme autrefois

Les moissonneuses-batteuses employées d'abord aux États-Unis n'ont été introduites en France qu'en 1929. Leur emploi s'est généralisé à partir des années 60.

La récolte de blé... sur les Champs-Élysées !

Faire observer le document P. 92 et laisser les enfants répondre aux questions de *1. Observation* P. 93, après leur avoir fait lire la légende.

Réponses possibles :

A. On récolte le blé, la principale céréale cultivée en France.

B. C'est une mise en scène car les Champs-Élysées – la plus belle avenue du monde, à Paris – ne sont pas un champ... Il faut rechercher les raisons d'un tel événement médiatique dans les intentions des organisateurs (des syndicalistes agricoles). Il y a sans doute deux raisons principales :

– une volonté de faire connaître l'agriculture ; les Français d'aujourd'hui ne sont plus très nombreux à bien connaître la campagne et l'agriculture ;

– une volonté de rappeler l'importance passée et présente de l'agriculture, la France est le troisième exportateur mondial de produits agricoles.

On peut ajouter que cette mise en scène a eu lieu un an après la célébration du bicentenaire de la prise de la Bastille, date clé de la Révolution française (qui s'était déroulée le 14 juillet 1989).

C. Cette paysanne utilise une faucille (instrument à lame courbe servant à couper l'herbe ou le blé dans des espaces exigus où l'on ne peut même pas utiliser la faux, instrument à lame tranchante et à long manche). Cet outil n'est plus utilisé pour la moisson. On a voulu rappeler le passé par le costume de la paysanne.

D. C'est une moissonneuse-batteuse moderne (une seule machine fait le travail d'une cinquantaine de personnes moissonnant à la faux). Elle regroupe des activités autrefois séparées : moisson, transport des gerbes, battage... et les exécute très rapidement avec une main d'œuvre très réduite. On règle la coupe assez haut pour éviter les mauvaises herbes qui « bourrent » le mécanisme et aussi parce que les grosses exploitations céréalières ont souvent abandonné l'élevage. Dans ce cas, il reste de la paille sur le terrain ; elle sera brûlée et enfouie sur place pour fertiliser la terre.

Vous pourrez proposer **5A** : *Du blé au pain* (photofiche P. 69 ou cahier d'exercices P. 14).

Des machines partout

Observation de 12 photos
Faire observer les photos de 2. ***Réflexion*** P. 93. Demander aux enfants de les classer dans les quatre « filières » agricoles inscrites dans le tableau ci-dessous :

CÉRÉALES	VIN	FRUITS ET LÉGUMES	LAIT

Préciser que les machines agricoles remplacent en partie le travail des hommes. Il y a donc moins besoin d'agriculteurs pour effectuer le même travail qu'autrefois.

Insister sur la difficulté à tout mécaniser :

- dans certains travaux délicats ou impliquant un choix (maturité, aspect) ;
- lorsque les terres cultivées sont en pente (montagne par exemple) ou inaccessibles par la route.

Les principaux produits agricoles

Les grandes régions céréalières couvrent le cœur du Bassin parisien, la plaine du Nord et le Sud-Ouest. À noter que si le blé reste dominant, l'avoine et le maïs (qui servent d'alimentation au bétail) progressent.

Les grandes régions d'élevage (pour le lait et la viande) sont l'Ouest et le Limousin. Les régions de montagne connaissent un déclin à cause des surcoûts liés aux reliefs accidentés. Les régions de vignobles et de primeurs se développent (grâce à l'irrigation) dans les vallées du Rhône, de la Garonne, du Val de Loire et en bordure de la Méditerranée.

Afficher le ***poster du Multilivre*** : *Agriculture, tourisme et loisirs.*

Travail sur la carte Les cultures et l'élevage
Proposer l'activité 3. ***Lecture de carte*** P. 93 et demander aux enfants de lister l'ensemble des produits dessinés puis de les classer. Le premier est donné en exemple :

CULTURE	RÉGIONS	ÉLEVAGE	RÉGIONS
blé	**centre**		

Faire répondre aux questions du livre 3. ***Lecture de carte*** P. 93.

Vous pourrez proposer **5B** : *Les produits agricoles* (photofiche P. 70 ou cahier d'exercices P. 15).

Synthèse

Pour conclure, vous pouvez :

• Compléter le texte ci-dessous.

Le signe ➧ signifie « entraîne », ou « conséquence ».

L'agriculture est .... (*de plus en plus*) moderne ➧ les agriculteurs utilisent .... (*de plus en plus*) les machines dans leur travail ➧ les agriculteurs produisent .... (*de plus en plus*) de produits ➧ les agriculteurs sont .... (*de moins en moins*) nombreux.

• Reproduire le tableau des principaux produits agricoles complété en classe sur le cahier de géographie.

séquence 2

Vivre dans un village

Objectifs : **observer et décrire la vie rurale.**

Compétences méthodologiques : utiliser ses connaissances pour décrire le milieu rural ; analyser des textes.

Matériel : livre de l'élève P. 94-95, photofiche **4C**.

Mots clés : la vie rurale, le village, l'équipement des maisons.

Les hommes et les forêts

Travail d'après document

Lire le texte et reclasser les usages du bois qui y sont mentionnés, selon les thèmes suivants :

– le bois comme combustible ;

– le bois comme matériau de construction ;

– le bois comme matière première utilisée dans l'industrie.

Les administrés d'une commune rurale

Faire rechercher les phrases qui, dans ce texte, se rapportent aux ressources dont les habitants disposent. Puis indiquer quelle est la partie du texte où il est question des services que la municipalité organise pour ses habitants.

Avantages et inconvénients de la campagne

Travail de réflexion

Demander aux élèves quelle expérience ils ont de la campagne puis poser les questions suivantes :

– Le cadre de vie est-il plus beau à la ville ou à la campagne ? *Réponse ouverte.*

– Qui vit dans les villages ? *Les agriculteurs, des artisans et maintenant des personnes qui travaillent à la ville voisine.*

– Quels sont les avantages de la vie à la campagne ? *Une vie calme, moins trépidante, l'absence de pollution et de nuisances.*

– Quels sont les inconvénients ? *L'isolement, l'absence de certains services…*

L'habitat rural

Montrer que les maisons rurales tiennent compte du sol (en pente ou non), du climat (abri du vent, présence du soleil, risque d'inondation), des matériaux disponibles. Bien expliquer qu'elles n'étaient pas que des logements, elles comprenaient des granges, une étable, une bergerie, un cellier, autant d'endroits où les paysans travaillaient.

Travail de réflexion

Poser la question suivante :

– À votre avis les maisons à la campagne sont moins, aussi, ou plus confortables que celles de la ville ? Pourquoi ?

Faire remarquer qu'à la campagne, il y a de la place, et que les logements ont aujourd'hui le même niveau d'équipement qu'à la ville même quand ils sont anciens : télévision, électroménager, téléphone.

Synthèse

Pour conclure, vous pouvez :

• Élaborer un bref résumé en complétant le texte suivant :

Aujourd'hui les villages .... (*se dépeuplent*). Certaines fermes sont .... (*transformées*) en résidences secondaires. Les maisons rurales sont devenues confortables ; elles possèdent .... (*l'eau*), ... (*l'électricité*), le téléphone, la télévision. Les .... (*agriculteurs*) ne sont plus les seuls à y vivre.

• Aider les enfants à construire un résumé en posant les questions suivantes : Par quoi les agriculteurs sont-ils aidés dans leur travail ? Qu'est-ce qu'une maison rurale ? Qui s'installe, en été, dans les villages ? Pourquoi ?

À propos des deux séquences : lecture

Lire ou faire lire le texte P. 94. Vérifier la compréhension des mots difficiles. Faire lire *Je retiens* P. 94.

Autour de la leçon

Vous pouvez :

• Faire dessiner des maisons rurales. Laisser libre cours à l'imagination des enfants après leur avoir conseillé de s'inspirer de l'article *Maisons et régions* P. 79.

• Commencer une collection de cartes postales de villages et de maisons rurales de la région.

• Effectuer une recherche sur une exploitation forestière.

• Faire observer les trois champs de l'article *Les cultures* P. 95. Demander à quoi sert le blé, le maïs, le tournesol. *Avec le blé : pain, gâteaux ; avec le maïs : alimentation du bétail ; avec le tournesol : huile.*

Évaluation de la leçon Vous pourrez proposer la photofiche **5C** P. 71.

Mémo,

À voir à proximité de l'école ou dans la région :

Quelques livres :

D'autres références :

FILMS – VISITES

• *D'un soleil à l'autre*, sur France 3.

• *Vivre à la campagne : Arleuf, une commune du Morvan*, VSH : 16 mn, CRDP de Dijon.

• *La Beauce*, 20 diapositives, CRDP d'Orléans.

• Le salon de l'agriculture, à Paris, porte de Versailles, fin avril - début mai, tous les ans.

• Écomusée d'Alsace
68190 Ungersheim
Tél. : 03.89.74.44.74.

• Château de Saint-Fargeau
ferme au château
89170 Saint-Fargeau
Tél. : 03. 86.74.05.67.
Ces deux derniers sont ouverts toute l'année.

6 Vivre et travailler à la mer

OBJECTIFS

- **Savoir localiser les grands ports.**
- **Montrer la diversité des activités liées à la mer à partir du vocabulaire et des notions connues des enfants.**
- **Observer des documents photographiques.**
- **Comparer des cartes d'un même lieu.**

À SAVOIR

La tradition maritime française

La place de la France est singulière. Elle dispose d'une façade sur la Méditerranée, et d'une autre sur l'Atlantique, ce qui représente un atout considérable. Elle possède en outre :

– une flotte de guerre puissante et moderne : un porte-avions nucléaire (le Charles de Gaulle), présence permanente en mer d'au moins un SNLE (sous-marin nucléaire lanceur d'engins) ;

– de traditions maritimes solidement établies dans le transport maritime, la pêche et l'exploitation biologique de la mer : ostréiculture (huîtres), mytiliculture (moules), aquaculture (fermes marines) ;

– d'une très grande zone économique exclusive (10 millions de km²) d'espace océanique au large des côtes françaises reconnue par le droit international.

La situation actuelle

La plupart des activités liées à la mer sont en déclin ou représentent une faible part du trafic mondial.

La marine de commerce (au 27e rang mondial) avec quelques 220 navires (plus de 700 en 1965) emploie seulement 11 000 marins et officiers (contre 47 000 en 1975).

Dans le domaine des porte-conteneurs la France ne représente que 2 % du trafic mondial (contre 18 % pour les États-Unis). Quant à la construction navale (réputée pour sa qualité) elle n'offre pas plus de 10 000 emplois.

Même en ajoutant les 45 000 marins d'active de la Marine nationale et les 18 000 appelés du contingent on aboutit à un faible effectif (inférieur, par exemple, à celui des usines Peugeot) pour un pays qui compte quelques milliers de kilomètres de côte. L'importance du trafic dû aux liaisons vers les îles Britanniques a accru l'activité de ports comme Calais ou Cherbourg.

Trois façades maritimes

1) L'ouverture sur la mer du Nord et la Manche fait que la France participe activement au trafic de la grande façade maritime de l'Europe du Nord-Ouest. Le Havre et Dunkerque en sont ses principaux ports de commerce.

2) La façade atlantique est moyennement active et ses grands ports (Nantes, Bordeaux) n'ont qu'un rang modeste, surtout comparé à ce qu'ils ont été aux XVIIIe et XIXe siècles. Cette façade garde un rôle plus important pour la marine de guerre, avec Brest et Lorient.

3) La façade méditerranéenne est dominée par le plus grand port de commerce et premier port de France : Marseille. Son rôle est important pour les traversées vers la Corse et les relations avec tout le bassin méditerranéen et les importations de pétrole. Le port de guerre de Toulon abrite l'escadre de la Méditerranée.

Les ports de commerce français

TRAFIC MARCHANDISES (en milliers de tonnes)	
Marseille : 94 106	La Rochelle : 7 631
Le Havre : 67 492	Bayonne : 4 071
Dunkerque : 45 283	Sète : 3 910
Calais : 31 875	Cherbourg : 3 646
Nantes/ St-Nazaire : 31 860	Boulogne : 2 909
Rouen : 22 805	Lorient : 2 687
Bordeaux : 9 292	Caen : 2 643

PRINCIPAUX PORTS DE VOYAGEURS (en milliers)	
Calais : 15 066	Caen : 906
Marseille : 1 656	Le Havre : 862
Bastia : 1 916	Boulogne : 440
Cherbourg : 1 390	Dieppe : 301
Saint-Malo : 1 088	Dunkerque : 96

Source : Images Économiques du Monde, 2002, SEDES

Les rapports entre les transports maritimes et les villes portuaires

L'évolution des transports maritimes a bouleversé, en quelques années, les liens qui unissent les villes portuaires et les activités portuaires. La ville, née autrefois du port, tend à évoluer aujourd'hui indépendamment de lui. Deux grands aspects sont en cause :

– Le gigantisme des navires. Spectaculaire pour les pétroliers, il concerne aussi les minéraliers, les porte-conteneurs, de plus de 300 m de long et 50 m de large. Beaucoup de zones portuaires ont donc dû s'étendre, parfois fort loin des sites initiaux : Fos et l'étang de Berre à Marseille, Antifer au Havre, Port-Ouest à Dunkerque, par exemple.

– L'automatisation de la manutention. Les grands navires d'aujourd'hui sont chargés et déchargés par des machines modernes en quelques heures, alors qu'autrefois, des journées entières étaient nécessaires.

Deux séquences :

1. Les gens de la mer
2. En vacances au bord de la mer

BIBLIOGRAPHIE

- Tracqui et Claro, *Copain des mers*, Milan, 1992.
- D. Costa et Beauregard, *Mers et Océans : la planète bleue*, Gallimard, 1987.
- A. Ganeri et L. Corbella, *Atlas Jeunesse des Océans*, Le Seuil, 1994.
- *Atlas du littoral*, Ed. de Monza, 1994.
- G. Cazes, plusieurs ouvrages sur le tourisme français et international (PUF, Bréal, Hatier).
- J.-J. Bavoux, *Les littoraux français*, 1997, Armand Colin.

séquence

1

Les gens de la mer

Objectif : **définir les activités liées à la mer en dehors du tourisme.**

Compétence méthodologique : observer des documents photographiques.

Matériel : livre de l'élève P. 96, 97, 99, photofiche **6A**, *poster du Multilivre.*

Mots clés : pêche, port de commerce, port de pêche, chalutier, phare, navigation de plaisance, baie, dock, cargo, pétrolier, voilier.

Des bateaux très différents

On peut distinguer :
– les régates (courses de voiliers sur un parcours abrité d'une vingtaine de kilomètres) ;
– les courses au large (environ 250 km) ;
– les courses autour du monde ;
– les traversées océaniques.
Parmi les navigateurs français on peut citer : Gérard d'Aboville, Alain Bombard, Isabelle Autissier, Florence Arthaud, Olivier de Kersauzon, Marc Pajot, Loïc Péron.

Les bateaux de pêche sont adaptés aux diverses activités (pêches côtière, hauturière, lointaine).
Les sardiniers ne s'éloignent guère de la côte ; les pêcheurs (peu nombreux par bateau) utilisent un filet vertical.
Les chalutiers modernes sont plus importants que celui qui est représenté. Certains embarquent de la glace pour conserver le poisson pêché dans les cales Ils peuvent rester un mois en mer.
Les thoniers pratiquent une pêche avec de multiples lignes fixées sur des antennes.

Des bateaux à voile
Laisser les enfants observer la photo P. 96 avant de répondre aux questions de *1. Observation* P. 97.
Réponses possibles :

A. La beauté des bateaux, le caractère majestueux de leurs évolutions, l'impression de vitesse au ras de l'eau, les recherches sur les matériaux nouveaux, la forme des voiles, l'emploi de couleurs très vives, la précision des gestes des navigateurs, leurs compétences multiples (navigation, construction navale, entraînement sportif, météorologie), sont autant de raisons qui font la renommée de ces courses.

B. Suivre les courses à travers les mers est devenu possible grâce aux progrès énormes réalisés dans les télécommunications. Aujourd'hui, la transmission instantanée des images devient possible et soutient l'intérêt des téléspectateurs.

Des bateaux à moteurs
Faire observer les dessins du pétrolier et du chalutier P. 96 avant de répondre à la question **C.**

C. Le cargo pétrolier sert à transporter du pétrole brut ou raffiné. Le chalutier sert à pêcher.

Poursuivre la réflexion en posant les questions suivantes :

– Quels dangers représentent ces énormes navires que sont les cargos pétroliers ? *Un accident peut provoquer une fuite de pétrole dans la mer polluant celle-ci, tuant des poissons, des oiseaux et salissant les rivages.*

– Pouvez-vous citer quelques accidents célèbres ? *Amoco Cadiz en 1978 sur les côtes de Bretagne ; Exxon Valdez en 1989 sur les côtes d'Alaska ; Braer en 1993 sur les côtes des îles Shetland, Erika* (2000).

– Comment pêche-t-on le poisson sur le chalutier ? *Le bateau possède à l'arrière un grand filet en forme de poche : le chalut. Ce chalut, traîné sur le fond, emprisonne les poissons ; une fois plein il est remonté par un treuil sur le pont.*

Préciser qu'il existe des bateaux de pêche plus importants ; ce sont de véritables usines flottantes qui quittent le port pour plusieurs mois.

Vous pourrez proposer **6A** : *Rentrer au port* (photofiche P. 72 ou cahier d'exercices P. 16).

Les ports de France

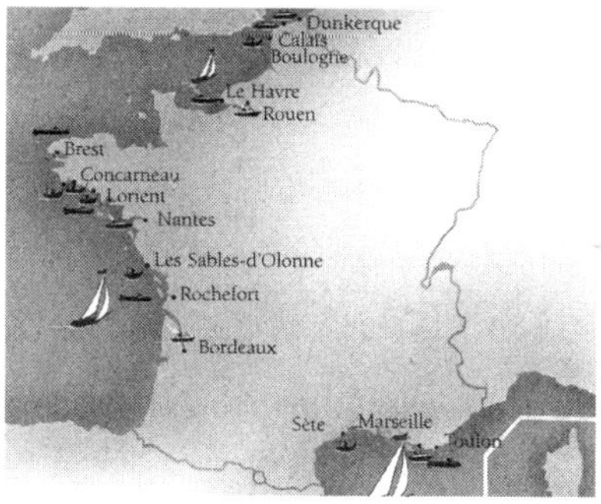

Les ports de plaisance, trop nombreux, ne sont pas représentés sur la carte ; il en est de même pour les petits ports de pêche et de commerce.

Afficher le ***poster du Multilivre*** : *Ports et autoroutes.*

Ports de pêche, de commerce et de guerre

Faire observer la carte concernant les ports de France P. 97 et lire sa légende.

Faire nommer les ports de pêche et les ports de commerce.

Faire nommer les ports de guerre.

Demander aux enfants de répondre aux questions de *3. **Lecture de carte 2*** P. 97.

Préciser que les principaux ports de pêche sont, par ordre décroissant d'importance : Boulogne, Concarneau, Lorient, Le Guilvinec, Caen, Saint-Nazaire, Les Sables-d'Olonne, Martigues, Douarnenez.

Un peu de vocabulaire

Des mots importants

Faire noter sur les cahiers de géographie les quelques définitions en réponse à *4. Vocabulaire* P. 97 :

Baie : un endroit où la mer s'avance dans la terre.

Côte : rivage qui borde la mer, on l'appelle aussi le littoral, c'est-à-dire l'étendue de pays en bord de mer.

Criée : vente publique aux enchères du poisson par les pêcheurs.

Docks : entrepôts.

Gare maritime : la partie du port où les passagers peuvent embarquer.

Jetée : une sorte de grand mur qui s'avance dans la mer.

Phare : construction en hauteur pourvue d'une lumière servant à guider les navires la nuit.

Les phares

Faire lire l'article *Le phare de Calais* P. 99.

Préciser que la puissance de la « lampe » et son altitude sont deux éléments essentiels, car d'eux dépend la portée, c'est-à-dire la distance d'où le phare peut être vu. Le terme vient de Pharos, nom d'une île égyptienne située en face d'Alexandrie sur laquelle, en 285, Ptolémée fit construire une tour de marbre haute de 180 m au sommet de laquelle on faisait brûler des feux pendant la nuit pour guider les bateaux.

Il est absolument obligatoire que les phares, indiqués sur les cartes marines, soient régulièrement allumés, donc entretenus, surveillés, gardés.

Mais aujourd'hui, la navigation maritime fait de plus en plus appel à des moyens de guidage par ondes hertziennes (radiophares) ou par satellite et beaucoup de phares se voient condamnés à l'oubli.

Synthèse

Pour conclure, vous pouvez :

- Élaborer une trace écrite en faisant répondre aux questions suivantes : Quelles sortes de ports trouve-t-on en France (citer un port de chaque catégorie) ? Quelles activités pratique-t-on sur le littoral ?
- Faire reproduire sur le cahier de géographie la carte des ports de France.

séquence
2

En vacances, au bord de la mer

***Objectif :* mettre en évidence l'évolution des petits ports de pêche en station balnéaire.**

Compétence méthodologique : comparer deux cartes d'un même lieu.

Matériel : livre de l'élève P. 97 à 99, photofiches **6B** et **6C**.

Mots clés : station balnéaire, plage, navigation de plaisance, tourisme.

Remarque : utiliser les dossiers « Savoir et Faire » P. 136, 137, 139.

■ Nos vacances

Sur le littoral Provence - Côte d'Azur, on compte 12 000 vacanciers par kilomètre de plage ; sur celui du Languedoc-Roussillon on en dénombre seulement 3 500.

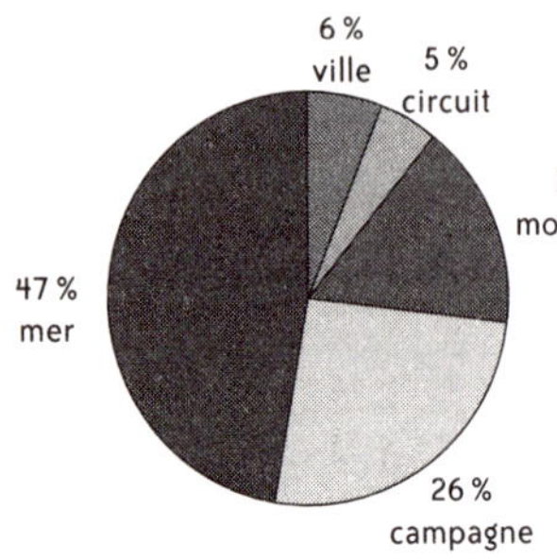

Enquête dans la classe

Faire un sondage dans la classe qui permettrait de répondre aux questions suivantes :
- Combien d'enfants sont allés à la campagne ?
- Combien sont allés à la montagne ?
- Combien sont allés à la ville ?
- Combien se sont promenés de façon itinérante ?

Inscrire au tableau les résultats dans un camembert, ou diagramme circulaire dont il y a un exemple, dans « Savoir et Faire » P. 139.

Expliquer que ce diagramme représente 100 personnes parties en vacances.

Sur ces 100 vacanciers, 47 sont allés à la mer, 26 à la campagne, 16 à la montagne, 6 sont restés en ville et 5 ont choisi de faire des circuits.

Faire remarquer que 2 x 26 = 52 ~ de 47 : il y a presque deux fois plus de vacanciers qui vont à la mer qu'à la campagne.

Comparer avec les choix de vacances des familles de la classe.

■ L'aménagement du littoral

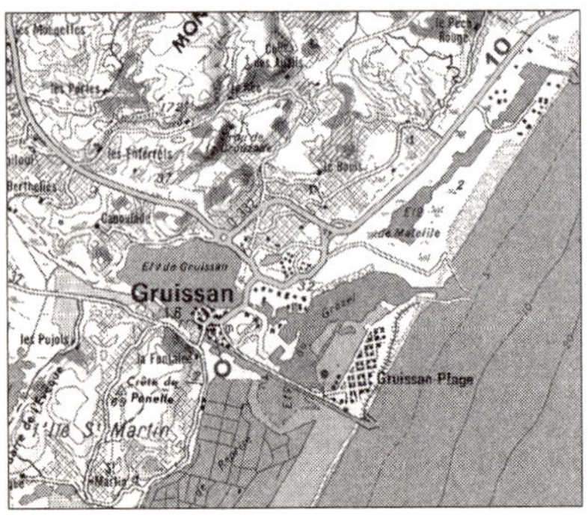

La venue des vacanciers a été une manne économique pour de nombreux petits ports voués à disparaître. Certaines communes n'ont pas hésité à créer des stations balnéaires, des hôtels, des campings, des bases de loisirs, des ports de plaisance et à améliorer les routes et les liaisons ferroviaires.

La station balnéaire de Gruissan

Commencer par faire situer Gruissan sur la carte 2 P. 97. Gruissan se trouve dans l'Aude (11), au sud-ouest de Narbonne. En temps normal cette station compte 2 000 habitants, mais en été elle accueille jusqu'à 30 000 touristes dans la station balnéaire de Gruissan-Plage et autour du port de plaisance. Ces réalisations font partie du programme d'Aménagement du littoral en Languedoc-Roussillon tout comme Port-Leucate, Port-Barcarès, le Cap d'Agde et la Grande-Motte.

Faire observer la carte 1 P. 97 pour montrer comment, de simple village, Gruissan s'est transformé en station balnéaire. Vous pouvez vous appuyer sur « Savoir et Faire » P. 136, 137.

La flotte de plaisance compte, en France, 800 000 navires immatriculés dont 560 000 à moteur et 240 000 voiliers (1 100 000 permis ont été délivrés).

Alors qu'en 1965, il y avait 20 000 places pour 25 000 bateaux, aujourd'hui les 230 ports de plaisance suffisent à peine à accueillir les 120 000 bateaux de plaisance (la location annuelle d'un emplacement varie de 305 à 12 195 €).

Quelques ports de plaisance :
Arcachon (2 300 places), La Rochelle (3 200), Le Crousty (2 000), Le Cap d'Agde (2 200), Marseille-Vieux Port (3 200), Port-Camargue (2 100), Toulon (2 350), Cannes (1 750).

Faire situer le centre de Gruissan ; il est matérialisé par un amas de carrés noirs (les maisons) agglomérés autour d'un petit cercle (l'église). En partant de ce centre montrer la route étroite et rectiligne qui permet de se rendre à la plage de Gruissan-Plage. Elle enjambe l'étang du Grazel et longe un petit canal qui débouche dans la mer. Ce canal permet aux bateaux de petite taille (pêche, plaisance...) de passer de la mer aux étangs. Trois petites jetées (figurées par trois petits traits noirs à l'embouchure du canal) protègent l'entrée du canal contre les vagues. Deux jetées plus grandes (en blanc) protègent une autre entrée plus au nord-est.

Faire remarquer qu'entre Gruissan et Gruissan-Plage un plan d'eau aménagé a été créé pour permettre aux voiliers de plaisance de se mettre à l'abri. Contrairement à Gruissan, Gruissan-Plage comporte des boutiques essentiellement ouvertes l'été.

Vous pourrez proposer **6B** : *Le port de Gruissan en 1955 et en 1990* (photofiche P. 73 ou cahier d'exercices P. 17).

Synthèse

Pour conclure, vous pouvez :

• Faire imaginer une affiche pour une station balnéaire dans laquelle vous vanterez les qualités d'accueil, le climat, l'ambiance, la grande variété des loisirs... Slogans, photos, cartes postales, dessins sont les bienvenus. Une fois terminée, la meilleure sera affichée.

À propos des deux séquences : lecture

Lire ou faire lire le texte P. 98. Vérifier la compréhension des mots difficiles ou inconnus. Faire lire *Je retiens* P. 98.

Autour de la leçon

Vous pouvez :

• Faire la liste des principaux ports de commerce et les marquer par un carré proportionnel à l'importance de leur trafic.

Évaluation de la leçon Vous pourrez proposer la photofiche **6C** P. 74.

Mémo,

À voir à proximité de l'école ou dans la région :

Quelques livres :

D'autres références :

FILMS – VISITES

• *Route pêche*, VHS : 26 mn, CRDP de Rennes, 1991.
• *Sur les quais : Le Havre*, VHS : 26 mn, CRDP de Rennes, 1992.
• *Thalassa* sur France 3 tous les vendredis à 20 h 50.
• Nausicaa, Bd. Sainte-Beuve 62200 Boulogne-sur-Mer Tél. : 03.21.30.99.99.
• Musée des Terre-Neuvas et de la pêche, 27, bld Albert 1er 76400 Fécamp Tél. : 02.35.28.31.99.
• Musée de la marine, Hall du Palais de la Bourse 13002 Marseille Tél. : 04.91.39.33.33.
• Musée National de la Marine, Palais de Chaillot, Paris (www.musee-marine.fr) donne une liste des musées consacrés au même thème en France.

7 Vivre et travailler à la montagne

OBJECTIFS

- **Approfondir les connaissances sur le relief montagneux.**
- **Appréhender l'existence d'atouts et de contraintes en milieu montagnard.**
- **Par cette première approche mettre en évidence la haute et la moyenne montagne et les grandes différences de leurs équipements.**
- **Observer des documents photographiques et des dessins.**
- **Savoir lire une carte topographique.**

À SAVOIR

Deux cas opposés d'évolution

Les milieux de très haute montagne, autrefois difficiles à mettre en valeur, sont devenus très attractifs grâce à « l'or blanc » des sports d'hiver. De véritables villes réservées au ski y ont été construites. Un peu plus bas, l'équipement hydroélectrique (barrages, usines électriques, usines utilisatrices d'électricité) a provoqué une certaine industrialisation.

D'autres milieux, autrefois beaucoup moins difficiles pour l'homme, ont décliné. C'est le cas des montagnes du sud de la France où l'agriculture traditionnelle produisait de tout : céréales, vigne, plantes aromatiques ou tinctoriales, olives, châtaignes. Aujourd'hui, les friches ont recouvert presque tout et les densités de population y sont inférieures à 30 habitants au km^2.

Situations régionales et locales en montagne

Dans les zones montagneuses la densité de population est faible :

– plus de 30 hab/km^2 : Vosges, Alpes du Nord, Jura, Massif Central nord ;

– moins de 30 hab/km^2 : Massif central sud, Pyrénées, Corse, Alpes du Sud.

On peut distinguer trois grands types de situations :

– fort dépeuplement dans les montagnes méridionales ; la résidence de retraite compense aujourd'hui l'exode rural, maintient en vie les villages, mais n'empêche pas la poursuite du déclin agricole ;

– situation « intermédiaire » de moyennes montagnes humides, où l'élevage s'est maintenu, où l'industrie a contribué à garder d'assez fortes densités rurales : Vosges, Jura, Massif Central nord ;

– situation « exceptionnelle » qui est celle des Alpes du Nord, où urbanisation, industrialisation et tourisme se sont épaulés. L'accessibilité est excellente grâce à un équipement en voies de communication de très haute qualité. Quelques communes ont su aussi combiner tourisme et maintien de l'agriculture de montagne.

Le rôle de grandes opérations d'aménagement

Grenoble 1968, Albertville 1992 : dans ces deux exemples célèbres on a pu voir combien les montagnards savent utiliser les grands événements pour développer l'économie montagnarde.

Pour les besoins des jeux d'Albertville, des investissements massifs ont été réalisés dans les transports à l'échelle de tout le département de la Savoie rendant cette région accessible à partir de toutes les grandes régions urbaines d'Europe occidentale.

L'or blanc, l'essor de la pratique du ski

L'essor des sports d'hiver à partir des années 1950-1960 apparaît aujourd'hui comme l'un des faits majeurs dans l'histoire récente des montagnes françaises. L'enneigement est au centre de toute l'activité touristique. Il a revitalisé des massifs entiers. Mais en contrepartie, il ne faut pas oublier qu'il génère quelques difficultés. On note :

– un problème d'irrégularité d'une année sur l'autre. On ne peut suppléer au manque de neige par des canons à neige que dans certaines conditions atmosphériques. Ce type d'équipement est coûteux et ne peut convenir qu'à de grandes stations. Il ne peut de toutes façons être envisagé que pour des pistes de ski alpin ;

– un problème de respect des sites. Or, les pistes de ski alpin et leurs aménagements sont difficilement compatibles avec ce qu'on appelle un beau paysage, surtout en dehors de la saison hivernale. Il faut en effet pratiquer des trouées dans les forêts, installer des remonte-pentes, créer artificiellement des bosses ou au contraire les raboter, construire des protections dans les lits des torrents ou les couloirs d'avalanches ;

– un problème de sécurité civile devant les risques d'avalanche. L'augmentation du nombre des victimes chaque année (environ 30) est préoccupante, et justifie la cartographie des zones à risques. La protection passe par des aménagements spécifiques, comme la construction de lignes de protection, l'entretien des alpages, le renforcement des maisons. On procède au déclenchement volontaire par explosif, et on interdit l'accès à certaines zones (fermeture de pistes, interdiction du ski hors piste).

Deux séquences :

1. La vie à la montagne

2. L'or blanc

BIBLIOGRAPHIE

- P. Avezou, *les Montagnes*, Rouge et Or, Coll. « Explorons ».
- *Transhumance des moutons*, BT, n° 823.
- Y. Veyret, et P. Pech, *L'Homme et l'Environnement*, PUF (1er cycle), 1993.
- *La Montagne française*, la Documentation française, 1987.
- B. Debarbieux, *Tourisme et montagne*, Économica, 1995. Petit livre très stimulant.
- F. Loux, *Guide de haute montagne*, Didier-Richard. Étude sociologique sur un métier exceptionnel, celui de guide.

séquence 1

La vie à la montagne

Objectifs : **voir les paysages ; présenter des activités typiques de la montagne.**

Compétence méthodologique : observer des documents photographiques et des dessins.

Matériel : livre de l'élève P. 100, 101, 103, photofiches **7A** et **7B**, dictionnaire.

Mots clés : montagne, chalet, barrage, hydroélectricité, élevage, tourisme, sports d'hiver.

Parcourir la montagne

À 1 400 m d'altitude, au pied des sommets du Beaufortin, ce barrage dresse ses 160 m de hauteur et 760 m de long en travers de la vallée du Doron de Beaufort. Achevé en 1961, il retient un lac long de 5 km contenant près de 188 millions de m³ d'eau, le complexe de Roselend associe deux ouvrages :
– le barrage-voûte,
– l'usine de La Bathe (à 1 200 m plus bas) où les eaux du lac (et celles d'autres prises) sont conduites à travers 20 km de galeries souterraines.

Loisir et travail

Laisser les enfants observer le dessin P. 100 avant de répondre aux questions de *1. Observation* P. 101. Réponses possibles :

A. Non, seule la marche à pied, par des sentiers escarpés, permet d'atteindre ce chalet. La voiture, mais surtout le 4 x 4, ou les trains électriques, appelés parfois tortillards, sont des moyens de transport idéaux.

B. De nombreux barrages servent à produire de l'électricité. En altitude on trouve des barrages-réservoirs. Ils gardent, dans des lacs artificiels, les eaux de torrents. Ces lacs sont une réserve d'énergie immédiatement utilisable en cas de nécessité.

Vous pouvez faire observer la photo du barrage hydroélectrique de Roselend P. 100. Ce barrage est de type voûte. L'usine qui lui est associée située à 10 km ne nuit pas à l'esthétique du site et de l'ouvrage. Le lac de retenue s'intègre bien dans un cadre montagneux majestueux. Il est situé en haute montagne.

C. Le transport de l'électricité se fait par des réseaux de lignes à haute tension (généralement aériennes) vers des transformateurs d'où rayonnent des lignes qui alimentent les usines et les maisons.

D. Depuis quelques années, les stations ont développé un tourisme d'été dont le dessin P. 100 peut donner une idée.

Faire constater l'excellence du site : un replat, là où le soleil réchauffe le sol très tôt le matin, et où l'éclairement est meilleur le soir. Le chalet est récent. Autrefois, en hiver, personne ne venait ici. En été, bergers et troupeaux montaient vers l'herbe tendre des alpages, qui ont été pendant longtemps la grande richesse de la haute montagne. Aujourd'hui, la nouvelle richesse est la beauté des paysages. Ce chalet sert de refuge pour les randonneurs qui parcourent la montagne pour leur plaisir.

Vous pourrez proposer **7A** : *Paysage de montagne* (photofiche P. 75 ou cahier d'exercices P. 18).

Les métiers de la montagne

Question de vocabulaire

Pour réaliser l'exercice de 2. *Vocabulaire* P. 101 demander aux enfants de rechercher des métiers qui se pratiquent en montagne à l'aide du livre et d'un dictionnaire.

Dans les vallées on rencontre des agriculteurs, des artisans, des éleveurs qui, l'été, mènent les troupeaux vers les alpages.

Dans les exploitations forestières on trouve des bûcherons, des agents de l'Office national des Forêts, des ramasseurs de baies sauvages, de plantes médicinales, de lavande.

Dans les métiers liés au tourisme de sports d'hiver et à l'hôtellerie, on peut distinguer les employés de l'hôtellerie qui font une saison d'hiver en montagne et une saison d'été ailleurs, et les métiers spécifiquement montagnards comme guides de haute montagne, moniteurs de sports d'hiver, directeurs de stations de ski, etc.

Les métiers liés à la protection civile, à la protection de l'environnement et à la Défense nationale comprennent notamment les gendarmes, les chasseurs alpins, les guides de haute montagne, les gardes des parcs naturels.

Conclure en faisant constater que si les activités traditionnelles déclinent, des métiers nouveaux apparaissent et que l'économie montagnarde se diversifie, malgré des difficultés de communication dues au relief.

Vous pourrez proposer **7B** : *Exploiter la montagne* (photofiche P. 76 ou cahier d'exercices P. 19).

Synthèse

Pour conclure, vous pouvez :

- Élaborer un bref résumé présentant les activités à la montagne.
- Demander aux enfants de donner trois noms de métiers de la montagne en dehors des métiers du tourisme.

séquence 2

L'or blanc

Objectif : **étudier l'aménagement de la montagne pour les sports d'hiver.**

Compétences méthodologiques : observer des documents variés ; lire une carte topographique.

Matériel : livre de l'élève P. 132, 100 à 103, photofiche **7C**, *poster du Multilivre.*

Mots clés : or blanc, ski, remontées mécaniques.

Remarque : utiliser le dossier « Savoir et Faire » P. 132 à 135.

Du ski de fond

En montagne moyenne le domaine skiable pour le ski sur piste est réduit. Par contre, le Jura offre de grandes possibilités pour le ski de fond. Il existe des centaines de kilomètres de pistes ouvertes, balisées, entretenues.

Observation et situation

Demander aux enfants de retrouver le Jura sur la carte P. 77.

Faire trouver le point culminant de ce massif et préciser son altitude en se reportant à la carte P. 132 : *Crêt-de-la-neige, 1 718 m.*

Faire observer la photo P. 102. Demander aux enfants de remarquer :

- la nature des équipements sportifs : *pas de remonte-pente, mais une piste large et longue et assez peu pentue* ;
- le nombre de skieurs : *cette compétition ressemble à un marathon pédestre ou une course cycliste* ;
- l'accent mis sur l'endurance, l'effort prolongé dans une nature très peu modifiée pour la pratique du sport.

... au ski de piste

Le domaine skiable français compte 15 000 km² et comprend 4 100 pentes longues de 120 000 km (c'est-à-dire 120 fois la distance de Brest à Strasbourg).

On compte 250 bureaux-écoles de ski avec 11 000 moniteurs et 15 000 employés sur les pentes et aux remontées.

On comptabilise, en France : 3 000 téléskis, 800 télésièges, 150 télécabines, 60 téléphériques, 21 funiculaires, 4 chemins de fer à crémaillères, 8 ascenseurs... Les remontées mécaniques représentent une longueur de 3 150 km, avec un débit supérieur à 3 millions de personnes par heure ! On estime que 10 % de la population française pratique les sports d'hiver.

Les stations de ski et leur équipement

Faire observer la photo des remontées mécaniques P. 100.

Demander aux enfants s'ils ont déjà utilisé ce genre de remontées mécaniques.

Faire un rapide sondage pour savoir, dans la classe, combien sont déjà partis aux sports d'hiver. Poser les questions suivantes :

– Quelle est l'utilité de ces installations ? *Pour le ski de piste, il faut une pente donc monter rapidement et facilement afin de pouvoir descendre.*

– Quels paysages voit-on quand on est tout en haut des remonte-pentes ? *De la neige à perte de vue car on est déjà à grande altitude.*

– D'où viennent ces touristes ? *De toute la France, voire des États voisins.*

– Comment viennent-ils ? *Par le train, les routes et les autoroutes.*

Station de l'Alpe-d'Huez

Pour compléter ce travail sur les stations de sports d'hiver, on pourra proposer aux élèves le dossier « Savoir et Faire » P. 132 à 135. Il permettra :

– d'acquérir du vocabulaire géographique supplémentaire ;

– d'analyser différents types de représentation : la photographie, le dessin, la carte.

Faire observer les cartes de la station de l'Alpe-d'Huez P. 132, 133, 135 et réaliser les différentes activités proposées.

Amener les enfants à comprendre qu'un nouveau mode de vie existe dans cette station, mode qui n'a plus rien de rural. En fait ces grandes stations sont des villes à la montagne. Pour cela montrer sur la carte qu'il y a de nombreux immeubles (rectangles noirs), une piscine, une patinoire, un palais des Congrès et toutes les remontées mécaniques qui conduisent les skieurs partout dans la montagne.

L'Alpe-d'Huez offre 35 000 lits pour les touristes. On y trouve 107 pistes avec plus de 300 m de dénivellation et 50 km de pistes de ski de fond. On y compte 86 remontées mécaniques.

Le tunnel du Mont-Blanc avec ses 11 600 m est le plus long tunnel sans puits de ventilation. La chaussée mesure 7 m de large, la hauteur n'atteint pas 6 m. Le trafic dépasse 5 300 véhicules par jour. À la suite d'un grave accident, il a été entièrement ré-aménagé et sa sécurité à été renforcée.

Noter qu'il existe d'autres tunnels routiers frontaliers : tunnels de Tende (3 186 m), de Fréjus (12 900 m) avec l'Italie ; tunnels d'Aragnouel-Bielsa (3 000 m), de Puymorens (4 800 m), du Simplon (commencé en 1991).

Le réseau routier qui dessert la montagne

Faire observer la carte sur les autoroutes de 3. ***Lecture de la carte*** P. 101 et poser la question suivante :

– Dans quel massif se trouve le mont Blanc ? *Il se trouve dans les Alpes du Nord.*

La plupart des autoroutes contournent les massifs montagneux et laissent les automobilistes au pied des montagnes, dans les vallées. Laisser les enfants prendre connaissance de l'article *Relier les hommes* P. 103.

Synthèse

Pour conclure, vous pouvez :

- Faire élaborer un bref résumé illustrant que l'or blanc a profondément modifié la vie à la montagne.
- Faire un dessin illustrant soit le ski de fond (pentes et forêts), soit le ski de piste (les remontées mécaniques, les pistes balisées).

À propos des deux séquences : lecture

Lire ou faire lire le texte *La première ascension du Mont Blanc* P. 103. Expliquer que cet exemple, qui est une première historique, a ouvert la voie à l'alpinisme, une pratique qui n'existait pas auparavant, car les montagnards qui vivaient au pied du Mont Blanc pensaient qu'on ne pouvait survivre à ces altitudes.

Faire rechercher quelques événements contemporains de cette ascension ou du XVIIIe siècle. Faire rechercher quels sont les mots qui indiquent que l'ascension a été organisée par Balmat et Paccard comme une recherche scientifique plutôt que comme un exploit sportif.

Autour de la leçon

Vous pouvez, au choix :

- Familiariser les enfants avec les barrages en parlant du barrage du Portillon P. 103. Signaler que l'hydroélectricité n'a pas entraîné d'industrialisation importante.
- Approfondir le travail sur ski de piste/ski de fond.
- Faire des panneaux sur les différents métiers de la montagne en séparant ceux liés au tourisme de ceux qui ne le sont pas.

Évaluation de la leçon Vous pourrez proposer la photofiche **7C** P. 77.

Mémo,

À voir à proximité de l'école ou dans la région :

Quelques livres :

D'autres références :

FILMS – VISITES

- *Montagne*, émission mensuelle sur France 3.
- Vidéo de l'EDF sur l'énergie hydraulique.
- *La journée du berger*, INRA, 1986.
- Château des Rubins
74700 Salanches
Tél. : 04.50.58.32.13.
- Musée paysan Art et traditions des Alpes
74250 Vivz-en-Sallaz
Tél. : 04.50.36.89.18.
- Visite du barrage et de la centrale hydro-électrique du lac de Villerest
Tél. : 04.77.70.02.27.
- Musée Dauphinois
30 rue Maurice Gignoux
38000 Grenoble
Tél. : 04.76.85.19.01

8 La France d'outre-mer

OBJECTIFS

■ Connaître les territoires français à travers le monde.
■ Insister sur les relations qui unissent la métropole et les DOM-TOM (malgré la distance); l'histoire, la langue, la musique, les migrations, etc.; la participation au rayonnement mondial de la France; l'intégration économique.
■ Lire une carte et des documents.
■ Rechercher des documents.

À SAVOIR

DOM et TOM

On distingue administrativement :

– Les départements d'outre-mer (DOM) qui sont rattachés à la France depuis très longtemps : Guadeloupe, Martinique, Guyane, Réunion.

– Les territoires d'outre-mer (TOM) rattachés au XIXe siècle et qui sont beaucoup plus éloignés de la métropole : Polynésie française, Nouvelle-Calédonie, Wallis-et-Futuna. Saint-Pierre-et-Miquelon et Mayotte sont des collectivités territoriales pouvant être rattachées à ce groupe.

On peut procéder autrement et distinguer comme l'ont fait les auteurs de la Documentation photographique dans « La France du lointain » :

– les départements français d'Amérique : Antilles et Guyanne;

– Saint-Pierre-et-Miquelon;

– les possessions françaises de l'océan Indien;

– les TOM du Pacifique Sud.

Des liens très anciens

Considérés ensemble, les départements et territoires d'outre-mer sont ce qu'on a appelé les confettis de l'Empire, c'est-à-dire les restes bien modestes de l'immense empire colonial français, le second au monde après l'Empire britannique. Cet empire est à son apogée à la veille de la Seconde Guerre mondiale, mais, comme les autres, il disparaît dans le mouvement de décolonisation qui suit et dans les mouvements d'indépendances africaines du début des années 60.

Les départements et territoires d'outre-mer sont aussi les témoins d'une vocation maritime très ancienne, qui remonte au XVIIIe siècle, lorsque Colbert était ministre de Louis XIV. À l'époque, le royaume de France cherchait à s'assurer des appuis à travers le monde et à se procurer ce qu'on ne pouvait trouver en France. C'est ce qui a poussé les pêcheurs de Dieppe, Saint-Malo ou Rouen vers les bancs poissonneux de Terre-Neuve, et les commerçants des villes portuaires de la Manche et de l'Atlantique vers les richesses tropicales des Antilles et de l'Amazonie comme le sucre, le café, et autres produits exotiques.

Le goût de l'aventure, l'esprit missionnaire, la curiosité scientifique, et l'installation de relais pour les navigateurs ont été autant de motifs qui se sont ajoutés aux mobiles purement économiques. Enfin, est venu, avec le temps, l'attachement pour des terres lointaines où l'on parle français, et où la vie quotidienne se déroule, par bien des aspects, comme en métropole.

Les DOM-TOM aujourd'hui

Aujourd'hui les départements et territoires d'outre-mer conservent de nombreux traits liés à leur histoire.

Les productions sont tournées vers l'approvisionnement de la métropole en sucre (de canne) et en bananes (la moitié de la valeur de la production agricole de la Martinique); l'agriculture reste très peu diversifiée. Les cultures d'aubergines et d'avocats ont rencontré des difficultés de commercialisation et certaines plantations ont été anéanties lors du passage d'un cyclone en 1989.

Les structures sociales sont marquées par de grandes inégalités, elles-mêmes largement façonnées par le système esclavagiste aboli en 1848. Elles sont aujourd'hui confrontées à l'importance du chômage et à la rapide augmentation de la population. Deux faits nouveaux sont apparus :

– l'essor du tourisme, auquel s'ajoute, en Guyane, l'apport du Centre spatial de Kourou, et en Polynésie, le Centre d'énergie atomique de Mururoa;

– l'afflux d'immigrants et le brassage de population.

Deux séquences :

1. Des territoires tous différents
2. L'économie des DOM-TOM

BIBLIOGRAPHIE

- J. Guilloré, *Le Fétiche de Jado*, L. Rageot Éditeur, Coll. « Cascade aventure », 1993.
- Th. Georgel, *Contes et Légendes des Antilles*, Pocket Junior, 1994.
- *Sur les lanceurs de satellites,* manuels de géographie de terminale.
- E. Vigneron et al, *La France du lointain,* DOM-TOM, collectivités territoriales, Documentation photographique n° 7012, août 1992.
- *Sur l'abolition de l'esclavage,* manuels d'histoire, notamment de classe de seconde.
- J. Meyer, *Esclaves et Négriers,* Gallimard, Coll. « La Découverte », 1986.
- Y. Bénot, *La Révolution et la fin des colonies,* Gallimard, Coll. « La Découverte », 1987.
- F. Arzalier, et al, Exposition : *Esclavage, Révolution, Droits de l'homme 1789-1989,* ville de Palaiseau, Comité pour la célébration du Bicentenaire, AFSPA, 1989.

séquence

1

Des territoires tous différents

Objectifs : **localiser les DOM et les TOM ; identifier les liens historiques qui les unissent à la métropole.**

Compétences méthodologiques : observer un document photographique ; lire une carte.

Matériel : livre de l'élève P. 104, 105, 113 ; photofiches **8A** et **8B**.

Mots clés : département d'outre-mer, territoire d'outre-mer.

Remarques : organiser, au préalable, 2. *Recherche* P. 105.

La Guyane, un département d'outre-mer

La Guyane, découverte par les Espagnols en 1500, fut exploitée par les Français (en 1555 et 1604) qui s'y établirent en 1637. Anglais et Hollandais disputèrent ce territoire à la France jusqu'au XVIIIe siècle. Depuis 1946 c'est un département français.
Le centre spatial guyanais est implanté à Kourou depuis 1968. Le lancement de la première fusée européenne (Ariane 1) a eu lieu en 1979. Le capital d'Arianespace est réparti en plusieurs États : France, Allemagne, Belgique, Italie, Royaume-Uni, Suisse, Espagne, Suède, Pays-Bas, Danemark et Irlande.

Travail d'observation à partir d'une photographie de la fusée Ariane
Faire observer la photographie P. 104 et laisser les enfants répondre aux questions de *1. Observation* P. 105. Réponses possibles :
A. C'est le pas de tir de la fusée Ariane. On voit la tour de lancement et la fusée proprement dite.

B. La Guyane est située sur le continent sud-américain au nord du Brésil.

C. La base de Kourou est située dans la forêt équatoriale (la forêt amazonienne) où le climat est chaud et humide car elle se trouve à proximité de l'équateur (5°N de latitude).

D. La forêt qui entoure la base est très verdoyante. On peut facilement en déduire que pour obtenir une telle densité de forêt, il faut beaucoup d'humidité. La couleur du ciel montre qu'il fait beau et chaud.

À l'occasion de cette observation, il est possible de poser les questions suivantes :
– Pourquoi la France a-t-elle choisi d'installer cette base de lancement de fusée en Guyane ? *La Guyane est un département français.*
– Pourquoi l'avoir installée si loin ? *Les fusées lancées depuis un site proche de l'équateur échappent plus facilement à l'attraction terrestre ; l'absence de population sur la trajectoire de départ diminue les risques en cas d'accident.*

Sur les 380 km de côtes guyanaises peu fréquentées, le centre spatial occupe 30 km de front de mer. Le matériel lourd est apporté directement par des cargos qui remontent le fleuve côtier : Kourou. La ville du même nom compte 14 000 habitants dont beaucoup d'ingénieurs et de techniciens qui travaillent sur la base de lancement.

Les autres DOM-TOM

Sur la carte, ne figurent pas les Terres australes et antarctiques françaises (TAAF) qui comprennent :
– la Terre Adélie : 432 000 km² (partie française de l'Antarctique) ;
– les îles Kerguelen ou îles de la Désolation (environ 300 îles couvrant 7 200 km²) ;
– l'île Amsterdam et l'île Saint-Paul…
Ces territoires ne sont pas habités en permanence ; seules y séjournent des équipes de scientifiques.

Lecture de carte
Commencer par faire localiser la Guyane sur la carte P. 105. Expliquer la signification des abréviations DOM-TOM.

Expliquer aux élèves l'historique des DOM-TOM et donner quelques détails sur l'origine de leur rattachement à la métropole (nom donné à la France, ou l'Hexagone, par rapport aux territoires français dispersés dans le monde) à l'aide des informations données dans la rubrique *À Savoir*.

Faire retrouver les autres DOM-TOM. Faire rechercher en quoi la Guyane diffère des autres. *Ce n'est pas une île.*

Recherche de documents

Pour réaliser 2. ***Recherche*** P. 105 mieux vaut organiser la classe en groupes. Chaque groupe s'occupera d'un DOM ou d'un TOM et établira une fiche en répondant, par exemple, aux questions suivantes : Où est-il situé ? Quelle est sa surface ? Quelle est sa population ? À quelle distance de Paris ce pays se trouve-t-il ? Quel océan ou quel continent faut-il survoler ou traverser pour s'y rendre ? Quel climat y trouve-t-on ? À ce sujet on pourra utiliser la carte *Les grandes zones climatiques du monde* P. 113.

Réunir les informations dans un tableau simplifié (nom, distance de Paris, océan(s) et climat).

	NOM	SUPERFICIE (en km²)	POPULATION	DISTANCE DE PARIS (en km)	OCÉAN	CLIMAT
DOM	Guadeloupe	1 787	422 496	6 800	Atlantique	chaud
DOM	Martinique	1 080	381 427	6 800	Atlantique	chaud
DOM	Guyane	90 000	157 213	7 000	Atlantique	chaud
DOM	Réunion	2 500	706 300	9 300	Indien	chaud
TOM	Polynésie française	4 000	219 521	16 000	Pacifique	chaud
TOM	Nouvelle-Calédonie	17 000	196 836	19 000	Pacifique	chaud
TOM	Wallis-et-Futuna	255	14 166	17 000	Pacifique	chaud
Coll. Terr.	Saint-Pierre-et-Miquelon	240	6 316	4 750	Atlantique	tempéré
Coll. Terr.	Mayotte	375	131 320	8 000	Indien	chaud

Vous pourrez proposer **8A** : *Les DOM-TOM* (photofiche P. 78 ou cahier d'exercices P. 20).

Deux îles bien différentes

Saint-Pierre-et-Miquelon est un archipel de 8 îles à 25 km de Terre-Neuve. Le climat y est rude (hivers longs et froids, printemps brumeux, étés courts et frais) et les pluies fréquentes (1 400 mm). La température moyenne est de 5 °C. La végétation est rabougrie. On y pratique la pêche. C'est Jacques Cartier qui a choisi son nom en 1536.
La Martinique est une île des Antilles au climat chaud (25 °C en moyenne) et humide. Elle connaît des cyclones (violentes tempêtes tropicales) en moyenne tous les 8 ans. Les Français en ont pris possession en 1635.

Saint-Pierre-et-Miquelon et la Martinique

À partir de l'observation des deux photographies de 3. ***Comparaison*** P. 105, faire comparer les paysages des deux îles.

À Saint-Pierre-et-Miquelon on ne voit que de la roche, il n'y a pas d'arbres, mais beaucoup d'oiseaux. On remarque un phare à l'intérieur des terres, une église et une maison. Le ciel est gris. Il semble faire froid (seul cas où le climat n'est pas chaud).

La photo de la Martinique montre une baie où la mer est bleue. La côte est envahie par la forêt tropicale, sauf une bande de sable formant peut-être la plage. Le ciel bleu comporte quelques nuages.

Vous pourrez proposer **8B** : *Au milieu des océans* (photofiche P. 79 ou cahier d'exercices P. 21).

Synthèse

Pour conclure, vous pouvez :

- Faire noter sur les cahiers les noms des DOM-TOM ; faire remarquer que toutes ces possessions d'outre-mer sont des îles sauf la Guyane et qu'elles connaissent toutes un climat chaud sauf Saint-Pierre-et-Miquelon.
- Reproduire le planisphère P. 105 et colorier les DOM et les TOM en fonction de leur climat.

séquence 2

L'économie des DOM-TOM

Objectifs : **découvrir les richesses de certains DOM-TOM ; montrer que l'économie des DOM-TOM dépend des liens avec la métropole.**

Compétences méthodologiques : comparer des photos ; tirer des informations d'un texte.

Matériel : livre de l'élève P. 106, 107 ; photofiches **8B** et **8C**.

Mots clés : canne à sucre, banane, chômage, tourisme.

Le sucre de canne

La canne est une plante importée de l'Inde et de la Chine du Sud. Elle exige un sol riche, une température supérieure à 20 °C et beaucoup d'eau.

Le rhum agricole, lui, est obtenu par distillation du jus fermenté.

Si la Martinique ne mérite plus le surnom d'« île à sucre » (les surfaces consacrées à la canne ont beaucoup diminué), les plantations de canne couvrent encore les 3/4 des terres cultivables de la Réunion et de la Guadeloupe.

Travail sur l'article *La canne à sucre*

Commencer par demander aux élèves de citer des produits provenant de la France d'outre-mer. Faire observer le dessin de l'article *Canne à sucre* P. 107 et poser les questions suivantes :

– Que fait le paysan ? *Avec un grand coutelas appelé « machette », il coupe des tiges de canne à sucre plus hautes que lui.*

Que va-t-il faire de ces tiges ? *Il va les transporter dans un endroit où on va les débiter, puis les broyer ; le liquide obtenu sera chauffé, il donnera, après évaporation, du sucre cristallisé et de la mélasse, dont on tirera du rhum industriel.*

– Peut-on faire pousser de la canne à sucre partout ? *Non, il faut un climat chaud et humide.*

– Qui achète le sucre produit dans les DOM ? *Surtout la France métropolitaine, ce qui soutient l'économie des DOM.*

Interroger les élèves pour savoir quel sucre on utilise chez eux.

– Quelle autre plante donne du sucre ? *La betterave sucrière.*

Les bananes

La banane est un fruit originaire du Sud-Est asiatique. Sa culture demande chaleur et humidité.

Les bananes représentent 60 % des exportations de la Martinique et 40 % de celles de la Guadeloupe.

L'effort global de l'État pour les DOM-TOM s'est monté à 5,49 milliards d'euros en 1993 ; de son côté l'Union européenne a donné plus de 760 000 000 euros. Quant au budget du ministère des DOM-TOM, il se monte à 380 millions d'euros.
On compte en métropole 150 000 Martiniquais, 300 000 Guadeloupéens et 160 000 Réunionnais.

Travail sur l'article *Un fruit fragile*

Faire observer la photo de l'article *Attention ! Fruit fragile* P. 110 et poser les questions suivantes :

– Pourquoi la banane est-elle un fruit fragile ? *C'est un fruit qui s'exporte cueilli vert, il va mûrir dans le transport, le délai de ce transport et les difficultés du conditionnement fragilisent le fruit.*

– Pourquoi cultive-t-on les bananes dans les DOM ? *Parce que le climat chaud et humide convient à sa culture.*

– Quels États achètent les bananes de la Martinique et de la Guadeloupe ? *La France et les autres pays de l'Union européenne bien que le prix de revient de ces bananes soit deux fois supérieur à celui des bananes d'Amérique latine ou d'Afrique.*

La France cherche ainsi à sauvegarder des emplois dans les DOM, mais la population augmente vite, les jeunes sont très nombreux et ils ne trouvent pas d'emploi sur place. Cette réflexion peut entraîner la question suivante :

– Que doivent faire de nombreux jeunes des DOM-TOM pour trouver un emploi ? *Ils viennent en métropole où ils espèrent trouver du travail.*

Vous pourrez proposer **8B** : *Les produits d'outre-mer* (photofiche P. 79 ou cahier d'exercices P. 21).

Le développement du tourisme

En Guadeloupe : 160 hôtels environ, près de 400 000 touristes (dont les 3/4 viennent de la métropole).
En Martinique : 110 hôtels environ ; près de 300 000 touristes.
Par an, on compte 300 000 touristes à la Réunion, 130 000 en Polynésie, 100 000 en Nouvelle-Calédonie.

Les raisons d'une nouvelle richesse
Faire observer la photo du complexe touristique guadeloupéen P. 106.

Faire repérer les hôtels, les piscines, les courts de tennis, la plage abritée. Poser les questions suivantes :

– Quel est le climat de la Guadeloupe ? *Climat chaud, en fait un climat tropical adouci par les alizés ; les grosses pluies se produisent du 15 juillet au 15 octobre.*

– Pourquoi ces îles attirent-elles beaucoup de touristes ? *Il y fait chaud et le soleil brille lorsque l'hiver sévit en métropole. Les installations touristiques sont récentes et agréables. Ce tourisme a créé des emplois dans une région touchée par le chômage.*

Synthèse

Pour conclure, vous pouvez :

- Faire élaborer un bref résumé à partir des questions suivantes : Que produisent les DOM-TOM ? Pourquoi le tourisme se développe-t-il ?
- Faire réaliser une affiche présentant les ressources économiques des DOM-TOM.

À propos des deux séquences : lecture

Lire ou faire lire le texte P. 106. Vérifier la compréhension des mots difficiles ou inconnus. Faire lire *Je retiens* P. 106.

Autour de la leçon

Vous pouvez :

- Faire enquêter sur les activités des habitants des DOM-TOM en métropole.
- Demander aux enfants de chercher des documents sur la France d'outre-mer (penser aux brochures touristiques) en vue de réaliser une exposition.
- Rechercher des recettes de cuisine typiques de ces départements et de ces territoires.

Évaluation de la leçon Vous pourrez proposer la photofiche **8C** P. 78.

Mémo,

À voir à proximité de l'école ou dans la région :

Quelques livres :

D'autres références :

FILMS – VISITES

- *L'île de la Réunion*, VSH : 17 mn, CRDP de la Réunion, CNDP de Paris.
- *Paysages à la carte : lettre de la Martinique*, VHS : 50 mn, CNDP de Paris.
- Outre-mer : visiter les sites www.rfo.fr et www.outre-mer.gouv.fr où l'on peut trouver des données de base et des statistiques actualisées sur les départements et territoires d'outre-mer.

9 Six continents

OBJECTIFS

- **Montrer que la Terre est ronde et que c'est une planète « bleue ».**
- **Nommer les continents et les océans.**

À SAVOIR

De la difficulté de représenter la Terre sur un document plat

La rotondité de la Terre crée une déformation dès qu'il s'agit de représenter une portion quelconque de l'espace terrestre sur un plan. Ce problème existe à toutes les échelles, mais c'est lorsqu'il s'agit de représenter le globe tout entier qu'il se pose de la façon la plus nette.

Pour résoudre ce problème, trois solutions sont possibles :

– conserver les angles,

– conserver les surfaces,

– renoncer à la carte et construire un globe.

Diverses projections

Les cartes qui conservent les angles sont aisément reconnaissables car méridiens et parallèles s'y coupent à angle droit. Dans ce type de projection, la plus connue est la projection de Mercator, mise au point en 1569.

Construite comme si la Terre était déroulée contre les parois d'un cylindre, cette projection dilate énormément les parallèles proches du pôle et déforme les surfaces polaires : le Groenland dont la superficie est de 2 millions de km² est à peine plus petit que l'Afrique, dont la superficie est de 30 millions de km².

Les projections qui conservent les surfaces (comme celle de Peters, par exemple) donnent aux régions polaires une taille convenable, mais les distances Nord-Sud sont exagérées par rapport aux distances Est-Ouest.

Le mini-globe

Il est difficile de construire soi-même une sphère parfaite. Or la Terre est une sphère légèrement aplatie aux pôles.

Il est également difficile de dessiner les contours des continents sur une balle de ping-pong ou n'importe quelle autre sphère.

Pour résoudre cette difficulté, on a choisi d'emballer une balle de ping-pong (dont la taille est standard) avec une enveloppe de papier composée d'une vingtaine de triangles équilatéraux.

Une fois réalisé, le mini-globe permet d'observer la Terre sous toutes ses faces sans en privilégier aucune comme cela se produit avec un planisphère (voir livre de l'élève P. 109).

La forme des continents

La forme même des continents est importante : elle détermine en partie le climat.

Sur le plan climatique, les continents minces s'opposent aux continents massifs. La massivité de l'Afrique et de son prolongement eurasiatique dans l'hémisphère Nord s'oppose à sa relative étroitesse dans l'hémisphère Sud. De la même façon l'immense Sahara et ses prolongements en Arabie puis en Asie constituent un gigantesque domaine aride qui s'oppose à celui bien plus réduit du Kalahari.

La disposition des grandes chaînes de montagne est un autre aspect majeur. L'Amérique est longée du nord au sud par les Rocheuses et la cordillère des Andes sur sa face occidentale. Cet ensemble de montagnes fait obstacle aux vents d'ouest venus du Pacifique. Les climats tempérés océaniques sont réduits à d'étroits liserés côtiers et immédiatement en arrière de ces montagnes apparaissent des zones arides importantes, surtout en Amérique du Nord.

À l'inverse, les chaînes de montagne en Europe sont principalement orientées ouest-est, permettant une profonde pénétration des influences océaniques dans l'intérieur du continent.

La délimitation du continent européen

C'est un problème embarrassant, car d'un point de vue purement physique, on peut considérer que l'Europe n'est qu'une péninsule occidentale de l'immense continent asiatique. Elle alimente de nombreux débats qui sont encore aujourd'hui d'actualité au moment où de nouveaux États adhèrent ou souhaitent adhérer à l'Union européenne.

Traditionnellement, on a considéré que la limite passait par l'Oural et par les détroits du Bosphore et des Dardananelles. Pourtant l'Oural n'est qu'une montagne modeste longue de 2000 km, culminant à 1894 m et elle n'a jamais fait office de coupure dans l'espace russe.

Plus au sud, la Turquie actuelle a une petite portion de son territoire à l'ouest des détroits. Mais cet État, successeur de l'Empire ottoman, a eu, avant le XXe siècle, d'importantes possessions dans toute l'Europe balkanique et danubienne. Alors, où finit l'Europe ?

Deux séquences :

1. La Terre, une grosse boule

2. Les continents et les océans

BIBLIOGRAPHIE

- *Atlas Benjamin*, Hachette, 1991.
- *Atlas Junior*, Hachette, 2e édition, 1991.
- *Atlas des paysages du monde*, Casterman, 1994.
- Pour la présentation de l'Europe, voir les manuels de géographie de classe de quatrième.
- Manuels de géographie des classes de sixième et de seconde.

séquence 1

La Terre, une grosse boule

Objectifs : **comprendre la forme de la Terre ; montrer la difficulté qu'il y a à représenter « à plat » une sphère.**

Compétences méthodologiques : observer une photo satellite ; réaliser un mini-globe.

Matériel : livre de l'élève P. 108, 109, photofiche **9A** ; planisphère ; des balles de ping-pong, calques, ciseaux, colles, crayons de couleur.

Mots clés : continent, océan, globe, sphère.

La Terre vue de l'espace

Les renseignements apportés par les photos satellites sont précieux pour observer les régions polaires, l'importance des pollutions, le parcours des typhons, situer précisément les îles.

Certains télescopes qui équipent ces satellites permettent de reconstituer le relief et de fournir des images (pour les images en noir et blanc) d'une précision de 10 m et de 20 m (pour les images en couleur).

Le 12 août 1961, Youri Gagarine fut le premier homme à observer la Terre depuis l'espace, dans sa capsule Vostok 1. Depuis cette date, la connaissance de notre planète a fait des progrès fulgurants, de nombreux satellites l'ayant photographiée sous toutes ses faces.

Observation d'une photo

Faire observer l'image de la Terre P. 108 et poser les questions suivantes :

– Comment une telle photo a pu être prise ? *Grâce à un satellite placé sur orbite à près de 900 km de la Terre.*

– Pourquoi la photo s'inscrit-elle dans un cercle ? *La Terre est une sphère, une grosse boule... Si on regarde une balle de n'importe quel côté on voit toujours un cercle.*

– Peut-on obtenir un cliché identique à partir d'un avion ? *Non, l'avion ne peut pas atteindre une altitude suffisante pour photographier une si grande portion de la Terre.*

Laisser les enfants répondre aux questions de ***1. Observation*** P. 109. Réponses possibles :

A. Les zones bleues correspondent aux mers et aux océans quand elles ne sont pas recouvertes par des nuages blancs (zones blanches). Les zones vertes correspondent aux régions humides et couvertes de forêts tandis que les régions arides (sèches) apparaissent en orange.

B. On voit bien l'Afrique au milieu de la photo ; on devine à l'extrême-gauche sous une couche nuageuse une partie de l'Amérique du Sud. Au-dessus de l'Afrique (au nord, dans le haut de la photo), on distingue l'Europe, et à l'est, en haut à droite de la photo, une toute petite partie de l'Asie : le Proche-Orient.

C. On reconnaît ces continents à leurs formes particulières et à leur situation sur le globe terrestre.

D. L'Amérique, l'Asie, l'Océanie et l'Antarctique.

Faire trouver la France, l'Espagne et l'Italie, par exemple. S'aider pour cela du planisphère P. 109.

Fabriquer des mini-globes

Photocopier le mini-globe P. 111 en l'agrandissant au moins quatre fois ; vous pourrez ainsi réaliser un grand « mini » globe que vous utiliserez collectivement en classe et qui servira de modèle aux enfants.

Observation et précision

Faire décalquer le « patron » dessiné dans l'article *Mini-globe* P. 111.

Faire découper et colorier les océans et les continents. Préparer le pliage en écrasant à l'avance les plis (traits noirs). Replier chaque face et coller au fur et à mesure autour d'une balle de ping-pong.

■ Synthèse

Pour conclure, vous pouvez :

• Faire élaborer un bref résumé en répondant aux questions suivantes : Quelle est la forme de la Terre ? De quel continent la France fait-elle partie ?

Vous pourrez proposer **9A** : *Planisphère en puzzle* (photofiche [P. 81] ou cahier d'exercices [P. 22]).

séquence **2**

Les continents et les océans

Objectifs : **nommer les continents et les océans ; caractériser chaque continent ; faire prendre conscience de la diversité des paysages.**

Compétences méthodologiques : observer des cartes et des photos ; localiser des photos prises sur divers continents.

Matériel : livre de l'élève [P. 108 à 111], photofiches **9B** et **9C** ; les mini-globes construits à la séquence 1, un planisphère.

Mots clés : Asie, Afrique, Amérique, Océanie, Europe, Antarctique, Océan glacial Arctique, océan Atlantique, océan Indien, océan Pacifique.

■ À la découverte du globe

Il est gênant que l'équateur ne figure pas sur le planisphère pour parler des hémisphères et faire sentir la notion de latitude nécessaire pour situer correctement les continents. Ne pas hésiter à se reporter à la carte [P. 113], elle pallie cet inconvénient.

Le continent mystérieux

Amener les enfants à répondre aux questions de 3. ***Continent mystérieux*** [P. 109].

– Quel continent représente le dessin ? *C'est l'Afrique* (cf. la photo [P. 108]).

– L'Europe se situe-t-elle au nord ou au sud de ce continent ? *Elle est au nord de l'Afrique.*

– L'Amérique est-elle à l'est ou à l'ouest ? *Elle est à l'ouest de l'Afrique et de l'océan Atlantique.*

Vous pourrez proposer **9B** : *Silhouette* (photofiche [P. 82] ou cahier d'exercices [P. 23]).

Observation d'un planisphère

Faire observer le planisphère [P. 109] et établir la liste des continents et des océans. Repérer ces océans et ces continents sur les mini-globes.

Attirer l'attention des élèves sur le titre de ce planisphère. Définir :

– fosse marine : point le plus profond des mers ;

– sommet : point le plus élevé du relief terrestre.

Préciser que ce planisphère donne aussi le nom des continents et des océans.

Laisser ensuite les enfants répondre aux questions de 4. ***Lecture de carte*** [P. 109].

– Comment s'appelle l'océan qui sépare l'Amérique de l'Europe ? *L'océan Atlantique.*

Afrique : 30 millions km^2, 700 millions d'habitants, vaste continent massif.
Amérique : 38 millions km^2, 750 millions d'habitants, continent étiré du nord au sud.
Asie (sans ex-URSS) : 31 millions km^2, 3,4 milliards d'habitants, continent le plus vaste (si on inclut la partie asiatique de la CEI soit 17 millions km^2).
Antarctique : 13 millions km^2, inhabité, continent désert recouvert par la glace.
Europe : 5,9 millions km^2, 580 millions d'habitants, continent de petite taille aux contours découpés. Si on lui ajoute la CEI (confédération de 11 États à la fois européens et asiatiques) : 22,2 millions km^2, 240 millions d'habitants, on obtient un vaste continent de 28,1 millions de km^2 et de 820 millions d'habitants qui devient le troisième plus grand continent du monde et le deuxième plus peuplé.
Océanie : 8,5 millions km^2, 28 millions d'habitants, continent composé de nombreuses îles (certaines grandes et d'autres minuscules).

On peut préciser qu'il borde également l'Afrique et l'Antarctique.

– Quel est le sommet le plus élevé de l'Amérique du Sud ? *L'Aconcagua.*

– Sur quel continent se trouve l'Everest ? *Sur le continent asiatique.*

– Quel continent se trouve au pôle Sud ? *Le continent antarctique (inhabité).*

– Quel continent est « soudé » à l'Europe ? *L'Asie.*

Faire remarquer que le Groenland qui appartient au continent européen et l'Antartique recouverts de glace en permanence sont visualisés en blanc, sur le planisphère.

On peut multiplier les questions en passant en revue les points culminants de chaque continent, de même que les fosses marines ou les dénivellations (entre l'Everest et la fosse des Mariannes, par exemple). À cette occasion vous pouvez faire lire l'article *Records* P. 111.

Jeu de mémoire

La multiplication des questions à l'occasion de l'étude de ce planisphère permet à chacun de retenir des noms et de mémoriser la situation et la forme de chaque continent.

Vous pouvez aisément faire le point sur ce que les enfants ont retenu en procédant à 2. ***Jeu de mémoire*** P. 109.

La variété des paysages

Les déserts

Faire observer la photo du Sahara P. 110 et demander aux enfants de la décrire. *Absence de végétation, du sable, des cailloux, la couleur.*

Montrer l'emplacement du Sahara sur la photo P. 108 et le faire noter sur les mini-globes.

Demander aux enfants de trouver, en regardant attentivement la photo P. 108, une autre étendue désertique. *Le Kalahari, moins vaste, est l'équivalent du Sahara dans l'hémisphère Sud.*

Préciser que les étendues arides ne sont nulle part aussi vastes que dans l'ensemble Afrique-Asie.

Des rizières aux lagons

Faire examiner les six photos de l'article *Paysages* P. 111, aider les enfants à les situer sur leur continent.

1A : Les rizières en terrasses de l'Indonésie (Asie) ; le riz est la nourriture essentielle de plus d'1 milliard d'individus.

2F : Le grand canyon du Colorado est situé au sud-ouest des États-Unis.

3C : Un fjord (ancienne vallée glaciaire envahie par la mer) de Norvège (Europe).

4B : La savane (hautes herbes avec quelques arbres) du Kenya est en Afrique.

5E : La barrière (falaise de glace) de Ross se trouve dans l'Antarctique.

6D : Un lagon (étendue d'eau à l'intérieur d'un atoll) se trouve en Océanie, ici précisément à Tahiti.

Faire placer sur les mini-globes ou sur une carte simplifiée du monde les numéros de ces vignettes.

Vous pourrez proposer **9B** : *Les continents* (photofiche P. 82 ou cahier d'exercices P. 23).

Synthèse

Pour conclure, vous pouvez :

- Faire noter sur le cahier de géographie le nom de chaque continent avec ses caractéristiques essentielles.
- Faire reproduire un planisphère et marquer le nom des six continents.

À propos des deux séquences : lecture

Lire ou faire lire le texte P. 110. Vérifier la compréhension des mots difficiles ou inconnus. Faire lire *Je retiens* P. 110.

Autour de la leçon

Vous pouvez :

- Tracer le parcours d'un navire partant d'Europe et faisant le tour du monde en passant par tous les océans figurant sur la carte P. 109.
- Faire présenter, sur des panneaux, des photos et de brèves légendes illustrant la vie sur chaque continent.
- Faire rechercher en bibliothèque une sélection de titres dans la littérature jeunesse dont l'histoire se déroule sur tel ou tel continent et permet ainsi de découvrir cadre et mode de vie au travers d'un héros.

Évaluation de la leçon Vous pourrez proposer la photofiche **9C** P. 83.

Mémo,

À voir à proximité de l'école ou dans la région :

Quelques livres :

D'autres références :

FILMS – VISITES

- *Thalassa*, chaque vendredi à 20 h 30 sur FR3.
- *L'Arctique avec Paul Émile Victor* BT SON, n° 821.
- Musée de l'exploration polaire Centre Paul Émile Victor 39220 Prémanon Tél. : 03.84.60.77.54.
- www.culturel.org/NUNAVUT : site crée en partenariat par l'ambassade de France au Canada, c'est un musée virtuel de l'art inuit.

0 Trois grands climats

OBJECTIFS

- **Connaître la répartition des zones climatiques.**
- **Montrer la grande variété des climats à l'intérieur des zones.**
- **Distinguer les climats froids et chauds.**
- **Distinguer les zones climatiques et climats.**

À SAVOIR

Les grands milieux bioclimatiques

On se reportera au tableau ci-dessous.

À propos de la banquise

La banquise est une carapace de glace née de la congélation de l'eau de mer.

Appelée aussi « pack », la banquise passe en réalité par plusieurs stades : d'abord le fraisil, sorte de bouillie glacée, puis des crêpes de glace, enfin le pack proprement dit qui résulte de l'entassement de crêpes de glace sous l'effet des courants et des houles.

Près du pôle Nord qui est situé dans l'océan Glacial Arctique, la banquise est permanente et atteint plusieurs mètres d'épaisseur.

La banquise se distingue des icebergs, qui, eux, sont des blocs de glace flottante qui se sont détachés d'un glacier recouvrant la terre ferme (eau douce congelée).

Attention, le pôle Sud est situé sur le continent Antarctique et il est recouvert d'une calotte polaire (inlandsis) : gigantesque coupole de glace épaisse de plusieurs centaines de mètres, formée par la neige accumulée pendant des siècles sur ce continent, à ne pas confondre avec la banquise qui est composée d'une carapace d'eau de mer congelée épaisse au maximum de quelques mètres.

On distingue, du pôle Nord à l'équateur*.

Végétation naturelle	Agriculture et élevage	Climat	Facteurs du climat
Désert glacé et toundra	Pas de mise en valeur, sauf sur les marges. Élevage de rennes.	Froid et sec.	Radiation solaire insuffisante.
Forêts de conifères : taïga et forêts mixtes : arbres à feuilles caduques, conifères.	Céréales pauvres (seigle). Élevage en clairière.	Hiver froid, été tiède ou chaud, pluvieux.	Dépressions d'ouest en été, temps anticyclonique (froid) en hiver.
Forêts à feuilles caduques	Céréales. Élevage.	Hiver doux et pluvieux, été tiède et pluvieux.	Dépressions d'ouest en toutes saisons.
Prairies et steppes	Élevage, céréaliculture très productive sur les « terres noires ».	Hiver froid et sec, été pluvieux, chaud à très chaud.	Dépressions d'ouest en été, temps anticyclonique (froid) en hiver.
Régions méditerranéennes : forêts de chênes verts ou chênes lièges, maquis et garrigues.	Blé, vigne, fruits, légumes, fourrage.	Été sec et chaud, hiver doux et pluvieux.	Dépressions d'ouest en hiver, temps anticyclonique en été.
Régions arides : végétation maigre sur les marges, absente dans le cœur des déserts.	Cultures irriguées seulement en oasis ou le long des fleuves qui traversent les zones arides (le Nil) et petit élevage sur les marges des déserts.	Sécheresse permanente, pluies épisodiques, été très chaud, hiver chaud ou froid selon la latitude.	Anticyclones permanents sous les tropiques et, pour certaines régions, distance aux océans ou barrière montagneuse. Soleil très haut dans le ciel.
Savanes et forêts claires	Rizières, cultures sur brûlis.	Été chaud et pluvieux, hiver chaud ou très chaud et sec (tropical).	Pluies d'été (air chaud apporté par l'alizé ou la mousson), soleil très haut dans le ciel.
Forêts toujours vertes	Rizières, plantations, agriculture itinérante.	Été chaud et pluvieux, hiver chaud avec une saison sèche courte ou pas de saison sèche (équatoriale).	Air chaud et humide, pluies orageuses en après-midi.
Attention : les milieux montagnards ne sont pas abordés dans ce tableau afin de ne pas le compliquer.			

* Dans l'hémisphère Sud, certains milieux sont peu ou pas représentés, mais la disposition a la même allure générale.

Deux séquences :

1. **Trois grandes zones climatiques**
2. **Des climats différents**

BIBLIOGRAPHIE

- P. Estienne et A. Godard, *Climatologie*, Colin Coll. U, 1970.
- G. Viers, *Éléments de climatologie*, Nathan, 1968.
- J. Demangeot, *Les Milieux « naturels » du globe*, Masson, 5e édition, 1995.
- P. Pech et H. Regnauld, *Géographie physique*, PUF (Premier cycle), 1992, pp. 22-36.
- C. Le Cœur, *Éléments de géographie physique*, Bréal, 1996.

séquence 1

Trois grandes zones climatiques

Objectif : **trouver et définir les trois zones climatiques de la Terre.**

Compétences méthodologiques : observer des photographies ; lire un planisphère ; réaliser un schéma.

Matériel : livre de l'élève P. 112, 115, photofiches **10A** et **10B**.

Mots clés : zone froide, zone tempérée, zone chaude, équateur, tropique du Cancer, tropique du Capricorne.

Il fait froid, il fait chaud

Attention ! Ce brise-glace ne s'appelle plus *Sovetzky Soyuz* (Union soviétique), mais depuis 1992, *Rossiya* (Russie). Construit en 1985, il mesure 140 m de long et possède des moteurs nucléaires.

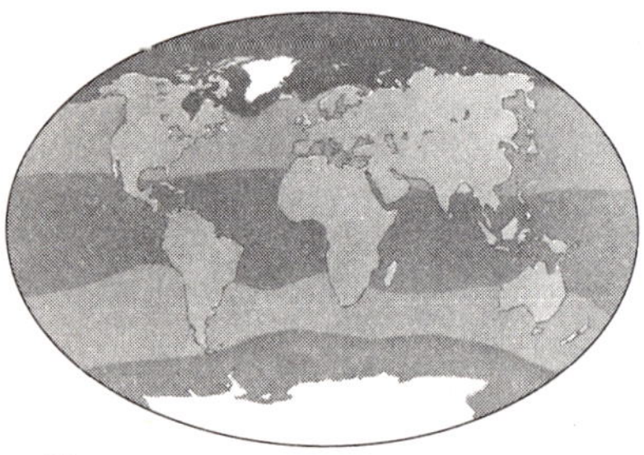

Faire remarquer que la limite de la zone froide et de la zone tempérée correspond à la ligne où l'on constate environ 235 jours de gel par an. Cette ligne correspond à peu près à la limite d'apparition de la forêt. Au-delà, on entre dans la zone froide, caractérisée par l'absence progressive d'arbres et de plantes naines, voire de végétation. La limite de la zone chaude et de la zone tempérée correspond à la limite des nuits froides (des nuits à 5 °C durant la saison la plus « froide »). Les inlandsis sont en blanc.

Travail d'observation

Faire observer la photo P. 112 et laisser les enfants répondre librement aux questions de *1. **Observation*** P. 113. Réponses possibles :

A. Les brise-glace ouvrent des passages à travers les glaces pour les navires de commerce qui les suivent. Avec leur étrave arrondie, ils cassent la glace en pesant sur elle de tout leur poids. Il leur faut cependant éviter des amas trop épais, d'où l'utilisation d'hélicoptère pour repérer les passages les plus faciles, là où la glace est moins épaisse.

B. La banquise est une vaste et épaisse couche de glace formée par le gel de l'eau de mer. Un iceberg est une sorte de montagne de glace flottante (eau douce) qui s'est détachée d'un glacier.

C. L'océan glacial Arctique, bordé par l'Europe, l'Amérique et l'Asie reste gelé toute l'année. Le pôle Nord est situé dans cet océan. La carte P. 109 le montre.

D. Non, nous vivons dans une zone tempérée.

Vous pourrez proposer **10A** : *Un brise-glace* (photofiche P. 84 ou cahier d'exercices P. 24).

Travail de recherche

Faire rechercher dans le livre des photos montrant la diversité des zones climatiques. Exemples : le Sahara P. 110 : il fait chaud et sec, la Guadeloupe P. 106 : il fait chaud, etc.

Faire choisir quelques photos de la France, par exemple : Lille en hiver et en été, Marseille aux mêmes périodes. Indiquer que même s'il fait plus froid à Lille qu'à Marseille en hiver, il ne fait jamais très froid. De même pour Marseille.

Préciser que la France est un pays où il ne fait jamais très froid comme en Russie, ni très chaud comme au Sahara, mais qu'il y a néanmoins des différences de températures entre le nord et le sud du pays. (Cet exercice permet de bien faire la distinction entre froid et chaud).

Travail sur un planisphère

Faire examiner la carte *Les grandes zones climatiques du monde* P. 113. Poser les questions suivantes :

– Quelle est la couleur des continents ? *Le jaune.*

– Trois lignes divisent le planisphère ? Peux-tu retrouver leur nom ? *Tropique du Cancer, tropique du Capricorne et l'équateur.*

Expliquer que ces lignes sont des cercles imaginaires. On constate que la limite des eaux chaudes (appelées parfois eaux tropicales) se situent à proximité des tropiques.

Faire lire les légendes de la carte de **2. *Lecture de carte*** P. 113 et faire noter que l'on ne s'occupe, ici, que de la température des océans. Poser les questions suivantes :

– Quelle est la température des eaux tempérées ? *Elle est comprise entre 4 et 18 °C.*

– Quelle est la température des eaux froides ? *Elle est inférieure à 4 °C.*

– Quelle est la température des eaux chaudes ? *Elle est supérieure à 18 °C.*

Rappeler que l'eau se transforme en glace à 0 °C.

Reprendre les questions :

– Où se situent les océans froids ? *Dans les régions polaires.*

– Où se situent les océans chauds ? *De part et d'autre de l'équateur entre les deux tropiques.*

Schématiser une carte

Aider les enfants à schématiser la carte proposée dans **3. *Réalisation de carte*** P. 113. Pour ce faire, au tableau, tracer un cercle qui va représenter la Terre. Faire des lignes horizontales pour montrer les grandes zones climatiques. Placer les deux zones froides et la zone chaude. Faire constater que ces deux zones se disposent presque parallèlement à l'équateur. Légender le schéma. Ex. :

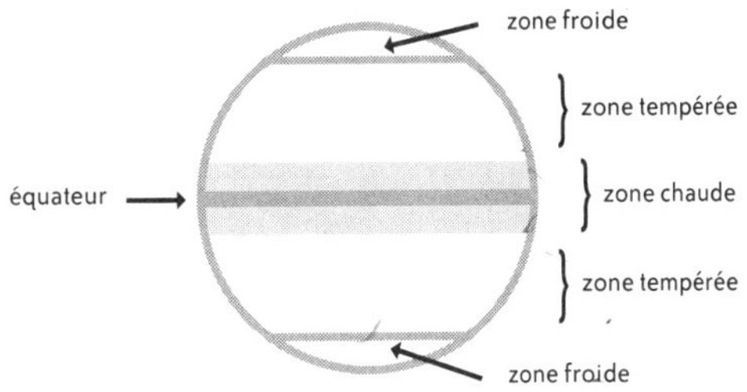

Demander aux enfants de reproduire ce schéma dans leur cahier de géographie.

Vous pourrez proposer **10B** : *Le soleil dans trois régions du globe* (photofiche P. 85 ou cahier d'exercices P. 25).

Synthèse

Pour conclure, vous pouvez :

• Faire noter sur le cahier de géographie les zones climatiques trouvées : deux zones froides, deux zones tempérées, une zone chaude.

• Chercher des dessins pour représenter ces zones climatiques.

• Élaborer une trace écrite avec les élèves. Ex. : la terre est divisée en trois grandes zones climatiques : la zone tempérée, la zone chaude et la zone froide. Faire retrouver des exemples pour chacune de ces zones.

séquence 2

Des climats différents

Objectif : **montrer que dans chacune des zones climatiques définies à la séquence 1, on peut trouver une variété de climats.**

Compétence méthodologique : utiliser le vocabulaire de la météorologie.

Matériel : livre de l'élève P. 110 à 115, photofiches **10B** et **10C**.

Mots clés : climats froids, climats chauds, climats tempérés.

Zones climatiques et climats

Rappel de la séquence précédente
Commencer par poser les questions suivantes :

– Au cours de la première séquence, de quoi avons-nous tenu compte pour déterminer les zones climatiques? *De la température des océans, c'est-à-dire de la seule action du soleil, donc du chaud et du froid.*

– Dans quelle zone climatique se situe la France? *Dans la zone tempérée.*

– Dans quel chapitre avons-nous étudié les climats de la France? *Au chapitre 1.*

Se reporter à la carte *Les climats en France* P. 77, et faire retrouver leurs noms et leurs caractéristiques.

Montrer également que dans une même zone climatique, on rencontre des climats différents et que, pour les caractériser, on tient compte d'autres facteurs que la chaleur.

Quelques mots de vocabulaire

Un peu de classement
Après avoir constaté que les climats ne se caractérisent pas seulement par les températures, effectuer l'exercice *4. **Vocabulaire*** P. 113 en classant les mots trouvés, dans un tableau, sous les quatre rubriques suivantes :

NUAGES ET ÉTAT DU CIEL	PRÉCIPITATIONS	VENTS	TEMPÉRATURES
cirrus (filaments blanchâtres hauts dans le ciel) **strato-nimbus (voile gris apportant pluie et vent)** **cumulus (en forme de ballon ou de panache)** **ciel bleu, gris, nuageux, brumeux nébuleux**	**ondée** **orage** **bruine** **crachin** **averse** **déluge** **giboulée** **grain** **neige** **grêle**	**brise** **ouragan** **cyclone** **alizé** **mousson** **mistral** **tramontane** **simoun** **sirocco**	**maximale** **minimale** **écart de température** **moyenne**

Faire référence aux cartes météorologiques proposées à la télévision.

Faire chercher dans un dictionnaire les mots trouvés et dégager quelques points importants, comme ceux notés ci-dessous :

– La température varie dans la journée.

– La température diminue lorsqu'on s'approche des pôles (avec la latitude).

– La température varie plus on s'éloigne de la mer (qui se réchauffe et se refroidit moins vite que la Terre).

– La température varie selon les saisons (dans les régions tempérées et froides).

Vous pourrez proposer **10B** : *Les zones climatiques* (photofiche P. 85 ou cahier d'exercices P. 25).

Des climats sur photographies

La climatologie
La définition du climat donnée par Max Sorre, 1943, continue d'être valable :
« Le climat d'un lieu est la série des états de l'atmosphère au-dessus de ce lieu dans leur succession habituelle. »
Le mot « climat » vient de la racine grecque *klima* « inclinaison », les Grecs étant très sensibles à l'effet de la latitude sur le climat, et donc de l'inclinaison apparente du Soleil. Pour décrire le climat d'un lieu, on recourt à des mesures statistiques comme les moyennes de températures, les additions de chiffres des précipitations reçues dans le mois, l'année. Cela permet des comparaisons d'un lieu à l'autre, d'une station météo à une autre.

À partir de photographies trouvées dans le livre de l'élève et commentées en classe, faire trouver des climats.

Climats froids :

La photographie du brise-glace **P. 112**. L'océan est gelé.

La photographie de l'article *Phénomènes climatiques* sur la dislocation de la banquise **P. 115**. Les climats froids ne connaissent guère d'été où la température dépasse rarement 10 °C.

Climats tempérés :
Toutes les photographies de la France métropolitaine figurant dans le livre et le fjord norvégien **P. 111**.

Le froid n'est guère présent sur les photos mais il existe pourtant bel et bien ; certains mois, en hiver, les températures descendent très bas.

On sait qu'il y a quatre saisons au cours desquelles le paysage, la végétation, le ciel changent. Les gens s'habillent en conséquence.

Sur quatre habitants du globe, trois vivent dans les zones tempérées.

Climats chauds :
Si on le juge possible, avec sa classe, on pourra même distinguer, à l'intérieur du climat chaud :

Le climat chaud et aride (sec). Il y en a deux représentations dans le livre :

- La photographie du Sahara **P. 110**.
- La photographie du grand canyon du Colorado **P. 111**.

Préciser que l'on note l'absence de végétation à cause du manque d'eau. Seule l'irrigation permet la vie.

Le climat chaud et humide que l'on peut illustrer par les photos représentant :

- Les rizières en terrasses **P. 111**.
- La savane (hautes herbes parsemées d'arbres et d'arbustes) **P. 111**.
- La photographie de l'article *Phénomènes climatiques* **P. 115**.
- La forêt amazonienne de Kourou **P. 104**.

Préciser qu'il fait toujours chaud mais qu'il existe une saison sèche (plus ou moins longue) et une saison des pluies.

Synthèse

Pour conclure, vous pouvez :

• Demander aux enfants de compléter le texte suivant :

À l'intérieur des zones climatiques on distingue plusieurs sortes de .... (*climats*) : le .... (*climat froid*) près des pôles, le .... (*climat chaud*) et .... (*sec*) comme au Sahara ou .... (*chaud et humide*) comme dans la savane et enfin le .... (*climat tempéré*) comme en France.

Quand les météorologistes parlent de climats, ils ne parlent pas seulement de .... (*températures*), mais aussi de .... (*nuages*), de .... (*vents*) et des .... (*pluies*), bref de l'état du .... (*ciel*).

• À propos d'une photographie du livre de l'élève, faire déterminer la zone climatique et préciser en quelques mots les principales caractéristiques de son climat.

À propos des deux séquences : lecture

Lire ou faire lire le texte P. 114. Vérifier la compréhension des mots inconnus ou difficiles. Faire lire *Je retiens* P. 114.

Autour de la leçon

Vous pouvez :

- Réaliser des panneaux d'exposition (photos, dessins, cartes postales) pour chaque zone climatique.
- Établir un tableau synoptique des grands types de climats existant sur la Terre.
- Faire caractériser le temps de la journée en utilisant le vocabulaire météorologique.

Évaluation de la leçon Vous pourrez proposer la photofiche **10C** P. 86.

Mémo,

À voir à proximité de l'école ou dans la région :

Quelques livres :

D'autres références :

FILMS – VISITES

- *Les Écrans du Savoir*, La 5.
- *Aux Portes du Sahel*, VHS : 17 mn, CNDP de Paris, 1988.
- *Les Inuit*, VHS : 17 mn, CNDP de Paris, 1990.
- *Les chemins de glace*, VHS : 26 mn, CRDP de Rennes, 1993.
- *Eskimos d'Ammassalik*, BT SON, n° 886.
- *Dans un village de la savane africaine*, BT SON, n° 860.
- *Le Brésil*, CDDP n° 918, diapos.
- Visite d'un centre météorologique.
- Musée maritime de La Rochelle et France 1
  Bassin des Chalutiers
  quai Ouest
  17000 La Rochelle
  Tél. : 05.46.50.58.88.

1 Les pays du monde

OBJECTIFS

- **Repérer le territoire, la population, la place dans le monde des grands États.**
- **Les situer sur un planisphère.**
- **Découvrir le fonctionnement des fuseaux horaires.**
- **Savoir lire un planisphère.**
- **Classer selon des critères spécifiques.**

À SAVOIR

La population mondiale

La population mondiale est aujourd'hui de près de 6 milliards. La répartition des hommes ne se calque pas du tout sur la répartition des richesses.

La société des États

La société internationale est aujourd'hui structurée en États qui adhèrent le plus souvent à l'ONU (190 États); quelques exceptions : le Liechtenstein, la Suisse... Ils ont un nom, une population, un territoire, une organisation interne. Ils sont tous très différents.

Certains n'ont que quelques dizaines de milliers d'habitants, le plus peuplé, la Chine populaire, en a 1,3 milliard. Leur superficie va de moins de 1 km² (le Vatican, 0,4 km²) à 17 millions de km² (la Russie).

Certains sont entièrement urbanisés et se confondent avec leur ville (Singapour); d'autres disposent de villes peuplées de plusieurs dizaines de millions d'habitants; d'autres, aujourd'hui assez rares, sont presque totalement dépourvus de citadins (le Rwanda était, jusqu'à la guerre civile de juin-juillet 1994, rural à plus de 90 %, et Kigali, sa capitale, comptait moins de 250 000 habitants pour une population totale de 7 millions).

Territoires et ressources

Certains États jouent un rôle capital par l'importance de leurs ressources ou de leur situation géographique. On peut citer :

– les richesses minières de la République sud-africaine, les ressources pétrolières de l'Arabie Saoudite, etc.;

– l'importance de la production du Brésil dans le domaine de l'agriculture tropicale, et en particulier du café;

– la position de certains États sur de grandes voies de passage maritimes : l'Égypte sur l'isthme de Suez, Singapour sur le détroit de Malacca, Panama sur l'isthme du même nom.

Dans l'ensemble, la taille même du territoire est un facteur de puissance. L'ex-URSS, avec ses 22 millions de km² représentant le sixième des terres émergées, renfermait dans son sous-sol une proportion voisine d'un dixième des richesses minières continentales du monde. La Russie qui lui succède sur 17 millions de km² a hérité d'une bonne part de ces richesses.

Mais la taille même du territoire peut être un obstacle à sa mise en valeur. L'Asie russe, essentiellement la Sibérie, représente un espace immense dont l'équipement, bien qu'embryonnaire, a coûté très cher. Le Canada, le Brésil, la Chine de l'Ouest sont dans le même cas.

Les États les plus peuplés

On remarque que les deux États les plus peuplés de la planète ne sont pas aujourd'hui particulièrement riches : la Chine et l'Inde sont même limitées dans leur développement par la masse même de leur population et leur accroissement jugé trop rapide.

À l'inverse, un petit nombre d'États dont certains de taille moyenne comme la France, font indiscutablement partie des grandes puissances dont le rôle est mondial. Ils sont très influents à l'ONU. Leurs chefs d'État se réunissent annuellement pour examiner les affaires du monde au cours de la réunion du G7 (Allemagne, Canada, États-Unis, France, Italie, Japon, Royaume-Uni) que l'on appelle aujourd'hui G8 depuis l'admission de la Russie en juillet 1994.

Le G8

Si on prend ces huit États membres, on constate que :

– aucun n'a de territoire de petite taille, mais tous ne sont pas très vastes (Japon, Royaume-Uni et Italie ont moins de 400 000 km², la France et l'Allemagne à peine plus);

– leurs populations sont nombreuses sans atteindre la centaine de millions d'habitants (Allemagne, 81 millions; France, Royaume-Uni, Italie 58 millions chacun; le Canada, 28 millions);

– leurs ressources minières, énergétiques, agricoles ne sont pas forcément de tout premier plan : le Japon importe beaucoup, la France importe presque tout ce qu'elle consomme comme hydrocarbures et comme charbon. Dans le domaine des ressources minières, ce sont les États les plus vastes de ce groupe (le G8) : Russie, États-Unis et Canada qui sont les mieux dotés.

Mais tous ont en commun de disposer de fonctions importantes dans les domaines financier, industriel, agricole, commercial, scientifique, culturel, militaire, d'où leur rôle mondial.

Deux séquences :

1. **New York et les grandes métropoles du monde**
2. **Des États vastes et puissants**

BIBLIOGRAPHIE

- Manuels de géographie de terminale.
- *Les Mots de la géographie*, La documentation française, 1992.

Pour actualiser les chiffres :

- *Images économiques du monde*, SEDES, annuel.
- *États du monde*, La Découverte et Syros Alternatives, 1992.
- Pour la mise à jour des statistiques par pays, consulter INED, Population et sociétés, numéro *Tous les pays du monde*, édité tous les deux ans. Voir www.ined.fr.

séquence

1

New York et les grandes métropoles du monde

Objectifs : **connaître quelques grandes métropoles du monde et les situer sur un planisphère.**

Compétences méthodologiques : lire un planisphère ; rechercher des documents.

Matériel : livre de l'élève P. 116, 117 ;
documentation sur la ville de New York.

Mots clés : métropole, État, continent.

New York

Cette photographie montre l'intersection de la 6e avenue et de la 11e rue dans le quartier de Manhattan à New York.

Préciser que New York City compte 7,5 millions d'habitants alors que l'agglomération dépasse 20 millions d'habitants et s'étend le long de l'Atlantique, à l'embouchure de l'Hudson et de l'Est River.

Travail d'observation

Faire observer la photo P. 116 et laisser les enfants répondre aux questions de *1. Observation* P. 117. Réponses possibles :

Le manque de place a obligé à construire en hauteur (les gratte-ciel ont été bâtis après l'invention des ascenseurs).

Faire observer : la concentration des constructions (immeubles d'habitation et de bureaux) ; la proximité de constructions modernes et de bâtiments anciens ; la hauteur des immeubles.

Remarquer l'existence de terrasses en hauteur avec quelques plantations.

Noter l'importance de la circulation des voitures très visible par le nombre des feux rouges, leur synchronisation, la largeur de la voie, la signalisation au sol, le sens unique de la circulation, le mauvais état de la chaussée et le grand nombre de piétons qui traversent, ainsi que les taxis repérables à leur couleur jaune.

Demander aux enfants de rechercher des informations sur cette grande métropole.

Préciser les deux sens de ce mot :

- État qui a des possessions, des colonies outre-mer ; par rapport aux DOM-TOM, la France est la métropole ;
- agglomération principale d'un État aux activités multiples et variées ; New York, Paris, Tokyo... sont des métropoles.

Faire une rapide mise au point mettant en valeur les points forts de New York : un grand port, un important nœud de transports, un grand centre d'activités (banques, commerces...), un centre culturel renommé (théâtres, musées...), la première place financière du monde, une ville très peuplée.

Quelques métropoles mondiales

Vous pouvez aussi faire situer ces villes sur le mini-globe construit lors de la précédente leçon.

Faire effectuer le travail de *2. Recherche* P. 117. Rechercher sur un planisphère où se situent les grandes agglomérations citées.

Faire trouver d'autres grandes villes connues ou dont on parle beaucoup. Les localiser sur un planisphère après en avoir dressé la liste au tableau. L'important n'est pas que les élèves retiennent une multitude de noms de villes et d'États mais qu'ils se familiarisent avec un planisphère ou un globe et qu'ils sachent s'y repérer : continents, États, villes.

Ce repérage effectué, poser la question suivante :

– Quels sont les continents où ne figure aucune des villes de la liste ?

Faire constater que l'Antarctique (naturellement) et l'Océanie (peut-être) sont dans ce cas. En se servant de cette liste on peut faire constater que l'Asie, l'Amérique, l'Europe et même l'Afrique possèdent de nombreuses villes très peuplées.

Synthèse

Pour conclure, vous pouvez :

• Écrire un texte bref pour présenter quelques grandes agglomérations en les situant dans leur État et sur leur continent. Ex. : Paris est la capitale de la France et un centre culturel, économique et commercial important en Europe.

• Faire compléter le tableau suivant :

VILLE	ÉTAT	CONTINENT

séquence 2

Des États vastes et puissants

Objectifs : **caractériser quelques grands États soit par leur superficie, soit par le nombre de leurs habitants ; montrer que la superficie et le nombre d'habitants ne sont pas fondamentalement liés.**

Compétences méthodologiques : se repérer sur un planisphère ; classer des États selon différents critères.

Matériel : livre de l'élève P. 117 à 119, photofiches **11A**, **11B** et **11C**.

Mots clés : État, superficie, population, fuseaux horaires.

La France n'est pas seule dans le monde

Mise en situation et classement

Utiliser le mini-globe. Demander aux enfants de nommer les États qu'ils connaissent. Leur faire préciser s'ils y sont allés ou s'ils en ont entendu parler et dans quelles conditions.

Faire repérer ces États sur un planisphère ou sur le mini-globe construit en classe. Les situer dans leur continent.

Essayer de classer les États du monde en adoptant tous les modes possibles de classement selon :

– la proximité de la France,
– le continent,
– le climat,
– l'étendue,
– la population,
– la richesse…

Vous pourrez proposer **11A** : *Pays proches, pays lointains* (photofiche P. 87 ou cahier d'exercices P. 26).

Si un enfant parle de « grands » États, montrer toute l'ambiguïté de cet adjectif en demandant ce que veut dire « grand ». Leur préciser que « grand » peut aussi bien concerner la superficie, la population ou tout autre critère mesurable. Expliquer combien ce terme est vague et que lorsque l'on parle de superficie, il est préférable d'utiliser le mot « vaste » ou « étendu » ; de même si on parle de population, le terme « peuplé » est préférable à l'expression « grande population ».

Donner, en vrac, la liste des États les plus vastes, puis celle des États les plus peuplés. Faire noter les noms dans un ordre décroissant.

Superficie et population

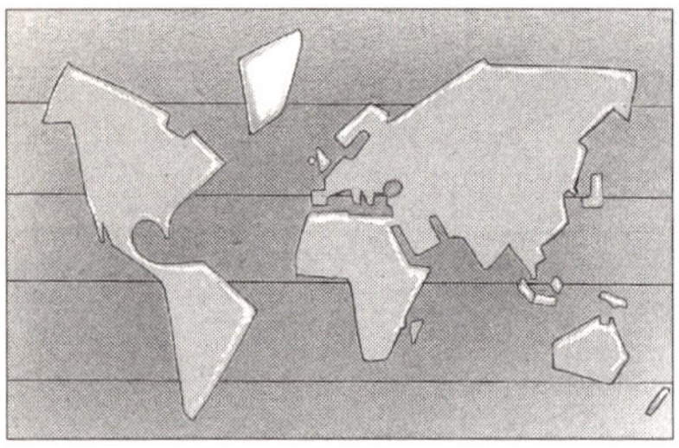

Les plus vastes territoires

Russie	17 075 400 km²
Canada	9 976 139 km²
Chine	9 596 961 km²
États-Unis	9 363 123 km²
Brésil	8 511 965 km²
Australie	7 686 848 km²
Inde	3 287 590 km²
Superficie mondiale	135 391 000 km²

États ayant plus de 100 millions d'habitants (en millions)

Chine	1 273
Inde	1 033
États-Unis	284
Indonésie	206
Brésil	172
Russie	144
Japon	127
Pakistan	145
Bangladesh	133
Nigeria	127
Mexique	100
Union Européenne (15)	379

Superficie

Effectuer l'exercice proposé dans **3. *Repérage*** P. 117. Puis sur un planisphère plus complet ou sur le mini-globe, faire découvrir aux élèves que les quatre pays cochés sont les plus vastes du monde. Les classer par ordre de grandeur décroissante : Russie, Canada, Chine, États-Unis.

Faire comparer leur taille à celle de la France. *Russie : plus de 30 fois la France; Canada, Chine, États-Unis presque 20 fois la France.*

Faire retrouver un autre État très vaste sur le planisphère : *Le Brésil.*

Vous pourrez proposer **11B** : *Les grands pays* (photofiche P. 88 ou cahier d'exercices P. 27).

Population

Faire observer, l'une après l'autre, les cartes de **4. *Lecture de cartes*** P. 117. Préciser aux élèves que ces cartes représentent des répartitions de population, c'est-à-dire que grâce à des couleurs différentes elles montrent la plus ou moins grande concentration de population dans un État.

Faire lire la légende et expliquer la signification des couleurs utilisées. Faire observer les cartes en allant des espaces les moins peuplés aux espaces les plus peuplés.

S'assurer que les enfants situent les points cardinaux puis poser les questions du livre. Proposer d'autres questions sur le même modèle. Les enfants doivent constater que, dans un même État, les habitants sont inégalement répartis. Par exemple, le Canada est vaste mais peu habité surtout dans le nord et au centre.

Donner la liste des États les plus peuplés et les faire situer sur le planisphère ou le mini-globe.

Vous pourrez proposer **11B** : *Les pays les plus peuplés* (photofiche P. 88 ou cahier d'exercices P. 27).

Les fuseaux horaires

Le méridien d'origine est celui de Greenwich (12 h). L'heure GMT (Greenwich Mean Time) est calculée sur midi et la carte des fuseaux est établie à partir de ce point de départ.
Ainsi en France, pourtant située dans le fuseau d'origine, l'heure légale est GMT + 1 (en hiver) / GMT + 2 (en été). À noter que l'expression GMT est parfois remplacée par TU : temps universel.

Le méridien d'origine est celui de Greenwich (12 h).
L'heure GMT (Grenwich Mean Time) est calculée sur midi et la carte des fuseaux est établie à partir de ce point de départ.

Observation de la carte

Faire examiner la carte simplifiée des fuseaux horaires P. 119. Les fuseaux horaires sont des découpages fictifs d'un planisphère. Il y a 24 fuseaux horaires. Passer de l'un à l'autre oblige à avancer ou retarder sa monter de une heure.

Signaler que le trait rouge vertical représente le méridien d'origine (celui de Greenwich) et que le trait entre 24 heures et 1 heure est la ligne de changement de date (de jour). Expliquer que la limite des fuseaux devrait théoriquement suivre les méridiens, mais, pour des raisons de commodité, on a tenu compte des frontières. Certains États sont partagés entre plusieurs fuseaux (11 pour la Russie, 6 pour le Canada); d'autres ont adopté une heure moyenne (Iran, Inde). Quelques-uns, comme la France, ont adopté une heure légale décalée d'une heure en hiver et de deux heures en été par rapport à l'heure solaire.
Faire compter, par exemple, le nombre de fuseaux horaires aux États-Unis.
Poser les questions suivantes :
– Combien y a-t-il de fuseaux horaires aux États-Unis? *Six.*
– La France a-t-elle plusieurs fuseaux horaires? *Non.*

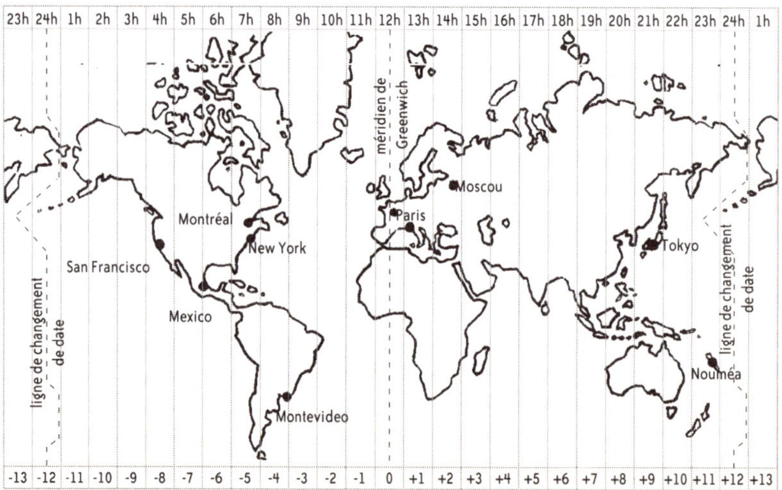

Synthèse

Pour conclure, vous pouvez :

• Établir un bref résumé en répondant aux questions suivantes : Quels sont les quatre États les plus vastes? Quels sont les quatre États les plus peuplés?

• Décalquer le planisphère simplifié P. 117 et faire placer le nombre des États les plus vastes et les plus peuplés.

À propos des deux séquences : lecture

Lire ou faire lire le texte P. 118. Vérifier la compréhension des mots inconnus ou difficiles. Faire lire *Je retiens* P. 118.

Autour de la leçon

Vous pouvez :

• Proposer d'entamer une collection de plans de villes.

• Grâce à des correspondants à l'étranger ou à l'occasion de voyages, commencer la constitution d'un recueil de plans de villes (dépliants touristiques avec plan, plan des transports en commun, plans des grands magasins, etc.).

Évaluation de la leçon Vous pourrez proposer la photofiche **11C** P. 89.

Mémo,

À voir à proximité de l'école ou dans la région :

Quelques livres :

D'autres références :

FILMS – VISITES

• *Hambourg*, VHS : 17 mn, CNDP de Paris, 1988.

• *Londres*, VHS : 17 mn, CNDP de Paris, 1990.

• *Mexico, la plus grande ville du monde*, VHS : 17 mn, CNDP de Paris, 1989.

• *Istamboul entre l'Orient et l'Occident*, VHS : 16 mn, CNDP de Paris, 1990.

• *Une promenade à Rome*, VHS : 16 mn, CNDP de Paris, 1992.

• *Euroairport Bâle-Mulhouse*, VHS : 16 mn, CRDP de Strasbourg, 1989.

• *La multiplication des transports au Canada et en Suisse*, VHS : 26 mn, CNDP de Paris.

• La Documentation française publie un bimestriel consacré à l'enseignement de l'histoire et de la géographie. S'adressant plutôt aux lycées, il constitue une précieuse mise au point sur les sujets qui nous intéressent. Catalogue en consultation sur www.ladocfrançaise.gouv.fr.

• On peut aussi trouver des documents de qualité sur les sites signalés sur www.educasource.education.fr et dans la bibliothèque de travail. Les BT figurent sur le site www.pemf.fr, PEMF 06376 Mouans Sartoux cedex.

12 Les problèmes de la planète

OBJECTIFS

- **Montrer que la nature et l'homme sont, de nos jours, victimes de nombreux maux.**
- **Montrer que la lutte contre les fléaux est complexe, variée, constamment renouvelée.**
- **Comprendre le danger des catastrophes.**
- **Savoir distinguer celles qui sont naturelles de celles provoquées par l'homme.**
- **Lire une carte thématique.**

À SAVOIR

Les éruptions volcaniques

Sur 10 000 volcans recensés, 1 415 sont menaçants. Les volcans sont situés près des principales fractures de l'écorce terrestre. L'écoulement de lave n'est pas très dangereux, car il est lent. Par contre, d'autres manifestations volcaniques (coulées de boues, par exemple) dévalent très vite, jusqu'à 150 km/h sur de fortes pentes. Les éruptions les plus dangereuses sont celles de type explosif. La montagne Pelée, en Martinique, en a fourni le plus terrible exemple : une nuée noire de cendres et d'eau roulant sur le sol à 50 m/seconde a anéanti la ville de Saint-Pierre en quelques secondes le 8 mai 1902 (tuant tous les 28 000 habitants).

Les séismes ou tremblements de terre

Ceux-ci sont plus dangereux que les volcans car ils sont très difficiles à prévoir. Certains sont très meurtriers quand ils touchent des zones peuplées et des grandes villes, comme à Tansgshan, en Chine, le 27 juillet 1976 (700 000 victimes) ; à Mexico, le 19 septembre 1985 (10 000 victimes, 50 000 blessés, 7 400 immeubles ébranlés et près de 800 détruits) ; à Kobe, au Japon, en janvier 1995 (plus de 5 000 victimes). Les séismes qui se produisent sous les mers et les océans peuvent déclencher d'immenses raz de marée, appelés « tsunamis », qui déferlent sur le littoral.

Les cyclones et inondations

Les cyclones sont des manifestations qui affectent l'atmosphère. Par le nombre des victimes recensées ces dernières années, les cyclones sont les catastrophes naturelles les plus meurtrières, car ils sont suivis de terribles inondations, surtout dans les régions très basses de l'Asie méridionale qui sont très peuplées. Ainsi, au Bangladesh, en 1988, les cyclones ont fait 30 millions de sans-abri (soit 1/3 de la population), 30 000 kilomètres de routes ont été détruites ainsi que 35 000 km² de rizières.

Il s'agit avant tout de perturbations accompagnées de pluies diluviennes et de vents très rapides. Le long du trajet du cyclone, les quantités d'eau peuvent atteindre 1 000 l/m² en 24 h (soit plus qu'en un an à Paris ou à Brest).

Les cyclones se produisent dans une zone bien délimitée là où la température des eaux marines est assez élevée pour leur fournir l'énorme énergie qui leur est nécessaire. En un siècle, le bilan des catastrophes fait apparaître que, directement ou indirectement, 13 millions de personnes sont mortes à cause des catastrophes naturelles. On compte 20 fois moins de morts à cause de catastrophes techniques.

Les risques techniques majeurs

L'agriculture, l'industrie, l'énergie, les transports, l'urbanisation sont autant d'activités humaines et autant de facteurs de risques pour l'homme, pour la vie et pour la survie de la planète. Réduire ce type de risques est complexe. Au bilan des victimes dans le secteur de l'industrie et de l'énergie pour la période 1974-1985, l'industrie chimique figure en première place avec plus de 40 % des décès, suivie par le gaz, 30 %, le pétrole, 20 %.

Les nouvelles offensives des maladies

L'état sanitaire de la population mondiale est loin d'être satisfaisant : 1 à 2 milliards de personnes n'ont pas d'eau potable ni d'installations sanitaires. On estime que dans le tiers monde, plus de 80 % des maladies sont directement liées à l'utilisation d'eau contaminée. On évalue à 25 millions le nombre d'enfants qui meurent chaque année de ce fait. Les eaux stagnantes dans les marécages ou les systèmes d'irrigation mal entretenus abritent beaucoup d'insectes porteurs de maladies.

Des maladies qui avaient régressé ou disparu au XXe siècle se développent à nouveau : le paludisme (depuis 1988), le choléra (depuis 1991). De nouvelles maladies apparaissent (le sida, par exemple).

Les déchets

La question des déchets revêt aujourd'hui une dimension planétaire. On distingue les déchets biodégradables (restes de nourriture, déjections), les déchets recyclables (cartons, papiers, certaines matières plastiques, le verre), des déchets dangereux (piles au mercure, médicaments, détergents, etc.).

L'homme produit environ 900 millions de tonnes de déchets chaque année sur la Terre. Les pays riches sont ceux qui produisent le plus de déchets par habitant.

Une séquence :

1. Des dangers permanents

FILMS – VISITES

- Y. Veyret et P. Pech, *L'Homme et l'Environnement*, PUF (1er cycle), 1993.
- M. Barnier, *Atlas des risques majeurs, écologie, environnement, nature*, Plon, 1992.
- S. Brunel, *Les Tiers Mondes*, Documentation photographique, n° 7014, décembre 1992.
- H. Tazieff, *La Prévision des séismes*, Hachette, 1989.
- La documentation française, *Géographie des risques naturels*, 2002.

séquence

1

Des dangers permanents

Objectifs : **distinguer les causes des différentes catastrophes qui touchent la planète ; savoir reconnaître lorsqu'elles sont naturelles ou provoquées par l'homme.**

Compétences méthodologiques : lire des documents et des cartes.

Matériel : livre de l'élève P. 120 à 123, photofiches **12A**, **12B** et **12C**.

Mots clés : catastrophe naturelle, catastrophe technologique, séisme, cyclone, inondation, incendie, pollution, famine, épidémie.

Remarque : organiser, au préalable, 3. *Recherche* P. 121.

L'éruption du Pinatubo

Le Pinatubo est un volcan situé aux Philippines, à moins de 100 km de la capitale, Manille.
Le nuage de poussière et de gaz a provoqué la diminution du rayonnement solaire reçu par la Terre entraînant une baisse importante des températures de 0,1 à 0, 5°C.

Ce volcan des Philippines s'est réveillé en avril 1991. Il a explosé, tuant près de 900 personnes, détruisant 100 000 maisons, faisant 300 000 sans-abri et ravageant les récoltes sur 4 000 km².

Travail d'observation

Faire observer les photos P. 120 et laisser les enfants répondre aux questions de 1. ***Observation*** P. 121. Réponses possibles :

A. Ils portent des masques pour ne pas avaler la poussière. Mais la présence de dioxyde de soufre dans l'air, due à l'éruption du volcan, irrite le nez, les yeux, la bouche, la gorge. Hélas, de simples mouchoirs ne peuvent pas grand-chose.

B. La cendre a complètement recouvert toutes les installations humaines. La circulation routière va être rétablie, ce qui est indispensable pour les secours et pour évacuer la population. Mais la visibilité est mauvaise, il fait sombre même en plein jour.

C. Un volcan est une montagne formée par les éruptions de gaz, de cendres et de laves qui sortent de son cratère.

Vous pourrez proposer **12B** : *L'éruption du Pinatubo* (photofiche P. 91 ou cahier d'exercices P. 29).

Les grandes catastrophes

Il faudrait observer cette carte en même temps qu'un planisphère affiché au tableau.

Travail sur la carte des grandes catastrophes

Faire observer la carte 2. ***Lecture de carte*** P. 121 en insistant sur la légende pour que les enfants comprennent bien les diverses catastrophes représentées :

- séisme : tremblement de terre,
- cyclone : tourbillon de vents très violents,
- marée noire : arrivée sur le rivage de nappes de mazout,
- catastrophe technologique : catastrophe provenant des activités industrielles.

Demander aux enfants de répondre aux questions du livre.

Les Philippines sont un archipel et un État de l'Asie du Sud-Est. Les deux principaux problèmes de cette région sont les éruptions volcaniques et les cyclones tropicaux.

Jusqu'à ce jour, les régions qui ont été les plus touchées par les catastrophes technologiques sont l'Europe (explosion d'un réacteur nucléaire à Tchernobyl, marées noires sur les côtes de la mer du Nord et de l'Atlantique) et l'Inde.

Ouragan : forte tempête caractérisée par un vent violent (plus de 120 km/h).

Marée noire : le plus souvent nappe de pétrole répandue à la surface de l'eau à la suite du naufrage d'un pétrolier ou d'une rupture de tête d'un puits sous-marin.

Catastrophes naturelles ou non

Faire observer les quatre photos qui constituent 4. ***Enquête*** P. 121.

Pour chacune des photos faire répondre les enfants aux questions suivantes : De quoi s'agit-il ? Qui sont les victimes ? Quels sont les dégâts matériels ? Quelle est (ou quelles sont) la (les) cause (s) de cette catastrophe ?

Établir un classement. Bien différencier les catastrophes d'origine naturelle (non provoquées par l'homme) des catastrophes causées ou aggravées par l'action de l'homme.

L'ouragan a sans conteste une cause naturelle. L'incendie de forêt peut être involontaire (cigarette mal éteinte) ou criminel, en tout cas il est certainement le fait de l'homme. Tout comme la marée noire et le carambolage sur l'autoroute. Le brouillard, la pluie auraient pu être une cause de carambolage, mais sur la photo, l'inconscience de conducteurs pressés est certainement à l'origine de cette catastrophe (il fait grand soleil).

Il est possible de prolonger cette enquête avec les quatre documents P. 135.

Bhopâl, connue comme catastrophe due à l'action de l'homme, l'industrie chimique et le dégagement de gaz toxiques.

Les cyclones ont une origine naturelle mais il est possible de construire des digues pour limiter les ravages causés par les inondations qu'ils provoquent.

L'avion des pompiers ou Canadair est devenu indispensable lors des incendies de forêt, souvent volontaires.

Des problèmes difficiles comme les guerres internationales ou civiles provoquent des massacres tuant une part importante de la population comme au Rwanda en 1994 ; ils sont bien sûr l'œuvre des hommes.

Vous pourrez proposer **12A** : *Menaces sur les hommes* (photofiche P. 90 ou cahier d'exercices P. 28).

■ À propos d'une catastrophe

Travail de recherche

Lire la consigne de 3. ***Recherche*** P. 121. Constituer des petits groupes pour réaliser des dossiers sur les problèmes de la planète.

Chaque dossier doit indiquer clairement :

- les sources d'information,
- les informations obtenues,
- la localisation sur une carte ou un planisphère de la catastrophe,
- la cause de la catastrophe,
- le bilan de la catastrophe,
- les moyens qui existent, soit, pour empêcher que la catastrophe ne se renouvelle, soit pour prévenir la population exposée aux dangers.

■ Synthèse

Pour conclure, vous pouvez :

• Élaborer un bref résumé. Ex. : Certaines catastrophes sont dues à la nature, d'autres sont causées ou aggravées par les activités des hommes. On peut en prévoir certaines, réduire les effets d'autres, voire même les éviter.

• Faire coller sur le cahier de géographie une photo ou un dessin pour illustrer chaque type de catastrophe. Faire légender.

À propos de la séquence : lecture

Lire ou faire lire le texte P. 122. Vérifier la compréhension des mots difficiles ou inconnus. Faire lire *Je retiens* P. 122.

Autour de la leçon

Vous pouvez :

• Faire retrouver aux enfants ce qui, dans une automobile, par exemple, est fait pour réduire le danger.

• Organiser une exposition sur les dangers qui menacent la planète et les solutions que les hommes ont mises en place pour les éviter ou les limiter.

Évaluation de la leçon Vous pourrez proposer la photofiche **12C** P. 92.

Mémo,

À voir à proximité de l'école ou dans la région :

Quelques livres :

D'autres références :

FILMS – VISITES

• *Haroun Tazieff raconte sa Terre*, FR3 - La Sept.

• *Volcans sous surveillance*, VHS : 26 mn, CRDP des Antilles et de la Guyane, 1986.

• *Les risques écologiques*, VHS : 26 mn, CNDP de Paris.

• Museum des volcans château Saint-Étienne 15000 Aurillac Tél. : 04.71.48.68.68.

• Vulcania Route de Mazayes, 63230 St-Ours Tél. : 04.73.19.70.00 www.vulcania.com

13 Une France ouverte sur les pays proches et lointains

OBJECTIFS

- **Pouvoir repérer quelques aspects de la présence française dans le monde.**
- **Connaître son importance culturelle et son importance économique.**
- **Découvrir la francophonie.**
- **Montrer l'importance du commerce international.**
- **Connaître la signification des symboles des légendes sur des cartes.**
- **Lire la presse pour illustrer le thème.**

À SAVOIR

L'image de la France dans le monde

On constate qu'il y a un assez grand écart entre les représentations de la France et ce qu'elle est réellement.

Sa place de grand exportateur mondial de produits agricoles (2e ou 3e rang) a conforté l'image traditionnelle de richesse agricole qui est la sienne. L'accent mis sur la gastronomie, le « bon goût », la mode, va dans le même sens.

Pourtant les performances économiques sont plutôt celles d'un pays industrialisé, et progressivement, les réussites dans la haute technologie modifient cette image ancienne : le TGV, le programme Airbus, la recherche scientifique française sont maintenant mieux connus.

Les Français à l'étranger

Près de 2 millions de Français résident à l'étranger. Beaucoup sont des diplômés qui assurent l'essor des relations commerciales, culturelles et autres entre la France et le reste du monde.

Les grandes entreprises disposent de filiales de fabrication ou de commercialisation dans plusieurs États, même très éloignés, soit pour extraire ou exploiter des richesses naturelles (pétrole, minerais, produits agricoles tropicaux), soit pour vendre à l'étranger (Europe, États-Unis, Japon) les produits français.

Le rayonnement culturel

La richesse de son histoire, les symboles qui en sont issus comptent pour beaucoup dans le rayonnement culturel de la France. Des commémorations comme celles du bicentenaire de la Révolution française en 1989, du cinquantième anniversaire du débarquement de Normandie en 1994, rappellent cette présence au monde entier.

Ce rayonnement est ancien. Témoin le nombre des copies du château de Versailles à travers l'Europe, l'influence des idées des philosophes français de l'époque des Lumières, le nombre de monuments inscrits à l'inventaire du patrimoine culturel par l'UNESCO (1er rang mondial), etc.

D'autres indices montrent que ce rayonnement se transforme tout en restant de premier plan ; signalons quelques faits à l'appui :

– Le cinéma français fait preuve d'une grande vitalité sur le plan mondial en dépit de la prééminence incontestable du cinéma américain.

– Le brassage énorme de cultures et d'influences venues d'Amérique, d'Asie, d'Afrique ou d'Orient, qui confèrent à la France une position centrale en Europe occidentale.

– L'intensité du tourisme : nombre des visiteurs, quantité et qualité des sites, étendue des espaces ouverts au tourisme et correctement aménagés.

Les touristes étrangers sont en forte augmentation : 32 millions en 1982, 75 millions en 2000 (1er rang mondial pour la fréquentation par le tourisme international). Aucun point du territoire français n'est à l'écart de ce phénomène qui est multiforme, grâce aux sites naturels (plages, montagnes, etc.), aux manifestations culturelles, sportives, aux animations, aux monuments. Cet essor repose en partie sur l'amélioration des transports de voyageurs.

– Le rôle culturel de Paris qui fait de cette ville la première au monde pour la tenue de congrès et qui attire bien des créateurs.

Liste des sites inscrits au patrimoine culturel mondial

- Cathédrale d'Amiens
- Palais et jardins de Versailles
- Rives de la Seine à Paris
- Cathédrale Notre-Dame, basilique et abbaye Saint-Rémi et palais du Tau à Reims
- Mont-Saint-Michel
- Cathédrale de Chartres
- Palais et parc de Fontainebleau
- Places de Nancy
- Château et domaine de Chambord
- Basilique et colline de Vézelay
- Saline royale d'Arc-et-Senans
- Grande Ile à Strasbourg
- Église Saint-Savin-sur-Gartempe
- Grottes ornées de la Vézère
- Théâtre antique et arc de triomphe d'Orange
- Pont du Gard
- Monuments romains et romans d'Arles

Deux séquences :

1. La France dans le monde
2. Le rayonnement français

BIBLIOGRAPHIE

- Manuels de première, chapitres concernant la genèse et le rayonnement de la France, le tourisme, Paris et sa région, l'Europe communautaire.
- Comité National Français de Géographie, *La France dans le Monde,* Nathan, 1992.
- *Atlas Benjamin*, Hachette Éducation, 1994.
- M. Bellanger, *Guide de la France des enfants*, Éditions Rouge et Or, 1995.

séquence 1

La France dans le monde

Objectif : **montrer que la France exporte et importe des produits.**

Compétence méthodologique : trouver des symboles pour représenter des activités.

Matériel : livre de l'élève P. 124, 125, 127, photofiches **13A** et **13B**.

Mots clés : exportation, importation.

La France et le commerce

Faire rechercher l'origine régionale ou nationale de produits connus des élèves : voitures, appareils familiers, biens produits localement dans votre commune ou région. Cette recherche peut être menée en classe, y compris sur l'origine des manuels et des livres présents dans la salle. Faire observer que le marquage d'origine n'existe pas sur tous les produits.

Proposer de mener une recherche analogue, avec constitution d'une liste, sur les objets présents à la maison, avec pointage des origines géographiques lorsqu'elles sont connues sur un planisphère simplifié.

Travail d'observation

A. Quelques indications (panneau de signalisation en français et en italien) permettent de dire qu'il s'agit d'un point de passage entre la France et l'Italie. À l'arrière plan, on aperçoit quelques lettres du mot *Italia* peint sur la chaussée ainsi qu'un panneau portant le drapeau étoilé sur fond bleu de l'Union européenne.

B. Deux voitures décapotables, les fenêtres ouvertes, les bras appuyés aux portières, tout cela indique l'été. La tenue des fonctionnaires des douanes ou de la police le confirme (chemisettes). La présence presque exclusive des voitures de tourisme, de trois camping-cars, d'un car de tourisme et d'un camion seulement correspondent à ce qu'on voit habituellement sur les routes lors des grands départs en vacances d'été.

C. La question demande à être corrigée : il y a un camion. En journée de trafic normal, les camions sont au contraire très nombreux. L'Italie est l'un des principaux partenaires commerciaux de la France, et une grande part de ses échanges de marchandises transite par la route (routes, autoroutes et tunnels routiers traversant les Alpes ou longeant la Côte d'Azur). C'est la réglementation qui interdit aux poids lourds, sauf cas particuliers, de circuler librement pendant les jours de fort trafic de vacanciers.

Vous pourrez proposer **13A** : *Images de la France à l'étranger* (photofiche P. 93 ou cahier d'exercices P. 30).

Des camions partout

GB : Grande-Bretagne, en réalité Royaume-Uni
D : Allemagne (Deutschland)
DK : Danemark
E : Espagne
NL : Pays-Bas (Nederland)
D'autres pays proches ne sont pas représentés dans cette liste : I : Italie, Ch : Suisse (Confédération Helvétique), P : Portugal, B : Belgique.

Lecture de dessin

Tous les jours des camions étrangers viennent livrer des marchandises en France (ce sont nos importations), ou quittent la France remplis de marchandises qu'ils apportent chez eux (ce sont nos exportations) ou encore traversent notre pays pour en gagner d'autres. Ils portent tous un sigle minéralogique qui les identifie.

Demander aux enfants de lire l'article *Camions étrangers* P. 139 et de trouver de quels pays les camions proviennent.

Vous pourrez proposer **13B** : *La France vend et achète des produits à l'étranger* (photofiche P. 94 ou cahier d'exercices P. 31).

Synthèse

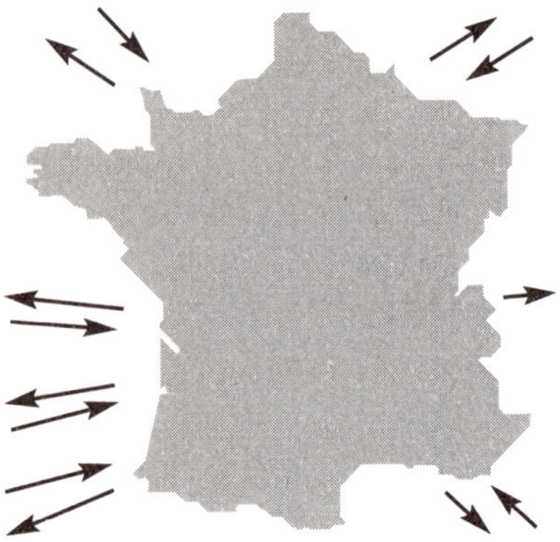

→ importation
← exportation

Pour conclure, vous pouvez :

- Faire élaborer une trace écrite dans laquelle il sera clairement énoncé que beaucoup de produits fabriqués en France se vendent à l'étranger (exportation) et que d'autres sont achetés par la France (importation) pour sa propre consommation.
- Faire compléter un planisphère pour mettre en évidence les pays vers lesquels la France exporte.
- Proposer aux élèves de construire un schéma pour expliquer les mots « exportation » et « importation ».

Vous pourrez proposer **13B** : *Les plus grandes puissances économiques mondiales* (photofiche P. 94 ou cahier d'exercices P. 31).

séquence 2

Le rayonnement français

Objectifs : **montrer comment se traduit exactement le rayonnement de la France dans le monde ; utiliser des événements liés à l'actualité.**

Compétences méthodologiques : lire la presse et les cartes.

Matériel : livre de l'élève P. 125, 126, 127, photofiche **13C** ; journaux, revues, objets divers et étiquettes d'emballages.

Mots clés : rayonnement, pays francophones, manifestation.

La langue française dans le monde

Le français est parlé en France et dans les DOM-TOM. En Belgique, en Suisse et au Québec (Canada français) certains habitants parlent français. Il en est de même dans beaucoup d'anciennes colonies françaises d'Afrique où notre langue est enseignée ; elle y est même parfois considérée comme la langue officielle.
On donne le nom de francophones à tous ceux qui parlent français. Les pays étrangers qui parlent cette langue constituent l'ensemble des pays francophones.

Lecture de carte

Faire observer attentivement la carte sur l'utilisation du français dans le monde P. 125.

Faire trouver sur la carte les pays où le français est la langue officielle.

Préciser que 44 États appartiennent aux organisations officielles de la francophonie. En 1993, au sommet de la francophonie qui s'est tenu à l'île Maurice, il y avait une quarantaine d'États, soit à titre de participants, soit à titre d'invités ou d'observateurs.

Faire citer quelques États francophones, que les enfants situeront sur la carte.

En observant le planisphère, poser la question suivante :

– Pourquoi y a-t-il tellement d'États francophones en Afrique ? *Parce que ce sont d'anciennes colonies françaises ou belges.*

Lecture de texte
Faire rechercher l'origine du mot *cajun* (langue régionale d'origine française parlée en Louisiane). Faire retrouver cet État des États-Unis sur une carte. Demander « *Y a-t-il un territoire d'Amérique où l'on parle le français ?* » Le faire nommer. Montrer sa localisation sur la carte P. 125. Faire dire aux élèves ce qu'il savent du Québec. Connaissent-ils des artistes québécois? Céline Dion, Garou, Linda Lemay, par exemple pour la variété.
Connaissent-ils des expressions du français parlé au Québec ? En voici un exemple : chauffer (conduire) son char (sa voiture).

Des touristes étrangers en France

Nombre d'arrivées de touristes étangers en 2000 (en millions)

France (1er rang mondial) :	75
Espagne	48
Italie :	41
Total Europe :	457
Total Monde :	698

Les 5 premières origines parmi les étrangers accueillis (en nombre de séjours)

Allemagne :	15 420 000
Royaume-Uni et Irlande :	12 127 000
Pays-Bas :	11 819 000
Belgique et Luxembourg :	9 482 000
Italie :	6 464 000

Source : Direction du tourisme et Banque de France

Recherche et classification
Faire rechercher dans l'ensemble du livre de l'élève les photographies ou les textes sur les régions qui attirent les touristes étrangers en France. Faire préciser si c'est à l'occasion d'une manifestation, d'une fête.

Établir ensuite un tableau :

SITES	MANIFESTATIONS	DESCRIPTION

Voici quelques lieux et manifestations représentés dans le livre de l'élève :

Manifestation culturelle : 24 juin 1990, Champs-Élysées P. 92, Carnaval de Nice, festival d'Avignon P. 91.

Manifestations sportives : course en mer P. 96, ski P. 102, 24 heures du Mans P. 91.

Stations balnéaires : Gruissan P. 97, Guadeloupe P. 106.

Station de ski : l'Alpe-d'Huez P. 110, 113.

Hébergement à la campagne : dessins d'habitat rural P. 79, 94.

Beaux paysages : mont Blanc et Flandres P. 78, Concarneau P. 104.

Faire compléter le tableau avec d'autres manifestations et d'autres sites connus des enfants.

Synthèse

Pour conclure, vous pouvez :

• Faire élaborer un bref résumé reprenant les idées suivantes : malgré une superficie et une population moyennes, la France est considérée, dans le monde, comme une grande puissance en raison de son histoire, de son économie et de son ouverture sur le monde.

• Faire rechercher dans des revues, les publicités vantant les produits susceptibles d'être vendus à l'étranger (voiture, mode, parfum...).

À propos des deux séquences : lecture

Lire ou faire lire le texte P. 126. Vérifier la compréhension des mots difficiles ou inconnus. Faire lire *Je retiens* P. 126.

Autour de la leçon

Vous pouvez :

• À partir de la photo des Halles de Rungis P. 126 et d'étiquettes rapportées par les élèves établir l'origine de certains fruits et légumes vendus en France.

• Faire la même chose pour tous les produits étrangers vendus en France. Demander aux enfants de se faire aider par les parents. Ex. : étiquettes de bouteilles d'alcool, de fromages, de conserves, de vêtements…

• Organiser des rencontres avec des étrangers. Leur demander d'exposer ce que l'on sait de la France dans leur pays.

• Calculer sur un parking le nombre de voitures immatriculées à l'étranger et effectuer des calculs de pourcentage.

Évaluation de la leçon Vous pourrez proposer la photofiche **13C** P. 95.

Mémo,

À voir à proximité de l'école ou dans la région :

Quelques livres :

D'autres références :

FILMS – VISITES

• La DATAR (1, avenue Charles Floquet, 75007 Paris) a réalisé des documents vidéos présentant la France, ses régions, ses réalisations.

• *Nantes et la façade atlantique*, VHS : 13 mn, CRDP de Nantes, 1993.

• *Toulouse… vole !*, VHS : 16 mn, CRDP de Toulouse, 1990.

• *Un château au Médoc*, VHS : 16 mn, CRDP de Bordeaux, 1990.

• www.datar.gouv.fr : le site de la DATAR.

Sciences

Treize chapitres sont proposés dans le livre de l'élève et exploités dans ce guide.

	renvoi aux pages du livre de l'élève	renvoi aux pages du guide pédagogique
1. **Des petits sont nés** La reproduction des animaux (1)	142 à 145	160 à 164
2. **Deux parents pour une naissance** La reproduction des animaux (2)	146 à 149	165 à 169
3. **À chacun son menu** La nutrition des animaux	150 à 153	170 à 175
4. **J'étais, je suis, je serai** De la naissance à la mort de l'homme	154 à 157	176 à 179
5. **Pourquoi mangeons-nous ?** La nutrition de l'homme	158 à 161	180 à 184
6. **Des graines pour de nouvelles plantes** La reproduction végétale (1)	162 à 165	185 à 189
7. **De la fleur aux graines** La reproduction végétale (2)	166 à 169	190 à 194
8. **Les plantes vertes se nourrissent** La nutrition des plantes vertes	170 à 173	195 à 199
9. **L'eau liquide et l'eau solide** Les états de la matière (1)	174 à 177	200 à 204
10. **Eau visible, eau invisible** Les états de la matière (2)	178 à 181	205 à 209
11. **Des mélanges avec l'eau** Les états de la matière (3)	182 à 185	210 à 214
12. **De l'air tout autour de nous** L'air	186 à 189	215 à 219
13. **Balances et balançoires** Équilibres, balances et pesées	190 à 193	220 à 224

L'enfant doit aussi développer des compétences particulières et des savoir-faire. Dans le ***livre de l'élève***, vous trouverez six dossiers « Savoir et Faire ».

- Le carnet d'expériences 194-195
- Lire des documents 196-197
- Essais et expériences 198-199
- Classer, déterminer 200-201
- Bien utiliser des instruments de mesure 202-203
- Expliquer à l'aide de schémas 204-205

En fonction de votre classe, vous pourrez utiliser ces doubles pages :

- en leur consacrant une séquence particulière et en suivant les différentes activités proposées ;
- en intégrant les activités proposées au sein d'une leçon, pour répondre à un besoin particulier lors du déroulement d'une séquence.

1 Des petits sont nés

OBJECTIFS

- Savoir que les animaux se reproduisent essentiellement selon deux modes : par l'éclosion d'œufs pondus par la femelle (ovipares) ou par la mise bas de petits portés dans le corps de la femelle (vivipares).
- Repérer les manifestations de développement : augmentation de la masse et de la taille; formes larvaires; métamorphoses; état adulte (pour les espèces dont les petits diffèrent de leurs parents à la naissance).
- Comparer et décrire les changements d'un être vivant au cours du temps (après une période de croissance, il devient adulte et se reproduit à son tour).
- Comprendre et analyser des documents variés.
- Comparer des comportements animaux.
- Formuler des hypothèses et faire émerger des problèmes.

À SAVOIR

La procréation

La reproduction sexuée (procréation) est le mode de reproduction le plus général des êtres vivants. Certains animaux pondent des œufs : ce sont des ovipares; d'autres donnent naissance à des petits qui sortent vivants du corps de la femelle : ce sont des vivipares. La reproduction sera étudiée au chapitre 2.

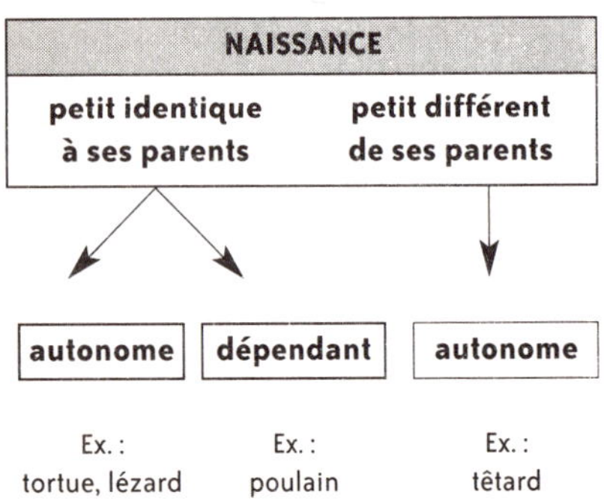

Les petits à la naissance

Les petits qui naissent par éclosion ou qui sortent du corps de la mère sont autonomes ou bien dépendants des parents qui apportent des soins adaptés pour les nourrir (becquée, allaitement...) et pour les protéger contre le froid et contre les prédateurs.

Chez les oiseaux, on peut distinguer les espèces dites nidifuges, rapidement autonomes et les espèces nidicoles qui nécessitent des soins plus intensifs et passent les premières semaines de leur vie à l'abri dans un nid. Les premières se contentent d'un nid sommaire puisque celui-ci sera quitté rapidement; les secondes, par contre, possèdent des nids parfois très élaborés car ils serviront de lieux d'élevage.

Ces nids sont adaptés pour protéger les petits contre d'éventuels prédateurs et contre les intempéries.

Le nombre de petits

Le nombre de petits par naissance est variable selon les espèces. Les œufs pondus par les poissons, batraciens et insectes se comptent par milliers.

Cette grande quantité compense la perte naturelle des œufs qui n'arriveront pas à maturité ou la mortalité importante des jeunes à la naissance (vulnérabilité face aux prédateurs, aux intempéries, au manque de nourriture...).

Certains animaux ne donnent naissance qu'à quelques petits par portée (chat : 3 à 6; chien : 2 à 10; hamster : 4 à 15; souris : 3 à 12).

D'autres ne donnent qu'un seul petit par portée (le cheval, le mouton, le singe).

Le nombre de petits à la naissance est peu élevé chez les espèces qui les protègent bien, car les risques de perte sont beaucoup moins forts.

Croissance et développement

Les petits qui ressemblent à leurs parents à la naissance augmentent de masse et de taille (croissance) sans changer de forme jusqu'à l'âge adulte. Par contre, les petits qui diffèrent de leurs parents par leur morphologie et leur biologie, connaissent une période de développement caractérisée par l'apparition de formes et d'organes nouveaux. Cette période de métamorphoses varie selon les espèces et les conditions du milieu (température, humidité...).

Selon les espèces, la croissance s'effectue progressivement, de manière continue ou bien par paliers, ou bien de façon discontinue, à l'aide de mues successives.

Des élevages en classe

L'idéal est de pouvoir proposer à la classe un élevage d'animaux vivipares (souris, cochons d'Inde...) et un élevage d'animaux ovipares (tourterelles, mouches, asticots...). L'observation sera quotidienne. À partir d'une quinzaine de jours, par exemple, on pourra mesurer et peser quotidiennement des souris dont la croissance est rapide.

Deux séquences :

1. Comment naissent les animaux ?
2. Comment vivent les petits après la naissance ?

BIBLIOGRAPHIE

- *La Vie des animaux*, encyclopédie de Benjamin, Gallimard.
- S. Parker, *À l'intérieur du corps des animaux*, Nathan Jeunesse, 1993.
- *Le Nid, l'œuf et l'oiseau*, Gallimard, Coll. « Les yeux de la découverte ».
- Manuels des classes de 5ᵉ et de 4ᵉ.
- R. Burton, *Naître*, Gallimard Jeunesse.

séquence 1

Comment naissent les animaux ?

Notion scientifique : **les petits des animaux naissent, soit par éclosion d'œufs pondus par la femelle, soit par la mise bas de petits portés dans le corps de la femelle. Les animaux d'une même espèce se ressemblent (caractères de l'espèce) mais ne sont pas identiques (particularités individuelles).**

Activité : analyser des documents variés.

Matériel : livre de l'élève P. 142, 143, photofiches **1A** et **1B**, *poster du Multilivre.*

Mots clés : éclosion d'œufs, mise bas, femelle, naître.

La naissance d'un poulain

Onze mois (355 jours) s'écoulent de la fécondation jusqu'à la naissance du poulain.

Pour la mise bas, certains termes sont spécifiques à tel ou tel animal : le vêlage pour la vache, le poulinage pour la jument. Ces expressions seront peut-être évoquées par les enfants du milieu rural mais ne seront pas à retenir.

Observation des photos

Laissez les enfants regarder les photos P. 142, puis guider leur recherche en leur posant les questions de *1. Observation* P. 143.

Réponses possibles :

A. Le poulain qui vient de naître est mouillé car il vient juste de sortir du corps de sa mère (de son utérus).

B. Le poulain qui vient de naître ressemble beaucoup à ses parents.

C. Ils se ressemblent : forme identique des 2 oreilles, 4 pattes courtes.

D. Ils se ressemblent : ce sont des chiots. Mais ils ne sont pas identiques : la couleur de leur pelage est variée, la répartition des tâches blanches est différente.

Poursuivre l'observation en posant les questions suivantes :

– Comment est le poil du poulain ? *Il est mouillé mais pas sale.*

Cette question permet de préciser que le poulain sort par un orifice spécial.

– Où était le poulain avant de naître ? *Dans le corps de la jument.*

Préciser que le poulain était protégé par une poche remplie de liquide. C'est cette poche que l'on peut voir lorsque la femelle a mis bas.

– Quels autres animaux naissent ainsi ? *La vache, le zèbre, le chat, le chien*, etc.

Demander aux enfants de faire appel à leur mémoire (certains ont pu assister à la naissance de chatons, de hamsters ; voir ou lire des documentaires).

– Existe-t-il d'autres façons de naître ? *La naissance en sortant d'un œuf.*

Aider les enfants à formuler des hypothèses, des ébauches d'explications, sans porter de jugements, mais avec une attitude incitant à une argumentation et à la vérification qui sera apportée par la lecture du second paragraphe P. 144.

Vous pourrez proposer **1B** : *La naissance des chatons* (photofiche P. 102 ou cahier d'exercices P. 7).

La naissance d'un gecko et d'un goéland

Le gecko est un lézard grimpeur des pays chauds. Lors de l'éclosion, il brise la coquille à l'aide de ses pattes.

Le poussin du goéland possède une sorte de diamant (pointe très dure) à l'extrémité du bec qui lui sert à briser sa coquille

Afficher le ***poster du Multilivre*** : *Deux parents pour une naissance ; des petits sont nés.*

Questions autour d'une enquête
Proposer aux enfants d'observer les deux photos de 2. ***Enquête*** P. 143. Organiser l'échange en classant les animaux selon le mode de leur naissance.

Demander aussi :

– Comment se passe l'éclosion ? *Les petits brisent la coquille.*

Parmi les autres animaux qui naissent en sortant d'un œuf, il y a le têtard de la grenouille, la chenille de papillon, la tortue de mer, le poussin, le caneton, l'autruche...

Préciser que les œufs pondus à l'air sont protégés par une coquille rigide, perméable à l'air, qui empêche le dessèchement.

Laisser les enfants évoquer les animaux dont ils auront vu la naissance au cours d'émissions télévisées : tortues de mer, poissons, insectes...

Les animaux vivipares sont essentiellement les mammifères.

Vous pourrez proposer **1A** : *La naissance du poussin* (photofiche P. 101 ou cahier d'exercices P. 6).

Synthèse

Pour conclure, vous pouvez :

• Élaborer un résumé avec les enfants à partir des questions : Comment naissent les animaux ? Comment s'appelle la naissance lorsque les petits sortent du corps de la mère ? D'un œuf ?

• Faire compléter le texte suivant.

À la naissance, des petits sortent du .... (corps) de leur mère : c'est .... (la mise bas).

D'autres naissent en sortant d'un .... (œuf) : c'est .... (l'éclosion).

Les petits ressemblent à leurs ....(parents) : ils appartiennent à la même .... (famille). Cependant, ils ne sont pas identiques entre eux : chacun a des particularités reçues de son père ou de sa mère.

séquence 2

Comment vivent les petits après la naissance ?

Notion scientifique : **à la naissance, le petit peut être soit soigné par ses parents, soit abandonné et obligé de survivre seul. Il peut passer par plusieurs stades de développement avant de devenir adulte.**

Activités : observer des documents photographiques. Comparer.

Matériel : livre élève P. 143, 144, 145, photofiches **1B** et **1C**.

Mots clés : soins adaptés, naissance, nid.

Des petits à la naissance

L'observation directe est à privilégier : visite de ferme, élevage en classe…
On peut également visionner des films.

Travail de comparaison

Faire observer et comparer les deux photos de 3. *Comparaison* P. 143. Chercher à décrire les petits, à savoir s'ils ressemblent à leurs parents, préciser s'ils sont autonomes à la naissance (déplacement, nourriture…) ou non.

Répondre aux questions dans un tableau. S'interroger également sur le poulain.

	Souriceaux	Oisillons de Pic Épeiche	Poulain
Comment sont les yeux des petits ?			
Comment est leur peau ?			
Peuvent-ils se déplacer seuls ?			
Peuvent-ils se nourrir seuls ?			
Que mangent-ils ?	Ils tètent le lait de la mère.	Becquées de larves et d'insectes par les parents.	Il tète le lait de la mère.

Les souriceaux et les oisillons ne peuvent pas se déplacer, ils sont aveugles et ne peuvent pas rechercher leur nourriture seuls ; les parents sont obligés de les nourrir.

Le poulain a besoin de téter sa mère mais il peut se déplacer et boire du lait dans un seau aussitôt après sa naissance (il est toujours dépendant pour sa nourriture).

Les souriceaux n'ont pas encore leur fourrure, on voit leur peau rose, leurs yeux sont fermés et ils sont incapables de se déplacer.

Montrer que certains petits diffèrent de leurs parents, non par la forme, mais par leur aspect inachevé. Ils ont besoin de soins adaptés pour augmenter leurs chances de survie.

Des petits très différents de leurs parents : la grenouille, le papillon

Chez la grenouille, le papillon, les formes larvaires sont adaptées à un milieu de vie, différent de celui de l'adulte, et aux modes de vie qui en découlent. Les métamorphoses, qui permettent le passage de la forme larvaire à la forme adulte, favorisent aussi le passage d'un milieu à un autre (dans le premier, la nourriture s'épuise alors qu'elle abonde sous d'autres formes dans le second).

Laisser les élèves découvrir l'article *Larves et adultes très différents !* P. 145.

Du têtard à la grenouille : décrire chronologiquement, en s'aidant du texte, les différents stades de développement de la grenouille.

Poursuivre en demandant : Où trouve-t-on les œufs de grenouille ? *Dans l'eau.* Le têtard ? *Dans l'eau.* La grenouille ? *Sur le bord de l'eau et dans les endroits humides.*

– Que mange le têtard ? *Herbes aquatiques, algues.* La grenouille ? *Des insectes.*

– Comment respire le têtard ? *Respiration aquatique avec des branchies.* Et la grenouille ? *Respiration aérienne avec des poumons + peau humide.*

– Comment se déplacent-ils ? *Le têtard nage ; la grenouille nage dans l'eau et saute sur la terre.*

Dans le carnet d'expériences, les élèves peuvent situer les différents stades sur une frise du temps et organiser les éléments de description (absence de pattes puis apparition progressive de celles-ci, disparition de la queue) et les réponses aux questions précédentes dans un tableau (milieu de vie, nourriture, respiration, déplacement).

De la chenille au papillon : reprendre la même démarche que précédemment en découvrant le vocabulaire spécifique (chenille, larve, chrysalide, cocon, métamorphoses…).

Conclure par un résumé à élaborer avec les élèves avec l'idée suivante : les petits de certains animaux naissent très différents de leurs parents. Ce sont des larves. Elles subissent des transformations appelées métamorphoses avant de devenir adultes et ressembler à leurs parents.

Les besoins des petits à la naissance

S'appuyer sur l'expérience et les connaissances des enfants ainsi que sur les différents documents présentés dans le livre de l'élève.

– Quels sont les besoins des petits à la naissance ? *Manger, être à l'abri, être protégé.*

Laisser les enfants s'exprimer. Opérer ensuite des classements :

CEUX QUI SORTENT DE L'ŒUF	
Les parents soignent les petits, les nourrissent, les protègent du froid, des prédateurs. Ex. : mésange.	Les parents abandonnent les petits qui doivent « se débrouiller ». Ex. : tortue, lézard, poisson.
CEUX QUI SORTENT DU CORPS DE LA MÈRE	
La femelle allaite son petit. Le petit est protégé, éduqué par ses parents. Il reçoit des soins adaptés. Ex. : chaton.	

Vous pourrez proposer **1B** : *Des familles nombreuses* (photofiche P. 102 ou cahier d'exercices P. 7).

Synthèse

Pour conclure, vous pouvez :

• Faire copier les tableaux réalisés au cours de la séquence.

• Faire élaborer un résumé en répondant aux questions suivantes : Comment sont les petits à la naissance ? Comment se nourrissent-ils ? Leurs parents s'occupent-ils d'eux ? Comment ?

• Faire construire un schéma comparatif du développement de deux animaux : l'un qui ressemble à ses parents à la naissance et l'autre qui en diffère en faisant apparaître le vocabulaire adapté aux exemples choisis (larves, adultes, métamorphoses, absence de métamorphoses, croissance...).

À propos des deux séquences : lecture

Lire ou faire lire le texte P. 144. Vérifier la compréhension des mots difficiles. Faire lire *Je retiens* P. 144.

Autour de la leçon

Vous pouvez :

• Procéder à l'élevage de mouches P. 145 et comparer ses différents stades de développement à celui de la chenille. Découvrir le vocabulaire spécifique (asticot, pupe...), réaliser une frise de développement, un schéma, enrichir les tableaux comparatifs précédents.

• Observer dans la nature ou en élevage le développement de divers animaux et les comparer aux exemples étudiés.

• Mener une recherche sur différentes sortes de nids et leur localisation (au sol, dans les marais, dans les arbres, etc.).

Évaluation de la leçon Vous pourrez proposer la photofiche **1C** P. 103.

Utiliser le développement de l'asticot à la mouche comme évaluation et permettre à l'élève de transférer ses connaissances à un autre exemple.

Mémo,

À voir à proximité de l'école ou dans la région :

Quelques livres :

D'autres références :

FILMS – VISITES

• Reproduction et croissance en milieu terrestre, VHS : 28 mn, CNDP de Paris, 1990.

• Reproduction et croissance en milieu aquatique, VHS : 26 mn, CNDP de Paris, 1990.

• Ferme d'Écancourt, Hameau d'Écancourt, 95280 Jouy-le-Moutier. Tél. : 01.34.21.17.91.

• Rencontrer un vétérinaire.

• Ferme miniature Marcel Dhenin parc des Dondaines 14, rue E. Jacquet 59000 Lille Tél. : 03.20.55.16.12.

• Haras des Bréviaires Domaine des Bréviaires, 78610 Le Perray-en-Yvelines Tél. : 01.34.84.92.07.

2 Deux parents pour une naissance

OBJECTIFS

■ Savoir :
– que dans une même espèce, il existe des mâles et des femelles ;
– qu'il faut deux parents (un mâle et une femelle) pour donner naissance à un être vivant de leur espèce (procréation) ;
– que certains animaux doivent s'accoupler (oiseaux, mammifères) mais d'autres non (poissons) ;
– que la rencontre d'un spermatozoïde et d'un ovule de la femelle produit un œuf (c'est la fécondation) ;
– que la fécondation a lieu à l'intérieur ou à l'extérieur du corps de la femelle.
■ Effectuer des comparaisons.
■ Lire un compte rendu d'expérience.
■ Apprendre à schématiser.

À SAVOIR

Différencier mâles et femelles

Mâles et femelles se distinguent :

– par des différences internes, non visibles, de leurs appareils reproducteurs.

– par des différences externes. Par exemple, par les différences de tailles, de formes, de couleurs, par les organes sexuels, la présence ou l'absence d'appendices supplémentaires, par des signes distinctifs comme une crête plus développée, une plume caudale recourbée, des griffes, ventouses, cornes, défenses…

On parle de dimorphisme sexuel lorsque l'on peut distinguer le mâle de la femelle. Les parades nuptiales permettent l'attirance et la reconnaissance des animaux, d'une même espèce, entre eux. La communication qui s'établit entre le mâle et la femelle utilise alors des signaux comme les couleurs, les odeurs, le chant, les danses. Lors de la parade nuptiale des tourterelles, par exemple, le mâle roucoule et fait des courbettes tout autour de la femelle ; chez le poisson, le mâle se pare souvent de vives couleurs pour séduire la femelle.

La fécondation

Chez les vivipares (espèces qui mettent au monde des petits qui se sont développés à l'intérieur du corps de la mère) la fécondation est interne et a lieu grâce à un accouplement. La fécondation ayant lieu dans le corps de la femelle, l'œuf qui en résulte se développe immédiatement en embryon à l'intérieur du corps.

Chez les ovipares (espèces qui pondent des œufs) la fécondation peut être externe ou interne. Dans le cas de la fécondation externe, la rencontre entre l'ovule de la femelle et le spermatozoïde du mâle se fait à l'extérieur du corps : le poisson arrose de son sperme les ovules pondus par la femelle, les oursins libèrent dans l'eau ovules et spermatozoïdes qui se rencontrent dans la mer. C'est seulement après la fécondation que l'on peut parler d'œufs.

On peut schématiser la reproduction sexuée ainsi :

ADULTES
mâle + femelle
(spermatozoïde) (ovule)
avec ou sans accouplement
↓
FÉCONDATION
↓
ŒUF
↓
NAISSANCE
ovipare ou vivipare

Les œufs des ovipares

Ils sont soit abandonnés, soit pris en charge par l'un des parents ou par les deux. Certains poissons mâles, comme les combattants ou les gobies, ou encore l'hippocampe, s'occupent des œufs et de leur jeune progéniture. Bien souvent c'est la femelle qui se charge de couver les œufs, parfois en alternance avec le mâle. Certains œufs peuvent subir une incubation par les éléments naturels ; par exemple, les œufs de tortues marines cachés dans le sable chaud et humide. D'autres peuvent être couvés.

Les nids

Les oiseaux bâtissent des nids pour couver et élever leurs oisillons. Les matériaux utilisés et la complexité de leur construction varient suivant les espèces. Par exemple, le merle noir bâtit un nid en forme de coupe avec des herbes sèches, des feuilles mortes qu'il consolide par de la boue ; le nid de la mésange est en forme de boule, elle le construit avec des lichens, de la mousse, du crin et tapisse l'intérieur avec des plumes, quant au martin-pêcheur il installe son nid au bout d'un long tunnel creusé au bord de la rivière et dépose ses œufs sur un tapis d'arêtes de poisson.

Mais les nids ne sont pas réservés aux seuls oiseaux ou aux ovipares. Les femelles des mammifères confectionnent aussi des nids pour mettre bas leurs petits et les protéger durant les premiers jours de la vie, comme, par exemple, la laie ou la lapine.

Deux séquences :
1. Mâles et femelles
2. La fécondation

BIBLIOGRAPHIE

- M. Picquet, *Le Monde animal*, Nathan Jeunesse, 1994.
- M. Barré, *Comment se reproduisent les animaux ?* Mango.

séquence 1

Mâles et femelles

Notion scientifique : **chez les animaux d'une même espèce, on distingue des mâles et des femelles.**

Activités : effectuer des comparaisons ; procéder à des recherches.

Matériel : livre de l'élève P. 146, 147, photofiche **2A**.

Mots clés : mâle, femelle, parade nuptiale, couple.

Remarque : réunir, au préalable, les documents nécessaires à la réalisation de 3. *Recherche documentaire* P. 147.

Différencier le mâle de la femelle

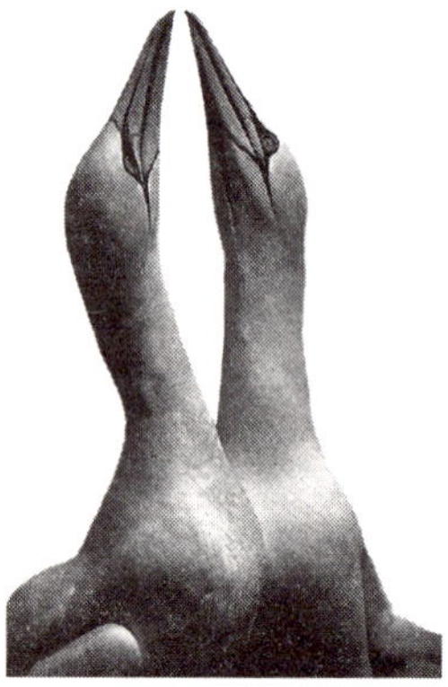

La parade nuptiale précède l'accouplement. Ce sont des gestes rituels entre le mâle et la femelle (offrande, lissage de plumes...) que l'on retrouve chez de nombreuses espèces : paon, albatros, sarcelle, etc.

Les animaux se reconnaissent entre eux à leurs couleurs, leurs odeurs, leurs chants, leurs danses, leurs signes distinctifs. Ex. : les papillons de nuit se reconnaissent à leur odeur, parfois jusqu'à 13 km à la ronde. Le paon, le dindon font la roue...

Observation d'une photographie, formulation d'hypothèses

Laisser le temps aux enfants de regarder la photographie P. 146 des fous de Bassan. Leur faire lire les légendes. Poser les questions de 1. *Observation* P. 147 et les laisser répondre librement. Réponses possibles :

A. Non, il est difficile de les différencier.

B. et **C.** Le mâle reconnaît la femelle à sa réponse : quand il lui donne des coups de bec elle détourne la tête.

D. Ils s'embrassent, ils se câlinent. Ils se font des révérences et se frottent le cou et le bec.

Expliquer que ces gestes précèdent l'accouplement. Le rituel se nomme la parade nuptiale.

Vous pourrez proposer **2A** : *Avant la naissance* (photofiche P. 104 ou cahier d'exercices P. 8).

Observation des photographies de la vache et du taureau

Demander aux enfants de regarder les deux petites photographies P. 146. Poser la dernière question de 1. *Observation* P. 147.

E. Oui, il est plus facile ici de distinguer le mâle de la femelle.

Laisser les enfants s'exprimer pour la seconde partie de la question et noter leurs observations dans un tableau :

TAUREAU	VACHE
bourses pénis	**pis avec mamelles**

Travail de comparaison et d'enquête

À l'aide de 2. *Comparaison* P. 147, faire esquisser sur le carnet d'expériences la silhouette du mâle et de la femelle Colvert ; dessiner et colorier les différences et les annoter. *Le mâle a une tête verte et un bec jaune, la femelle a un plumage bien plus terne.*

Après un temps de travail individuel nécessaire pour la recherche de 3. *Enquête* P. 147, noter les résultats dans le carnet d'expériences et effectuer une mise en commun pour valider ceux-ci.

MÂLE	FEMELLE	RESSEMBLANCES/DIFFÉRENCES
le chat	**la chatte**	**La chatte a des mamelles.**
le lion	**la lionne**	**Le mâle a une crinière, la femelle n'en a pas.**
le cerf	**la biche**	**Le mâle a des bois, la femelle n'en a pas.**

Synthèse

Pour conclure, vous pouvez :

• Aider les enfants à élaborer une trace écrite en posant les questions : Comment se sont formés les couples d'animaux ? Le mâle est-il semblable à la femelle ? Comment les animaux se reconnaissent-ils entre eux ?

• Faire coller des images de deux couples d'animaux (mâle et femelle semblables, mâle et femelle différents) dans le carnet d'expériences. Faire légender.

séquence 2

La fécondation

Notions scientifiques : **la naissance d'un petit animal est due à la rencontre d'un spermatozoïde du mâle et d'un ovule de la femelle ; le résultat de cette fécondation est un œuf. Cette rencontre a lieu à l'extérieur ou à l'intérieur (grâce à l'accouplement) du corps de la femelle.**

Activités : interpréter un compte rendu d'expérience ; schématiser un processus.

Matériel : livre élève P. 148, 149, photofiches **2B** et **2C**, *poster du Multilivre.*

Mots clés : ovule, spermatozoïde, accouplement, fécondation, œuf, femelle.

Fécondation à l'extérieur du corps de la femelle

Cet exercice de lecture attentive permet de relater l'expérience ; ensuite le maître demande à l'enfant d'analyser ce qui s'est passé puis de conclure.

Faire remarquer la nécessité d'aérer l'eau pour que les poissons et leurs petits vivent. (On utilise un appareil à bulles comme dans un aquarium.)
Les pontes sont des éléments vivants !

Certains enfants parleront peut-être de « petites graines du papa » ou d'autres expressions familières. Introduire le mot « spermatozoïde ».

Observation de la fécondation du saumon

Découvrir les dessins et le texte de *4. Expérimentation* P. 147.

Poser le problème « Un mâle et une femelle sont-ils nécessaires pour avoir des petits ? ». Laisser les élèves exprimer leurs hypothèses. Poser ensuite les questions suivantes pour comprendre les expériences réalisées :

– Que fait-on à cette femelle saumon ? *On la fait pondre.*

– Comment ? *En lui appuyant sur le ventre.*

– Que fait-on de sa ponte ? *On la sépare en deux lots.*

– Que fait-on avec le premier lot ? *On le place dans une eau aérée.*

– Que fait-on avec le deuxième lot ? *On l'arrose de la laitance du mâle puis on le place dans une eau aérée.*

– Qu'est-ce que la laitance ? *Ce sont les spermatozoïdes.*

– Que constate-t-on avec le premier lot ? *La ponte se décompose et meurt.*

– Avec le second lot ? *Des alevins sortent des œufs.*

Expliquer le mot « alevin » : jeune poisson.

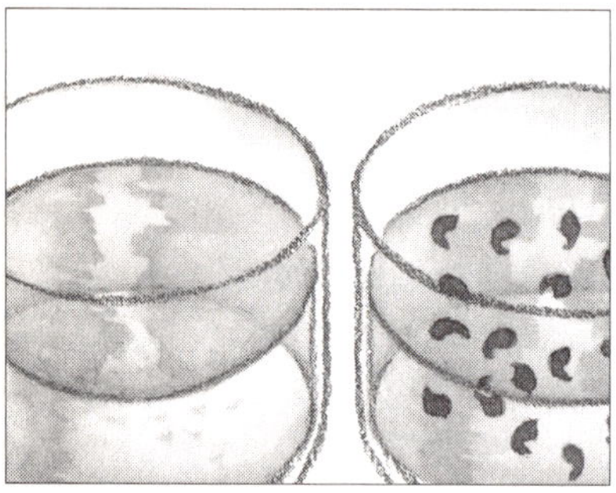

Reproduire les schémas de l'expérience, les légender puis noter les résultats dans un tableau, par exemple :

LOT 1	LOT 2
ponte de la femelle seule ↓ **La ponte meurt, se décompose.**	**ponte de la femelle arrosée par la laitance du mâle** ↓ **des œufs** ↓ **des alevins naissent**

Aider les enfants à analyser le résultat de leurs observations en répondant aux questions de 5. ***Interprétation*** P. 147.

– La femelle saumon peut-elle donner seule des petits ? *Non, elle a besoin du mâle.*

– Quelle est l'étape nécessaire pour que les œufs éclosent ? *Il faut arroser la ponte avec la laitance ou les spermatozoïdes du mâle.*

Poursuivre l'analyse en posant les questions suivantes :

– Qu'est-ce que la femelle saumon a pondu ? *Des ovules.*

– Après l'union des spermatozoïdes et des ovules (la fécondation) qu'obtient-on ? *Des œufs.*

– Où a lieu la fécondation ? *Dans l'eau, en dehors du corps des poissons.*

Aider les élèves à résumer le phénomène sous forme d'un schéma.

femelle → **ovules**
mâle → **spermatozoïdes**
→ **fécondation à l'extérieur du corps de la femelle**
↓
œufs
↓
naissance

Se reporter au poster affiché lors de la première leçon.

Vous pourrez proposer **2B** : *Une naissance* (photofiche P. 105 ou cahier d'exercices P. 9).

Fécondation à l'intérieur du corps de la femelle

L'accouplement est l'étape qui va permettre la fécondation par l'introduction de spermatozoïdes dans le corps de la femelle à l'aide d'un organe adapté (le pénis, chez les mammifères).

Observation des photos de l'accouplement des coccinelles et des cygnes

Guider l'observation de la première et de la troisième photographies P. 148.

– Que font les coccinelles et les cygnes ? *Le mâle couvre la femelle en montant sur son dos. C'est l'accouplement.*

– Que fait le mâle ? Que se passe-t-il à ce moment ? *Il introduit des spermatozoïdes dans le corps de la femelle pour féconder ses ovules. C'est la fécondation.*

Aider les élèves à résumer le phénomène sous forme d'un schéma.

femelle → **ovules**
mâle → **spermatozoïdes**
→ **fécondation à l'intérieur du corps de la femelle (accouplement)**
↓
œufs
↓
naissance

Synthèse

Pour conclure, vous pouvez :

- Élaborer un résumé à partir des questions : Qu'est-ce qui est indispensable pour permettre la fécondation ? Où a lieu la fécondation ? Quel est le résultat de la fécondation ?
- Légender une image ou un dessin représentant un couple d'animaux en indiquant le mâle, la femelle et le mode de reproduction.
- Copier les schémas ou les tableaux élaborés collectivement lors de la séquence.

Vous pourrez proposer **2B** : *En famille* (photofiche P. 105 ou cahier d'exercices P. 9).

À propos des deux séquences : lecture

Lire ou faire lire le texte P. 148. Vérifier la compréhension des mots nouveaux ou difficiles. Faire lire *Je retiens* P. 148.

Autour de la leçon

Vous pouvez :

- Faire lire les différents documents P. 149 en mettant en pratique la méthode exposée dans le dossier « Savoir et Faire » P. 196.
- Effectuer une recherche sur les nids.
- Construire un jeu de cartes avec les parents et leurs petits. Ex. : cheval/jument/poulain ; âne/ânesse/ânon ; porc/truie/porcelet…

Évaluation de la leçon Vous pourrez proposer la photofiche **2C** P. 106.

Mémo,

À voir à proximité de l'école ou dans la région :

Quelques livres :

D'autres références :

FILMS – VISITES

- *Naissance I : les invertébrés*, VHS : 60 mn, CNDP de Paris, 1994.
- *Naissance II : les vertébrés*, VHS : 62 mn, CNDP de Paris, 1994.
- *L'Épinoche : reproduction*, CNDP.
- *Le Sanglier : reproduction*, CNDP.
- *L'Accouplement du crabe*, CNDP.
- *Reproduction d'un poisson ovipare*, CNDP.
- Centre de réintroduction des cigognes 68150 Hunawihr Tél. : 03.89.73.72.62.

3 À chacun son menu

OBJECTIFS

- **Classer les animaux selon leur régime alimentaire (carnivore, végétarien, omnivore).**
- **Observer, comparer et analyser des comportements alimentaires.**
- **Remarquer la diversité des outils anatomiques adaptés aux comportements et régimes alimentaires.**
- **Acquérir la notion de chaîne alimentaire.**

À SAVOIR

Les régimes alimentaires

Les animaux consomment des aliments d'origine animale et/ou végétale. Ils ont besoin d'eau. On a déterminé trois grands types de régimes alimentaires.

Végétarien

Les végétariens sont les animaux qui se nourrissent de végétaux.

Ex. : la vache, le papillon, l'abeille, l'écureuil…

Certains ne consomment que des graines (comme le pigeon). Ce sont des granivores. D'autres que de l'herbe (comme la vache). Ce sont des herbivores. D'autres encore ne se nourrissent que du nectar des fleurs (comme les abeilles). Ce sont des nectarivores.

Omnivore

Les omnivores (de « omnis », tout) mangent une nourriture variée d'origine animale ou végétale.

Ex. : le porc et l'homme.

Carnivore

Les carnivores mangent d'autres animaux vivants ou morts. Parmi les carnivores, on distingue les piscivores qui se nourrissent de poissons, les insectivores qui se nourrissent d'insectes, etc.

Si le carnivore attaque sa proie pour se nourrir, on dit qu'il est un prédateur. S'il mange des cadavres, on l'appelle un charognard.

Ex. : le tigre, la mante religieuse, la truite, le brochet… sont des prédateurs.

Il faut savoir que les régimes alimentaires, au sein d'une même espèce, peuvent varier en fonction des saisons, des régions, du sexe, de l'âge.

Ex. : le têtard est végétarien, mais la grenouille est omnivore.

Décomposeur ou nettoyeur de la nature

Les décomposeurs se nourrissent de déchets d'animaux, d'animaux morts et de végétaux morts.

Ex. : le bousier (insecte qui se nourrit d'excréments), le ver de terre qui se nourrit de débris végétaux, le vautour qui se nourrit de cadavres d'animaux.

Le cycle de la nourriture ou la chaîne alimentaire

La chaîne alimentaire commence toujours par un végétal vert qui utilise l'énergie solaire et le dioxyde de carbone de l'air pour synthétiser de la matière organique. Le deuxième maillon de la chaîne est toujours un végétarien et les suivants sont des carnivores.

Le cycle alimentaire est bouclé par les décomposeurs qui se nourrissent de débris, de déchets et de cadavres d'origine animale ou végétale qu'ils transforment en matière minérale qui nourrit les plantes.

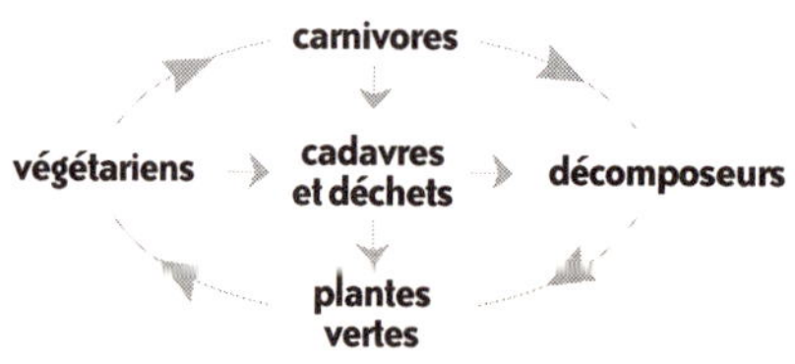

Des outils adaptés

Pour se nourrir certains animaux trouvent leurs aliments au hasard de leurs déplacements, que ce soient des plantes ou des charognes (cadavres).

Des pièces buccales tranchantes, des mâchoires avec ou sans dents, un bec… sont des organes faits pour cueillir, arracher, découper.

D'autres animaux sont plus actifs : ils chassent.

Pour chasser, les prédateurs doivent d'abord repérer et choisir leurs proies (grâce à leurs organes des sens). Ensuite il leur faut les saisir et les dévorer.

Ces prédateurs possèdent des « outils » adaptés : pièces buccales, bec, dents spécialisées (crocs pour arracher des lambeaux de viande, molaires tranchantes ou broyeuses…), langue collante (grenouille) ou tentacules (seiche)…

Ainsi tous les animaux ont des organes adaptés à leur type d'alimentation.

Trois séquences :

1. Les régimes alimentaires
2. La chaîne alimentaire
3. Des « outils » adaptés

BIBLIOGRAPHIE

- Morère, *Sciences naturelles, Les Êtres vivants dans leur milieu*, Hachette, manuel de 2de.
- M. Barré, *Comment se nourrissent les animaux*, Mango.
- La Hulotte.

séquence
1

Les régimes alimentaires

***Notion scientifique :* on distingue trois régimes alimentaires : végétarien, carnivore et omnivore.**

Activités : observer, analyser, classer.

Matériel : livre de l'élève P. 150-151, photofiche **3A**.

Mots clés : végétarien, carnivore, omnivore, décomposeur.

Les régimes végétarien et carnivore

Une sortie dans les bois ou les parcs publics peuplés d'écureuils peut permettre l'observation de leurs traces de repas : cônes de résineux rongés, débris de noisette.

À l'automne, l'écureuil fait des provisions en enterrant des graines ; il s'en nourrira, en partie, pendant l'hiver.

Préférer l'utilisation du terme « végétarien » au terme « herbivore », beaucoup plus restrictif.
Préciser que l'effraie est une chouette.

Observation et analyse de documents

Laisser les enfants regarder les illustrations P. 150 et poser les questions de *1. **Observation*** P. 151. Réponses possibles :

A. et B. L'écureuil mange une noisette ; il en ronge le sommet, y plante ses dents et la fait éclater en deux morceaux.

C. L'effraie mange un rongeur.

D. La coccinelle se nourrit de pucerons.

E. Des carnivores.

Faire constater les différences sur les aliments consommés (une graine, des insectes, des petits animaux) et la façon de les trouver (la cueillette/la chasse).

Le régime de l'écureuil

Faire observer le dessin de **2. *Analyse de document*** P. 151. En lisant le texte qui accompagne l'illustration, faire identifier chaque aliment et compléter le dessin (faînes, baies…).

Poser les questions suivantes :

– Ces aliments sont-ils des végétaux ou des animaux ? *Des végétaux.*

– Quel est le nom que l'on donne aux animaux ou aux hommes qui ne mangent que des aliments d'origine végétale ? *Des végétariens.*

Aboutir à la conclusion suivante : l'écureuil est un végétarien.

Le régime de l'effraie

Ramener les enfants au dessin de l'effraie qui rentre de la chasse en tenant dans son bec un rongeur. Continuer la discussion pour faire qualifier le régime de l'effraie (carnivore). Selon l'opportunité, l'enseignant pourra utiliser des revues documentaires pour faire s'exprimer les élèves sur la manière dont chasse cet oiseau, prédateur nocturne. Faire lire l'article *Un gros appétit* P. 153. Évoquer le rôle essentiel joué par les rapaces en matière d'équilibre d'un milieu donné.

Préciser que, même les animaux très petits (coccinelle, par exemple) peuvent être carnivores. Rappeler que les carnivores sont aussi appelés des prédateurs lorsqu'ils doivent repérer, capturer et tuer l'animal dont ils se nourriront.

Vous pourrez proposer **3A** : *Les régimes alimentaires des animaux* (photofiche P. 107 ou cahier d'exercices P. 10).

Variation du régime alimentaire selon les conditions de vie

Poursuivre le travail avec 3. ***Recherche documentaire*** P. 151. Lire le tableau et le recopier dans le carnet d'expériences. Afin d'en vérifier la compréhension, demander pourquoi le renard ne consomme pas de fruits en hiver et au printemps? *À ses saisons, on ne trouve plus de fruits dans la nature.*

Ensuite, faire compléter le tableau en précisant la nature du régime du renard selon les saisons. *Omnivore en été/automne, carnivore en hiver/printemps.*

Conclure en expliquant que le renard adapte son régime selon l'abondance ou non de nourriture à un moment donné (saisons) et selon les endroits où il vit.

Vérifier à l'aide de questions (Comment appelle-t-on les animaux qui chassent et capturent leurs proies vivantes ?) que les élèves ont compris la notion de prédateur.

Le régime omnivore

Poser la question suivante :

– Quel est le régime alimentaire des hommes?

Pour répondre à cette question faire énumérer leurs aliments. Faire constater que certains sont d'origine animale (poissons, œufs, viandes) et d'autres d'origine végétale (légumes, fruits, racines).

Les hommes mangent donc de tout! Le régime alimentaire de l'homme, qui mange à la fois des animaux et des plantes est dit omnivore (de *omnis* : tout).

Poser la question suivante :

– Y a t-il d'autres animaux omnivores? *Oui, le porc, le rat, certains oiseaux comme la pie et le corbeau, certains reptiles tels que la cistude ou tortue d'eau sont omnivores.*

Beaucoup d'oiseaux et de reptiles sont omnivores. Certains animaux le deviennent épisodiquement lorsqu'ils ne trouvent pas leur nourriture préférée. (Il arrive au renard de manger des fruits.)

Demander aux enfants de trouver des exemples d'animaux des trois sortes de régimes comme indiqué dans 4. ***Enquête*** P. 153. Les faire inscrire dans un tableau. Ex. :

ANIMAUX CARNIVORES	ANIMAUX OMNIVORES	ANIMAUX VÉGÉTARIENS
chat	porc	têtard
lion	sanglier	écureuil
chien	cistude	hamster
loup	homme	papillon
renard (hiver)	renard (été)	

Synthèse

Pour conclure, vous pourrez :

• Élaborer une synthèse sous la forme du tableau suivant :

	VÉGÉTARIENS	CARNIVORES	OMNIVORES
EXEMPLES			
QUE MANGENT-ILS ?			

• Faire rechercher dans un dictionnaire la définition des mots : carnivore, végétarien et omnivore.

séquence 2

La chaîne alimentaire

Notions scientifiques : **chaque être vivant est lié à tous ceux qui vivent dans le même milieu ; la place de chacun est déterminée par son mode de nutrition. Les plantes constituent les premiers maillons des chaînes alimentaires.**

Activité : schématiser, enquêter, se documenter.

Matériel : livre de l'élève P. 152, 153, 197, photofiche **3B** ; d'autres photographies d'animaux qui se nourrissent de cadavres, d'excréments, de déchets… comme le bousier, le ver de terre…

Mots clés : décomposeur, cycle de nourriture, chaîne alimentaire.

Remarque : utiliser le dossier « Savoir et Faire » P. 197.

Le vautour

Les décomposeurs transforment les charognes, les déchets, les détritus en substances utilisables par les plantes : les sels minéraux qui servent d'engrais.

Observation de la photographie du vautour

Lire le texte *Les décomposeurs* qui accompagne la photo du vautour P. 152. Poser les questions suivantes :

– Comment s'appellent les animaux qui se nourrissent de cadavres ou d'excréments ? *Des nettoyeurs, des décomposeurs.*

Faire nommer d'autres décomposeurs : *vers de terre, bousier, vautour…* Développer la réflexion suivante :

– Ces animaux sont-ils importants dans la nature ? Pourquoi ? Quel est leur rôle ? *Ils nettoient la nature, ils la débarrassent des déchets…*

– Les excréments des décomposeurs (et des autres animaux) sont-ils utiles ? À qui ? *Aux plantes : ils servent d'engrais.*

La chaîne alimentaire ou « qui est mangé par qui » ?

Faire constater que chaque maillon de la chaîne représente une étape. Un maillon se nourrit du maillon précédent et sert de nourriture au maillon suivant.

Comprendre une chaîne alimentaire

Répondre aux questions de 4. *Analyse de schéma* P. 157.

– Quel est le premier maillon de la chaîne ? *Une plante (herbe).*

– Quel est le dernier maillon de la chaîne ? *Un prédateur (rapace).*

Faire décrire la chaîne dans le sens trophique « est mangé par », en commençant par le premier maillon de la chaîne : *l'herbe ou la plante est mangée par le criquet ou un insecte, mangé par…* L'enseignant choisira de faire décrire en nommant plus précisément les espèces (criquet, grenouille ou crapaud, vipère ou couleuvre, etc.) ou bien de manière plus générale les classes (insectes, batraciens, reptiles…). Bien indiquer le sens de la flèche « est mangé par ».

Se documenter

Rechercher dans les ouvrages de la BCD d'autres exemples de chaîne alimentaire et les schématiser dans le carnet d'expériences.

Enquêter

Choisir un milieu proche ou familier des élèves, par exemple le jardin public. Enquêter auprès des jardiniers qui l'entretiennent pour savoir quels sont les animaux qui y vivent et de quoi ils se nourrissent. Organiser les réponses obtenues pour construire des chaînes alimentaires.

Prendre P. 152 et lire le schéma : *La plante (végétal vert) est mangée par la souris (végétarien), elle-même mangée par le renard (carnivore ou prédateur).*

Poser le problème de la place du ver de terre dans ce schéma. Laisser les élèves s'exprimer et émettre des hypothèses. Lire le texte *La chaîne alimentaire* pour valider ou non celles-ci. *Les excréments du renard et de la souris sont digérés par les vers de terre (décomposeurs).* Avec la même démarche, poser le problème de la signification de la flèche entre le ver et la plante. *Les excréments et déchets décomposés fourniront l'engrais à la plante (végétal).*

Insister sur le premier élément de la chaîne : c'est toujours un végétal vert. Poser la question suivante :

– Sans l'herbe de la prairie, les animaux pourraient-ils vivre ? *Sûrement pas.*

Demander aux enfants de schématiser la chaîne. Reprendre le schéma proposé par les enfants. Le compléter si nécessaire.

Aboutir à la schématisation suivante :

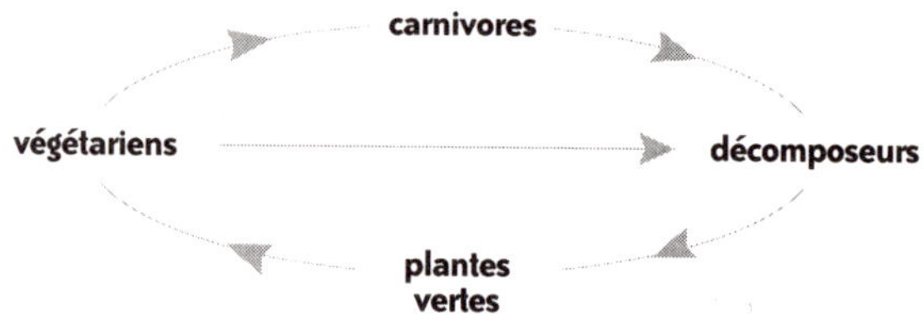

Vous pourrez proposer **3B** : *Une chaîne alimentaire* (photofiche P. 108 ou cahier d'exercices P. 11).

Synthèse

Pour conclure, vous pouvez :

• Faire élaborer un bref résumé en posant les questions suivantes : Les animaux se nourrissent-ils tous de la même façon ? Comment les êtres vivants dépendent-ils les uns des autres pour leur nourriture ?

• Reprendre le schéma général élaboré et l'illustrer par d'autres exemples.

séquence 3

Des « outils adaptés »

Notion scientifique : **selon son régime alimentaire, chaque animal possède des organes spécialisés pour saisir sa nourriture et la consommer. Tous les animaux ont en commun la nécessité de se nourrir mais leur régime et leurs organes sont divers.**

Activités : rechercher, observer.

Matériel : livre de l'élève P. 152, 153, photofiche **3C**.

Mots clés : dents (dentition), bec, « outils adaptés ».

Remarque : utiliser le dossier « Savoir et Faire » P. 196.

Des dents adaptées

À belles dents

Faire découvrir les photos du castor et du puma dans l'article *À belles dents* P. 153. Faire remarquer que le castor a des incisives développées, en forme de ciseau à bois. Quant au puma, noter ses canines pointues, ses incisives biseautées, ses pattes adaptées pour saisir la proie et ses griffes acérées pour tuer et déchiqueter.

De plus, comme il chasse parfois à l'affût, son pelage lui permet de se camoufler. Proposer de trouver d'autres photos de prédateurs et de végétariens.

Veiller à ce que les caractères distinctifs visibles soient liés à leur régime alimentaire. Laisser les élèves s'exprimer. Les aider à les décrire et les comparer en rédigeant des légendes montrant leurs différences en fonction de leur régime.

Se référer également aux trois documents du dossier « Savoir et Faire » P. 196. Bien montrer que les « outils » de l'animal sont adaptés à son régime alimentaire.

Organes différents pour une même fonction

Point commun et différence

Poser aux enfants la devinette de l'article *Point commun* P. 153.

– Qu'y a-t-il de commun entre le colibri et le papillon ? *Tous les deux se nourrissent du nectar des fleurs.*

– Quelle est leur différence ? *Les organes dont ils se servent pour se nourrir. Le colibri a un bec effilé et une langue, le papillon pompe le nectar grâce à une trompe qu'il déroule.*

En conclure que dans la nature certains animaux utilisent des organes différents (ici : bec, langue, trompe) pour une même fonction (se nourrir).

Demander aux enfants de chercher dans des livres ou des revues animalières d'autres exemples où l'on voit des animaux se servir d'organes différents : trompe, bec, dents, crocs, langue pour ronger, déchirer, mâcher leur proie.

Demander aux enfants de lire la fable *Le héron*. Demander si le régime alimentaire du héron correspond à celui évoqué par La Fontaine. Essayer d'imaginer, par déduction, la forme du bec et des pattes du héron. Valider les propositions à l'aide d'une recherche documentaire.

Synthèse

Pour conclure, vous pouvez :

• Faire coller des images de deux animaux dont le bec ou les dents sont visibles avec une légende relative à leur régime alimentaire.

• Élaborer un bref résumé en posant la question suivante : Comment peut-on classer les animaux selon leur alimentation ?

À propos des trois séquences : lecture

Lire ou faire lire le texte P. 152. Vérifier la compréhension des mots difficiles ou inconnus. Faire lire *Je retiens* P. 152.

Autour de la leçon

Vous pouvez :

• Élever des animaux en classe et observer leur manière de se nourrir.

• Reconnaître la diversité des régimes alimentaires. Relier les caractères physiques de chaque animal avec son mode d'alimentation.

• Classer les animaux d'un milieu connu selon son mode alimentaire ou la forme de ses organes (bec, trompe, etc.). Voir le dossier « Savoir et faire » P. 200-201.

Évaluation de la leçon Vous pourrez proposer la photofiche **3C** P. 109.

Mémo,

À voir à proximité de l'école ou dans la région :

Quelques livres :

D'autres références :

FILMS – VISITES

- *Des comportements alimentaires*, VHS : 24 mm (série Vidéo Naturimages), CNDP.
- *Qui mange qui ?*, VHS : 36 mn, CNDP de Paris, 1994.
- *À table !*, VHS : 41 mn, CNDP de Paris, 1994.
- Muséum d'Histoire naturelle, 57 rue Cuvier 75006 Paris Tél. : 01.40.79.30.00
- Visite de musées présentant des collections d'oiseaux ou d'animaux.
- Les zoos de votre région.

J'étais, je suis, je serai

OBJECTIFS

■ **Repérer dans le temps les différentes étapes du développement et de la croissance qui jalonnent la vie d'un être humain de sa naissance à sa mort.**
■ **Retenir quelques caractéristiques de ces étapes.**
■ **Connaître les besoins spécifiques de l'homme à différents moments de sa vie.**

À SAVOIR

Au-delà des connaissances scientifiques sur la vie de l'homme, de sa naissance à sa mort, cette étude éveillera chez l'enfant une attitude de respect vis-à-vis de lui-même et des autres. De plus, une attitude responsable peut être développée peu à peu dans le cadre d'une éducation à la santé. En effet, à chaque moment de la vie correspond une hygiène de vie adaptée. Ainsi, par une meilleure connaissance de son corps et grâce au dialogue avec l'adulte et les autres élèves, l'écolier comprendra mieux ses limites, ses possibilités et apprendra à adapter ses comportements pour mieux gérer son capital « vie et santé ».

Croissance et développement

Au cours de sa vie, l'être vivant change. Après le développement *in utero*, commence une période de croissance (augmentation de la taille et du poids) et de développement (apparition de formes et de fonctions nouvelles : dents, maturation du système nerveux, du système génital, progrès intellectuels et moteurs).

Cette croissance est rapide au cours de la première année (le poids de naissance a triplé à l'âge de 1 an, par exemple) ; elle ralentit ensuite, puis reprend brusquement à la préadolescence.

La taille définitive est en principe atteinte avant 20 ans, du moins pour les filles.

Le développement se fait par étapes.

Les étapes du développement humain

	PREMIÈRE ENFANCE		DEUXIÈME ENFANCE			ADOLESCENCE
	Nouveau-né de 0 à 3 semaines	**Nourrisson jusqu'à 1 an env.**	**1 à 3 ans**	**3 à 6 ans**	**de 6 ans à la puberté**	**de 9 à 14 ans (filles) de 10 à 15 ans (garçons)**
Poids	de 2,5 à 4,5 kg Poids x 2 en 6 mois	9 kg Poids x 3 en 1 an	9 à 14 kg	20 kg	30 kg	44 kg (croissance de 4 kg/an)
Taille	50 à 52 cm	71 cm	86 cm	110 cm	135 cm	155 cm et plus
Besoins énergétiques	6 à 8 tétées	env. 1 000 kcal 4 à 6 repas + biberons	1 300 kcal 4 repas/jour	1 800 kcal 4 repas/jour	2 400 kcal 4 repas/jour	2 400 à 3 000 kcal – 4 repas/jour
Rythme respiratoire	35 à 40 insp/min		30 insp/min		26 insp/min	de 20 à 15 insp/min
Rythme cardiaque	120 à 140/min (garçon) 140 à 175/min (fille)	100/min	100 à 120/min			75 à 85/min
Durée du sommeil	16 à 17 h	14 h	12 h	12 h	10 h	7 h 30 à 9 h
Poids du cerveau	350 g	1 000 g	1 400 g à 4 ans		poids définitif	

Le tableau ci-dessus indique les évolutions de l'être humain pendant l'enfance et l'adolescence.

L'âge adulte est celui de l'équilibre physique et de la maturité psychologique et intellectuelle. Mais l'organisme humain reste le siège de modifications physiologiques jusqu'à sa mort. Par exemple, les cellules osseuses sont sans cesse remaniées.

Le vieillissement (qui débute dès la naissance) devient peu à peu apparent et l'usure du corps se manifeste à un rythme et avec une intensité variables selon les personnes.

La mort, aboutissement naturel de la vie, intervient, en France, vers 74 ans pour les hommes et 83 ans pour les femmes. Il faut noter qu'il s'agit là de moyennes ; les maladies ou les accidents peuvent provoquer la mort plus tôt. Précisons qu'il y a de plus en plus de centenaires (4 000 environ en 1994 en France).

Il semble que l'organisme humain ne puisse vivre au-delà de 120 ans environ : les cellules seraient programmées pour un certain nombre de multiplications audelà duquel elles vieillissent et meurent. Chaque moment de la vie est un temps d'équilibre particulier dans une évolution continue. Les enfants doivent prendre conscience de ces différentes étapes.

Deux séquences :

1. Les étapes de la vie
2. Chaque âge a ses besoins

BIBLIOGRAPHIE

- M. Guille, *Grandir, vieillir*, TDC, n° 503.
- N. Ardley, *Le Livre géant du corps humain*, Gründ, 1989.
- *Notre corps*, Nathan Jeunesse, Coll. « Questions-Réponses », 1993.
- D. de Saint-Marc, *Je grandis*, Centurion, 1991.
- M. Winnicki, A. Vidal, V. Theinhardt, *Oh ! Les bonnes dents : rire, parler, manger, croquer la vie*, Hatier, 1987.
- Anselme, *Le Corps humain, anatomie, biologie santé*, Nathan, Coll. « Repères pratiques », 1991.
- *Le corps humain*, Coll. « Du tac au tac ».

séquence

1

Les étapes de la vie

Notion scientifique : **la vie d'un homme est jalonnée par différentes étapes : la naissance, l'enfance, l'adolescence, l'âge adulte, la vieillesse et la mort.**

Activités : ordonner les différentes étapes ; réaliser la frise du temps de la vie.

Matériel : livre de l'élève P. 154 à 156, photofiche **4A**, *poster du Multilivre* ;
bande de papier de 150 à 200 cm x 50 cm pour réaliser la frise, colle, photographies d'êtres humains à différents moments de la vie.

Mots clés : naissance, petite enfance, enfance, adolescence, âge adulte, vieillesse, mort.

Quel âge ont-ils ?

Travail d'observation

Laisser les élèves observer les différentes photos P. 154 et s'exprimer librement. Faire retrouver à quel moment de la vie correspond chaque photo.

Introduire au fur et à mesure de la discussion les mots : petite enfance, enfance, adolescence, âge adulte, vieillesse. Tracer au tableau ou sur une bande de papier une frise du temps au modèle de celle P. 155. Faire reporter les lettres qui indiquent les personnages des photos sur la frise chronologique ci-dessous.

Naissance — 3 ans — 11 ans — 18 ans — 60 ans — Mort

	Petite enfance	*Enfance*	*Adolescence*	*Âge adulte*	*Vieillesse*
B	K	G I	C D	A E F I	H

Décrivons-les

Le tableau P. 176 permet de compléter les réponses des enfants.

Afficher le *poster du Multilivre* : *J'étais, je suis, je serai.*

Tableau de comparaison

À l'aide des questions posées dans 2. *Comparaison et analyse* P. 155, faire caractériser par les enfants chacune des périodes de la vie : âge, croissance, état physique.

Lorsque ceux-ci ont des difficultés à dégager certaines caractéristiques il est conseillé de se reporter P. 156 (en indiquant le paragraphe correspondant).

Compléter alors un tableau récapitulatif :

	PETITE ENFANCE	ENFANCE	ADOLESCENCE	ÂGE ADULTE	VIEILLESSE
Quel âge ?					
Quelle capacité physique ?					
Quelle activité ?					

Synthèse

Pour conclure, vous pouvez :

- Faire tracer à chaque enfant une frise du temps qu'il illustrera par des photographies découpées dans des magazines.
- Faire rédiger une trace écrite à partir de la question suivante : Quelles sont les différentes étapes que traverse un homme, de sa naissance à sa mort ?
- Faire recopier le tableau réalisé collectivement.

Vous pourrez proposer **4A** : *Les étapes de la vie* (photofiche P. 110 ou cahier d'exercices P. 12).

séquence 2

Chaque âge a ses besoins

Notions scientifiques : **à chaque étape de la vie de l'homme correspondent des caractéristiques essentielles et des besoins spécifiques ; les limites et les capacités de l'être humain à différents âges.**

Activité : mener une enquête.

Matériel : livre de l'élève P. 155 à 157, photofiches **4B** et **4C** ; livres et magazines.

Mots clés : mort, maladie, accident, prévention, hygiène, sécurité.

Remarque : faire réaliser, au préalable, l'enquête P. 155.

De la naissance...

La mise en commun s'appuie sur le plan de la P. 156 du livre de l'élève :
- le bébé,
- l'enfant,
- l'adolescent,
- l'adulte,
- la vieillesse.

Travail d'enquête

Faire retrouver par les élèves les différentes rubriques proposées dans 3. *Enquête* P. 155 : la nourriture, le sommeil, le sport, la maladie et la mort.

Diriger la mise en commun en posant les questions suivantes :

– Que mange un bébé ?

– Combien de repas prend-il par jour ?

– Mange-t-il seul ?

– Combien de temps dort-il ?

– Que sait-il faire ? Que ne sait-il pas faire ?

– Quel type de maladie attrape-t-il ?

Utiliser, après la discussion et si nécessaire, le paragraphe relatif au bébé, P. 162.

Procéder de même pour l'enfant, l'adolescent, l'adulte et les personnes âgées.

... à la mort

Il est inutile de parler de mort cérébrale (définie en 1991 par l'Académie de médecine) ou d'électro-encéphalogramme plat.
Veiller à respecter les différences culturelles des élèves, leurs expériences personnelles souvent liées à leur développement psychologique.
Dans certaines classes pourront être évoquées des maladies graves, (cancer, sida...). Veiller simplement à ne pas laisser se propager des idées fausses. Pour tous ces sujets sensibles, il est essentiel de s'adapter aux besoins et aux questions des enfants.
Se procurer des brochures éditées par différents organismes, conserver les magazines et les fiches distribués gratuitement dans les pharmacies.

Discussion

L'enquête sur les personnes âgées se prolongera par une réflexion sur la mort, en posant les questions suivantes :

– À quoi reconnaît-on une personne morte ? *Son cœur ne bat plus, elle ne respire plus.*

– Pourquoi meurt-on ? *Parce qu'on est trop vieux, que l'on a une maladie, à cause d'un accident...*

Laisser les élèves s'exprimer.

Préciser que la mort est inéluctable (tous les hommes meurent un jour) mais que tout être humain peut faire reculer ce moment en étant prudent (éducation à la sécurité), en prenant soin de son corps (hygiène, alimentation, prévention...).

Faire dresser aux enfants une liste des règles de vie pour mieux résister aux maladies, avoir une vie saine et éviter les accidents. Partager la classe en groupes. Chaque groupe est chargé d'un thème : le sommeil, la santé, l'hygiène, la sécurité à l'école, la sécurité à la maison, la sécurité dans la rue.

Effectuer une mise en commun.

Synthèse

Pour conclure, vous pouvez :

• Rédiger des règles de vie en vous inspirant de l'article *Pour vivre bien et longtemps* P. 157.

• Transcrire les résultats de l'enquête sous forme d'affiches collectives ou de fiches individuelles dans un grand tableau.

À propos des deux séquence : lecture

Lire ou faire lire le texte P. 156. Vérifier la compréhension des mots difficiles ou inconnus. Faire lire *Je retiens* P. 156.

Autour de la leçon

Vous pouvez :

• Travailler sur la taille des individus et sur les proportions du corps en vous aidant des articles *Une toise pour tous* et *Grosse tête* P. 157.

• Poursuivre la réflexion par un travail sur l'hygiène, l'éducation à la santé...

• Faire lire l'article *Que de dents à 6 ans !* P. 157. Compléter cette lecture par l'observation d'une mâchoire (maquette de dentiste, la mâchoire de son voisin, la sienne en s'aidant d'une glace).

NOM DES DENTS	i1	i2	C	PM1	PM2	M1	M2	M3
Dents de lait	6 mois	8 mois	12-18 mois	8-10 mois	18-21 mois			
Dents définitives	6-8 ans	7-9 ans	10-12 ans	9-11 ans	11-12 ans			
Dents de complément						6-7 ans	12-13 ans	17-21 ans

i : Incisive. C : canine. PM : prémolaire. M : molaire.

Vous pourrez proposer **4B** : *Les dents* (photofiche P. 111 ou cahier d'exercices P. 13).

Évaluation de la leçon Vous pourrez proposer la photofiche **4C** P. 112.

Mémo,

À voir à proximité de l'école ou dans la région :

Quelques livres :

D'autres références :

FILMS – VISITES

• Publications et diapositives du *Comité français d'éducation pour la santé*, 2, rue Auguste Comte, 92170 Vanves.

• Diapositives et films à l'Union française pour la santé bucco-dentaire (UFSBD) 92, av. de Wagram, 75017 Paris.

• Rencontrer un dentiste, visiter un cabinet dentaire.

5 Pourquoi mangeons-nous ?

OBJECTIFS

■ Savoir que :
– les constituants des aliments sont divers, d'origine animale, végétale ou quelquefois minérale.
– les aliments sont des matériaux de construction pour notre corps et une source d'énergie. Sans eux la vie n'est pas possible.
– l'alimentation doit donc être suffisante, en quantité, pour le maintien de la vie en qualité et en diversité.
■ Classer les aliments en trois catégories : bâtisseurs, énergétiques et protecteurs.
■ Enquêter sur son alimentation et celle de son entourage.
■ Procéder à des recherches documentaires sur les aliments, leur fabrication, leur conditionnement, leur conservation.
■ Savoir lire et interpréter des étiquettes d'emballages alimentaires.

À SAVOIR

La nutrition

La fonction de nutrition comporte plusieurs processus biologiques qui permettent de fournir à l'organisme l'énergie vitale qui lui est nécessaire. En effet, tous les êtres vivants ont besoin d'énergie :

– pour construire et renouveler leur propre matière : croissance, réparation... ;

– pour maintenir en permanence le bon fonctionnement de leur organisme en relation avec le milieu dans lequel ils se trouvent : adaptation, équilibre, protection, défense...

Pour l'homme, les animaux, les champignons..., l'alimentation est la principale source d'énergie. Les plantes vertes ont un mode de nutrition totalement différent, qui sera vu au chapitre 8.

Les aliments sont de nature minérale (eau et sels minéraux) ou de nature organique (lipides, glucides et protides), d'origine animale ou végétale.

Les molécules organiques possèdent une énergie chimique potentielle qu'elles libèrent au cours de réactions chimiques complexes comme la fermentation et la respiration cellulaire, qui se déroulent au sein des cellules.

Ainsi la fonction de nutrition comporte non seulement l'alimentation mais aussi la digestion, la respiration, la circulation et l'excrétion.

Au CE2, seule l'alimentation sera abordée ; les autres processus, plus complexes, seront étudiés au CM.

Classer les aliments

On classe les aliments en trois catégories : les bâtisseurs, les énergétiques et les protecteurs.

Les bâtisseurs contiennent surtout des protides qui constituent les cellules du corps, et des sels minéraux (calcium et phosphore constitutifs des os en particulier).

Les énergétiques contiennent surtout des glucides et des lipides qui peuvent être mis en réserve et fournissent l'essentiel de l'énergie permettant aux organes de bien fonctionner.

Les protecteurs sont les vitamines et les sels minéraux (magnésium, potassium, calcium...) ; ils constituent, pour la plupart, les enzymes et aident au bon fonctionnement du métabolisme ; ils permettent à l'organisme de résister aux maladies.

L'éducation à la santé et à la consommation

L'étude doit déboucher naturellement sur l'éducation à la santé et à la consommation. C'est pourquoi le maître s'efforcera non seulement de contrôler l'exactitude des informations données mais aussi de développer chez l'enfant une attitude positive et peu à peu responsable.

En effet, l'élève est conduit à faire des choix de comportement alimentaire alors que les données scientifiques évoluent rapidement et que les informations de vulgarisation, soumises aux traditions culturelles, sont relatives. L'alimentation est liée aux habitudes culturelles, sociales, religieuses. Elle comporte aussi une part affective parfois très forte (lien à la mère, habitudes familiales).

Il s'agit donc, tout d'abord, de partir des représentations initiales de l'enfant pour ensuite le conduire peu à peu à adopter des attitudes responsables, c'est-à-dire faire des choix raisonnés, savoir expliquer et analyser ses propres comportements et les adapter à la lumière de connaissances scientifiques.

Trois séquences :

1. Que mangeons-nous ?
2. Mangeons sainement
3. Pourquoi mangeons-nous ?

BIBLIOGRAPHIE

- *Bon appétit la vie*, Hatier, Coll. « Grain de sel ».
- *Okapi*.
- *Ce que nous mangeons*, Nathan Jeunesse, Coll. « Questions-Réponses », 1994.
- Diverses brochures publiées par le Comité français d'Éducation pour la Santé, 2, rue Auguste Comte 92170, Vanves, Tél. 01.46 45 45 00.
- Anselme, *Le corps humain, anatomie, biologie, santé*. Nathan, Coll. « Repères pratiques », 1991.

séquence 1

Que mangeons-nous ?

Notion scientifique : **les aliments sont très variés.**

Activités : classer des aliments, choisir des critères ; représenter et exercer son esprit critique en analysant différents classements.

Matériel : livre de l'élève P. 158, 159, photofiche **5A**.

Mots clés : alimentation variée, origine animale, origine végétale, repas.

Remarque : faire réaliser, au préalable, la recherche de *3. Enquête* P. 159, dans le carnet d'expériences.

Que de bonnes choses à manger !

Un critère est le caractère qui permet de distinguer une chose et de la classer.
Ce travail gagnera à être effectué en petits groupes.

Observation des aliments dessinés

Laisser les enfants découvrir le dessin P. 158 et s'exprimer librement. Guider la discussion à l'aide des questions de ***1. Lecture d'image*** P. 159. Établir, pour quelques élèves, la liste de leurs aliments préférés et de ceux qui sont meilleurs pour leur santé.

Laisser les enfants discuter librement sur les raisons de leur choix et les aider à trouver ceux qui sont à la fois à leur goût et meilleurs pour leur santé.

Reproduire le tableau de 2. ***Classement*** P. 159 et procéder à un premier classement des aliments :

ALIMENTS	ORIGINE ANIMALE	ORIGINE VÉGÉTALE
pomme de terre		X

Rechercher d'autres façons de regrouper ces aliments et identifier pour chaque classement les critères choisis par les élèves, par exemple :

- la saveur : salé, sucré, amer, acide, sans saveur ;
- la façon de préparer : cru, cuit ;
- la nature : viandes, poissons, produits laitiers, céréales, légumes et fruits, matières grasses.

Faire s'exprimer les élèves sur les difficultés rencontrées lors de la réalisation des classements et sur la pertinence des critères retenus.

Vous pourrez proposer **5A** : *Quel menu !* (photofiche P. 113 ou cahier d'exercices P. 14).

Les repas quotidiens

Cette enquête présentée à l'issue de la séquence 1 permettra aux enfants de remplir avec exactitude ce tableau tout au long de la journée suivante.

Classer utile

Faire reproduire à chaque enfant le tableau 3. ***Enquête*** P. 159. Chez eux, et/ou à la cantine, les élèves inscriront dans les cases correspondantes ce qu'ils ont mangé dans la journée et continueront durant les deux ou trois jours suivants.

PETIT DÉJEUNER	RÉCRÉATION	DÉJEUNER	GOÛTER	DÎNER

Synthèse

Pour conclure, vous pouvez :

• Rédiger un bref résumé pour présenter différentes manières de classer les aliments.

• Élaborer un grand tableau où vous regrouperez les éléments recueillis au cours de cette première séquence pour faire prendre conscience aux enfants que la nourriture peut être très riche et variée. Les enfants inscriront le nom de l'aliment, ou cocheront la case si la catégorie est présente.

	VIANDES, ŒUFS ET POISSONS	PRODUITS LAITIERS	CÉRÉALES	LÉGUMES ET FRUITS	MATIÈRES GRASSES	EAU
PETIT DÉJEUNER						
DÉJEUNER						
GOÛTER						
DÎNER						

séquence 2

Mangeons sainement

Notion scientifique : **l'être humain doit avoir une alimentation saine, variée et équilibrée.**

Activités : analyser et comparer des menus ; lire et comprendre les étiquettes d'emballages des produits alimentaires ; adopter des règles simples d'hygiène alimentaire.

Matériel : livre de l'élève P. 159, 161, photofiches **5B** ; des emballages de produits alimentaires.

Mots clés : alimentation équilibrée, saine, conservation, étiquette, emballage, diversité.

Remarque : faire apporter diverses étiquettes d'emballage.

Une alimentation variée

À partir du relevé des menus des élèves sur une journée, faire établir par chacun le classement des aliments selon leur nature : viande, poisson, produit laitier, céréale, légume, fruit, sucrerie.

Comparer les tableaux, sans porter de jugement, avec toute la classe.

Faire repérer les catégories manquantes sur l'ensemble de la journée et notamment sur le petit déjeuner.

Comparer avec l'article *Petits déjeuners du monde* P. 161. Faire comprendre aux enfants à quel point ce premier repas est important pour le bon fonctionnement de la journée après une nuit de jeûne. Insister sur l'importance de la variété de ce repas. Faire rechercher par les enfants les petits déjeuners les plus variés.

Une alimentation saine

Lire les étiquettes

Demander aux enfants d'apporter des étiquettes de boîtes de conserve ou des emballages. Leur faire lire les textes concernant les ingrédients et la conservation. Comparer avec les étiquettes des dessins *4. Recherche* P. 159.

Des expériences de conservation peuvent être faites en classe avec divers aliments : observation du développement de moisissures ou de colonies de bactéries, de fermentation accompagnée d'odeurs indicatrices.

Poser les questions suivantes : Quels sont les ingrédients ? À quelle catégorie appartiennent-ils ? Peut-on conserver ce produit ? Comment ? Est-ce indiqué ? À quoi servent les conservateurs et stabilisants ? En règle générale, comment savoir si un produit n'est pas périmé (= trop vieux) ? Comment savoir si les produits laitiers sont frais ? Qu'arrive-t-il à un aliment (Ex. : lait, yaourt) si l'on dépasse la date indiquée ? Que risquons-nous si nous le consommons ?

Évoquer les cas d'intoxication alimentaire (Ex. : salmonellose...), dont parlent périodiquement les médias. Amener à établir quelques règles d'hygiène : avoir les mains propres, laver les fruits et les légumes, couvrir les plats, mettre au frais, bien cuire les aliments...

Une alimentation équilibrée

La règle du 4.2.1. peut aider à se repérer facilement pour une nourriture équilibrée : 4 parts de glucides (fruit et légume crus + légume cuit + pain, céréale ou farineux + sucre simple), 2 parts de protides (d'origine lactée + protéine sans calcium), 1 part de matières grasses (animales et végétales).

Faire lire les articles *Des sucres cachés, Des graisses cachées* P. 161. Demander aux enfants, en fonction de ce qu'ils viennent de lire, de regarder dans leur tableau l'importance des graisses et des sucres par rapport aux légumes, au lait écrémé, au poisson... Faire prendre conscience de la nécessité d'un équilibre entre les diverses catégories d'aliments.

Aboutir à la conclusion qu'il est nécessaire d'avoir une alimentation équilibrée.

Vous pourrez proposer **5B** : *Le self-service* et *Emballage* (photofiche P. 114 ou cahier d'exercices P. 15).

Synthèse

Pour conclure, vous pouvez :

- Faire écrire quelques règles de conservation et de préparation des aliments.
- Imaginer une affiche autour du thème : « manger sain, équilibré et varié ».

séquence 3

Pourquoi mangeons-nous ?

Notion scientifique : **le corps a besoin de nourriture pour se procurer l'énergie nécessaire à la vie.**

Activités : formuler des hypothèses ; poser des problèmes.

Matériel : livre de l'élève P. 158 à 160, photofiches **5A** et **5C**.

Mots clés : croissance, énergie, aliments bâtisseurs, énergétiques et protecteurs.

Pourquoi se nourrir ?

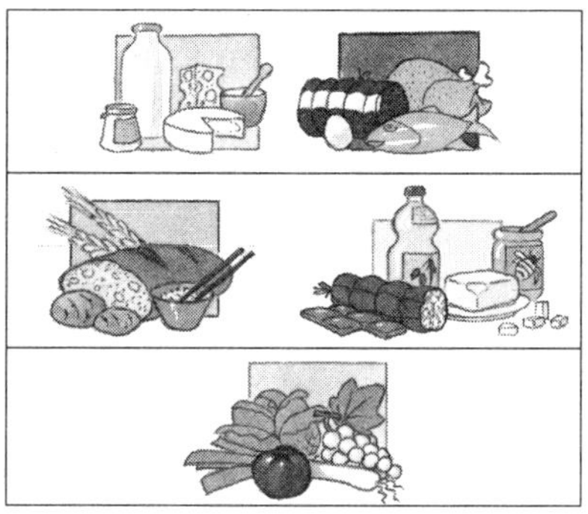

Réflexion à partir d'un dessin

Faire reprendre l'observation du dessin P. 158 et poser la question : Pourquoi mangeons-nous ? Noter les diverses réponses des enfants au tableau en les classant pour aboutir à une réponse qui contienne les trois besoins essentiels : *On mange pour grandir (la croissance) ; avoir des forces, travailler, bouger ; être en bonne santé et se protéger des maladies.*

Observation des catégories d'aliments

Faire nommer aux enfants les aliments qui figurent sur les dessins P. 160, les écrire au tableau tout en nommant les catégories auxquelles ils appartiennent : les aliments bâtisseurs, les aliments énergétiques et les aliments protecteurs.

Notre alimentation doit apporter sans cesse les éléments indispensables à notre vie et au renouvellement de nos cellules. Même en restant immobile ou pendant le sommeil, notre organisme a besoin d'énergie. Le jeûne ou la sous-alimentation détériore progressivement notre organisme. Si le jeûne est prolongé, ces destructions deviennent irréversibles.

Pour comprendre la différence entre ces trois types d'aliments poser les questions suivantes : Quel est l'aliment qui permet au bébé de grandir et de se développer ? *Le lait qui est un aliment bâtisseur.* Avant un exercice de natation que faut-il manger pour avoir de l'énergie supplémentaire ? *Du pain, du chocolat, ce sont des aliments énergétiques.* Au cours de l'hiver, pour résister à la grippe que pouvons-nous prendre ? *Des tomates, des oranges ou tout autre aliment protecteur riche en vitamine C.*

Demander aux enfants de vérifier leurs réponses en lisant le second paragraphe P. 160. Poursuivre la réflexion en posant les questions suivantes :

– Comment s'appelle la sensation provoquée par le manque d'aliments ? *La faim.*

– Celle provoquée par le manque d'eau ? *La soif.*

Conclure en précisant que notre organisme a besoin au moins d'un litre d'eau par jour en plus de celle contenue dans les fruits et les autres aliments.

Vous pourrez proposer **5A** : *Quel menu !* (photofiche P. 113 ou cahier d'exercices P. 14).

Synthèse

Pour conclure, vous pouvez :

• Faire élaborer un bref résumé en posant la question : Pourquoi mangeons-nous ?

• Concevoir un tableau des trois catégories d'aliments et y classer les aliments consommés par les enfants.

À propos des trois séquences : lecture

Lire ou faire lire le texte P. 160. Vérifier la compréhension des mots difficiles ou inconnus. Faire lire *Je retiens* P. 160.

Autour de la leçon

Vous pouvez :

• Travailler sur la publicité dans le cadre d'une éducation à la consommation.

• Étudier un circuit de fabrication et de distribution d'aliments courants.

• Trouver des recettes de pain, de fromages, de préparations culinaires simples… Les faire réaliser par les enfants.

• Organiser des petits déjeuners à l'école dans le cadre d'un projet santé.

• Participer aux activités proposées pour développer le goût.

Évaluation de la leçon Vous pourrez proposer la photofiche **5C** P. 115.

Mémo,

À voir à proximité de l'école ou dans la région :

Quelques livres :

D'autres références :

FILMS – VISITES

• Expositions temporaires dans les musées scientifiques (La Villette, le Futuroscope…).

• Expositions temporaires du CPAM, des mutuelles, des associations.

• Vidéo de la MGEN.

• Visite d'un supermarché, d'une chaîne du froid, d'une pâtisserie, d'une laiterie, d'une fromagerie.

6 Des graines pour de nouvelles plantes

OBJECTIFS

- **Observer une évolution sur une longue durée.**
- **Observer un végétal.**
- **Expérimenter selon des facteurs variables.**
- **Effectuer des semis ; rechercher les conditions nécessaires à la pousse d'une nouvelle plante.**
- **Savoir définir la germination et les conditions pour qu'elle ait lieu.**

À SAVOIR

Semer des graines pour obtenir de nouvelles plantes intéresse les enfants. Les expériences à réaliser sont simples, faciles à réussir. Les résultats sont visibles et permettent une véritable démarche scientifique.

La naissance d'une plante à partir d'une graine

La graine comprend :

– le tégument (enveloppe protectrice),

– les deux cotylédons (réserves nutritives),

– la plantule composée de la radicule (future racine), la tigelle (future tige) et la gemmule (bourgeon qui donnera les premières feuilles).

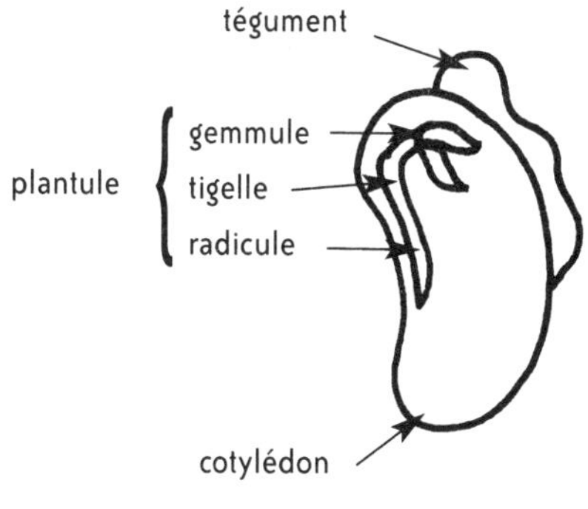

UNE GRAINE DE HARICOT

Faire des semis :

LES ÉTAPES DE LA GERMINATION DU HARICOT

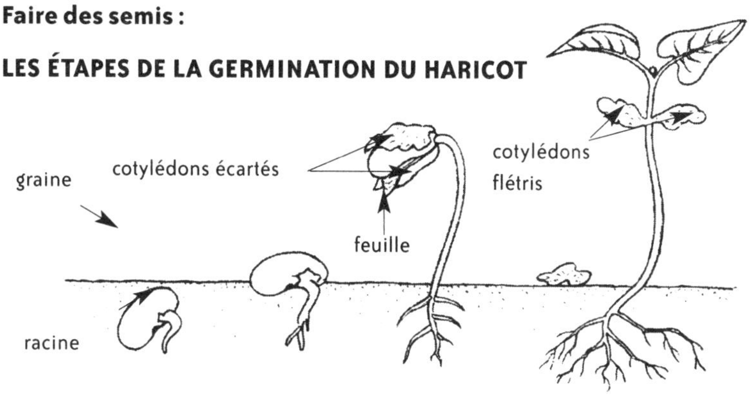

C'est la plantule qui va se développer pour former une nouvelle plante. Ce développement a lieu lorsque la chaleur et l'humidité sont suffisantes (donc au printemps dans la nature, ou dans une serre ou un appartement chauffé).

La plantule puise les aliments nécessaires à son développement dans les réserves accumulées dans les cotylédons. Grâce à l'eau, elle hydrolyse (= digère) ces réserves pour fabriquer ses aliments et croître. Dès que les premières racines et les premières feuilles se sont formées, la plante est autonome. Les mots « cotylédon », « tégument », « radicule », « tigelle » et « gemmule » ne seront pas utilisés par les enfants.

Nous conseillons le très classique haricot. Il est facile de se le procurer. Sa graine est formée de deux cotylédons assez gros, faciles à observer. La germination « épigée » (qui se développe au-dessus du sol) permet une observation simple. La germination est rapide à 20 °C, tout comme la croissance.

Les pois de diverses espèces ont à peu près les mêmes avantages, mais les cotylédons restent en terre.

On peut semer dans les mêmes conditions : lentilles, maïs, blé, soja, radis, giroflée, etc.

Pour ces espèces, l'observation de la graine et de sa plantule est très difficile à cause de la très petite taille de la graine, mais elle permet de généraliser les notions scientifiques découvertes :

– la racine apparaît toujours en premier ;

– les réserves de la graine finissent toujours par s'épuiser ; la graine disparaît peu à peu.

D'autres moyens pour obtenir de nouvelles plantes

Semer des graines n'est pas l'unique moyen d'obtenir de nouvelles plantes. De nombreuses plantes se multiplient également sans l'intervention des éléments mâles et femelles contenus dans la fleur, à partir :

– de bulbes (tulipes, jacinthes, crocus, jonquilles…) ;

– de tubercules (pommes de terre, ignames, topinambours…) ;

– de boutures (misères, géraniums…).

On parle alors de reproduction ou de multiplication asexuée.

Trois séquences :

1. Les semis
2. Que contient la graine pour germer ?
3. Pour que la graine germe

BIBLIOGRAPHIE

- Calvino, *Biologie animale et végétale*, Colin, 1987.
- R. Tavernier, *La Vie des plantes*, Bordas, Guide du maître, 1977.
- Bornancin, *Observons la vie des plantes*, Nathan, 1983.
- *La Flore forestière française*, guide illustré, Institut pour le développement forestier, 2 vol.
- *Les Plantations*, Coll. « Le Petit chercheur », Bordas.

séquence
1

Les semis

Notions scientifiques : **dans des conditions favorables, la graine produit une nouvelle plante ; la graine mise en terre se développe en passant par différentes étapes : apparition de la (ou des) racine(s), développement de la tige, puis des feuilles, flétrissement des parties charnues (cotylédons).**

Activités : expérimenter ; tirer des conclusions.

Matériel : livre de l'élève P. 162, 163, photofiche **6A**, *poster du Multilivre* ; pour chaque groupe de 2 ou 3 élèves : graines de haricot de même qualité (éviter les haricots destinés à la consommation, car ils sont souvent traités pour ne pas germer), 2 pots de verre identiques, de la terre pour remplir un des pots, du papier absorbant pour remplir l'autre pot, 2 étiquettes à coller sur les pots, de l'eau.

Mots clés : semer, germer, germination, réserves nutritives, graines.

Remarque : il faut savoir que l'observation des semis nécessite de lui consacrer un peu de temps chaque jour.

Du gland au chêne

Discussion à partir de photos, ou mieux, sur le terrain, au pied de n'importe quel chêne adulte, au début de l'automne. Les mêmes observations peuvent se faire pour les marronniers.

Observation du gland

Après la découverte sur le terrain ou l'observation de la photo P. 162 poser les questions de *1. Découverte* P. 163. Réponses possibles :

A. Les glands viennent du chêne. Ils sont tombés.

La question **B.** doit permettre de rectifier une erreur fréquente : le gland est le fruit qui contient la graine du chêne.

B. La graine de tournesol ; la graine de maïs, de blé que l'on trouve dans les épis (N.B. : le grain de céréale est le fruit qui contient la graine.)

Pour que les enfants puissent répondre à la question **C.**, leur demander d'observer la seconde petite photo P. 162 et poser les questions suivantes :

– Que voit-on sur la photo ? *Un jeune chêne.*

– Quel est l'origine de ce chêne ? *Un gland.*

C. À partir de son germe, la graine contenue dans le gland se développera : d'abord apparaîtra une racine, puis des tiges et des feuilles. Elle donnera peut-être un arbre.

Les discussions autour des questions **B** et **C** vont pousser les enfants à vouloir semer eux-mêmes des graines.

Semons des haricots

Utiliser le mot juste : graine (et non grain). Veiller à toujours dire « semer » et non « planter » qui signifie mettre en terre un jeune plant.
Éviter les arrosages abondants qui font pourrir les racines.
Ne pas exposer les pots derrière une vitre au sud ou près d'un radiateur car la chaleur serait trop forte.

Réalisation d'une expérience

Diviser la classe en groupes de 2 ou 3 élèves. Réunir le matériel nécessaire à chaque groupe. Suivre les indications pour réaliser les semis de 2. ***Expérience : mise en place*** P. 163. Consigner sur le carnet d'expériences, chaque jour, l'observation de la germination dans un tableau copié P. 163.

Faire dessiner chaque étape importante en la datant.

Les enfants peuvent alors facilement répondre aux questions posées :

– Que s'est-il passé dans le pot plein de terre (A1) pendant les étapes 2 et 3? *L'enveloppe qui protège la graine se déchire, une première racine se développe.*

– Comparons les graines de A4 et B4 de 3. ***Expérience : déroulement*** P. 163 avec des graines qui n'ont pas été semées. *Les graines (ou plutôt ce qu'il en reste) sont ouvertes en deux, ratatinées, une petite racine blanche et une tige avec deux petites feuilles vertes apparaissent.*

– Comment s'est nourrie la nouvelle plante qui s'est formée? *Elle s'est nourrie des réserves contenues dans la graine et elle a absorbé l'eau contenue dans la terre ou le pot d'eau.*

Afficher le ***poster du Multilivre*** : *La vie d'un chêne.*

Vous pourrez proposer **6A** : *La germination du pois* (photofiche P. 116 ou cahier d'exercices P. 16).

Synthèse

Pour conclure, vous pouvez :

• Élaborer une trace écrite à partir de la question : Que produit la graine semée dans un pot rempli de terre humide placé dans la classe?

• Dessiner l'expérience réalisée, la légender. Aboutir soit à une affiche collective, soit à un travail individuel.

séquence 2

Que contient la graine pour germer ?

Notions scientifiques : **dans toutes les graines on observe une petite plante miniature, la plantule, entourée de cotylédons (les réserves de nourriture) ; lors de la germination, la plantule puise sa nourriture dans les réserves des cotylédons. Ainsi elle peut se développer jusqu'à ce que les racines et les feuilles puissent nourrir la nouvelle plante.**

Activités : observer attentivement ; tirer des conclusions.

Matériel : livre de l'élève P. 164, photofiche **6A** ;
pour chaque élève : une graine de haricot préalablement trempée dans l'eau.

Mots clés : enveloppe, plantule, réserves nutritives.

L'intérieur de la graine

Éventuellement utiliser une loupe.
S'assurer que tous les enfants ont bien repéré l'enveloppe protectrice, les parties charnues, la plantule qui est une plante en miniature. Les termes savants sont inutiles, mais l'observation et une description précises permettront de comprendre que la graine contient « tout ce qu'il faut » pour la formation de la nouvelle plante.

Observation d'une graine de haricot

Distribuer une graine préalablement trempée dans l'eau à chaque élève. Proposer d'observer l'intérieur de la graine en la faisant ouvrir délicatement. Poser les questions suivantes :

– Qu'est-ce qui produit une nouvelle plante? *La graine.*

– La graine est-elle protégée? *Oui, par une peau, une enveloppe protectrice.*

– Qu'y a t-il à l'intérieur? *Deux parties « gonflées », charnues et une plante en miniature.*

Expliquer que les deux parties sont les réserves de la graine et que la petite plante se nomme la plantule. Préciser que ce sont ces réserves qui vont permettre la croissance de la plantule.

Faire dessiner la graine ouverte. Comparer les différents dessins et laisser les élèves s'exprimer. Comparer les dessins des élèves au schéma P. 164. Les corriger ou les améliorer si nécessaire.

Vous pourrez proposer **6A** : *La germination du pois* (photofiche P. 116 ou cahier d'exercices P. 16).

Synthèse

Pour conclure, vous pouvez :

- Faire fixer sur un carton (avec du ruban adhésif) une graine non ouverte et une graine ouverte montrant bien la plantule et la peau qui protégeait la graine. Faire écrire une légende.
- Lire le premier paragraphe du texte P. 164.

séquence 3

Pour que la graine germe

Notions scientifiques : **les conditions indispensables à la germination d'une graine sont la chaleur et l'humidité suffisantes ; la terre et la lumière sont inutiles.**

Activité : s'initier à la méthode expérimentale.

Matériel : livre de l'élève P. 164, 165, photofiches **6B** et **6C** ;
le matériel de la séquence 1, du carton pour couvrir complètement un des pots, un thermomètre.

Mots clés : eau, humidité, chaleur.

Remarque : se reporter au dossier « Savoir et Faire » P. 202.

Conditions pour une bonne germination

Il est intéressant de faire imaginer les expériences par les enfants (sur le modèle de la première manipulation). En effet il est essentiel qu'ils comprennent qu'un seul facteur de l'expérience doit varier à la fois, si l'on veut être sûr que c'est bien ce facteur qui joue un rôle. Il est important, pour cette raison, d'avoir des pots semblables, des graines de même qualité, et de respecter le même arrosage et le même emplacement.

Tirer les conclusions d'une expérience

Préciser l'objectif de cette séquence en posant la question suivante :

– Que faut-il pour qu'une graine germe ?

Les enfants vont certainement évoquer la nécessité de la lumière, de l'eau, de la chaleur, peut-être de la terre. Examiner chaque hypothèse séparément.

La terre n'est pas indispensable puisqu'on a déjà constaté (séquence 1) que les graines peuvent germer sur du papier (ou du coton).

La lumière : pour tester son rôle, faire germer des graines comme dans la séquence 1, mais couvrir le pot d'un carton opaque.

La chaleur : pour tester son rôle, faire germer les graines toujours de la même façon, mais au froid (à l'ombre à l'extérieur, s'il fait moins de 10 °C, ou en entourant le pot de glaçons renouvelés, s'il fait trop chaud). Utiliser un thermomètre pour comparer la température avec celle de la classe.

Si on met le semis au réfrigérateur, on teste, en même temps, l'absence de chaleur et l'absence de lumière. Ceci ne convient donc pas, car on ne distingue pas si c'est la chaleur ou la lumière qui empêche la germination. L'expliquer clairement aux enfants s'ils proposent cette solution.

L'eau : pour savoir si elle est indispensable, demander aux enfants d'imaginer une expérience : ils trouveront facilement qu'il suffit de ne pas mouiller les graines et concluront ensuite à la nécessité de l'eau.

Vous pourrez proposer **6B** : *Des semis* (photofiche P. 117 ou cahier d'exercices P. 17).

Synthèse

Pour conclure, vous pouvez :

- Élaborer un texte à partir de la question : Que faut-il pour qu'une graine germe ?

Français

Lecture

Lire ou faire lire le texte P. 164. Vérifier la compréhension des mots inconnus ou difficiles. Faire lire *Je retiens* P. 164.

Vocabulaire

Ce petit exercice en forme de jeu permettra de bien distinguer *graine* de *grain*.

Autour de la leçon

Vous pouvez :

- Demander aux enfants de chercher des graines et les mettre à germer comme dans l'article *Semis* P. 165.
- Faire procéder à l'examen d'un sachet de graines. (Attention le sachet ne montre souvent que le fruit ou la fleur de la plante et les enfants ne connaissent pas la plante entière.) Faire lire les recommandations pour le semis et la culture. Comparer avec les semis effectués en classe.
- Introduire une nouvelle connaissance : utiliser *De nouvelles plantes sans semer de grains* et *Les fraisiers se bouturent tout seuls !* P. 165. De nombreuses plantes peuvent être reproduites de façon « asexuée », par bouturage ou marcottage. On obtient de nouvelles plantes exactement semblables à la plante mère : c'est une forme de clonage.
- Faire découvrir les dossiers « Savoir et Faire » P. 200, 201 et P. 205.

Évaluation de la leçon Vous pourrez proposer la photofiche **6C** P. 118.

Mémo,

À voir à proximité de l'école ou dans la région :

Quelques livres :

D'autres références :

FILMS – VISITES

- *La Germination du haricot*, Film S8, CNDP.
- J.- M. Pelt, La Vie des plantes, FR3 - La Sept.
- Jardin des Plantes rue Cuvier, 75005, Paris.
- Musée d'initiation à la nature enceinte de l'Hôtel-de-Ville 14000 Caen Tél. : 02.31.30.43.27.

7 De la fleur aux graines

OBJECTIFS

■ Reconnaître les organes d'une fleur : sépales, pétales, étamines, pistil.
■ Identifier les organes reproducteurs mâles : les grains de pollen et les organes reproducteurs femelles : les ovules.
■ Constater la transformation du pistil en fruit et de l'ovule fécondé en graine.
■ Savoir que la fécondation est la rencontre des grains de pollen mâles avec les ovules femelles à l'intérieur du pistil.

À SAVOIR

Les fleurs

Les fleurs comprennent de l'extérieur vers l'intérieur :

– le calice, composé de sépales dont le nombre varie selon les fleurs ;

– la corolle, composée de pétales, dont le nombre varie selon les fleurs ;

– les étamines (en nombre variable) qui contiennent des grains de pollen microscopiques ;

– un pistil qui contient les ovules.

Ces éléments sont de forme, de taille et de couleur variées. Ils ne sont pas toujours tous présents.

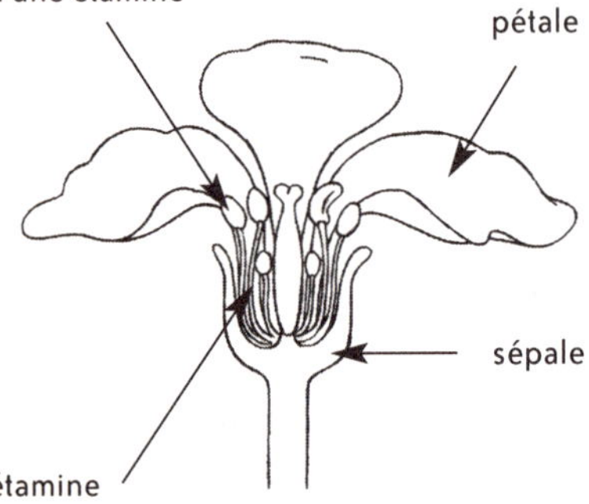

COUPE D'UNE GIROFLÉE

La reproduction

La reproduction par graine est sexuée.

Les étamines avec leurs grains de pollen sont les parties mâles, et le pistil avec ses ovules est la partie femelle.

De nombreuses plantes ont des fleurs exclusivement mâles (sans pistil) ou exclusivement femelles (sans étamines).

Ces fleurs sont sur le même pied (noisetier) ou sur des pieds différents (houx, kiwis).

Quand un grain de pollen rencontre un ovule, c'est la fécondation. La fleur se fane, le pistil grossit et se transforme en fruit qui contient des graines. En botanique, le fruit est donc l'organe qui contient la ou les graines.

Question de vocabulaire

L'ovule des animaux est la cellule sexuelle femelle (produite par l'ovaire) destinée à être fécondée.

L'ovule des végétaux est un organe contenu dans la partie creuse du pistil. C'est à l'intérieur de l'ovule qu'a lieu la fécondation (par le pollen) qui transforme l'ovule en graine.

En botanique, le fruit est l'organe qui provient de la transformation du pistil de la fleur après fécondation ; le fruit contient la ou les graines. Les grains de céréales (blé, maïs, riz...) sont les fruits de ces plantes.

Dans un fruit sec, la partie mince, coriace, épaisse et dure n'est pas comestible. On ne mange que les graines (lentilles, noix, châtaignes...).

Certains fruits charnus sont consommés comme « légumes » (tomates, concombres, courgettes...). D'autres sont consommés comme desserts.

Quelle plante choisir ?

S'il est facile de s'intéresser aux graines à l'automne, il est plus simple d'étudier les fleurs et les fruits au printemps. Le colza, la giroflée, la moutarde conviennent très bien à l'observation de la reproduction.

De plus elles ont l'avantage de porter en même temps les fruits et les fleurs. Les papilionacées (pois, haricots) présentent les mêmes avantages que ces plantes malgré des pétales aux formes complexes.

Lis, tulipe, renoncule, primevère, coquelicot, prunier, cerisier, églantier, présentent des fleurs faciles à observer, mais les tiges ne portent pas en même temps les fleurs et les fruits.

Il faut éviter les composées (marguerite, dahlia, etc.) trop complexes.

Deux séquences :

1. La fleur
2. Le fruit contient des graines

BIBLIOGRAPHIE

- J.- B. de Panafieu, *Explorons la nature*, Nathan Jeunesse, 1993.
- *Les Graines, les bulbes et les spores*, Coll. « Découvrons », Gamma.

séquence 1

La fleur

Notion scientifique : **reconnaître les organes d'une fleur.**

Activités : observer une fleur dans le détail en détachant ses éléments ; dessiner et légender.

Matériel : livre de l'élève P. 166-167, photofiche **7A**, *poster du Multilivre* ; des fleurs (2 ou 3) pour chaque élève.

Mots clés : fleur épanouie, fleur fanée, bouton floral, fruit, pétale, étamine, ovule, pistil, graine.

La fleur de colza

La photo peut aider à la compréhension, permettre des comparaisons, faire préciser des termes, mais elle ne saurait remplacer l'observation d'une plante réelle.
Le nom « pétale » est un nom masculin, corriger les élèves si nécessaire.

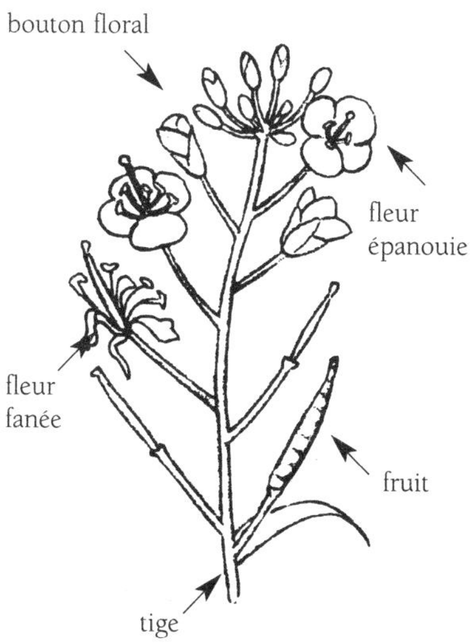

UN PLANT DE COLZA

Afficher le ***poster du Multilivre*** :
La vie d'un chêne.

Observation de la plante

Demander aux enfants de regarder la photographie P. 166 et poser la question suivante :

– Pouvez-vous nommer ce qui se trouve sur la tige de colza ? Commencer l'énumération par le bas de la tige.

Pour les aider, reproduire au tableau le dessin P. 166 et le légender au fur et à mesure avec les enfants. Il n'y a aucun problème pour la tige, la feuille, la fleur toutes connues des enfants.

Faire distinguer les fleurs épanouies (ouvertes et de couleurs vives) et les fleurs fanées (sèches et de couleurs ternes). Le bouton floral est peut-être déjà connu, en tout cas il est facile à reconnaître. Pour le fruit, faire décrire la forme, la couleur, la position sur la tige en donner le nom exact.
Parmi les fleurs, choisir la plus épanouie. Faire coller les éléments détachés de la fleur sur une feuille blanche, comme proposé dans **2.** ***Observation*** P. 167 ou les faire dessiner.

Nommer chacune des parties que les enfants tiennent en main et dessinent. Faire légender le dessin ou le collage. Préciser que les grains de pollen (contenus dans ces étamines) et le pistil (avec ses ovules) permettent la reproduction des fleurs.

Faire ensuite observer un bouton floral. Faire remarquer qu'il est plus haut sur la tige (plus jeune) que la fleur épanouie. Procéder de la même manière que pour la fleur épanouie. Conclure que le bouton et la fleur sont formés des mêmes éléments : lorsque le bouton s'ouvre, il devient une fleur.

Travail de réflexion

Dire aux enfants que le haut de la tige est la partie la plus jeune de la plante, le bas, la partie la plus ancienne. Poser les questions suivantes :

– Que devient un bouton de fleur ? *Une fleur épanouie.*

– Que devient une fleur épanouie ? *Une fleur fanée dont les pétales et les étamines tombent ; seul le pistil reste.*

Vous pourrez proposer **7A :** *Observation des fleurs* (photofiche P. 119 ou cahier d'exercices P. 18).

Synthèse

Pour conclure, vous pouvez :

• Faire élaborer un résumé en répondant à la question suivante : Quels éléments comporte une fleur complète ?

• Mettre dans le carnet d'expériences les collages ou les dessins effectués lors de la séquence.

• Élaborer un schéma :

bouton floral → **fleur épanouie** → **fleur fanée**

séquence 2

Le fruit contient des graines

Notions scientifiques : **le pistil contient des ovules ; il devient le fruit qui contient des graines.**

Activités : comparer et décrire des fleurs.

Matériel : livre de l'élève P. 167 à 169, photofiches **7B** et **7C**.

Mots clés : pistil, fruit, grains de pollen, ovules, graines.

De la fleur au fruit

Pour saisir l'idée de transformation des organes dans le temps, il faut que les enfants les situent bien dans leur ordre d'apparition sur la tige.

La comparaison pistil/fruit est fondamentale ; elle permet de comprendre que c'est l'ovule qui devient une graine.

Révision

Faire passer en revue les mots utilisés dans la première séquence : bouton floral, fleur épanouie, fleur fanée.

Faire préciser à nouveau quelles sont les parties les plus anciennes de la plante (les éléments situés en haut sont les plus jeunes, ceux en bas sont les plus vieux).

Faire reconnaître et décrire les fruits du colza. Insister sur la forme, la position sur la tige. Poser la question suivante :

– Qu'est-ce qui a formé le fruit ? Admettre toutes les réponses et proposer de vérifier les hypothèses.

Travail de comparaison pistil/fruit

Proposer de réaliser le travail demandé dans *4. Comparaison* P. 167. Laisser les enfants répondre à la question suivante :

– Le pistil et le fruit ont-ils la même taille et la même forme ? *La forme est la même, mais la taille est différente.*

Faire ouvrir le fruit et le pistil dans la longueur. Le fruit s'ouvre avec les doigts, le pistil doit être fendu avec une lame. Préciser que le pistil contient des ovules et que le fruit contient des graines.

Faire comparer le nombre, la disposition, la taille, la forme des ovules et des graines. Regrouper les réponses dans un tableau :

	OVULES DU PISTIL	GRAINES DU FRUIT
nombre		
longueur ou diamètre		
forme		
disposition		

Conclure que le pistil a grossi et s'est transformé en fruit qui contient des graines.

On peut ajouter que les insectes et le vent participent, selon les espèces, à la dispersion du pollen.

Transformation du pistil en fruit

Avant de raconter cette transformation aux élèves, demander s'ils se souviennent de la manière dont se reproduisent les animaux (rencontre d'un mâle et d'une femelle, fécondation...).

Expliquer qu'il en est de même avec les plantes : les étamines sont les organes mâles de la fleur. Le pistil est l'organe femelle, il contient des ovules. Les étamines portent à leur sommet une fine poussière formée de minuscules grains de pollen. Lorsque l'étamine s'ouvre, les grains de pollen tombent, rentrent à l'intérieur du pistil (organe femelle).

La rencontre du grain de pollen et de l'ovule contenu dans le pistil s'appelle la fécondation : le pistil grossit et se transforme en fruit.

Essayer de schématiser au tableau avec les élèves.

fleur	étamine	↘	rencontre, dans le pistil des grains de pollen et des ovules	(fécondation) ⟶ fruit
	pistil	↗		

De l'ovule à la graine

Expliquer que le pistil de la fleur s'est transformé en fruit et que durant le même temps les ovules contenus dans le pistil se sont transformés en graines. (Après la fécondation, la fleur donne un fruit qui contient une ou plusieurs graines.) La graine est un ovule qui a grossi. Ce sont ces graines qui, une fois tombées sur la terre, formeront de nouvelles plantes.

Demander alors aux élèves de résumer la reproduction végétale sous la forme d'un schéma :

plante adulte ⟶ **fleur** ↗ **grain de pollen** ↘ / ↘ **ovule** ↗ **fécondation** ⟶ **graine** ⟶ **nouvelle plante**

Faire lire le texte P. 168 et poser les questions suivantes pour contrôler la bonne compréhension : Que contiennent les petits sacs au sommet des étamines ? Quand l'étamine s'ouvre, où tombent les grains de pollen ? Que contient le pistil ? Où a lieu la fécondation ? Que se passe-t-il alors ? Que deviennent les ovules contenus dans le pistil ? Quand le fruit se dessèche, que deviennent les graines ?

D'autres fleurs

Fleurs d'arbres et fleurs d'eau

Demander aux enfants de lire et d'observer l'article *Fleurs d'arbres* P. 169. Préciser qu'il s'agit de fleurs de chêne et poser les questions suivantes :

– Comment les fleurs sont-elles groupées ? *En « chatons » qui pendent.*

– Quelle pièce florale (élément de la fleur) manque aux fleurs mâles ? *Le pistil.*

– Quelles pièces florales manquent aux fleurs femelles ? *Les étamines.*

Faire lire l'article *Fleurs d'eau* P. 169 et poser les questions suivantes :

– Où s'enracinent les plantes d'eau ? *Dans le fond de la mare.*

– Où s'épanouissent les fleurs ? *Dans l'air.*

Vous pourrez proposer **7B :** *Que mangeons-nous ?* (photofiche P. 120 ou cahier d'exercices P. 19).

Des plantes sans fleurs

Utiliser l'article *Des plantes qui n'ont jamais de fleurs!* P. 169. La reproduction de ces plantes est sexuée, mais sans fleurs ni graines.

Synthèse

Pour conclure, vous pouvez :

• Élaborer un résumé en répondant à la question : Quelles transformations se produisent quand un grain de pollen pénètre dans le pistil?

• Reprendre, sur le cahier des sciences, les schémas réalisés collectivement.

Français

Lecture

Lire ou faire lire le texte P. 168. Vérifier la compréhension des mots inconnus ou difficiles. Faire lire *Je retiens* P. 168.

Poésie

L'expression « ronce des ronceraies » est scientifiquement impropre : le fruit est la mûre, la plante est la ronce. Signaler seulement ceci en montrant la beauté de l'expression choisie. Faire remarquer aussi que la graine, porteuse de nouvelle vie, est bien issue de la fleur qui meurt.

Autour de la leçon

Vous pouvez :

• Faire réaliser un herbier en rassemblant sur une même page les feuilles, les fleurs, les fruits, les graines de quelques plantes.

• Proposer de commencer une collection de fruits secs en distinguant ceux qui s'ouvrent (gousse de haricot...) de ceux qui ne s'ouvrent pas (grains de blé, de maïs, d'orge...).

Évaluation de la leçon Vous pourrez proposer la photofiche **7C** P. 121.

Mémo,

À voir à proximité de l'école ou dans la région :

Quelques livres :

FILMS – VISITES

• J.- M. Pelt, *La Vie des plantes*, FR3 - La Sept

• Rencontre avec un agriculteur ou un horticulteur.

• CEDENA (Centre de découverte de la nature) organise des sorties « nature » Tél. : 02.32.56.94.87.

8 Les plantes vertes se nourrissent

OBJECTIFS

■ **Savoir que les plantes vertes ont besoin :**
– d'eau,
– de sels minéraux pour se développer,
– de lumière.
■ **Expérimenter : tester l'importance d'un facteur en comparant avec une expérience témoin.**
■ **Rapprocher l'observation dans la nature des expériences menées en classe.**

À SAVOIR

Que « mangent » les plantes ?

Question mal formulée, mais judicieuse, que posent facilement les élèves. En effet, germination, croissance, développement ont été observés et les enfants se doutent bien que, comme les animaux, les plantes (ici, les plantes vertes seulement) ont besoin d'énergie pour vivre et former leurs constituants.

Nous proposons une approche de cette question qui, bien que très difficile, doit être présentée aux enfants, car elle est fondamentale.

Les besoins des plantes vertes

Les plantes vertes (plantes qui contiennent de la chlorophylle dans leurs feuilles et leurs tiges : arbres, arbustes, plantes herbacées, mousses, fougères, algues) ont des besoins fondamentaux :

– besoin d'eau : les racines absorbent l'eau grâce à leurs poils absorbants ; lorsqu'il n'y a pas de racine (mousse, algue) l'absorption d'eau est faite par la totalité de la plante ;

– besoin de sels minéraux : la plante puise dans la terre les sels minéraux dissous dans l'eau du sol. Les engrais rajoutés par l'homme contiennent eux aussi des sels minéraux ;

– besoin de lumière captée par les parties chlorophylliennes de la plante ;

– besoin de dioxyde de carbone qui est absorbé directement au niveau des feuilles.

Le rôle essentiel des plantes vertes

Les plantes vertes jouent dans la nature un rôle original en raison de leur mode de nutrition particulier, unique parmi les êtres vivants.

Elles puisent dans le sol, l'eau et les sels minéraux qui y sont dissous (nitrates et phosphates, principalement) qui constituent la « sève brute ». Cette sève brute monte dans la plante, par les vaisseaux du bois, jusqu'aux parties vertes de la plante.

Les feuilles absorbent le dioxyde de carbone de l'air, la chlorophylle (substance verte des plantes) absorbe l'énergie fournie par la lumière ; cette énergie permet des réactions chimiques de synthèse qui fabriquent des substances organiques (telles que lipides, protides, glucides) en utilisant l'eau, les sels minéraux et le dioxyde de carbone.

Ces réactions produisent un déchet : l'oxygène, qui se dégage dans l'air. Cette synthèse de matière organique en présence de lumière est nommée « photosynthèse ».

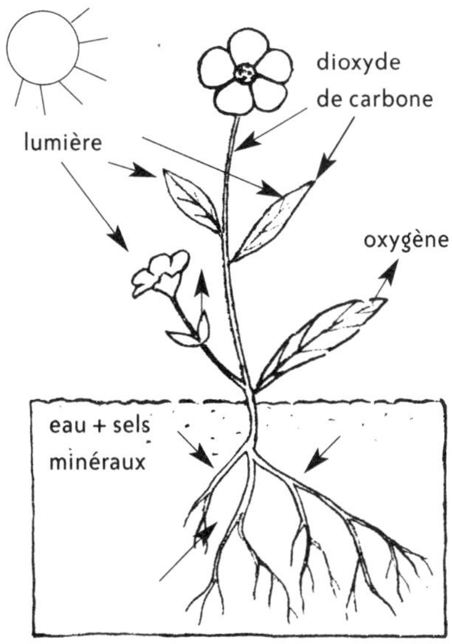

NUTRITION DE LA PLANTE VERTE

Les plantes vertes sont à l'origine de toutes les chaînes alimentaires grâce à cette production de matière organique.

D'autre part, le rejet d'oxygène et l'absorption de dioxyde de carbone permettent le renouvellement de l'air consommé par tous les êtres vivants et par les combustions. C'est ainsi que l'on a pu dire que les plantes vertes sont « le poumon de la Terre ».

Les plantes vertes respirent

Il ne faut pas oublier cependant que les plantes vertes, comme tous les êtres vivants, respirent, mais la quantité de gaz échangé par leur respiration est beaucoup plus faible que dans la photosynthèse.

Attention : la photosynthèse n'est pas l'inverse de la respiration comme il est parfois dit à tort ; les deux phénomènes n'ont aucun lien et peuvent, ou non, se produire simultanément. Il n'est pas possible pour un enfant de CE2 de comprendre ce fonctionnement complexe ; il est donc exclu de l'enseigner. Nous le rappelons afin que les maîtres aient une vision d'ensemble du phénomène, et puissent répondre à d'éventuelles questions.

Deux séquences :

1. L'eau
2. La terre, les sels minéraux, la lumière

BIBLIOGRAPHIE

• *Les plantations*, Bordas, Coll. « Le petit chercheur ».
• Manuels scolaires, classes de 6e.
• A. Garassino, *Les Plantes : origine et évolution*, Castor - Flammarion, 1993.
• J. Walker, *Les Fleurs*, Gamma Jeunesse, 1994.

séquence 1

L'eau

Notion scientifique : **les plantes ont besoin d'eau.**

Activités : observer, décrire, formuler des hypothèses ; expérimenter.

Matériel : livre de l'élève P. 170, 171, 173, photofiche **8A** ;
2 plantes semblables, de l'eau.

Mots clés : eau, arrosage, croissance, développement, plante.

L'eau, c'est la vie

Dans les zones désertiques, la végétation est limitée par le manque d'eau. Elle forme dans le paysage, des zones verdoyantes là où l'eau imprègne le sol, et uniquement là. Les oasis sont des zones où l'eau des puits ou des sources est utilisée pour irriguer des cultures.
Il s'y développe une vie intense et une activité qui contrastent avec le désert alentour. Dans le Néguev où il pleut rarement, l'eau est amenée par des canalisations (ou par des petits fossés).

Veiller à ce que les enfants dessinent bien deux plantes semblables, dans des pots identiques et dans un même lieu.

Observation de deux photos

Faire examiner la grande photo P. 170. Laisser les enfants s'exprimer librement, puis poser les questions de *1. Questionnement* P. 171. Réponses possibles :

A. Le désert est un lieu où il n'y a rien, où il n'y a pas de vie... Donc pas de vie humaine, animale ou végétale (ou du moins peu de vie). Préciser que « rien » signifie « rien de vivant ».

B. On voit des zones désertiques avec le sol à nu et quelques zones vertes avec des plantes.

La différence de couverture végétale tient à la présence ou à l'absence d'eau. Sans eau les plantes ne poussent pas.

Faire examiner la petite photo P. 170 pour répondre à la question **C**.

C. Le paysan ne peut cultiver que dans les parties où parvient l'eau.

D. L'eau est indispensable aux plantes.

Poursuivre la réflexion en posant la question suivante :

– La plante a-t-elle besoin d'autres choses ?

Les enfants vont citer en général, la terre, les engrais, l'air, mais ils vont souvent oublier la lumière. Noter toutes les propositions au tableau.

Mettre en évidence la nécessité de l'eau pour que pousse une plante

Demander aux élèves d'« inventer » une expérience qui permettrait de prouver que la plante a besoin d'eau pour vivre. Guider la discussion pour aboutir au descriptif proposé dans *3. Expérience 1* P. 171. Réaliser l'expérience.

Faire décrire le résultat au bout d'une dizaine de jours. *La plante non arrosée est morte ou mourante. L'autre est belle.*

Bien noter qu'on a pris soin de choisir deux plantes semblables que l'on a installées au même endroit. Faire trouver la seule différence dans le traitement des deux plantes. *On a arrosé l'une, on n'a pas arrosé l'autre.*

Faire dessiner l'expérience à deux stades de son déroulement : au début (jour J) et 10 jours plus tard (jour J + 10).

Curiosité

Faire lire l'article *Quand l'eau est rare* P. 173. Préciser que ces cercles verts, donc de végétation, correspondent à la surface que l'eau a touchée lors de l'arrosage, et que ce n'est pas une décoration « pour faire joli ».

Les plantes grasses sont une autre curiosité. Expliquer que les tiges sont gonflées par les réserves d'eau et que les feuilles sont très réduites (à l'état d'épines en général), la surface d'évaporation étant ainsi très faible. La cuticule épaisse et imperméable qui couvre tous les organes limite aussi l'évaporation.

Vous pourrez proposer **8A** : *La culture du maïs* (photofiche P. 122 ou cahier d'exercices P. 20).

Synthèse

Pour conclure, vous pouvez :

• Faire élaborer un bref résumé en réponse à la question suivante : L'eau est-elle indispensable à la croissance et au développement des plantes ?

• Coller dans le cahier de sciences les dessins qui illustrent l'expérience réalisée en classe. Faire ajouter une légende et un titre.

séquence

2

La terre, les sels minéraux, la lumière

Notions scientifiques : **les plantes ont besoin d'eau, de sels minéraux et de lumière.**

Activités : expérimenter pour vérifier des hypothèses ; expérimenter par comparaison avec un « témoin ».

Matériel : livre de l'élève P. 171 à 173, photofiches **8B** et **8C** ;
plantes en pots (géranium, impatience ou autre) de la même espèce, de même couleur et au même stade de développement, eau, gaze, quelques grains de maïs, huile, terre, encre, un plant fleuri (choisir une plante avec des fleurs blanches ou claires), vase à col étroit.

Mots clés : eau, lumière, sels minéraux, racines, pomper.

Les plantes ont-elles besoin de terre ?

L'observation de la photo introduit l'idée de l'importance des substances ajoutées au sol. Cependant rien ne prouve aux enfants que les engrais et les sels minéraux du sol sont de même nature, ni qu'ils sont absolument nécessaires. Se contenter donc d'approcher la notion « éléments nutritifs du sol ».

Les expériences présentées sont des cultures, qui nécessitent une semaine à 10 jours pour voir les résultats. Elles seront mises en place, puis observées chaque jour 5 mn. Lorsque le résultat sera apparent, 10 mn par expérience suffiront pour exprimer le résultat et le noter.
Une conclusion d'ensemble sera dégagée à la fin de la séquence.
N : azote, P : phosphate, K : potasse.

La culture du maïs

Faire lire 2. ***Comparaison*** P. 171 pour amener les enfants à constater que la plante, dans le pot sans terre où on a mis uniquement de l'eau distillée, sans engrais, pousse moins bien que la plante qui se trouve dans le pot rempli de terre.

Faire observer la photo des deux champs P. 171 et poser la question suivante :

– Quel est le champ où les plantes poussent le mieux ? *Le champ qui contient de l'engrais.*

Laisser les enfants s'exprimer. Leur faire rechercher la définition du mot « engrais » P. 152, 153.

– Que sont les engrais ? *Les engrais sont des produits chimiques qui contiennent des sels minéraux. Les sels minéraux naturels du sol proviennent, entre autres, de la décomposition de tous les déchets de plantes ou d'animaux morts.*

Revenir à l'observation de la photo P. 171, poser les questions suivantes :

– Que lit-on sur les panneaux jaunes ? Qu'est-ce que cela signifie ? *NPK est de l'engrais qui apporte à la plante tous les éléments indispensables à sa croissance. On remarque que les plantes sont bien vertes. Dans la partie autour de la pancarte, marquée « Témoin », les plantes sont clairsemées, elles ont manqué de sels minéraux nécessaires à leur croissance.*

Amener les enfants à conclure que les plantes ont besoin des sels minéraux que contient la terre pour grandir. On enrichit parfois la terre en sels minéraux à l'aide d'engrais.

Comment la plante puise-t-elle l'eau et les sels minéraux ?

La plante « pompe » l'eau avec une force importante (due au gradient de pression osmotique, mais aussi aux transports actifs assez complexes).
Ne mettre que quelques gouttes d'encre, pour éviter la toxicité ; un essai préalable permettra d'évaluer la dose utile et le temps nécessaire, variables selon la plante choisie.

Le rôle des racines
Après avoir montré à quel point la plante avait besoin d'eau et de sels minéraux, amener les enfants à lire le premier paragraphe du texte P. 172 et réaliser l'expérience proposée dans ce paragraphe.

Cette expérience permet de mettre en évidence le rôle des racines dans l'absorption de l'eau. Elle est difficile à réaliser par les enfants, le maître la présentera donc lui-même. Poser les questions suivantes :

– Pourquoi l'eau a-t-elle baissé dans le pot ? *Parce que les racines l'ont pompée.*

– Où est allée cette eau ? *Dans toute la plante.*

Préciser que ce sont les poils absorbants situés sur les racines qui pompent l'eau (ils sont plus ou moins visibles selon les espèces). Si vous le pouvez, faites-le remarquer en utilisant une loupe.

Proposer aux enfants de lire le second paragraphe du texte P. 172. Faire l'expérience décrite, devant les enfants ; quelques jours plus tard faire observer la plante et poser les questions suivantes :

– Que s'est-il passé ? Pourquoi ? *La tige et la fleur sont colorées. L'eau et le produit coloré sont montés dans la plante.*

Expliquer que le produit coloré (ici de l'encre) dissous dans l'eau est monté dans la plante. Couper la tige ; montrer que l'on voit les vaisseaux de la tige sectionnée nettement colorés. En conclure que la plante puise l'eau et ce qu'elle contient (ici l'encre) par ses racines et la fait monter et circuler dans tous ses organes. Préciser que les sels minéraux (que l'on ne voit pas), comme n'importe quel produit (encre ou autre) dissous dans l'eau, pénètrent de la même manière dans la plante.

Les plantes ont-elles besoin de lumière ?

La nécessité de la lumière est moins connue des enfants. On se contentera ici de constater qu'elle est indispensable.

Expérience collective
Réaliser l'expérience décrite dans 4. ***Expérience 2*** P. 171.

Installer les plantes (toujours les plus semblables possible) dans un placard bien fermé ou sous un carton opaque. Ne pas oublier d'arroser.

Faire constater qu'en l'absence de lumière la plante enfermée dans le placard est devenue jaune et frêle (= moins vigoureuse), tandis que celle qui est restée en pleine lumière est verte et drue.

Faire observer les poireaux et les endives P. 173 pour illustrer le rôle de la lumière sur les plantes vertes. Les parties enterrées restent blanches, il faut la lumière pour que la chlorophylle se développe.

Faire construire un labyrinthe comme celui de l'article *Lumière* P. 173. C'est très facile et très démonstratif. En conclure, après observation, que la plante se dirige vers la lumière : elle en a besoin.

Vous pourrez proposer **8B** : *Les cultures en serres* (photofiche P. 123 ou cahier d'exercices P. 21).

Synthèse

Le rôle du dioxyde de carbone n'est pas étudié, car trop complexe. On peut parler éventuellement d'air, mais il est exclu d'entrer dans l'explication du phénomène.
Éviter absolument de laisser dire « les plantes respirent à l'envers », ce qui handicape ensuite la compréhension pendant de longues années.

Pour conclure, vous pouvez :

• Proposer une trace écrite à compléter que les enfants noteront dans leur cahier de sciences. Ex. : Les .... (*plantes vertes*) puisent l'.................... (*eau*) et les .... (*sels minéraux*) dans le sol par leurs .... (*racines*). Sans .... (*lumière*) elles meurent.

• Rappeler les facteurs indispensables à la vie d'une plante verte sous forme d'un schéma à reproduire sur le cahier de sciences.

Français

Lecture

Lire ou faire lire le texte P. 172. Vérifier la compréhension des mots difficiles ou inconnus. Faire lire *Je retiens* P. 172.

Vocabulaire

Faire faire l'exercice « Tous les êtres vivants se nourrissent » P. 173. Il permettra d'insister sur le terme général « se nourrir » et les modalités d'action : boire, manger, absorber…

Autour de la leçon

Vous pouvez demander à un jardinier ou à un fleuriste d'expliquer aux enfants quelles plantes il faut arroser tous les jours, celles qu'il faut arroser toutes les semaines, celles qui ont besoin de beaucoup de lumière et de chaleur, celles qui préfèrent l'ombre et la fraîcheur… ; ces précisions montrant ainsi la diversité des besoins du point de vue quantitatif.

Évaluation de la leçon Vous pourrez proposer la photofiche **8C** P. 124.

Mémo,

À voir à proximité de l'école ou dans la région :

Quelques livres :

D'autres références :

FILMS – VISITES

- *De la fleur au fruit*, CNDP.
- *La pollinisation de la sauge*, CNDP.
- *Exploitation des fleurs par les insectes*, 24 diapositives, CNDP.
- *Des boutures par millions*, VHS : 15 mn, CRDP de Nice, 1987.
- J.-M. Pelt et J.-P. Cany : *L'Aventure des plantes*.
- *La Plante verte*, deux logiciels Réf. 450C2020 et 760E010, CRDP de Rouen, 1991.
- Organiser une rencontre avec un jardinier ou un horticulteur.

9 L'eau liquide et l'eau solide

OBJECTIFS

■ **Découvrir :**
– que l'eau peut se transformer de façon réversible en liquide ou en solide. Ces transformations s'appellent fusion et solidification ;
– que le changement d'état a toujours lieu à la même température (0 °C), et cette température se maintient tout le temps de la transformation ;
– que la masse reste constante mais que le volume varie au cours de ces transformations.
■ **Utiliser un thermomètre.**

À SAVOIR

Les changements d'état de l'eau...

La transformation de l'eau en glace s'appelle la solidification. Tous les liquides peuvent se transformer en solides si on les refroidit.

La transformation de la glace en eau s'appelle la fusion. Tous les solides peuvent se transformer en liquides si on les réchauffe.

L'eau est liquide au-dessus de 0 °C, solide au-dessous.

Lors de la solidification de l'eau, le volume augmente mais la masse (le poids) ne change pas.

Lors de la fusion, le volume de l'eau diminue mais la masse ne change pas.

... et d'autres substances

Le chocolat, le fer, le beurre, le goudron, la bougie, le plastique... peuvent changer d'état par solidification ou fusion.

Les solides peuvent tous fondre mais à des températures différentes. Par exemple, la roche se transforme en lave à 1 200 °C. La température de fusion (ou la température de solidification) est la température maximale où la transformation a lieu dans un sens ou dans l'autre.

Glaciers et icebergs

Il y a des glaciers sur tous les continents aux altitudes où il fait assez froid.

L'Antarctique est un continent entièrement couvert de glaciers alors que l'Arctique est une immense banquise, c'est-à-dire une mer gelée.

Les icebergs, qui sont formés d'eau douce (glaciers de montagne ayant glissé dans la mer) mettent plus de temps à fondre que les blocs de banquise formés d'eau salée.

Le sel ajouté à la glace abaisse son point de fusion. De ce fait le mélange glace/sel est à une température qui peut descendre jusqu'à -15 °C (selon les proportions du mélange).

Chaleur et température

La confusion entre « chaleur » et « température » est classique.

La chaleur est une quantité directement mesurable (on peut ajouter ou retrancher des quantités de chaleur), alors que la température n'est qu'un repérage sur une échelle (ajouter des températures n'a aucun sens). Cette confusion devra être corrigée après les expériences P. 187. On constate que la chaleur donnée par le radiateur ne fait pas monter la température, tout le temps qu'il reste de la glace non fondue.

De même, la température reste à 0 °C tant que toute l'eau n'est pas gelée, bien que le mélange perde de la chaleur en refroidissant.

Deux séquences :

1. La fusion de la glace
2. La solidification de l'eau

BIBLIOGRAPHIE

- V. et P. Milon, *L'Eau dans tous ses états*, Rouge et Or, 1989.
- F. Vester, *L'Eau, c'est la vie*, Ulisse éditions, 1989.
- *Le Chaud et le Froid*, Coll. « Le petit chercheur », Bordas.
- *L'Eau*, Coll. « Le petit chercheur », Bordas.

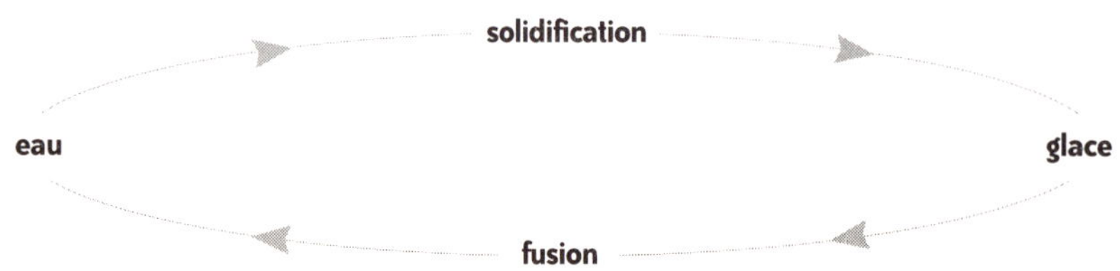

séquence 1

La fusion de la glace

Notions scientifiques : **la glace fond à 0 °C et cette température se maintient tout le temps de la transformation.**

Activité : utiliser une montre, un chronomètre et un thermomètre.

Matériel : livre de l'élève P. 186, 187, photofiche **9B** ; 4 récipients semblables, thermomètre, glaçons, réfrigérateur, chronomètre ou montre.

Mots clés : neige, glace, fonte, fusion, température de fusion, masse, volume.

Remarque : utiliser le dossier « Savoir et Faire » P. 182.

À l'assaut des glaciers

Ex. : À 1 750 m, le glacier du Rhône dans le massif alpin de l'Aar donne naissance au Rhône.
Insister sur le fait que « solide » est, ici, un terme scientifique qui ne signifie pas « résistant au choc » mais « qui ne coule pas ».

Observation d'un dessin

Laisser les enfants découvrir le dessin P. 174.

Poser les questions proposées dans *1. Recherche* P. 175. Réponses possibles :

A. Certains enfants parleront peut-être de source ou de pluie ; faire remarquer que le torrent sort du glacier.

B. Le K2 (ou Dapsang) est l'un des plus hauts sommets de l'Himalaya, à la frontière de l'Inde et de la Chine (8 611 m). Expliquer qu'à cette altitude il fait en général très froid et qu'il neige beaucoup.

C. Noter les connaissances et les hypothèses des enfants sur l'origine des glaciers. Préciser, si nécessaire, qu'un glacier se forme par accumulation de neige qui se tasse.

D. Faire chercher sur une carte (Alpes ou Pyrénées) l'altitude de quelques glaciers, et observer les cours d'eau qui en sont issus.

La transformation du glacier (solide) en torrent (liquide) permet d'introduire les expériences qui suivent.

Avec des glaçons

Expériences simples, c'est l'occasion de faire preuve de rigueur (mêmes récipients, mêmes glaçons) et de précision (mesure du temps).

L'usage du chronomètre facilite beaucoup la mesure du temps en évitant les calculs.

Se reporter au titre « Le thermomètre » du dossier « Savoir et Faire » P. 202.

Expérience de fusion

Réaliser l'expérience de la fusion de la glace telle qu'elle est décrite dans *2. Expérience 1* P. 175. Faire fondre des glaçons.

Diviser la classe en groupes. Faire contrôler la température toutes les minutes et la noter. Compter le temps nécessaire à la transformation totale, en repérant, sur une montre digitale, le moment du début de l'expérience et le moment où le glaçon est complètement fondu ou en utilisant un chronomètre. Mettre en commun les différentes observations. Faire remplir le tableau sur le carnet d'expériences. Aboutir à la conclusion que l'eau est liquide au-dessus de 0 °C. Il a fallu fournir de la chaleur pour faire fondre la glace.

Introduire et définir alors le mot « fusion » : la transformation d'un solide en liquide. Ici, il s'agit de la transformation d'un glaçon en eau.

Faire trouver d'autres matières qui peuvent se transformer, par fusion, à des températures usuelles, comme le chocolat, le beurre...

Vous pourrez proposer **9B :** *La glace fond* (photofiche P. 126 ou cahier d'exercices P. 23).

Synthèse

Éviter autant que possible l'expression « le glaçon est un solide » pour « le glaçon est solide » (solide en tant qu'adjectif) ce qui pourrait faire confondre les notions de solide et de matière.

Pour conclure, vous pouvez :

- Établir un résumé en posant les questions suivantes : Comment s'appelle la transformation d'un solide en liquide ? Que faut-il pour que cette transformation ait lieu ? À quelle température la glace se transforme-t-elle en eau ?
- Présenter les résultats de l'observation sous forme d'un schéma :

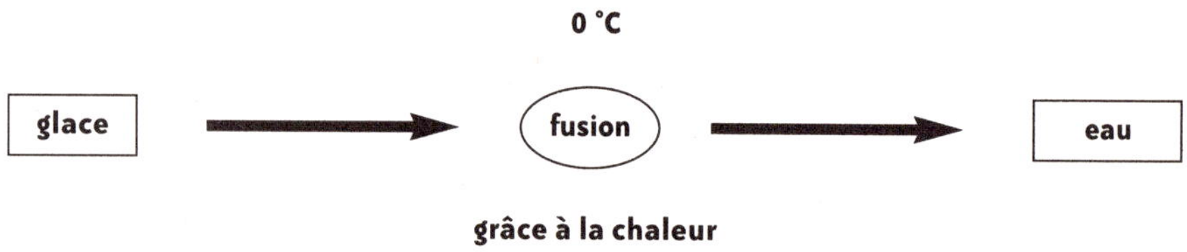

Vous trouvez dans le dossier « Savoir et Faire » P. 204 une autre manière d'expliquer à l'aide de schémas.

séquence

2

La solidification de l'eau

Notions scientifiques : **l'eau se solidifie à 0 °C ; son volume augmente sans que sa masse ne change.**

Activités : constater et nommer les différents changements d'état de l'eau ; utiliser un thermomètre et une balance.

Matériel : livre de l'élève P. 175 à 177, photofiches **9A** et **9C** ;
bocal, petit pot, bouteille en plastique, verre, balance, glaçons.

Mots clés : solidification, température de solidification, masse, volume.

Fabriquons de la glace

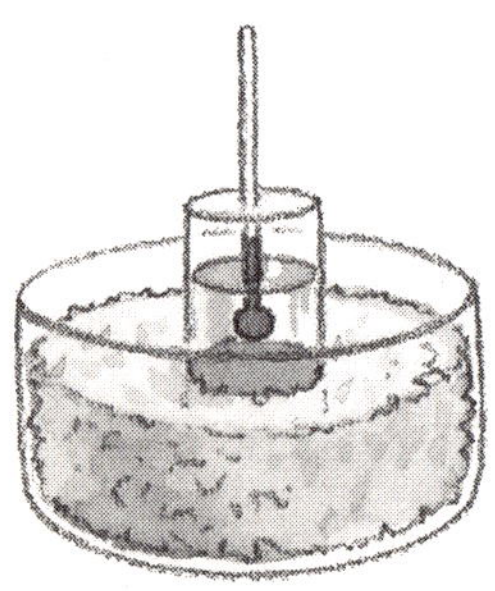

Rappel

Rappeler la leçon précédente en faisant, par exemple, compléter ce schéma :

Le mélange doit être de 3/4 de glace et de 1/4 de sel. Ce mélange froid va refroidir l'eau qui se trouve dans le petit pot. En effet, le sel mélangé abaisse le point de congélation de l'eau. Ce mélange est donc à une température inférieure à 0 °C, variable selon la quantité exacte de sel.

Expérience de solidification
Essayer de faire de la glace à partir de l'eau... sans faire appel aux congélateurs.

Pour cela faire réaliser les manipulations indiquées dans **3. *Expérience 2*** P. 175. Mettre peu d'eau froide (1 ou 2 cm) dans le petit pot.

Bien repérer le moment où la glace se forme (lorsqu'on arrive à 0 °C, bien sûr).

Noter que la température reste à 0 °C tant que toute l'eau n'est pas gelée ; elle baisse ensuite.

Le mélange sel/glace, qui est à une température inférieure à 0 °C, transmet du froid à l'eau du petit pot qui va atteindre 0 °C, ce qui lui permet de geler.

Introduire alors le mot solidification : la transformation d'un liquide en solide. Ici, la transformation de l'eau en glace.

Faire trouver d'autres matières qui peuvent se transformer par solidification : chocolat, paraffine, beurre...

Aboutir à la conclusion que l'eau se solidifie à 0 °C et que cette transformation se fait grâce à un refroidissement, c'est-à-dire une perte de chaleur.

Vous pourrez proposer **9A :** ***Comment faire de la glace*** (photofiche P. 125 ou cahier d'exercices P. 22).

Volume et poids de l'eau

Pour cette expérience le maître peut procéder de deux manières :
- mettre la bouteille, la veille, au congélateur ;
- la faire mettre le jour même par les élèves et faire faire les observations le lendemain.

Ne pas utiliser de bouteille en verre.

La plupart des corps n'augmentent pas de volume en se solidifiant sauf l'eau. Cette particularité ayant une grande importance pratique, il est important de l'étudier.

Première expérience
Faire manipuler comme indiqué dans **4. *Expérience 3*** P. 175.

Faire constater que l'eau a débordé car en se solidifiant elle a augmenté de volume : elle occupe davantage de place.

Si on procède à l'expérience inverse : transformer un glaçon en eau par la chaleur (c'est une fusion) on aura une diminution du volume. Le volume de l'eau sera inférieur à celui du glaçon, il n'y aura donc pas de débordement.

Faire lire l'article *Quand le glaçon fond* P. 177 et poser la question suivante :

Pourquoi le verre ne va-t-il pas déborder quand le glaçon aura fondu ? *Parce que le volume de l'eau est plus petit que celui du glaçon.*

Deuxième expérience
Faire manipuler comme indiqué dans **5. *Expérience 4*** P. 175.

Faire constater, lorsque les trois glaçons ont fondu, que les plateaux de la balance sont toujours en équilibre : la masse des glaçons est la même que la masse de l'eau obtenue par fusion de ces trois glaçons. Les changements d'état ne modifient pas la masse. Le volume de l'eau a diminué (mais on ne peut pas le faire constater au CE2) parce que la masse volumique de la glace est inférieure à celle de l'eau liquide. Faire remarquer qu'au cours de la fusion les trois glaçons flottent sur l'eau liquide.

Synthèse

Pour conclure, vous pouvez :

- Élaborer un résumé en posant les questions suivantes : comment s'appelle la transformation d'un liquide en solide ? Que faut-il pour que cette transformation ait lieu ? À quelle température l'eau se transforme-t-elle en glace ?
- Faire dessiner les expériences en notant les observations et les conclusions.

• Présenter les résultats sous forme d'un schéma en précisant qu'il y a transformation à 0 °C.

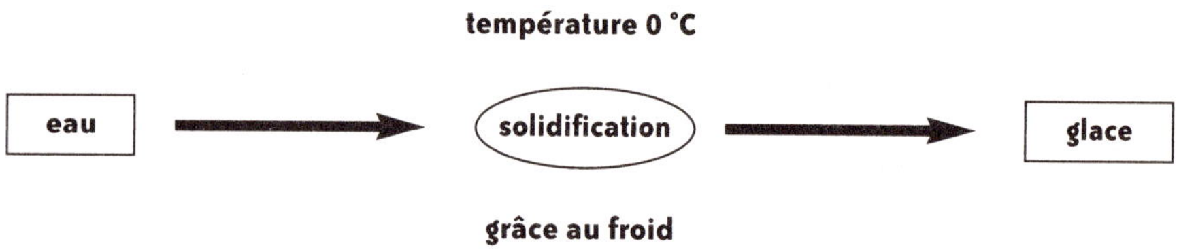

Vous pourrez proposer **9B :** *Mots croisés* (photofiche P. 126 ou cahier d'exercices P. 23).

Français

Lecture

Vous pouvez : lire ou faire lire le texte P. 176. Vérifier la compréhension de tous les mots difficiles ou inconnus. Faire lire *Je retiens* P. 176.

Vocabulaire

Dans l'expression « gelée de groseille », « gelée » désigne une substance transparente comme de la glace, mais qui n'est pas froide !

Autour de la leçon

Vous pouvez :

• Faire lire l'article *Antarctique* P. 177. Les enfants doivent être sensibilisés à l'importance du volume de glace retenue aux pôles et dans les glaciers. C'est une notion écologique fondamentale.

• Faire lire l'article *Iceberg* P. 177. Les icebergs sont issus de la fragmentation des glaciers bordant les mers polaires ou de la banquise (mer gelée). Un glaçon dans l'eau d'un verre se comporte comme un iceberg : son volume immergé (qu'on ne voit pas) est 8 fois plus grand que son volume émergé (qu'on voit).

• Faire examiner les cristaux de neige et constater la beauté des formes de ces cristaux. Ceux-ci cristallisent toujours selon des formes hexagonales, mais qui peuvent être très variées ; pour en observer à la loupe, refroidir au congélateur (ou dehors !) un papier sombre sur lequel on étalera très peu de neige.

Évaluation de la leçon Vous pourrez proposer la photofiche **9C** P. 127.

Mémo,

À voir à proximité de l'école ou dans la région :

Quelques livres :

D'autres références :

FILMS – VISITES

• Musée de spéléologie
84800 Fontaine-de-Vaucluse
Tél. : 04.90.20.34.13.

• Tramway du Mont-Blanc,
74190 Le Fayet
Tél. : 04.50.47.51.83.

• Chemin de fer du Monteuvers,
74401 Chamonix
Tél. : 04.50.53.12.54.

• Grotte de la Glacière,
25530 Chaux-les-Passavant
Tél. : 03.81.60.44.26.

0 Eau visible, eau invisible

OBJECTIFS

■ **Constater :**
– qu'une même substance, l'eau, peut passer de l'état gazeux à l'état liquide et inversement ;
– que la chaleur permet l'évaporation, le froid permet la condensation ;
– que les quatre transformations (fusion, solidification, évaporation, condensation) permettent à l'eau de circuler et d'exister dans la nature sous forme liquide, gazeuse ou solide.

À SAVOIR

Les changements d'état de l'eau

La transformation de l'eau en vapeur s'appelle l'évaporation.

L'évaporation a lieu en consommant de la chaleur. Plus la température est élevée, plus l'évaporation est rapide (quand il fait chaud, le linge sèche vite).

L'eau évaporée se trouve sous forme de gaz dissous dans l'air. Plus il y a d'air, plus l'évaporation est rapide, car la quantité d'air pour dissoudre la vapeur est plus importante (le courant d'air ou le vent favorise le séchage).

La transformation de la vapeur d'eau en eau s'appelle la condensation. Elle se produit quand la vapeur d'eau se refroidit.

Évaporation, condensation et vie pratique

La vapeur d'eau est un gaz invisible dans l'air. Le petit nuage au-dessus de la casserole d'eau bouillante est appelé à tort « vapeur », il est formé de très fines gouttelettes condensées.

Dans les nuages, l'eau est en minuscules gouttelettes ; elle est donc liquide mais ne coule pas ! Elle coule et tombe (il pleut), dès que la condensation est assez forte pour produire des grosses gouttes d'eau. Certains nuages d'altitude sont formés de très fins cristaux de glace.

La buée sur les vitres d'une voiture ou d'une salle est due à la vapeur d'eau (rejetée par la respiration), dissoute dans l'air chaud, mais condensée sur les vitres froides.

Elle disparaît quand on chauffe la vitre (pare-brise de voiture) ou quand on aère, car alors la vapeur peut se dissoudre dans l'air au lieu de se condenser.

N.B. : Nous ne prenons jamais en compte la notion de pression qui intervient pourtant, mais qui est trop difficile à comprendre au CE2. Les notions exposées ici sont incomplètes mais exactes.

Question de vocabulaire

L'évaporation est la transformation d'un liquide en vapeur, elle se produit à toute température mais à des vitesses différentes selon la température.

L'ébullition est le passage de l'eau de l'état liquide à l'état gazeux sous l'effet de la chaleur. Des bulles de vapeur se forment dans la masse du liquide et viennent crever à la surface.

On ne peut pas affirmer qu'on peut voir l'eau à l'état gazeux. On ne voit pas la vapeur d'eau, sauf après refroidissement quand elle se condense dans l'air en fines gouttelettes. On peut aussi voir les bulles de gaz dans l'eau à l'état liquide lors de l'ébullition.

Le cycle de l'eau

L'eau est « stockée » sur la planète dans les glaciers (aux pôles surtout), les mers, les lacs. Elle est aussi imprégnée dans les sols. Mais elle circule !

L'eau des mers (mais aussi des lacs, des rivières et toutes les étendues d'eau) s'évapore et se répand dans l'air. Cette vapeur d'eau se condense en très fines gouttelettes dans les nuages. Lorsque les conditions le permettent (pression, température) l'eau des nuages tombe, c'est la pluie (ou la neige s'il fait froid). Cette eau alimente les lacs, les cours d'eau, puis les mers, une partie s'infiltre dans les sols perméables.

La neige alimente les glaciers ou bien fond et donne de l'eau.

L'eau infiltrée dans les sols ressort en sources, ou bien, puisée par les racines des plantes, les alimente et s'évapore. Ainsi l'eau circule, mais plus ou moins vite, sur tout le globe.

Deux séquences :
1. La vapeur d'eau
2. Le cycle de l'eau

BIBLIOGRAPHIE

- *Découvrons la météo avec nos élèves*, CRDP d'Amiens, 1989.
- *L'eau*, Bordas, Coll. « Le petit chercheur ».
- *La Matière*, Gallimard, Coll. « Passion des sciences ».
- B. Cosgrove, *Le Temps qu'il fera*, Gallimard Jeunesse, 1994.

séquence **1**

La vapeur d'eau

Notions scientifiques : **l'évaporation est le passage de l'eau de l'état liquide à l'état gazeux ; elle est influencée par la température, la ventilation et la surface libre ; le processus inverse est la condensation.**

Activités : savoir mesurer le temps avec précision ; observer les étapes d'une expérience.

Matériel : livre de l'élève P. 178, 179, photofiches **10A** et **10B** ;
pour chaque groupe d'élèves : fil à linge et pinces à linge, deux mouchoirs identiques, un sèche-cheveux, une montre ou un chronomètre, trois barquettes identiques en aluminium, bougie et support (chauffe-plats), réchaud de camping, assiette, eau.

Mots clés : sécher, vapeur, évaporation, condensation, ébullition, vent, chaleur.

Comment ça sèche ?

Les tissus et les cheveux sèchent

Laisser les enfants découvrir et s'exprimer librement sur la photo et les dessins P. 178.

Poser les questions de *1. Questionnement* P. 179. Réponses possibles :

A. L'eau disparaît, la voile sèche.

B. Le soleil, la chaleur, le vent… De plus, la voile est bien tendue, elle présente une grande surface à l'action du vent et de la chaleur.

C. Le linge doit être dans un endroit chaud et ventilé : sur un fil, dehors, ou dans un grenier, une pièce aérée. Les cheveux mouillés sont longs à sécher, on ne peut les étendre. Il faut, pour aller plus vite, utiliser un sèche-cheveux qui produit un souffle d'air chaud (vent + chaleur).

Des expériences vont permettre de préciser les conditions de « séchage », c'est-à-dire de l'évaporation de l'eau.

Expérience du séchage

Cette expérience est de manipulation simple. Il faut inviter à la précision pour la mesure du temps.

Il est important de faire réaliser ces expériences à tous les élèves ou en travaillant en groupes qui proposeront aux autres la description et les conclusions de leur expérimentation.

Attention l'expérience dure longtemps et il faut un appareil qui a le réglage « froid ».

Faire manipuler comme indiqué dans **2.** ***Expérience 1*** P. 179, par groupes de 3 élèves : l'un manipule le séchoir, un autre mesure le temps, le troisième observe le séchage.

Penser à bien éloigner les mouchoirs les uns des autres. Poser la question suivante :

– Qu'est-ce qui favorise le séchage ? *La chaleur de l'air. Plus elle est forte, plus le séchage est rapide.*

Si les enfants parlent du vent ou du courant d'air, ils ont raison ; on peut le vérifier ainsi :

Installer un troisième mouchoir mouillé ; le laisser sécher sans intervenir ; comparer ce temps de séchage avec celui mis en utilisant le sèche-cheveux réglé sur « froid » : le troisième mouchoir sèche moins vite que celui séché avec un courant d'air froid ; le courant d'air (comme le vent pour la voile) favorise l'évaporation de l'eau.

Vous pouvez aussi laisser un quatrième mouchoir mouillé en boule. Il détiendra le record de lenteur de séchage ; car plus la surface exposée à l'air est petite, plus l'évaporation est lente.

Poser la question suivante :

– Où est passée l'eau qui imprégnait les mouchoirs? *Elle a disparu, elle est dans l'air, on dit qu'elle s'est évaporée.*

Vous pourrez proposer **10A :** *Pour sécher le linge* (photofiche P. 128 ou cahier d'exercices P. 24).

Évaporation, ébullition, condensation

Faire verser peu d'eau (1 cm environ) dans les barquettes, pour que l'observation ne soit pas trop longue.

Indiquer que l'on dit « l'eau s'est évaporée » et non « l'eau a séché », cette formule familière est inexacte.

Expérience de l'évaporation

Manipuler comme indiqué 3. ***Expérience 2*** P. 179. Faire remarquer que toutes les conditions doivent être identiques (récipients, quantité d'eau), pour étudier seulement le rôle de la température et non celui d'autres facteurs. Poser les questions suivantes :

– Que voyons-nous? *Le niveau de l'eau baisse dans les récipients installés au-dessus de la bougie et du radiateur, mais pas dans celui qui est sur la table* (il baissera au bout de plusieurs jours, et il sera alors intéressant de le constater).

– Dans quel récipient le niveau de l'eau baisse le plus vite? *Dans celui installé au-dessus de la bougie.*

– Que s'est-il passé? *C'est la source de chauffage la plus forte qui a fait disparaître l'eau le plus rapidement.* Faire remplir le tableau dans le carnet d'expériences.

Proposer ensuite l'expérience suivante.

La buée est formée de très fines gouttelettes d'eau déposées par la condensation sur un support froid (vitre, couvercle).

Bien préciser que l'évaporation se produit, plus ou moins vite, dans les conditions normales, tandis que pour l'ébullition il faut chauffer l'eau à 100 °C.

Penser à tenir l'assiette assez haut pour que les enfants ne puissent confondre avec des éclaboussures.

Expérience de l'ébullition et de la condensation

Le maître réalise 4. ***Expérience 3*** P. 179. Il manipule la casserole dans laquelle il a mis peu d'eau à plusieurs reprises pour que tous les élèves puissent voir. Tous les enfants ont déjà vu de l'eau bouillir; l'observation va porter sur l'apparition progressive des bulles (ébullition) et la condensation sur l'assiette.

Faire décrire ce que les enfants voient : les bulles sont très petites au début car il y a peu de vapeur; plus on chauffe, plus les bulles sont grosses et nombreuses car il y a de plus en plus de vapeur qui se forme au fond de la casserole, là où c'est le plus chaud.

Indiquer que l'ébullition a toujours lieu à 100 °C (préciser que les thermomètres usuels ne conviennent pas).

Approcher une assiette froide au-dessus de la casserole, elle se couvre de gouttelettes d'eau. Faire remarquer que la transformation de la vapeur d'eau en eau s'appelle la condensation; ces gouttelettes d'eau condensée forment la buée.

Pour conclure poser les questions suivantes :

– Où va l'eau évaporée? *La vapeur d'eau se mélange à l'air.*

– Peut-elle réapparaître? *Oui, elle se condense sur les objets froids et redevient liquide : c'est la buée.*

Vous pourrez proposer **10B :** *L'eau bout* (photofiche P. 129 ou cahier d'exercices P. 25).

Synthèse

Pour conclure, vous pouvez :

- Élaborer un résumé en posant les questions suivantes : Que produit l'évaporation de l'eau? Comment peut-on accélérer l'évaporation? Que produit la condensation de la vapeur d'eau?

- Présenter les résultats sous la forme d'un schéma :

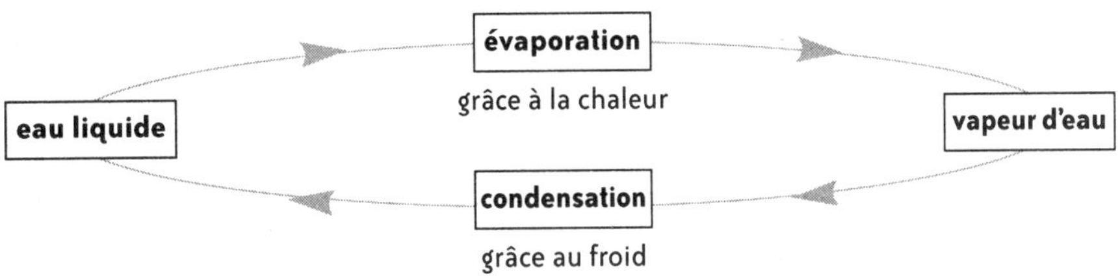

séquence

2

Le cycle de l'eau

Notions scientifiques : **l'eau se trouve sur la Terre sous trois états (solide, liquide et gazeux) ; elle peut passer d'un état à l'autre selon les conditions atmosphériques.**

Activité : tirer des informations d'un dessin récapitulant le cycle de l'eau.

Matériel : livre de l'élève **P. 180 - 181**, photofiches **10B** et **10C**, *poster du Multilivre* ; photos de glaciers, mers, rivières, puits, sources…

Mots clés : cycle de l'eau, solide, liquide, gazeux, état.

L'eau dans tous ses états

Attention, évitez l'expression « eau gazeuse » qui peut entraîner une équivoque avec les boissons gazeuses.

L'homme est composé d'eau pour 66 % de sa masse.
Pour produire 1 kg de grains de blé, les plants de blé ont besoin de 1 500 l. d'eau.

Afficher le ***poster du Multilivre*** :
L'eau dans tous ses états.

Le cycle de l'eau

Faire retrouver les trois états : solide, liquide, gazeux en regardant le dessin **P. 180**. Bien préciser, à l'aide d'exemples, sous quels états se trouve l'eau dans la nature.

– À l'état solide : glaciers des montagnes, ou des pôles…

– À l'état liquide : lacs, cours d'eau, mers, eau d'infiltration dans le sol, pluies, nuages…

– À l'état gazeux : dans l'atmosphère, c'est-à-dire l'air qui nous entoure.

Insister sur le fait que la vapeur d'eau est un gaz invisible et inodore.

Faire commenter le dessin. Attirer l'attention sur l'énorme quantité d'eau des mers et des glaciers et sur le temps, qui peut être long, pour que l'eau passe d'un lieu ou d'un état à un autre.

Rappeler le rôle de l'eau, indispensable à tous les êtres vivants (animaux et végétaux).

Évoquer les « chemins » de l'eau qui peuvent être très variés ; parler de l'infiltration de l'eau dans le sol, de la sortie sous forme de sources ou de puits, du « stockage » plus ou moins long dans un lac ou un glacier…

Vous pourrez proposer **10 B :** *Mots croisés* (photofiche **P. 129** ou cahier d'exercices **P. 25**).

Synthèse

Pour conclure, vous pouvez :

• Réaliser un tableau légendé : chaque enfant dessine une étape du cycle de l'eau dans la nature. Les dessins sont classés, collés sur une grande feuille de papier et reliés par des flèches.

• Élaborer une trace écrite à partir des questions suivantes : Comment s'appelle l'eau à l'état solide ? Pouvez-vous citer plusieurs exemples où l'eau est liquide ? Quelle est l'action du vent et du soleil sur l'eau liquide ? De quoi sont formés les nuages ?

Français

Lecture

Lire ou faire lire le texte P. 180. Vérifier la compréhension des mots difficiles ou inconnus. Faire lire *Je retiens* P. 180.

Poésie

Faire apprendre la poésie *Le nuage*.

Autour de la leçon

Vous pouvez :

- Mener une enquête sur « l'eau dans ma commune ».
- Faire lire l'article *Le brouillard - Le givre* P. 181. Expliquer ces phénomènes météorologiques qui impressionnent les enfants. Préciser que le givre et la gelée blanche ne sont pas de la neige mais simplement de la vapeur d'eau gelée.
- Faire lire l'article *Les geysers* P. 181. Les geysers sont des phénomènes rares et très localisés. Le jaillissement est dû à la pression de vapeur accumulée dans le sous-sol qui se détend brusquement lorsqu'elle atteint une certaine valeur.
- Faire le lien avec le chapitre 10 de géographie, voir en particulier p. 142 du guide pédagogique.

Évaluation de la leçon Vous pourrez proposer la photofiche **10C** P. 130.

Mémo,

À voir à proximité de l'école ou dans la région :

Quelques livres :

D'autres références :

FILMS – VISITES

- Musée de la machine à vapeur, 63600 Ambert
  Tél. : 04.73.82.43.88.

11 Le temps d'une journée

OBJECTIFS

■ Constater :
– que certains corps solides ou liquides se mélangent intimement avec l'eau : ils sont solubles dans l'eau. D'autres restent visibles dans l'eau et s'en séparent par filtration ou décantation : ils sont insolubles dans l'eau ;
– que les gaz sont également solubles dans l'eau ;
– que la quantité du corps dissous dans l'eau est limitée : lorsqu'il y en a trop, la solution est saturée.

À SAVOIR

Le rôle de l'eau

La notion de solubilité dans l'eau est fondamentale.

En effet :

– L'eau est le liquide de constitution des êtres vivants végétaux comme animaux. Tous les échanges et transports nutritifs se font sous forme de substances dissoutes ou mélangées à l'eau (alimentation, digestion, respiration, excrétion).

– L'eau joue aussi un rôle essentiel en géologie dans l'érosion, la dissolution et le transport des matériaux, dans le magmatisme et le métamorphisme (formation des roches magmatiques et métaphoriques).

– La Terre est surnommée la « planète bleue » car elle est en grande partie couverte d'eau. C'est cette caractéristique essentielle qui permet la vie.

Solides et liquides dans l'eau

La solubilité d'un corps solide dans l'eau dépend de la taille de ses particules. Le chlorure de sodium, Na Cl, composant principal du sel de mer, se trouve dans l'eau sous forme d'ions Na^+ Cl^- très petits ; il est soluble dans l'eau. Les petites molécules de glucose ($C_6 H_{12} O_6$) ou de saccharose ($C_{12} H_{22} O_{11}$) sont solubles dans l'eau, alors que les grosses molécules d'un autre sucre, l'amidon, ($C_6 H_{10} O_5)_n$ ne sont pas solubles dans l'eau.

La filtration rend bien compte de cette caractéristique : les produits solubles sont ceux qui traversent les pores très fins du filtre, grâce à leurs petites particules.

La décantation est le dépôt, par gravité, du corps solide insoluble.

La saturation correspond à la quantité maximale du corps qui peut se disperser dans un volume fixe d'eau. Elle varie selon le corps et selon la température et la pression.

La fusion est le passage de l'état solide à l'état liquide, ce qui est sans aucun rapport avec la solubilité (voir le chapitre 9 P. 186 à 189). Il faut donc absolument éviter de laisser dire « le sucre fond dans l'eau » lors des activités scientifiques, même si cela se dit dans le langage courant, c'est une erreur.

Pour les liquides, les principes sont les mêmes que pour les solides.

Les gaz sont solubles dans l'eau

La solubilité est plus grande à basse température qu'à haute température (la quantité de gaz dissous dans l'eau est plus importante à froid, elle diminue quand on chauffe : des bulles de gaz s'échappent). La solubilité décroît lorsque la pression diminue.

Dans une bouteille de boisson gazeuse, la pression du dioxyde de carbone est supérieure à la pression atmosphérique. C'est pour cette raison que les bouteilles doivent être très résistantes et bouchées hermétiquement. À l'ouverture de la bouteille, la pression diminue et le gaz se dégage peu à peu sous forme de bulles.

Trois séquences :

1. Des solides solubles ou insolubles
2. Récupérer des solides dans l'eau
3. Des liquides et des gaz dans l'eau

BIBLIOGRAPHIE

• *La Matière*, Gallimard, Coll. « Passion des sciences ».

séquence 1

Des solides solubles ou insolubles

Notion scientifique : **mélangés à l'eau certains solides se dissolvent, d'autres pas (soluble/insoluble).**

Activités : observer des mélanges avec l'eau ; expérimenter.

Matériel : livre de l'élève P. 182, 183, photofiches **11A** et **11B** ;
verres identiques, cuillères, eau, sel, sucre, sable, semoule, terre, café moulu, café instantané, etc. (argile, chocolat instantané, lait en poudre, farine, talc, etc. peuvent être utilisés) ; choisir des produits absolument non toxiques.

Mots clés : soluble, non soluble, insoluble.

Des mélanges avec de l'eau

Le paludier est la personne qui travaille dans les marais salants.

Manipulations simples, qui réclament un peu de rigueur (même quantité d'eau et de produit dans chaque verre, agitation, temps de repos.)

Attention, le chocolat et le lait en poudre peuvent se déposer au fond du verre après un certain temps, alors qu'ils paraissaient parfaitement solubles. C'est qu'ils ne sont que très imparfaitement solubles, mais cet inconvénient se produit après une demi-heure, voire plusieurs heures.
Bien distinguer le café en poudre (moulu) insoluble et le café instantané soluble (de type *Nescafé*). Le café instantané disparaît dans l'eau, le café reste sur le filtre lorsqu'il est moulu.

Observation d'une photographie

Laisser les enfants découvrir la photographie P. 182 puis guider l'observation à l'aide des questions de *1. Découverte* P. 183. Réponses possibles :

A. L'ouvrier récolte le sel qui s'est déposé au fond du bassin quand l'eau de mer s'est évaporée. Le sel était donc contenu dans l'eau de mer.

Préciser que le sel n'est pourtant pas visible dans l'eau ; seul le goût salé peut permettre de savoir que l'eau contient du sel.

B. On peut dissoudre dans l'eau beaucoup de produits comme le sucre, la lessive, le lait en poudre...

Dissolution des solides

Suivre les indications de *2. Expérience 1* P. 183. Chaque groupe de 2 élèves teste un seul produit ; le même produit peut être utilisé par plusieurs groupes. Mettre en commun les résultats.

Introduire les mots « soluble » et « insoluble » (ou « non soluble »). Dans un premier temps on obtiendra une définition provisoire du mot « soluble » : un produit est soluble dans l'eau si ses particules sont invisibles dans l'eau.

Classer les produits « testés » dans un tableau à deux colonnes : produits solubles/produits insolubles. Dire que lorsqu'un produit se dissout dans l'eau on obtient une solution.

Faire écrire les résultats observés :

Le sel se mélange à l'eau → le sel est soluble dans l'eau (il forme une solution avec l'eau).

Le sable ne se mélange pas à l'eau → le sable est insoluble dans l'eau (il ne forme pas de solution avec l'eau).

De l'eau de plus en plus salée

La saturation

Reprendre l'expérience avec du sel. Lorsqu'on dissout du sel dans l'eau, on obtient de l'eau salée. Mais peut-on mélanger n'importe quelle quantité de sel dans l'eau ? Pour le savoir, verser lentement du sel par très petites quantités. Remuer pour faciliter la dissolution. Vérifier que tout le sel a disparu avant d'en ajouter. Observer qu'à un certain moment le sel ajouté reste au fond du verre : il cesse de se dissoudre même si on agite beaucoup... On dit que l'eau est saturée. Faire ajouter de l'eau. Que se produit-il ? Le sel se dissout à nouveau... jusqu'à la prochaine saturation.

Vous pourrez proposer **11A :** *La récolte de sel contenu dans l'eau de mer* et **11B :** *Expérience avec le sucre* (photofiches P. 131 et P. 132 ou cahier d'exercices P. 26, 27).

Synthèse

Pour conclure, vous pouvez :
- Faire dessiner et légender une des expériences réalisées.
- Faire recopier sur le cahier de sciences le tableau des produits solubles et insolubles.

séquence 2

Récupérer des solides dans l'eau

Notions scientifiques : **les solides mélangés à l'eau peuvent être récupérés par filtration, décantation, évaporation.**

Compétences méthodologiques : expérimenter ; tirer des conclusions des expériences.

Matériel : livre de l'élève P. 182, 183, photofiche **11A** ; les verres de la séquence 1, entonnoirs, filtre à café.

Mots clés : filtrer, déposer, évaporer, décanter.

Comment récupérer les produits mélangés à l'eau

Rappel

Rappeler la séquence précédente en posant les questions suivantes :

– Quels sont les deux types de mélanges distingués dans la première séquence ? *Les solutions et les mélanges de produits insolubles.*

– Comment distinguer ces deux types ? *On ne voit pas dans l'eau les particules des produits solubles ; les particules des produits insolubles sont visibles.*

Les produits insolubles

Faire réaliser 3. ***Expérience 2*** P. 183 en suivant les indications et le dessin du livre de l'élève. La filtration demande un peu de soin. Pour ne pas déchirer le filtre, mince, donc fragile, veiller à le mettre dans un entonnoir. La décantation (le mot « dépôt » suffit pour les enfants) se fait spontanément après quelques minutes.

Les produits solubles

Pour les solutions (eau salée, par exemple), rien ne reste sur le filtre et rien ne se dépose au fond de l'eau. Ce phénomène étonne toujours les enfants. Préciser alors que ces mélanges sont des solutions. Pour récupérer les produits contenus dans ces solutions il faut pratiquer l'évaporation.

Demander aux enfants de regarder la photo P. 182 et poser la question suivante :

– Comment récupérer les corps dissous dans l'eau ? Les enfants penseront à l'évaporation en regardant les marais salants.

Préciser que, en exposant une solution salée à l'air, comme dans les marais salants, on aperçoit au bout d'un certain temps, un dépôt de sel. Cette expérience est facile à réaliser avec un peu d'eau fortement salée dans le fond d'une assiette, mais elle demande du temps.

Expliquer qu'on peut accélérer le processus en chauffant l'eau salée jusqu'à ébullition. Réaliser l'expérience. On obtiendra le même résultat mais plus rapidement, dès que toute l'eau sera « partie » en vapeur.

L'évaporation d'une solution de sucre par chauffage est délicate car le sucre fond (change de structure en devenant du caramel) à une température assez proche de celle de l'évaporation. Il faut donc arrêter de chauffer dès que l'eau est évaporée, avant la transformation du sucre.

– Le résultat de cette expérience est-il étonnant? N'avons-nous pas vu, sur une grande échelle, le même phénomène?

La photo P. 182 apporte la réponse : la vapeur d'eau qui s'évapore de la mer (comme des marais salants) n'est pas salée! Elle va former les nuages qui donneront les pluies (qui ne sont pas salées), le sel, lui, reste dans le marais salant.

Vous pourrez proposer **11A :** *La récolte du sel contenu dans l'eau de mer* (photofiche P. 131 ou cahier d'exercices P. 26).

Synthèse

Pour conclure, vous pouvez :

• Demander aux enfants de retrouver les trois procédés qui permettent de récupérer des produits (insolubles et solubles) mélangés à l'eau.

• Faire noter en une phrase la définition de la décantation (ou « dépôt »), et de la filtration, pour les produits insolubles et celle de l'évaporation, pour les produits solubles. Faire copier ces définitions dans le cahier de sciences.

séquence 3

Des liquides et des gaz dans l'eau

Notions scientifiques : **des liquides et des gaz peuvent être solubles dans l'eau.**

Activités : acquérir de la précision; noter ce que l'on observe.

Matériel : livre de l'élève P. 184, 185, photofiche **11C**;
verres, liquides usuels (huile, sirop, café, encre, alcool, lait, vin).

Mots clés : soluble, insoluble, gaz, liquide.

Réaliser des mélanges

Attention à l'emploi des liquides dangereux (pétrole et alcool); veiller à l'absence de flamme, surveiller les enfants qui seraient tentés de goûter. Proscrire ces produits dans une classe peu disciplinée.

La masse volumique de l'huile est plus faible que celle de l'eau.

Des liquides mélangés à l'eau

Faire remarquer qu'au cours des deux premières séquences on avait essayé de dissoudre dans l'eau uniquement des produits solides. Maintenant il va s'agir de dissoudre des liquides et des gaz. Procéder aux mélanges proposés dans le premier paragraphe du texte P. 184.

Agir avec les liquides comme avec les solides. Il est indispensable d'agiter le mélange, certains liquides (sirops en particulier) se dispersant difficilement. Les enfants observeront sans doute spontanément que l'huile remonte au-dessus de l'eau parce qu'elle est « plus légère » que l'eau.

Définir comme solubles les produits qui se mélangent parfaitement à l'eau : ils ne se séparent pas, même longtemps après. Faire classer les liquides dans un tableau à deux colonnes : liquides solubles/liquides insolubles.

Naturellement ou artificiellement, toutes les boissons gazeuses, alcoolisées ou non, contiennent du dioxyde de carbone sous pression.

De même, quand on chauffe de l'eau à 100 °C, elle ne dissout plus la même quantité d'air : alors celui-ci s'échappe.

Des gaz mélangés à l'eau

Pour montrer que des gaz se mélangent à l'eau, faire observer une bouteille d'eau gazeuse fermée et immobile : on n'y voit rien de particulier. La déboucher devant les enfants et verser l'eau dans un verre : les bulles de gaz qui s'échappent sont bien visibles. Il s'agit de gaz carbonique (ou dioxyde de carbone) qui était dissous et invisible dans l'eau. Dans la bouteille capsulée, sous une pression plus forte que la pression atmosphérique on ne voyait rien de particulier, quand on a décapsulé la bouteille, le gaz s'est échappé car, à une pression inférieure, l'eau ne peut pas en dissoudre autant (elle est plus vite saturée). Cette explication faisant intervenir la notion de pression est difficile à comprendre. S'en tenir à : *Le gaz s'échappe au contact de l'air.*

Synthèse

Pour conclure, vous pouvez :

- Faire écrire les définitions en complétant le texte : un produit soluble dans l'eau se mélange parfaitement avec l'eau : il est invisible dans l'eau. Un produit insoluble dans l'eau ....

Français

Lecture

Lire ou faire lire le texte P. 184. Vérifier la compréhension des mots difficiles ou inconnus. Faire lire *Je retiens* P. 184.

Conjugaison

Les diverses formes du verbe « dissoudre » (pronominale, voix active/passive) sont délicates. Les faire utiliser très précisément tout au long de la leçon. L'exercice sert à récapituler.

Autour de la leçon

- Faire lire l'article *Eau potable* P. 185 pour noter l'usage des filtres et de la décantation, première étape de l'épuration.

Évaluation de la leçon Vous pourrez proposer la photofiche **11C** P. 133.

Mémo,

À voir à proximité de l'école ou dans la région :

Quelques livres :

D'autres références :

FILMS – VISITES

- Centre de découverte du marais breton vendéen,
Le Daviaud,
85550 La Barre-de-Monts.
Tél. : 02.51.93.84.84.

2 De l'air tout autour de nous

OBJECTIFS

■ Faire prendre conscience aux enfants qu'ils sont entourés par un gaz inodore, incolore et invisible : l'air.
■ Montrer sa présence par quelques exemples : la compression, le vent, la pression atmosphérique.

À SAVOIR

L'air est un gaz

Fluide gazeux le plus répandu et le plus connu, l'air est un mélange d'oxygène (environ 4/5), d'azote (environ 1/5), de dioxyde de carbone et de quelques gaz rares comme le néon, le fréon et l'argon, avec un peu de vapeur d'eau.

Il constitue l'atmosphère terrestre et permet la respiration des êtres vivants : végétaux, animaux, humains.

Les propriétés de l'air

L'air est incolore et inodore. Il n'est mis en évidence que lorsqu'il se dégage dans l'eau sous forme de bulles, lorsqu'il offre une résistance (dans un ballon), ou quand il se déplace (le vent).

Comme tous les gaz, l'air occupe le volume dont il dispose, mais une simple pression mécanique suffit à le comprimer, il est compressible. Si on relâche la pression, l'air retrouve la place qu'il occupait, il est donc élastique. Cette propriété distingue les gaz des liquides.

L'air se dilate et se rétracte. Cette dilatation est flagrante sous l'action d'une source de chaleur, comme le soleil, ou autour d'un radiateur. Réchauffé, l'air occupe un plus grand volume, s'allège et s'élève. À l'opposé, lorsqu'il fait froid, l'air se densifie et occupe un volume plus restreint. Les variations de la température atmosphérique mettent l'air en mouvement, il s'établit une circulation dans l'atmosphère. Les vents sont la manifestation la plus évidente de cette circulation (la rotation terrestre intervient aussi pour déterminer la formation des vents, mais ceci est trop complexe pour le CE2).

Des questions à propos de l'air

Les enfants peuvent poser d'autres questions, en particulier ils peuvent s'interroger sur la dilatation et les variations de pression et de température. Lorsque l'air se dilate à la chaleur son volume augmente et son poids volumique diminue s'il peut occuper tout l'espace nécessaire. Par contre, s'il se trouve dans un espace clos non extensible où il ne peut pas se dilater, c'est la pression qui augmente.

On peut montrer, par exemple, que de l'air contenu dans un ballon de baudruche se dilate sous l'action de la chaleur, car les parois du ballon sont élastiques : l'air peut ainsi accroître sa place, son volume augmente, sa densité diminue.

Par contre, dans un pneu, les parois étant bien plus résistantes, l'air ne peut se dilater, même sous l'action de la chaleur, donc il va se comprimer : la pression augmente; si on dévisse la valve, le gaz qui s'échappe est froid, car la pression diminue brusquement.

Trois séquences :

1. L'air est autour de nous
2. Les propriétés de l'air
3. L'air se déplace

BIBLIOGRAPHIE

- *L'Air,* Bordas, Coll. « Le Petit Chercheur ».
- *L'Air, l'eau, la lumière*, Larousse, Coll. « Du tac au tac ».

séquence

1

L'air est autour de nous

Notion scientifique : **l'air occupe tout l'espace autour de nous.**

Activités : savoir interpréter des photos ; schématiser des expériences.

Matériel : livre de l'élève P. 186, 187 photofiche **12B** ;
sac en plastique solide et neuf (sac poubelle, par exemple), bassine d'eau, épingle, bouteille en plastique coupée, boulette de pâte à modeler, bandelette de papier.

Mots clés : air, incolore, inodore, invisible, atmosphère.

L'air existe

Le parapente, le planeur et l'aile-delta ou deltaplane fonctionnent, comme le parachute, en prenant appui sur l'air ; mais ces appareils n'ont pas de phase de chute libre ; de plus ils utilisent les courants atmosphériques pour monter ou se déplacer horizontalement.

Cette expérience est extrêmement simple, mais indispensable, car les enfants n'ont pas réfléchi au contenu des bulles qu'ils voient sortir du sac.
N.B. : Une petite quantité d'air se dissout dans l'eau, il n'est pas utile de le mentionner si aucun élève ne pose la question.

Un peu plus élaborée, l'expérience 2 montre l'existence de l'air, mais aussi la pression qu'il faut exercer et le fait que l'air se répand dans tout le volume qui est libre.

Observation des photos

Laisser les enfants découvrir les photos P. 186 et s'exprimer librement puis les amener à répondre aux questions de ***1. Observation*** P. 187. Réponses possibles :

A. Le parachutisme.

B. Ils vont ouvrir leur parachute. Le parachute, une fois ouvert, ralentira leur descente jusqu'au sol.

Bien faire distinguer les deux phases du saut (grande et petite photos) : d'abord la chute libre, puis la chute freinée par le parachute ouvert.

Faire formuler des hypothèses en posant la question suivante :

– Qu'est-ce qui ralentit la chute ? *L'air, le vent, etc.*

Noter les différentes propositions des enfants, retenir : *la grande surface du parachute est ralentie par l'air,* ou *s'appuie sur l'air qui la freine…*

De l'air partout

Pour mettre en évidence l'existence de l'air qui nous entoure, proposer de réaliser ***2. Expérience 1*** P. 187.

Le sac ne peut pas facilement s'aplatir, il contient « quelque chose » qui résiste et qui est invisible et sans odeur. Lorsqu'on perce le sac dans l'eau, il en sort des bulles, et petit à petit le sac se vide. Les bulles montent en surface, et leur contenu se mélange à l'air de l'atmosphère.

Faire remarquer que l'air est un gaz incolore (sans couleur, invisible) et inodore (sans odeur), mais qu'il est partout, même dans les endroits qui semblent vides.

… même sous l'eau

Faire réaliser l'expérience comme indiqué dans ***3. Expérience 2*** P. 187.

Bien remarquer les trois étapes et poser les questions suivantes :

– Le papier est-il mouillé ? *Le papier reste sec, car l'air ne monte pas dans la bouteille.*

– Pourquoi la bouteille ne se remplit-elle pas d'eau ? *Parce que l'air exerce une certaine force ; le niveau de l'eau est même plus bas dans la bouteille que dans la bassine.*

– Que se passe-t-il si on penche la bouteille ? *L'air s'échappe en grosses bulles et l'eau pénètre à sa place.*

– Que se passe-t-il si on enlève le bouchon ? *L'air part dans l'atmosphère et l'eau entre.*

Conclure que l'air occupe toute la place (le volume) qui s'offre à lui.

Vous pourrez proposer **12B** : *Sous l'eau* (photofiche P. 135 ou cahier d'exercices P. 29).

Synthèse

Pour conclure, vous pouvez :

• Élaborer un bref résumé en répondant à la question suivante : Où se trouve l'air ?

• Schématiser par un dessin une des expériences réalisées en classe prouvant que l'air est partout autour de nous.

séquence

2

Les propriétés de l'air

Notions scientifiques : **l'air est inodore, incolore, compressible, élastique.**

Activité : apprendre aux enfants à tirer des conclusions des expériences.

Matériel : livre de l'élève P. 187, photofiche **12B** ;
pompe de bicyclette, pneu de bicyclette.

Mots clés : inodore, incolore, compressible, élastique, vent, pression.

L'air est compressible

On peut aussi bien utiliser un ballon de sport à gonfler qu'une chambre à air de bicyclette.

La pression de l'air

La première séquence a permis de constater que l'air est autour de nous, même si on ne le voit pas. L'expérience suivante va mettre en évidence une autre propriété. Manipuler comme proposé dans *4. **Expérience** 3* P. 187.

Faire sentir aux enfants la pression de l'air qui sort de la pompe, en mettant le doigt sur l'orifice lorsqu'on pousse sur le piston. Noter que si on lâche le piston, l'air repousse violemment ce dernier. Faire comparer un pneu gonflé et dégonflé. Expliquer que la pompe à bicyclette permet de puiser l'air dans l'atmosphère et de l'introduire dans le pneu.

L'air est comprimé dans le pneu (ce qui lui permet d'être « dur ») car la pompe y envoie de l'air qu'elle comprime à chaque poussée sur le piston. On dit que l'air est compressible.

Faire sentir l'air qui s'échappe lorsqu'on ouvre la valve. Noter les observations et récapituler les propriétés de l'air : gaz inodore, incolore, compressible.

Vous pourrez proposer **12B** : *Le ballon se gonfle seul* (photofiche P. 135 ou cahier d'exercices P. 29).

Synthèse

Pour conclure, vous pouvez :

• Élaborer une trace écrite en laissant les enfants répondre aux questions suivantes : Où se trouve l'air ? Quelles sont ses propriétés ?

séquence

3

L'air se déplace

Notion scientifique : **le vent est de l'air en mouvement.**

Activité : expérimenter.

Matériel : livre de l'élève P. 188, 189, photofiches **12A** et **12C** ;
radiateur, 2 bandes de papier fin rigoureusement identiques, fil.

Mots clés : courant d'air, s'élever, descendre.

La formation du vent

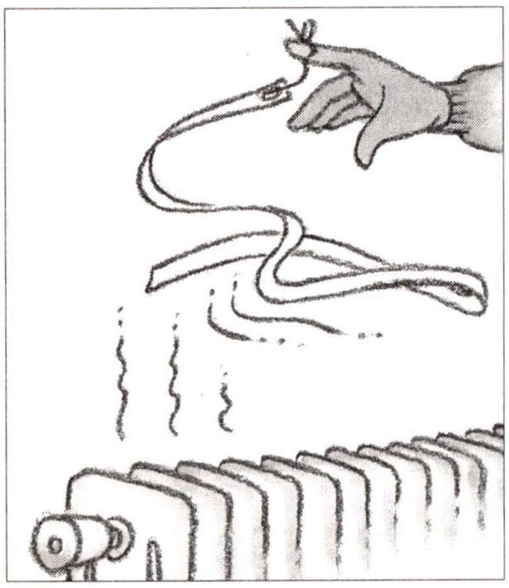

On peut, à cette occasion, faire trouver les noms de certains vents (et revoir les points cardinaux).

Expérience

Réaliser l'expérience décrite dans le troisième paragraphe du texte P. 188. Poser les questions suivantes :

– Que remarque-t-on ? *Le papier se soulève alors qu'on ne touche à rien.*

– Que se passe-t-il ? *La chaleur du radiateur provoque ce mouvement.*

– Pourquoi ? *Parce que l'air chauffé devient moins lourd (moins dense) il s'élève et donc soulève le papier.*

Une seconde bande de papier, fixée à la même hauteur mais dans un endroit éloigné d'une source de chaleur, servira de témoin : elle ne bouge pas.

Préciser que, dans la nature, de grandes quantités d'air chaud (chauffé par le soleil) s'élèvent tandis que l'air froid descend, ce qui crée des courants d'air qui donnent naissance aux vents. Conclure que le vent est de l'air en mouvement.

Vous pourrez proposer **12A** : *Ils fonctionnent avec de l'air* (photofiche P. 134 ou cahier d'exercices P. 28).

Synthèse

Pour conclure, vous pouvez :

• Faire élaborer un résumé en posant les questions suivantes : Lorsque l'air est chauffé, que se passe-t-il ? Lorsqu'il se refroidit que se passe-t-il ?

Français

Lecture

Lire ou faire lire le texte P. 188. Vérifier la compréhension des mots difficiles ou inconnus. Faire lire *Je retiens* P. 188.

Vocabulaire

Il s'agit de repérer la racine « aer » qui signifie « air » (au sens de gaz). Les synonymes sont connus et faciles à distinguer (air de musique, ressemblance).

Autour de la leçon

Vous pouvez, au choix :

• Faire construire un parachute comme indiqué dans l'article *Bricolage* P. 189. Mettre en évidence l'existence de l'air en manipulant ce parachute.

• Observer le vol de l'oiseau photographié P. 188. Noter que l'oiseau en battant des ailes prend appui sur l'air (invisible) et qu'il sait planer en étendant ses ailes sans les bouger.

• Observer comment on répare une chambre à air percée et notamment comment on recherche le trou. Il faut gonfler la chambre à air et la placer progressivement dans une cuvette d'eau : des bulles d'air apparaîtront à l'endroit percé.

• Apprendre aux enfants le tour de magie dans l'article du même nom P. 189; comment on peut gonfler un ballon de baudruche sans pompe et sans souffler.

Évaluation de la leçon — Vous pourrez proposer la photofiche **12C** P. 136.

Mémo,

À voir à proximité de l'école ou dans la région :

Quelques livres :

D'autres références :

FILMS – VISITES

• Cité des Sciences et de l'Industrie
30, av. Corentin-Cariou,
75020, Paris.
Tél. : 01.36.68.29.30.

• Palais de la Découverte
avenue Franklin-Roosevelt,
75008, Paris.
Tél. : 01.40.74.80.00.

• Maison de l'Air
rue Piat, 75020, Paris.
Tél. : 01.43.49.27.40.

13 Balances et balançoires

OBJECTIFS

- **Acquérir la notion d'équilibre.**
- **Utiliser une balance, manipuler des masses marquées.**
- **Observer quelques outils simples et familiers utilisant le principe des leviers.**
- **Comparer des masses par pesées.**

À SAVOIR

Quelques principes physiques

Mobiles, balançoires, balances, leviers utilisent les mêmes principes physiques pour fonctionner.

La masse d'un corps est toujours invariable; elle représente la quantité de matière qu'il contient, on l'exprime en kilogrammes (kg); elle est mesurée par une balance.

Le poids d'un corps est la force d'attraction terrestre exercée sur ce corps. Il varie (légèrement) selon le lieu. Le poids s'exprime en Newton (N).

Cette distinction n'a aucun intérêt au CE2. Mais pour éviter des erreurs et des incompréhensions dans le futur veillez à toujours employer le mot « masse » lorsqu'il s'agit de la quantité mesurée avec la balance.

L'équilibre d'un solide, mobile autour d'un axe (barre du mobile, planche de la balançoire, tige de la balance...) est la situation où il est immobile et revient spontanément à la même position s'il est mis en mouvement. Dans tous les cas présentés, il s'agit d'équilibres dûs à deux forces : poids de deux enfants, poids de deux objets à peser, poids de l'objet à peser et des masses marquées, poids de la charge à lever et force de levage.

C'est le théorème des moments qui régit ces situations d'équilibre : le moment d'une force par rapport à un axe est le produit de l'intensité de la force par sa distance à l'axe.

Moment Fd = F x OA

« Pour que le solide soit en équilibre, il faut que les moments des deux forces soient égaux. »

Pour que AB soit en équilibre, il faut que :

F1 x OA = F2 x OB

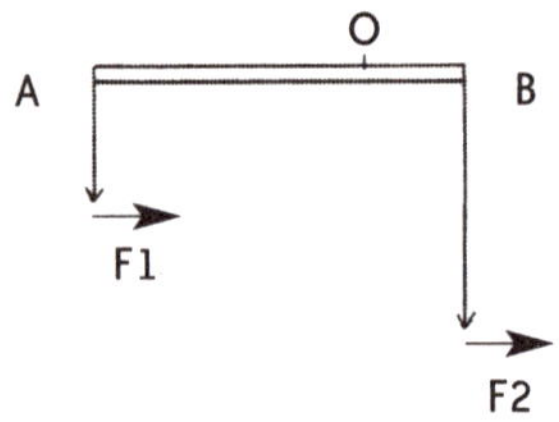

Le principe des leviers

Dans le cas du levier :

F x OA = P x OB

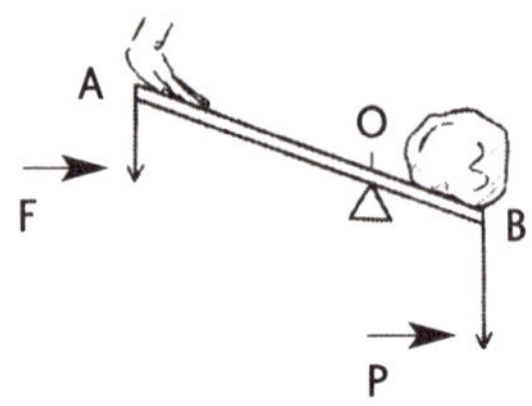

On comprend donc que le levier permet de lever une lourde charge avec une force plus faible. On peut dire que « le levier amplifie les forces ».

De très nombreux outils utilisent ce principe : brouette, pince, tenaille, ciseau, ouvre-boîtes, décapsuleur, catapulte, etc.

Les balances

Les balances sont également une application des propriétés du levier.

La balance Roberval se compose d'une barre métallique soutenue en son milieu par un axe O (les bras du fléau OA et OB ont la même longueur) et de deux plateaux. Une barre parallèle à la première, maintenue en son milieu par un axe, réunit les tiges qui supportent les plateaux. Enfin, une aiguille, placée au milieu du fléau, se déplace sur un cadran gradué. Pour peser un objet il suffit de le placer sur un des plateaux; sur l'autre, on met des masses marquées jusqu'à obtenir l'équilibre (aiguille sur le zéro).

Pour obtenir un résultat assez précis il faut effectuer de nombreuses manipulations; il est donc intéressant de laisser la balance à disposition des enfants en usage autonome. (Le contrôle des petites masses marquées sera peut-être nécessaire, car elles sont très souvent perdues si on n'y prend garde!) La pratique de la double pesée n'est pas enseignée au CE2.

Trois séquences :

1. Des mobiles en équilibre
2. Balançoires et leviers
3. Avec une balance

BIBLIOGRAPHIE

- *Le Livre des expériences, 200 expériences amusantes,* Nathan Jeunesse, 1993.
- *100 expériences faciles à réaliser,* Nathan Jeunesse, 1994.
- David Macaulay, *Comment ça marche,* Larousse.

séquence
1

Des mobiles en équilibre

Notion scientifique : **découvrir la notion d'équilibre.**

Activités : procéder par tâtonnement expérimental ; construire un objet simple d'après un modèle.

Matériel : livre de l'élève P. 190, 191 ;
pour chaque groupe de 2 ou 3 élèves : 1 baguette légère d'environ 50 cm, 2 baguettes légères d'environ 30 cm, fil solide, bristols de couleurs variées, ciseaux, crayons, feutres.

Mots clés : équilibre, mobile.

■ Réaliser un équilibre

Il est important que les élèves travaillent à deux ou trois non seulement pour une meilleure manipulation, mais aussi pour pouvoir critiquer et chercher des solutions. Les motifs peuvent avoir n'importe quelles formes, pourvu qu'elles soient différentes dès l'instant où elles mesurent 8 à 12 cm et sont réalisées dans un même matériau.
Mais pour pouvoir faire des comparaisons efficaces, il est souhaitable que certains groupes fabriquent des motifs exactement semblables 2 à 2.

Fabriquer un mobile

Proposer la fabrication de mobiles décoratifs pour une fête, par exemple. La construction en est très simple et ne pose aucun problème comme l'indique la lecture du texte P. 190. Elle peut être réalisée en deux étapes si on recherche une réalisation soignée :

– dans un premier temps fabrication des motifs décorés,

– dans un deuxième temps réalisation du mobile lui-même, avec recherche de l'équilibre.

Demander aux élèves de réaliser un montage qui permette aux baguettes d'être horizontales et de le rester. La notion d'horizontalité est là assez intuitive, l'important est l'équilibre : après une oscillation dans un sens ou un autre, le mobile doit revenir à sa position initiale. Laisser les enfants faire des essais jusqu'à l'obtention d'un résultat correct.

Pour vérifier la bonne compréhension de la construction du mobile poser les questions de *1.* ***Observation*** P. 191. Réponses possibles :

A. Il faut attacher le fil le plus près du motif le plus lourd. La longueur des fils ne joue aucun rôle.

B. Il faut tenir la grande baguette près des motifs les plus lourds.

C. Au milieu.

Faire exprimer et noter le résultat des observations.

■ Synthèse

Pour conclure, vous pouvez :

• Élaborer un bref résumé pour expliquer la notion d'équilibre. Ex. : l'équilibre sera obtenu quand les baguettes supportant les mobiles resteront horizontales. Le fil de suspension se trouve alors situé près des motifs les plus lourds.

séquence

2

Balançoires et leviers

Notions scientifiques : **préciser la notion d'équilibre et la généraliser ; découvrir le principe du levier.**

Activités : observer ; expérimenter.

Matériel : livre de l'élève P. 191, 193, photofiche **13B** ;
si possible, une balançoire « de square », sinon : une planche (solide !) et un rondin.

Mots clés : équilibre, plus lourd, plus léger, levier.

Rechercher l'équilibre

Il est très utile que les enfants utilisent en de multiples essais une balançoire (ou une planche posée sur un rondin, les enfants étant alors debout plutôt qu'assis). On peut aussi réaliser un modèle avec une baguette posée sur un point d'appui (règle plate sur un crayon à facettes, par exemple), et disposer de petits objets aux deux extrémités.

Attention : un seul type de levier est considéré ici, celui où le point d'appui est situé entre la charge et la force de levage qui s'exerce alors de haut en bas.
D'autres types de leviers existent, par exemple, la brouette dont le point d'appui est du même côté que la force de levage, qui s'exerce alors de bas en haut.

Les enfants ont du mal à concevoir que « lever la charge » veut dire « s'opposer à la force exercée de haut en bas par la masse de la charge ».

Sur une balançoire

Faire observer les dessins de 2. *Expérience 2* P. 191. Noter que la balançoire comprend une planche reposant sur un point d'appui. Rappeler que l'équilibre est obtenu quand la planche est horizontale. Poser les questions suivantes :

– Que peut faire Sophie pour rétablir l'équilibre ? *Elle s'appuie sur la planche derrière son dos, se bascule en arrière.*

– Hubert peut-il faire la même chose pour obtenir le même résultat ? *Non, lui se rapproche du point d'appui. Sophie peut alors s'asseoir normalement.*

Expliquer le pourquoi de ces déplacements sur la balançoire : lorsque les enfants sont à la même distance du point d'appui, la balançoire penche vers le plus lourd. Pour rétablir l'équilibre, l'enfant le plus lourd doit se rapprocher du point d'appui, ou l'enfant le plus léger s'éloigner du point d'appui.

Faire remarquer que ces conclusions sont les mêmes que pour le mobile qui est lui aussi formé d'un point d'appui, d'une baguette (rigide) et de deux objets pesants aux deux extrémités.

Avec des leviers

Faire observer et manipuler des leviers simples comme ceux montrés dans 3. *Expérience 2* P. 191. Ne pas oublier qu'il faut toujours un point d'appui.

Faire trouver par tâtonnement la position la plus efficace du point d'appui en posant la question suivante :

– Comment disposer un levier pour lever une charge le plus facilement possible ?

L'observation conduit aux mêmes conclusions que pour le mobile et pour la balançoire :

– On lève facilement une charge si le point d'appui est près de la charge et loin de l'endroit où on exerce la force. Il faut appuyer sur le levier pour soulever la charge.

– Le levier permet d'exercer une force relativement faible pour lever une charge lourde : on ne peut pas soulever directement un objet lourd, mais on peut le soulever avec un levier. On dit que le levier amplifie (augmente l'effet de) la force.

Vous pourrez proposer **13B :** *Leviers* (photofiche P. 138 ou cahier d'exercices P. 31).

Synthèse

Pour conclure, vous pouvez :

• Élaborer un bref résumé définissant le levier. Ex. : un levier est une tige rigide posée sur un point d'appui. Il permet de soulever une lourde charge avec une force faible.

• Faire trouver quelques exemples d'outils utilisant le principe du levier. Noter que ces outils permettent de travailler avec moins d'effort. Présenter les exemples de l'article *Des leviers* P. 193.

séquence 3

Avec une balance

Notion scientifique : **notion d'équilibre.**

Activités : réaliser des équilibres avec une balance Roberval ; utiliser des masses marquées.

Matériel : livre de l'élève P. 191 à 193, photofiches **13A** et **13C** ;
balance type « Roberval », masses marquées, objets à peser, livre de l'élève.

Mots clés : balance, équilibre, plus lourd, plus léger, peser, pesée, masse.

Remarque : utiliser le dossier « Savoir et Faire » P. 203.

Rechercher l'équilibre

Les enfants ont, en général, déjà manipulé la balance dans les petites classes ; il s'agit de s'assurer de leurs connaissances, de les clarifier puis de les mettre en relation avec les acquis précédents sur les équilibres.
Gilles de Roberval (1602-1675) a imaginé, il y a plus de 300 ans, ce type de balance utilisée encore aujourd'hui.

Avec une balance Roberval

Après des manipulations réalisées en classe avec de vraies balances, faire observer les dessins de *4. Expérience 3* P. 191.

Il s'agit de la balance Roberval. Elle possède deux plateaux qui peuvent osciller, réunis par une tige fixée en son milieu (faire trouver la similitude avec la balançoire).

Commencer la manipulation en posant sur les plateaux deux objets différents ou identiques : s'assurer que « plus lourd », « plus léger », « de même masse », sont des notions claires pour tous les enfants.

Procéder ensuite à des pesées avec un objet sur un plateau et des masses marquées sur l'autre, jusqu'à obtenir l'équilibre des deux plateaux de la balance. Il suffira d'additionner les masses marquées pour connaître le poids de l'objet pesé. Laisser les enfants manipuler le plus possible.

La balance du bijoutier est à plateaux suspendus : elle doit être très sensible (c'est-à-dire être déséquilibrée par une très petite masse).

Se reporter au titre « La balance à graduations » du dossier « Savoir et Faire » P. 203.

Il existe des pèse-bébés automatiques et d'autres sur lesquels on doit déplacer des poids le long d'une tige métallique.

Les différentes balances

Faire observer les balances photographiées P. 193.

Faire trouver celles qui ne demandent aucune manipulation. Ce sont des balances automatiques ; elles indiquent directement la masse de l'objet pesé sur un cadran ou un écran.

Indiquer que les unités de masse officielles sont le kilogramme (kg) et le gramme (g).

Vous pourrez proposer **13A :** *Un poids pour chaque chose* (photofiche P. 137 ou cahier d'exercices P. 30).

Synthèse

Pour conclure, vous pouvez :

• Faire schématiser une balance Roberval en équilibre.

• Faire préciser la condition d'équilibre de cette balance : les objets placés sur chacun des plateaux ont la même masse.

Français

lecture

Lire ou faire lire le texte P. 192. Vérifier la compréhension des mots difficiles ou inconnus. Faire lire *Je retiens* P. 192.

Chanson

« Balancer » au sens d'« hésiter », par comparaison avec la recherche de l'équilibre stabilisé de la balance.

Autour de la leçon

Vous pouvez :

• Demander comment s'y prendre pour peser un liquide. (Il faut effectuer deux pesées : une avec le récipient rempli, une avec le récipient vide...) Expliquer pourquoi.

• Mener une enquête sur les divers types de balances, leurs utilisations, les endroits où on les trouve et les qualités qu'on en attend.

Évaluation de la leçon Vous pourrez proposer la photofiche **13C** P. 139.

Mémo,

À voir à proximité de l'école ou dans la région :

Quelques livres :

D'autres références :

FILMS – VISITES

• Palais de la découverte
avenue Franklin Roosevelt,
75008, Paris.
Tél. : 01.40.74.80.00.

• Musée des arts et des traditions populaires
6, avenue du Mahatma-Gandhi,
75116, Paris.
Tél. : 01.44.17.60.00.

• Cité des Sciences et de l'Industrie
30, avenue Corentin-Cariou,
75019, Paris.
Tél. : 01.36.68.29.30.

Achevé d'imprimer sur les presses de JOUVE - N° 309407B
Dépôt légal : 18753 - 06/2002 - Collection n° 20 - Édition n° 01 - 11/6339/3